大学生健康教育

（第二版）

主编　李广周
主审　刘黎明
参编　胡彩凤　黄　健　刘建宇
徐　波　向家俊　吴成亮

DAXUESHENG
JIANKANG JIAOYU

图书在版编目(CIP)数据

大学生健康教育/李广周主编. —2 版. —成都:西南财经大学出版社,2015. 3

ISBN 978-7-5504-1826-4

Ⅰ. ①大… Ⅱ. ①李… Ⅲ. ①大学生—健康教育 Ⅳ. ①G479

中国版本图书馆 CIP 数据核字(2015)第 048647 号

大学生健康教育(第二版)

主编:李广周

责任编辑:李特军

封面设计:墨创文化

责任印制:封俊川

出版发行	西南财经大学出版社(四川省成都市光华村街 55 号)
网　　址	http://www.bookcj.com
电子邮件	bookcj@foxmail.com
邮政编码	610074
电　　话	028-87353785　87352368
照　　排	四川胜翔数码印务设计有限公司
印　　刷	四川森林印务有限责任公司
成品尺寸	185mm × 260mm
印　　张	20
字　　数	470 千字
版　　次	2015 年 3 月第 2 版
印　　次	2015 年 3 月第 1 次印刷
印　　数	1—3000 册
书　　号	ISBN 978-7-5504-1826-4
定　　价	39.80 元

前言

医学科学的进步、卫生条件的改善和社会经济的发展，使我国的疾病谱和死亡谱发生了根本的改变。医学模式也由生物医学模式转变为生物—心理—社会医学模式，健康的概念也由过去的无病、不虚弱转变为身体上、心理上和社会适应良好三位一体的完美状态。随着人民生活水平的不断提高，城市居民膳食中过多的热量和动物性脂肪导致心血管病和糖尿病发病率迅速增加；精神高度紧张、心理失衡、缺乏锻炼，使高血压和神经官能性疾病增多；不良生活习惯仍很严重，如我国男性吸烟率位居世界前列，且其增长势头仍未得到控制；旧的传染病威胁仍然存在，新的传染病不断出现；吸毒人群重新出现，性乱使性病死灰复燃，艾滋病的流行开始进入普通家庭。要抑制上述疾病的发生、发展，必须大力提倡健康的行为和生活方式，改变人们的不良卫生习惯和个人嗜好。这是一件移风易俗的难事，需要不失时机地开展教育和指导，不断加强人民群众特别是青年大学生的健康教育。

大学生健康教育作为学校素质教育的重要组成部分，旨在向大学生传授现代健康知识，使他们了解健康的内涵、提高自我保健和防治疾病的能力、掌握必要的急救知识、消除和减少危险因素的影响、建立健康文明的行为和生活方式，从而促进他们身心健康、改善生活质量，使之成为德、智、体全面发展的社会主义建设者和接班人。这也是关系到提高中华民族素质的一项具有战略意义的重要工作。党和政府历来十分重视大学生的健康教育工作，经国务院批准，国家教委和卫生部联合颁发的《学校卫生工作条例》中明确规定，学校应当把健康教育纳入教学计划；此后，国家教委又下发了《大学生健康教育的基本要求》，使健康教育的内容和方法有了共同遵循的规范，促进了高校健康教育的发展。大学生正处于青春发育后期，又是一个特殊的青年群体，身心健康较易受到生理、心理、社会因素的影响。因而，普及健康教育、传授健康知识、提高健康素质是健康教育的重要任务。不过，更重要的是促使他们改变观念、纠正不良行为和生活方式，这是一项长期而持久的工作，也是健康教育的总目标。

本教材由李广周副教授主编，刘黎明教授主审，向家俊教授、黄健教授、徐波教授、刘建宇副教授、胡彩凤讲师、吴晓亮讲师参编。本书既考虑到高校当前开展健康教育的实际状况、发展趋势和现时需要，又注意了与中学生理卫生课内容相衔接；全书知识相对完整，重点突出；本书既反映了现代医学科学的进展，将最新的知识介绍给读者，又以传授健康知识、建立健康行为、改善环境为核心内容，强调系统性、科学性、实用性和可读性。考虑到有关心理健康的内容已作为独立课程安排，故本书不再赘述。由于大学生具有较高的文化素质，内容要有一定深度，而且除部分内容可能在课堂上由教师讲授外，多数是学生自学，因而本书尽量选用了适合大学生阅读的相关资料，既实用又方便查阅。相信大学生在学习后能真正有所收获并终身受益。

由于大学生健康教育作为一门独立学科在高校中开设时间不长，又限于编者的水平，书中难免有不妥或错误之处，敬请广大读者和同仁们不吝指教，以便再版时修改完善。

编　者

2014 年 6 月

目录

第一章　健康教育概论 …………………………………………………………（1）
第一节　医学模式的演变 ……………………………………………………（1）
第二节　健康及健康标准 ……………………………………………………（5）
第三节　亚健康 ………………………………………………………………（7）
第四节　健康教育 ……………………………………………………………（12）

第二章　影响健康的因素 ……………………………………………………（17）
第一节　行为和生活方式因素 ………………………………………………（17）
第二节　环境因素 ……………………………………………………………（20）
第三节　生物学因素 …………………………………………………………（28）
第四节　卫生服务因素 ………………………………………………………（36）

第三章　营养健康教育 ………………………………………………………（38）
第一节　概　述 ………………………………………………………………（38）
第二节　营养素 ………………………………………………………………（44）
第三节　食品安全 ……………………………………………………………（66）
第四节　大学生健康饮食习惯 ………………………………………………（68）

第四章　性健康教育 …………………………………………………………（73）
第一节　性科学概述 …………………………………………………………（73）
第二节　男性生殖系统的构造和功能 ………………………………………（76）
第三节　女性生殖系统的构造和功能 ………………………………………（81）
第四节　性卫生保健 …………………………………………………………（85）
第五节　避孕 …………………………………………………………………（92）

第五章　传染病的防控 …………………………………………………………(99)
第一节　概　述……………………………………………………………(99)
第二节　流感、禽流感与甲型 H1N1 流感 ……………………………(103)
第三节　传染性非典型肺炎 ……………………………………………(107)
第四节　结核病 …………………………………………………………(108)
第五节　病毒性肝炎 ……………………………………………………(110)
第六节　霍乱 ……………………………………………………………(113)
第七节　细菌性痢疾 ……………………………………………………(115)
第八节　狂犬病 …………………………………………………………(117)
第九节　埃博拉出血热 …………………………………………………(119)
第十节　常见寄生虫病 …………………………………………………(121)
第十一节　常见性传播疾病 ……………………………………………(123)

第六章　艾滋病健康教育………………………………………………(130)
第一节　艾滋病流行趋势 ………………………………………………(130)
第二节　艾滋病的诊疗进展 ……………………………………………(132)
第三节　艾滋病健康教育的目标和内容 ………………………………(136)
第四节　中国政府预防艾滋病的具体措施 ……………………………(138)

第七章　成瘾性行为的健康教育 ………………………………………(143)
第一节　成瘾性行为 ……………………………………………………(143)
第二节　吸烟的危害及防控 ……………………………………………(147)
第三节　酗酒的危害及防控 ……………………………………………(151)
第四节　吸毒的危害及防控 ……………………………………………(154)
第五节　网络成瘾及防控 ………………………………………………(158)

第八章　慢性非传染性疾病的防控 ……………………………………(166)
第一节　高血压病的危险因素及预防 …………………………………(166)
第二节　糖尿病的危险因素及预防 ……………………………………(170)

第三节　冠心病的危险因素及预防 ……………………………………………（173）
第四节　脑卒中的危险因素及预防 ……………………………………………（176）
第五节　恶性肿瘤的危险因素及预防 …………………………………………（181）
第六节　骨质疏松症的危险因素及预防 ………………………………………（183）

第九章　学习与起居卫生……………………………………………………（188）
第一节　用脑卫生 ………………………………………………………………（188）
第二节　用眼卫生 ………………………………………………………………（189）
第三节　口腔卫生 ………………………………………………………………（192）
第四节　睡眠卫生 ………………………………………………………………（194）
第五节　衣着卫生 ………………………………………………………………（196）
第六节　电脑与健康 ……………………………………………………………（197）

第十章　大学生常见疾病的防治 ……………………………………………（200）
第一节　常见症状及临床意义 …………………………………………………（200）
第二节　急性上呼吸道感染 ……………………………………………………（206）
第三节　支气管炎 ………………………………………………………………（208）
第四节　肺炎 ……………………………………………………………………（209）
第五节　自发性气胸 ……………………………………………………………（210）
第六节　急性胃肠炎 ……………………………………………………………（211）
第七节　急性阑尾炎 ……………………………………………………………（212）
第八节　消化性溃疡 ……………………………………………………………（213）
第九节　心律失常 ………………………………………………………………（215）
第十节　缺铁性贫血 ……………………………………………………………（217）
第十一节　神经衰弱 ……………………………………………………………（217）
第十二节　常见眼病 ……………………………………………………………（219）
第十三节　常见皮肤病 …………………………………………………………（221）
第十四节　常见外科疾病 ………………………………………………………（224）

第十一章　用药常识 ……………………………………………………………………（228）
第一节　药物的分类及剂型 ……………………………………………………………（228）
第二节　药物的作用及影响因素 ………………………………………………………（231）
第三节　用药方法 ………………………………………………………………………（234）
第四节　合理用药及注意事项 …………………………………………………………（237）
第五节　有效安全用药的一些常识 ……………………………………………………（241）
第六节　常用药物的简介 ………………………………………………………………（244）

第十二章　常见急症的现场救护 ……………………………………………………（249）
第一节　现代救护新概念 ………………………………………………………………（249）
第二节　现场急救四项基本技能 ………………………………………………………（253）
第三节　心肺复苏术 ……………………………………………………………………（265）
第四节　常见急症的现场救护 …………………………………………………………（270）
第五节　野外旅游意外事故应急处理 …………………………………………………（276）

第十三章　突发事件现场应急处理 …………………………………………………（280）
第一节　概　述 …………………………………………………………………………（280）
第二节　地震的特点、自救与互救 ……………………………………………………（282）
第三节　火灾的特点、自救与救助 ……………………………………………………（288）
第四节　水灾特点、自救与救助 ………………………………………………………（296）
第五节　交通事故的特点、自救与救助 ………………………………………………（298）

第十四章　献血、骨髓与器官捐献 …………………………………………………（302）
第一节　献血 ……………………………………………………………………………（302）
第二节　骨髓移植 ………………………………………………………………………（307）
第三节　器官及遗体捐献 ………………………………………………………………（309）

参考文献……………………………………………………………………………………（314）

第一章　健康教育概论

健康是人类永恒的主题，也是人类亘古不变的追求。从古至今，任何时代和民族无不把健康视为人生第一需要。健康是基础，健康是保障，健康是根本，健康是人类最宝贵的财富。健康不是一切，但没有健康就没有一切。健康不仅是个人资源，更是社会的最重要资源，是经济发展、社会进步、民族兴旺的保障！但对于健康，不同的时代有不同的追求和解释，在人类各个历史阶段各有其不同的内涵。

第一节　医学模式的演变

医学模式又称医学观，是人们考虑和研究医学问题时所遵循的总原则和出发点，即人们从总体上认识健康和疾病及其相互转化的哲学观点，包括健康观、疾病观、诊断观、治疗观等，影响着某一时期整个医学工作的思维及行为方式。医学模式一经形成，便会成为医学实践的指导，从而使医学带有一定的倾向性、习惯化了的风格和特征。医学模式的演变是一个漫长而曲折的过程，在人类的医学发展史中主要经历了以下几种医学模式：

一、神灵主义医学模式

在远古时代，由于生产力发展水平低，科学知识贫乏，科学思维尚未确立，对客观世界认识不足，原始的人类对诸如风雨、雷电、山洪、地震等自然现象不够理解，更无法解释自身的生长、发育、疾病、衰老、死亡、梦等生理、心理和病理现象，因此他们认为世界上存在着超自然的神灵在支配着一切，当然也不例外地支配着人类的健康与疾病。

于是，原始医学与原始宗教结缘，他们认为人类的生命与健康是神灵所赐，疾病和灾祸是天谴神罚或妖魔鬼怪的附体，对付疾病的方法只能是祈求神灵或者依赖巫术，治病在当时就成了“祛病”，死亡则成为“归天”。

由于人们认为健康与生命乃是神灵所赐，所以他们要想健康长寿，也只有祈求神灵保佑，靠巫医、巫术驱鬼避邪。这就是人类最早的疾病观与健康观，即神灵主义的医学模式。这是消极的健康观。

二、自然哲学医学模式

随着社会生产力的发展和科学技术水平的不断提高，人们开始从自然界本身所固有的现象来说明自然现象的变化，将疾病与自然界的各种变化联系起来，提出季节、天气的变化可影响到人体内的变化，通过思辨推理，对健康与疾病产生了粗浅的理性概括，逐步形成了朴素的唯物的整体医学观念。

在古希腊，伟大的医学家、被称为“西方医学之父”的希波克拉底（Hippocrates）早在公元前4世纪就提出了体液学说，认为构成人体主要成分的体液与形成世界万物的基本成分一样，都是由“土、水、火、风”四元素形成，即“心脏制造血液（火）”“脑制造黏液（木）”“肝制造黄胆汁（风）”“脾制造黑胆汁（土）”，并由这四种体液构成了人的生命。体液学说认为“四体液”处于平衡状态即为健康，失衡则为疾病，治疗疾病就是要调整体液。

同时代的中国传统医学对生命本质的解释也颇为相似，这便是阴阳五行学说。这是我国中医早期的理论基础。阴阳五行学说认为自然界的一切皆由“木、火、土、金、水”五种性质的基本物质构成。人体与之相对应的是肝、心、脾、肺、肾，阴阳五行相生相克。若相生、相克适度，则身体健康；反之，则引起疾病和死亡。用这种以自然哲学理论为基础的思维方式来解释健康与疾病即为自然哲学的医学模式。

在自然哲学医学模式的理论指导下，人类在同疾病的斗争中、在医疗的实践中取得了重大突破和宝贵经验，为人类的生存和繁衍做出了重大贡献，其中有些理论，如我国的中医一直沿用至今。但是，自然哲学的医学模式由于受经验哲学和科学技术水平的限制，存在着明显的缺陷和不足，这就不可避免地被先进的医学模式所代替。

三、机械论医学模式

16~17世纪，欧洲文艺复兴运动带来了产业革命，推动了生产力的发展和科学技术的进步，也影响了医学观。当时盛行以机械运动来解释生命现象，把人比作机器，用机械观来解释一切人体现象。如认为人体是由许多零件组成的一部复杂机器，心脏是水泵、躯体活动是杠杆运动、饮食是补充燃料……一句话，人是自己发动自己的机器，而疾病则是机器出现故障或失灵，治疗疾病的过程就是对机器的修补与完善。

机械论的医学模式驳斥了唯心主义的生命观，把实验科学引进了医学领域，对促进医学科学的发展起到了积极的作用。但由于历史条件所限，它没能全面、正确地解释复杂的生命活动和疾病的本质，只片面注意了人体的机械性，而忽略了人的社会性与生物的复杂性。在这种医学模式指导下，医生的任务就是修补，头痛医头，脚痛医脚，给后来的医学研究带来了一定困难。

四、生物医学模式

18世纪以后，随着生物科学的发展和实验科学的兴起，特别是显微镜的发明，人类对显微世界的认识范围扩大了数百倍；酵母菌、霍乱菌、结核杆菌、伤寒菌等致病微生物的陆续发现，开拓了人类对传染病病原体探求的道路。同时，随着生理学、解剖学、细菌学、病理学等医学学科体系的逐渐形成，人们对健康与疾病的认识有了重大的突破，形成了著名的医学模式——生物医学模式。

生物医学模式认为病原菌是引发疾病的直接原因，即病因。病原菌存在于人（宿主）所生存的环境中，并与健康的人建立一种平衡状态，当环境发生变化，病原菌的致病能力加强，或人的抵抗力下降而使平衡破坏时，人表现为患疾病。在生物医学模式的指导下，医学家发现了多种传染病的病原体及其预防方法，并相继发明和使用了抗生素、预防接种和灭菌灭虫等对付传染病和寄生虫病的三大法宝，从根本上控制了曾使亿万人死亡的传染病的暴发和流行，使其发病率和死亡率明显下降，取得了人类历史上第一次卫生革命——征服传染病的胜利。在临床医学方面，医生借助细胞病理学手段对一些器质性疾病做出定性诊断；无菌操作、麻醉剂和抗菌药物的联合应用，减轻了手术痛苦，有效地防止了伤口感染，提高了治愈率。

然而，必须同时看到该医学模式受“还原论”和“身心二元论”的影响，有很大的片面性和局限性。如：①把人看作单纯的生物体或是一种生物机器，仅仅从生物学的角度去研究人的健康和疾病，只注重人的生物属性，忽视了人的社会属性；②在临床上只注重人的生物学指标的测量，而忽视了人的心理机能及社会因素的致病作用，认为任何疾病（包括精神病）都能用生物机制的紊乱来解释，都可以在器官、组织和生物大分子上找到形态、结构和生物指标的特定变化；③在科学研究中较多地着眼于躯体的生物活动过程，很少注意行为和心理过程；④思维的形式化，往往是“不是……就是……”（不是病，就是健康）。因而对某些功能性或心因性疾病无法得出正确的解释，更无法得到满意的治疗效果，这样就必然不能阐明人类健康和疾病的全部本质。

生物医学模式的确立和发展，在世界医学史上有着不可磨灭的历史功绩。无论从历史角度还是从现实角度来看都是一种巨大的进步，它对现代医学的发展起到了十分重要的促进作用。时至今日，医学模式虽然有了新的演变，但生物医学模式在医学发展中仍将发挥着不可替代的作用。

五、生物—心理—社会医学模式

生物医学模式的建立和发展，使人类在医学上取得了辉煌成就。20 世纪 50 年代以后，世界上许多国家在其影响下完成了第一次卫生革命，成功控制了曾经威胁人类健康的传染性疾病。同时，生物医学模式自身的局限性和消极影响也日益暴露出来。它不仅不能很好地解释现代医学所遇到的一些问题，而且束缚了医学研究领域的进一步深入、扩展。首先，现代人类的疾病谱和死亡谱已经发生了很大变化，由理化、生物致病因素对人类健康造成的威胁已降至次要地位，而心理因素、行为方式、社会因素以及自然环境对人类健康的影响日益突出，心血管病、脑血管病及恶性肿瘤等疾病已在人类的死因中占主要地位。其次，医学进一步社会化，与社会各领域的联系程度越来越密切，卫生保健工作不仅是卫生部门本身的工作，而且成为需要人人参与的一项社会系统工程。许多非生物因素为主的疾病、非传染性疾病，各种慢性病及身心疾病，除了与个人心理紧张、不良行为和生活方式有关，也与环境污染、社会文化背景等因素密不可分。最后，现代人对健康的认识和需求也大大提高了，已不满足于躯体结构与功能的完好，而越来越注重整个生命活动的质量。

因此，仍在生物医学的框架里仅从生物学的角度来考虑健康和疾病是很不全面的。

比如，在卫生保健工作中只见病不见人；只注意躯体疾病而忽视心理疾患；只进行药物治疗而忽视社会心理治疗。生物医学模式的“三大法宝”控制了传染病的产生和流行，但对大量慢性身心疾病已无能为力；同时，大量慢性非传染性疾病的防治单靠卫生部门已不能解决。在这种背景下，人们对新的健康概念和新的医学模式逐渐达成了共识，1977 年，美国罗彻斯特大学精神病学和内科学教授恩格尔（Engel）率先提出了生物—心理—社会医学模式。

生物—心理—社会医学模式是由生物医学模式转化而来的，它不是对生物医学模式的简单否定，而是在继承其一切优秀成果的基础上对旧医学模式的修正、补充、超越和发展。因此，二者既有着不可分割的密切联系，也存在着非常明显的实质区别。

首先，在健康观上，生物医学模式的健康观认为“健康是生物学上的适应”“健康就是机体处于内稳态”“健康就是没有病”；而生物—心理—社会医学模式的健康观则认为“健康不仅是没有疾病和不虚弱，而且是在身体上、心理上的健康及社会适应能力良好的完美状态”，“健康应包括躯体健康、心理健康、社会适应良好和道德健康”。人们对健康与疾病的认识，由传统的单因单果向多因单果以及多因多果深入，提出从生物、心理与社会因素相结合的视角来认识疾病与健康，认为社会与心理因素在人的健康长寿方面或在疾病的发生发展方面，有时也能起着决定性的作用。

其次，在医学研究和临床的着眼点上，生物医学模式只考虑人的生物性，着眼躯体结构和功能的改变，认为每一种生物学致病因子可以引发一种躯体疾病，呈单因单果的关系，临床实践中只关注躯体疾病的预防和治疗。而生物—心理—社会医学模式则从人的两重性出发，既重视人的生物性，也重视人的社会性；既重视人的生理活动，也重视人的心理活动；既重视影响健康的生物因素，也重视影响健康的心理和社会因素。它认为生物—心理—社会等多种因素可以引发人的多种疾病，呈多因多果的关系。因此，在临床实践中对疾病注重从躯体、心理、社会适应及道德修养诸方面进行综合治疗。这一模式要求临床医师在了解病人疾病和病史时，应从病人的社会背景和心理变化出发，对病人所患疾病进行全面的分析及诊断，从而制订有效的综合治疗方案；要求医疗工作者提高对病人的心理社会因素作用的观察和分析能力，提高治疗效果。从以上区别可以看出，生物—心理—社会医学模式比生物医学模式更深刻、更全面、更适用、更有效，对于医学和卫生保健事业的发展具有极为重要的指导和促进作用。

生物医学模式以其“三大法宝”，完成了第一次卫生保健革命，征服了曾给人类带来巨大灾难的绝大多数传染病，在人类卫生保健史上立下了不朽功勋；而生物—心理—社会医学模式将以其完整的社会系统工程为阵地，担负起第二次卫生革命的历史使命，征服当今危害人类健康的主要敌人——慢性非传染性疾病，从而全面提高人类的生活质量，促进社会的文明进步。

第二节 健康及健康标准

一、健康的新概念

健康的概念是动态的，不同社会时期，在不同医学模式下，有着不同的界定。传统的健康与疾病观，通常把疾病看成是机体受到干扰，并导致功能下降、生活质量受到损害（主要由肉体疼痛引起）或早亡；而把“健康”简明扼要地定义为“机体处于正常运作状态，没有疾病”。

《辞海》把健康定义为：“人体各器官系统发育良好、功能正常、体质健壮、精力充沛并具有良好劳动效能的状态。通常用人体测量、体格检查和各种生理指标来衡量。”这种提法要比“健康就是没有病”完善些，但仍然是把人作为生物有机体来对待。因为它虽然提出了“劳动效能”这一概念，但仍未把人当作社会人来对待。

1948 年，世界卫生组织（The World Health Organization，WHO）提出了健康的新概念：“Health is a state of complete physical，mental and social well-being and not merely the absence of disease or infirmity.”这就是说，健康不仅是没有疾病或不虚弱，而且是身体的、精神的健康和社会适应良好的一种完满状态。WHO 关于健康的这一定义，把人的健康从生物学的意义，扩展到了精神和社会关系两个方面的健康状态，把人的身心、家庭和社会生活的健康状态均包括在内。这是目前关于健康的较为完整的科学概念。几十年来，这一概念已经得到多数人的认同。

现代健康的含义是多元的、广泛的，至少包括生理、心理和社会适应性三个方面，其中社会适应性归根结底取决于生理和心理的素质。心理健康是身体健康的精神支柱，身体健康又是心理健康的物质基础。良好的情绪状态可以使生理功能处于最佳状态，反之则会降低或破坏某种功能而引起疾病。身体状况的改变可能带来相应的心理问题，以及生理上的缺陷、疾病，特别是痼疾，往往会使人产生烦恼、焦躁、忧虑、抑郁等不良情绪，导致各种不正常的心理状态。作为身心统一体的人，身体和心理是紧密依存的两个方面。

近年来，WHO 关于健康的概念再次将外延拓宽，把道德修养和生殖质量也纳入健康的范畴。把道德修养作为精神健康的内涵，它的内容包括：健康者不以损害他人的利益来满足自己的需要；具有辨别真与伪、善与恶、美与丑、荣与辱等是非观念；能按照社会行为规范准则来约束自己及支配自己的思想和行为。生殖健康是指人在生殖过程中，生理、心理和社会关系等方面都处于良好状态，妇女可以安全地经历妊娠和分娩，出生的婴儿能存活并健康成长。

综上所述，健康至少应包括五个方面的内容。

（1）身体健康：个人身体组织结构和生理功能完善的表现。具体包括对疾病的感受性、身体运动能力及其他生物学特征。

（2）心智健康：个人学习获得各种信息和对这些信息进行处理并采取行动的能力。

心智健康的人，对事物能做出清晰判断、果断处理、应付自如，并不断吸取新知识。

(3) 情绪健康：个人对自我情绪的控制能力。情绪健康的人能正确处理各种压力，保持变通性，善于解决冲突，使情绪表现适时、适度、保持乐观和快乐。

(4) 精神健康：个人具有的基本信念和价值观。精神健康的人豁达大度、心存善意，对人和事、自然和社会、过去和未来，都有正确合理的态度和思想情感。

(5) 社会健康：在人和环境间所存在的积极的相互作用和良好的适应。人不能离开社会而生存发展，社会健康的人，应具有满意的人际关系。

二、健康的标准

(一) WHO 衡量健康的标准

既然健康是身体、心理、社会适应和道德等方面的综合表现，那么，怎样才能称得上是一个健康的人呢？关于健康，评价标准是多种多样的，WHO 提出了衡量健康的十条标准。

(1) 充沛的精力，能从容不迫地处理日常生活事宜和担负繁重的工作而不致感到过分紧张和疲劳。

(2) 处事乐观，态度积极，乐于承担责任，事无巨细，不挑剔。

(3) 善于休息，睡眠良好。

(4) 应变能力强，能适应外界环境的各种变化。

(5) 具有一定的抗病能力，能够抵抗一般感冒和传染病。

(6) 体重适当，身材均匀，站立时头、肩、臂位置协调。

(7) 眼睛明亮，反应敏锐，眼睑不发炎。

(8) 牙齿清洁，无龋齿，不疼痛，牙龈颜色正常，无出血现象。

(9) 头发有光泽，无头屑。

(10) 肌肉丰满，皮肤有弹性，走路轻松有力。

上述十条标准具体、明确，较全面地概括了健康人体的基本表现和特征。最近，WHO 就人体健康问题提出几项既易记又易理解的新标准，这几项标准包含了人体生理健康标志和心理健康标志，简称“五快三良好”标准。

“五快”标准是针对人的生理健康而言，即吃得快，胃口良好，不挑食；便得快，排便轻松自如，感觉良好；睡得快，上床后能很快入睡，睡眠质量高，醒后精神饱满，头脑清楚；说得快，思维敏捷，语言运用准确，表达流畅；走得快，走路时脚步轻松自如，动作灵敏。

“三良好”标准是针对人的心理健康而言，即良好的个人性格，包括性格温和、意志坚定、感情丰富、胸怀坦荡、豁达乐观；良好的处事能力，包括观察问题客观实在、能适应复杂的社会环境、具有较好的自控能力；良好的人际关系，包括在人际交往和待人接物时能助人为乐、与人为善，对人充满热情。

(二) 健康的自我检测标准

(1) 食欲好，吃得快，吃得香，说得快，走路轻快，动作灵敏。

（2）应急能力好，如遇急事（如赶班车）有加快步伐赶上的能力，如遇障碍、沟壑等能轻松跨过。

（3）没有抽烟饮酒习惯。

（4）有良好的兴趣爱好。

（5）生活有规律，有良好生物节律，入睡快，睡眠好，定时大便，大便通畅（便得快），一天中有休闲娱乐时间。

（6）体重比较稳定，无大起大落。

（7）善于忘记烦恼和琐事，不易发怒，大部分时间心情愉快。

（8）一天中总觉得身体轻松舒畅，没有疼痛不适；全天工作、学习、生活、家务事结束后，似仍有精力，不感疲劳；起床后心身舒畅，头脑清醒，无乏倦感。

（9）不易感冒，无怕冷、怕热、腹泻、胸闷、心悸、胃滞等。

（10）面部、手部皮肤红润有光泽，头发乌黑发亮，指（趾）甲光润平滑。

第三节 亚健康

一、亚健康的概念

亚健康是指人的身心处于疾病与健康之间的一种健康低质状态，一般无临床症状和体征，或有病症临床感觉而无临床检查证据，但已有潜在发病倾向的信息，表现为机体结构退化或生理机能减退与心理失衡。机体虽无明确的疾病，但在躯体上、心理上和人际交往上已出现种种不适应的感觉和症状，从而呈现出活力、反应能力和对外界适应能力降低的一种生理状态。亚健康状态是处于第一状态（健康）和第二状态（疾病）之间的一种状态，也称第三状态，是机体尚无器质性病变仅有某些功能性改变的“灰色状态”或称“病前状态”。亚健康是不断变化发展的，既可向健康状态转化，也可转化为疾病状态，最终转向哪个方面，取决于采取的保健措施和自身的调节功能。

据 WHO 估计，目前全球有近 60%的人不同程度地生活在亚健康状态之中。例如老年人在很大程度上因衰老而致身心功能不全或处于慢性病的潜伏期，实际上是属于亚健康状态。处于亚健康状态的人群，通常具有相应的生理、生理上的多种表现，或有似患慢性疾病的表现，如心情烦躁、情绪不稳、焦虑、忧虑、精神不振、反应迟钝、注意力不集中、记忆力减退等。因此，处于亚健康的人群，常被视为患有精神病、疲劳综合征、内分泌功能失调、更年期综合征等。需要注意的是，亚健康状态并非疾病。因为无论疾病的症状多轻、多不明显，只要有明确诊断就不属于亚健康状态。

据国内报道，我国目前大约有 75%的人处于亚健康状态。总的来说，那些生活在压力大、节奏快、竞争激烈的大城市和经济发达地区的人们，有亚健康体验的可能性就更大。医学界提出亚健康这一概念，有助于我们进一步认识健康和疾病，认识健康、亚健康和疾病之间的区别和联系，从而采取相应的对策，使亚健康向健康转变，避免亚健康发展成疾病，从而不断地提高全民健康水平。

二、亚健康的类型

（一）生理性亚健康

生理性亚健康也称躯体性亚健康状态，处于此状态的人往往易疲劳，常感体力不支。其疲劳表现虽不显著，但不易消除，因而不想多活动，显得缺乏朝气和活力。有些人群经常感到头晕眼花、睡意绵绵，可是经过医学检查又发现不了什么疾病，这种只有生理功能变化而无疾病诊断依据的现象，被称为生理性亚健康。生理性亚健康人群的躯体症状表现最常见的是以下 24 种症状：浑身无力、容易疲倦、头脑不清爽、思想涣散、头痛、面部疼痛、眼睛疲劳、视力下降、鼻塞眩晕、起立时眼前发黑、耳鸣、咽喉有异物感、胃胀不适、颈肩僵硬、早晨起床有不快感、睡眠不佳、手足发凉、手掌发黏、便秘、心悸气短、手足有麻木感、容易晕车、坐立不安、心烦意乱。

（二）心理性亚健康

人的心理活动非常复杂，内部和外界的很多因素都可以影响到心理状态，谁也不敢说一个人的心理状态永远处于健康状态。良好的心理状态对人体的健康和疾病的防治可以起到积极的作用，这种心理状态称为正性心理状态；反之，不良的心理状态则产生相反的效应，对人体健康起到消极的作用，被称为负性心理状态。研究表明，负性心理状态容易产生不同程度的孤独感、自卑感、失落感等，这些消极的心理状态，既是亚健康的表现，又是疾病的诱因。在亚健康状态下，最常见的心理表现为：①烦躁不安，坐卧不宁，站着累、坐着也累，听见任何响动都会烦躁，总有吵架的冲动。②心神不定，焦虑万分，对以前很容易处理的问题现在变得没有把握，眉头紧皱，若有所思，担心马上会大难临头。③强烈的妒忌心理，对谁都不服，即使当面迫于环境强颜欢笑，背后会用最恶毒的语言发泄不满。④恐惧心理。害怕和同事、朋友、亲人交流，更不用说陌生人；见到上司心跳加速，满脸通红；有些人用猛吃东西安慰自己，也有人用逃避的方式麻痹自己。⑤记忆力下降非常明显，在关键场合脑子会一瞬间变得一片空白，词不达意还抱怨别人不理解，对自己以前非常熟悉的朋友的名字也会忘记，说话经常前后矛盾。⑥反应迟钝，对新鲜的事物不接受或拒绝接受，身体的灵活性下降，判断能力也受到影响，做事会比以前慢一拍。⑦抑郁。这种表现比较常见，如不加以调节或治疗，发展到严重程度会对自己的存在价值产生怀疑，大多数人会把选择自杀作为摆脱困境的唯一办法。

心理性亚健康是随着个体的身体状况、个性人格以及所处的时间、地点、条件、环境、事件等多重因素的变化而不断变化的。心理性亚健康状态极为普遍，各种现实的矛盾和冲突都可能引起心理的变化。在当今社会，心理性亚健康状态是不可以也不可能回避的现实问题。

（三）社会适应性亚健康

处于社会适应性亚健康状态的群体往往对社会的适应能力较差，交往范围相对较小，社会接触面也相对较窄，对社会飞速发展的信息量掌握有所不足；其生活方式、交往方式也不如其他群体，甚至有时在一定范围、一定程度上受到歧视，影响自身情绪，自感身体不适，而这些都是诱发社会适应性亚健康状态的主要因素。

（四）自然适应性亚健康

人类生活的自然环境也称外环境，外环境十分复杂，包括阳光、空气、土壤、水以及各种噪声、震动、辐射等因素。它们以不同的方式，通过各种途径对人体产生作用，再通过人体内部的各种机制，引起各种各样的反应。在这些因素中，有的对人体有利，是必不可少的；有的对人体有害，是不必要的。研究表明，人们若能充分利用各种有利因素，就会富有生命力，从而有效地维持生命过程，促进健康；若能避免有害因素，或采取一定的保护性措施，消除或防御危害因素，也能获得很好的效果。当然，若不能避免，或有害因素的危害超过了一定限度，保护性措施难以发挥作用，就会使人体与自然环境之间失去平衡，轻者可诱发自然适应性亚健康，重者可导致疾病。

三、导致大学生亚健康的主要因素

大学生是社会栋梁，肩负着国家、社会和家庭的期望。当今，我国的特殊国情使大学生中独生子女的比例在50%以上。特殊的家庭生活经历、自我素质提高的要求、激烈的社会竞争、相对狭隘的教育教学模式，使得大学生群体中有相当数量的人处于心理障碍和亚健康状态。表现为长期持续的疲劳、失眠、多梦、四肢无力、经常感冒、注意力难以集中、感觉迟钝、记忆力减退、烦躁不安、情绪低落等。大学生在意识、智力、情绪、情感、意志、人格等方面的心理障碍也表现得比较突出。导致大学生亚健康状态的因素主要有以下几个方面：

（一）学习环境及心理因素

激烈的学习竞争环境、巨大的学习压力、求胜心切且不顺利，加上教师、家长不能及时正确引导，给大学生带来了沉重的心理负担，这是导致大学生亚健康状态的最重要因素。

（二）生活方式因素

生活作息无规律，缺乏适当体育锻炼，饮食不节制和无规律，吸烟、嗜酒等不良嗜好，也是导致大学生亚健康状态的主要因素之一。

（三）生活事件的影响

考试成绩不理想、同学师生关系不和睦、不能正确对待恋爱中的挫折等均是影响健康的主要因素。大学生比中学时期有了更多的社会交往，师生之间、同学之间、同乡之间都很容易产生感情，但也会因此发生矛盾。心理接受能力弱的同学就会感到压抑和无所适从。尤其是考试成绩不理想，更会过度压抑、沉默，久而久之，身体慢慢滑向亚健康状态。

（四）就业压力因素

随着高校每年不断地扩招，大学毕业生人数也在不断地增加，大学生不再是天之骄子，也面临着失业的危险。目前就业问题是直接影响大学生身心健康的主要因素之一。

（五）自然环境因素

季节、天气的变化，人们常会感觉难以适应。如在初春季节，大多数学生总感觉疲乏；连续的阴雨天又会令人感到压抑和烦闷。

四、大学生亚健康状态的自我判断

大学生须学会自我判断，如果自己常有以下的情况，要引起注意，及时自我调整，防止亚健康状况的发生。

（1）早晨不能按时醒来，醒后懒得起床。

（2）走路抬腿无力，步伐沉重。

（3）不想参加集体活动，尤其不愿见陌生人。

（4）懒得讲话，说话声音细而短，自觉有气无力。

（5）上课不愿回答老师的提问，经常觉得老师的提问是“多此一举”，但又没有心思听清老师的问题；坐下后不愿起来，时常托腮发呆。

（6）说话、写文章经常出错。

（7）记忆力下降，想不起同学的叮嘱或者忘掉几小时前的事情。

（8）口苦，无味，食欲差，觉得饭菜没有滋味，厌油腻。

（9）耳鸣，头昏，目眩，眼前冒金星，烦躁，易怒。

（10）眼睛疲劳，哈欠不断。

（11）下肢沉重，学习时总想把脚架在桌上。

（12）入睡困难，想这想那，易醒多梦。

上述情况，是人体疲劳或疾病的征兆。如果上述情况有 2~4 项，说明轻微疲劳；有五项以上是重度疲劳，也许潜伏着疾病。如果让疲劳继续发展下去，就会积劳成疾。因此，当你出现疲劳症状时，必须适当的休息，不要把今天的疲劳带到明天；否则，将意味着健康的终止。

总之，健康—亚健康—疾病这三者之间是可以相互转化的。亚健康的预防尤为重要，应从心理、生活行为、体育锻炼及科学用药等方面综合干预，方能显效。

五、预防亚健康的对策

亚健康是人体生理上、心理上和社会适应上等多种因素共同作用所引起的。因此，预防和消除亚健康状态应针对形成的原因，因人而异地采取综合性对策。主要措施如下：

（一）保持心理健康

长期的精神刺激和压力以及长期的压抑愤怒等负性情绪，是导致亚健康的一个重要因素。面对现实，学会宽恕和忍让，不以自我为中心，保持平和心态、乐观豁达，不断学习进取，是防治亚健康的精神基础。在学习、工作和生活中要注意让自己的思想跟上客观环境的变化，根据自己所处的环境不断变换角色，调整自己对人、对事、对外界环境和对自己的心态，使自己与所处的环境保持协调一致，保持良好的人际关系，适应社会。大学生可适当培养业余爱好，如读书、听音乐、练字画等有益于身心健康的活动。

（二）全面均衡营养

饮食结构要合理，各种营养搭配要均衡，食物的选择要多样化。动物蛋白、脂肪要适量，多吃水果、新鲜蔬菜等富含维生素的食物；要做到少盐、低糖；尽可能做到定时定量进食，忌暴饮暴食。人体对各种物质的需求量都有一个度，过量摄入将会适得其反，高糖、高盐、高脂肪食物的长期过量进食，尤其是饱和脂肪酸过量会导致亚健康状态，甚至导致某些营养性疾病或慢性疾病。因此均衡适量的营养是维护健康的基本手段之一。

（三）适度运动健身

生命在于运动，运动讲究科学。健身是一种品质，坚持运动健身代表一种蓬勃向上的文化。一个国家有没有朝气，看看它有多少人健身就知道了；一个人有没有朝气，有没有活力，看看他是不是经常锻炼身体就可以知道了。体育锻炼可以增强人的体质，使人身心愉悦，减轻压力。如打太极拳可以使人呼吸平和、心跳适度，有利于培养一个人良好的心境。晨练能让人呼吸更多的新鲜空气，使大脑细胞供氧丰富，让人一天精力充沛。大学生应坚持适宜的活动内容和活动方式，或者选择参加各项能延缓人体各器官的衰退老化的健身运动。健身是一种责任、一种意志、一种朝气，健身也是健心。

（四）提高保健意识

自我保健可以矫正不良的行为，而良好的行为又可促进自我保健。日常生活中戒除不良习惯和嗜好如吸烟、酗酒、偏食，做到饮食有节、起居有常，不过度劳累，提高自我保健意识，自觉构筑控制亚健康发生的第一道防线。克服不良生活方式是防治亚健康状态的身体基础。行为训练的策略包括以下内容：①限制一些导致亚健康状态的不良生活习惯。②改造自己的行为，使其向着健康方向发展。③监测自己的行为，使其符合健康要求。

（五）注意劳逸结合

要尽可能按照机体生物钟的规律，合理安排每天的工作、学习、进餐、休息时间。既要避免过度疲劳对机体造成的损害，也要避免过度安逸造成的机体免疫力下降。不论工作多累多忙，也要保证有效的睡眠，以消除疲劳，使精神和体力得到很好的恢复。

（六）适时适度干预

采取药物预防、保健品调理、体育锻炼相结合的干预措施，对失眠多梦、口腔溃疡、消化不良和躯体疼痛等症状，可适当用药或理疗或心理治疗等，使机体恢复健康。

第四节 健康教育

当前世界范围内的健康教育在不断地发展，有关它的内涵、特征、研究领域等诸多问题正处于不断地探讨、发展和完善之中。

一、健康教育的含义

健康教育是通过信息传播和行为干预，帮助个人和群体掌握卫生保健知识、树立健康观念，自愿采纳有利于健康的行为和生活方式的教育活动与过程。其目的是消除或减轻影响健康的危险因素，预防疾病，促进健康和提高生活质量。

健康教育的着眼点是促进个人或群体改变不良行为与生活方式。行为改变、习惯养成和生活方式的进步构成了健康教育的重要目标。为此，首先要使个体或群体掌握卫生保健知识，提高认知水平，建立起追求健康的理念，并为此自觉自愿地而不是勉强地来改善自己的行为与生活方式。当然，行为改变并非完全是主观意愿所能左右的，还需要各种客观的促成因素，但正如美国总统健康教育委员会形象比喻的那样，健康教育架起了“健康知识与健康行为之间的桥梁”，没有桥梁，知识不可能变为行动。

健康教育是有计划、有组织、有系统的教育活动，它必须对人们消除和减轻行为危险因素，进而降低发病率、伤残率和死亡率，提高生活质量的教育效果，做出科学的评价。因此，健康教育又是有评价的教育活动，这就与传统意义上的卫生宣传有着较大的差别。

卫生宣传通常是指卫生知识的单向传播，其特点是：宣传对象比较泛化；不注重反馈信息和行为改变效果；往往带有“过分渲染”的色彩；主要实际效果侧重于改变人们知识结构和态度。而健康教育具有对象明确、双向传播为主、注重反馈和行为改变效果等优点，是卫生宣传在内容上的深化、范围上的拓展和功能上的扩充。但是，这样说并不降低卫生宣传的作用，更不是要摒弃卫生宣传，卫生宣传是实现特定健康行为目标的一种重要手段。尤其是在中国这样一个发展中国家，普及卫生知识的任务还相当繁重，卫生知识的传播活动仍需要不断加强，并提高质量和效果。但它不是健康教育的全部内容，也不是健康教育活动的终结。健康教育的实质是一种干预，它提供人们行为改变所必需的知识、技术与服务等，使人们在面临促进健康、疾病预防、治疗、康复等各个层次的健康问题时，在知情同意的前提下，有能力做出行为抉择。可以说，卫生宣传是健康教育的重要措施，而健康教育是整个卫生事业的组成部分，也是创造健康社会环境的“大卫生”系统工程的一部分。

二、健康教育的社会作用

（一）健康教育是实现初级卫生保健的先导

《阿拉木图宣言》把健康教育列为初级卫生保健各项任务之首，并指出健康教育是所有卫生问题、预防方法及控制措施中最为重要的。1983 年第 36 届世界卫生大会和世界卫生组织委员会第 68 次会议根据初级卫生保健原则，重新确定了健康教育的作用，提出“初级卫生保健中的健康教育新策略”，强调健康教育是策略而不是工具。1985 年第 42 届世界卫生大会再次强调《阿拉木图宣言》的重要性并紧急呼吁把健康促进和健康教育作为初级卫生保健的内容。实践证明，为了完成初级卫生保健其他各项任务，必须有健康教育作为基础和先导。

（二）健康教育是卫生保健事业发展的战略举措

当今发达国家和中国的疾病谱、死亡谱发生了根本性变化，其主要死因不再是传染性疾病和营养不良，而是慢性非传染性疾病。冠心病、肿瘤、中风已成为这些国家的主要死因。研究证实不良的行为和生活方式是引起这些慢性疾病的危险因素。解决行为和生活方式问题不能期望医药，而只能依靠社会性措施的突破。健康教育的核心是促使人们建立新的行为和生活方式，制定一系列使行为和生活方式向健康发展的策略，减低危险因素，预防各种“生活方式病”，这正是一种社会性的突破。近 20 年来，一些发达国家由于致力于健康教育，吸烟率每年以 1%~1. 5%的速度下降。冠心病与脑血管病死亡率分别下降了 1/3 和 1/2。据我国有关专家预测，大力开展健康教育，未来中国心脑血管疾病死亡率将能下降 25%~50%。这说明把健康教育与健康促进放在各项措施的核心地位具有战略意义，同时也是卫生保健事业发展的必然趋势。

（三）健康教育是一项低投入、高产出、高效益的保健措施

健康教育引导人们自愿放弃不良的行为和生活方式，减少自身制造的危险因素，追求健康的目标，从成本—效益的角度看是一项投入少、产出高、效益大的保健措施。健康教育所需的资源投入与高昂的医疗费用形成鲜明的对照，有效的健康教育可以预防疾病的发生，因此能节约大量的社会财富，创造巨大的经济效益。美国疾病控制中心研究指出，如果美国男性公民不吸烟、不过量饮酒、采用合理饮食并进行经常的有规律的身体锻炼，其寿命可望延长 10 年，而每年有数以千亿计的钱用于提高临床医疗技术的投资，却难以使全美人口平均期望寿命增加 1 年。

（四）健康教育是提高广大群众自我保健意识的重要渠道

自我保健是指人们为维护和增进健康，为预防、发现和治疗疾病，自己采取的卫生行为以及作出的与健康有关的决定。自我保健包括了个人、家庭、邻里、同事、团体和单位开展的以自助为特征（也包括互助）的保健活动。它是保健模式从“依赖型”向“自助型”发展的体现，它能发挥自身的健康潜能和个人的主观能动作用，提高人们对健康的责任感。综观世界潮流，如美国的“健康的国民”、英国的“预防和健康，人人的责任”、加拿大的“健康影响模式”、澳大利亚的“健康的澳洲人”，以及日本的“国民健康生活方式”“健康的钥匙在您手中”等，这些运动不仅体现了民众健康服务的目标和策略，更着眼于民众的自我保健意识、参与态度和实践。自我保健不能自发产生，只有通过健康教育才能提高居民自我保健意识和能力，增强其自觉性和主动性，促使人们实行躯体上的自我保护、心理上的自我调节、行为生活方式上的

自我控制和人际关系上的自我调整，提高整体医学文化水平，提高人口健康素质。

三、大学生健康教育的任务与要求

健康教育是以传授健康知识、建立卫生行为、改善环境为核心，大学生正处在青春发育后期，其行为方式、生活习惯和道德情操以及体质、精神等，仍处在不稳定状态，具有一定的可逆性。大学生的健康观，对健康所持的态度以及生活方式、行为等不仅会影响大学生自身的健康状况，而且对广大青年，对社会、国家的未来都有着极其重要的影响。在高校开展健康教育，是青年大学生个人的需要，并将能终身受益。大学生知识结构和健康素质的改善，通过他们良好的卫生习惯和健康的生活方式带动、影响社会其他人群，并向群众传授卫生信息，今后可以成为健康教育的传播者和指导者，这对于提高整个民族素质，无疑会产生潜在的、深远的影响。大学生健康教育的任务与要求主要包括以下几个方面：

(1) 帮助大学生树立正确的健康观，使他们真正认识健康不仅是躯体无病、体格健壮，还应有良好的心理素质和社会适应能力；了解现在和未来健康的需求并有适应变化的意识。

(2) 掌握必要的疾病防治知识和急救方法，养成用脑卫生、运动卫生、环境卫生、性卫生、营养和饮食卫生等良好的习惯，提高自我保健能力。

(3) 认识到不健康的行为和生活方式如吸烟、酗酒、膳食结构不合理、缺少体育运动等给自身健康带来的危害，帮助他们改变不健康的行为和不良的生活方式，消除或减少危险因素的影响。

(4) 了解心理卫生知识，提高心理素质。大学阶段是价值观、道德观、人生观形成时期，大学生面临多种选择、机遇和激烈的竞争，且处于个性发展的过程中。培养健康文明和积极乐观的生活态度、正确对待自己和善待他人、妥善处理生活事件与心理压力、提高对挫折的耐受能力与自我心理调节能力、维护心理健康对大学生来说是非常重要的。

(5) 增强对维护健康的责任感和自觉性。社会主义精神文明建设的重要任务之一，就是要提高全民族的科学文化水平，提倡文明、健康、科学的生活方式，克服社会风俗习惯中存在的愚昧落后的东西。因此，要使大学生强烈意识到健康是当代大学生成才的重要素质，增进健康是历史赋予大学生的使命，维护健康不仅是对自己负责，也是对社会负责。

四、健康教育的发展

(一) 国外健康教育的发展

健康教育在世界各国的发展是极不平衡的，发达国家起步较早，发展中国家起步较晚。发达国家虽然起步早些，但真正重视也是20世纪70年代以后的事。以美国为例，从20世纪50年代至70年代初，美国在临床诊断、治疗上都有很大进步，如开展心外科冠状动脉搭桥手术等。但在此期间，美国人的死亡率不再下降，基本维持在

9.3%~9.76%水平。美国有关方面逐渐认识到，死亡率的大幅度降低首先是由于环境条件改善，其次才是抗生素或特效药的问世。进入70年代后，行为和生活方式渐被重视，结合死因分析和人群中的随访观察，更证明了行为生活方式的重要性。

1979年美国卫生署发布《健康人民》，宣告发动“美国历史上的第二次公共卫生革命”。文件指出：美国人民健康的进一步改善不只是增加医疗照顾和经费，而是国家重新对于疾病预防以及健康教育所做的努力。通过健康教育和政策倡导、美国人民的生活方式改变，许多疾病的发病率和死亡率均明显下降。

加拿大政府于1974年出版《加拿大人民健康的新前景》，首次把死亡与疾病归因于不健康行为和生活方式、环境、生物与卫生服务四大因素，阐明环境与生活方式是降低疾病患病率与死亡率，改善健康状况的有效途径，并制订提倡健康生活方式的行动计划。

欧洲许多国家如芬兰、瑞典、德国的健康教育在卫生保健中发挥了重要作用。芬兰北卡地区于1972年开始，针对该地区高血压、冠心病的高发病率，从改变不健康生活方式入手，在全区实施全方位健康教育干预计划。经过15年努力，取得明显成绩，总吸烟率从52%下降到35%，吸烟量净下降28%，血清胆固醇水平下降11%，中年男性缺血性心脏病死亡率下降38%。如今该区已成为通过健康教育与健康促进解决社区主要健康问题的成功范例。

近年来，西太平洋地区一些国家的健康教育进展较快，不少国家已向健康促进迈进。如新加坡把健康教育计划纳入全国卫生规划，采取健康教育和健康促进策略来控制慢性病；澳大利亚在对健康教育和健康促进的人才培养方面有特色，取得不少成绩和经验。

（二）中国健康教育的发展

早在两千年前中国就有了传播养生和运动保健知识的记载。20世纪20年代初，健康教育学科理论开始引进中国，有识之士纷纷编译专著、组织学术团体和专业机构，标志着健康教育的兴起。1909年鲁迅开创了学校健康教育的先河。1934年陈志潜编译的《健康教育原理》一书，是我国最早的健康教育专著。1935年中国卫生教育社成立了。1936年成立的中华健康教育学会，团结支持卫生事业的社会力量，对推动我国健康教育的发展发挥了积极作用。1931年中央大学教育学院设卫生教育科，开设四年制健康教育学。

20世纪20年代后期，在全国城乡建立的若干健康教育实验区取得了可喜的成果和经验。陈志潜在河北省定县创办了第一个农村卫生实验区，开展了大量的健康教育工作并创立了一套农村卫生保健新模式。针对当时农村的四大病根——“贫、愚、私、弱”提出了以生计教育治贫、以文化教育治愚、以民众教育治私、以卫生教育治弱的方针。实施卫生教育的组织为县保健院、联村保健院，每村设有保健员。定县的经验影响深远，可说是开创了中国农村社区健康教育的先河。

新中国成立后，第一届全国卫生会议上提出卫生工作者要把与疾病作斗争的方法教给人民，使人民懂得怎样做，动员广大人民自己向疾病、迷信、愚昧和不卫生习惯作斗争。1952 年中国发动了具有伟大历史意义的爱国卫生运动，毛主席提出“动员起来，讲究卫生，减少疾病，提高健康水平”，以及“除四害、讲卫生、增强体质，移风易俗，改造国家”的口号，动员全民参与除害灭病工作。在短短几年内就取得了有效控制天花、鼠疫、霍乱等多种烈性传染病以及性病、吸毒、新生儿破伤风等举世瞩目的成绩。

1978 年以来，随着改革开放政策的实施，人们吸纳了国际先进的健康教育新概念与新理论，中国于 1984 年正式引用“健康教育”一词，1988 年出版了第一部由贾伟廉主编的《健康教育》。20 世纪 90 年代以来，各级政府和有关部门对于健康教育在卫生改革与发展中的重要作用达成了共识，把引导人民建立科学、文明、健康的生活方式放在卫生工作的战略重点位置。健康教育模式已由过去单一的大众宣传逐步走向传播与教育并重，其工作目标正从以疾病为中心的卫生知识传播转变为行为危险因素的干预；健康教育的目标人群正从疾病易感人群向着社区人群、社会全人群转变。展望未来，我国健康教育事业正加速发展的步伐。

思考题

1. 名词解释：医学模式　健康　亚健康　健康教育
2. 人类社会经历了哪几种主要的医学模式？
3. 谈谈你对健康的理解？
4. 简述亚健康的类型及产生的原因。
4. 怎样防治亚健康？
5. 简述大学生亚健康的特点。
6. 健康教育有哪些社会作用？
7. 大学生健康教育的任务和要求有哪些？

第二章　影响健康的因素

人类的健康受多种因素的影响。20 世纪 70 年代加拿大学者从预防保健角度提出的影响健康的行为和生活方式、环境、生物学和卫生服务系统四大因素，受到国内外学者的一致认可。

第一节　行为和生活方式因素

一、行为和生活方式的概念

行为和生活方式因素是指由于人们自身的不良行为和生活方式，给个人、群体乃至社会的健康带来直接或间接的危害，它具有潜袭性、累积性和广泛性的特点。不良行为和生活方式涉及范围十分广泛，如不合理饮食、吸烟、酗酒、久坐而不锻炼、性乱、吸毒、药物依靠、驾车与乘飞机不系安全带等。据 WHO 估算：1992 年全球 60% 的死亡是由不良的生活方式和行为造成的。其中发达国家占 70%~80%，发展中国家占 40%~50%。美国通过 30 年的努力，使心血管疾病的死亡率下降 50%，其中 2/3 是通过改善行为和生活方式而取得的。1992 年国际心脏保健学会提出的维多利亚心脏保健宣言指出：健康的四大基石是合理膳食、适量运动、戒烟限酒和心理平衡。这些说明行为和生活方式对健康具有举足轻重的意义。

二、不良行为和生活方式影响健康的特点

（1）潜伏期长。不良行为和生活方式形成以后，一般要经过相当长的时间才能表现出对健康产生的影响和明显的致病作用。

（2）特异性差。不良行为和生活方式与疾病之间没有明确的对应关系，表现为一种不良生活方式与多种疾病和健康问题有关，而一种疾病或健康问题又与不良行为和生活方式中的多种因素有关。

（3）协同作用强。当多种不良行为和生活方式同时存在时，各因素之间能协同作用、互相加强，这种协同作用最终产生的危害将大于每一种因素单独作用之和。

（4）变易性大。不良行为和生活方式对健康危害的大小、发生时间的早晚存在着明显的个体差异。

（5）存在广泛。不良行为和生活方式广泛存在于人们的日常生活中，大多数人或多或少的具有这样或那样的不良行为和生活方式，其对健康的危害是广泛的。

三、常见的几种不良行为和生活方式

目前，不良行为和生活方式引起的疾病逐步增多，如心脑血管疾病、肿瘤、糖尿病、肥胖等。与上述疾病有关的不良行为和生活方式主要有：A型性格、C型性格、高盐行为、吸烟、酗酒、吸毒等。

（一）A型性格

具有A型性格的人做事节奏快、动作快，对任何事都有一种不满足感，个性好强，性情急躁，锋芒毕露，容易激动，常使自己处于紧张和压力之中。A型性格使心脏负担加重，增加心肌耗氧量，促使胆固醇、甘油三酯含量增高，加速动脉粥样硬化形成，易发生冠心病、高血压、高脂血症、脑卒中及糖尿病。现代社会中，工作风险大、生活节奏快、工作量大，紧张性职业、脾气急躁的人易致A型性格的形成。

（二）C型性格

具有C型性格的人，性格内向、行为压抑。压抑、愤怒导致体内免疫力降低、内脏器官血流量减少、代谢障碍并损伤DNA自然修复过程，使原癌基因转变为癌基因，从而诱发肿瘤。所有C型性格的人有易发癌症的风险。

（三）高盐行为

流行病学调查显示，我国是人均摄食盐量较多的国家之一。高盐饮食导致血压升高，引起脑血管损伤，导致脑卒中。正常人每天通过尿的排盐量约为8克，故WHO建议成人食盐量应在8克/天以下。65岁以上者因肾小球硬化，日排盐量宜为5~6克，所以WHO规定老人日食盐量应少于5克。

（四）吸烟

烟叶燃烧时产生的气体中含有上千种有害物质，其中对人体危害最大的是尼古丁和烟焦油。尼古丁是一种无色透明、有挥发性的油状液体，有剧毒，40~60毫克纯尼古丁就可以毒死一个成年人。每支香烟中一般含有1.5~3.0毫克的尼古丁。吸烟时绝大部分的尼古丁随烟雾吐出，部分残存在烟蒂中，真正被肺吸收的尼古丁只有极少的一部分，一般不会导致急性中毒。尼古丁对吸烟者的主要危害是使吸烟者产生依赖性，易使人成瘾；尼古丁会刺激血管平滑肌痉挛，使血压升高，并促进心肌梗死的发生；尼古丁刺激胃酸分泌，使胃平滑肌痉挛，促进溃疡及胰腺炎的发生。烟焦油（吸烟时残留在过滤嘴上的棕黄色物质），主要含有苯并芘和二甲亚硝胺，它们能够改变细胞的遗传结构，导致细胞异常分裂，诱发食管癌、喉癌、口腔癌、肺癌等恶性肿瘤。研究表明，吸烟者患肺癌的人数是不吸烟者的10.8倍，约有75%~80%的肺癌是由长期吸烟引起的。

（五）酗酒

适量饮酒对健康长寿有益，并能给人带来快乐；但长期过量饮酒甚至酗酒则会伤身折寿，乐极生悲，带来种种疾病。乙醇的分子量很小，能穿透人体内任何组织的细胞膜，对细胞产生毒性作用，对所有器官均可产生影响。

酒精首先作用于大脑。饮酒过多，会使大脑处于异常兴奋或麻痹状态，人会失去控制。酒精浓度在血液中达到0.1%时就会出现舌根发硬、口齿不清、头重脚轻现象；浓度增加到0.2%时，人会酩酊大醉；浓度升高到0.4%的时候，人就会昏迷不醒、大小便失禁，甚至中毒死亡。

人体摄入的乙醇95%以上在肝脏解毒和排泄。肝功能正常的人，能把大部分乙醇代谢物加以转化，并排出体外；患有肝病或肝功能异常的人，肝脏的解酒功能下降，毒物就会在肝内蓄积，使肝细胞损伤，加重肝病。酗酒还会损伤心肌，对心脏造成损害，长期刺激可使心脏发生脂肪性变，降低心脏收缩力，有可能导致心律失常、急性心力衰竭，从而发生危险。

长期饮烈性酒，食管和胃黏膜反复地受刺激，不仅会引起食管炎、胃炎、胰腺炎、胃溃疡和酒精性肝病，而且会导致食管癌、胃癌、肝癌的发生。酒后开车如同杀手，当司机体内血液酒精浓度为0.3‰时，驾驶能力开始明显下降；血液中酒精含量达到1‰时，发生事故的概率为未饮酒司机的6~8倍。

（六）不良的作息习惯

现在追求夜生活的人越来越多，丰富多彩的夜生活，成为人们的一种享受。许多城市几乎成为“不夜城”。酒吧、网吧、舞厅等娱乐场所都是大学生爱去的场合。文化娱乐活动日益精彩，标志着人们物质生活水平的提高，周末假日欢度一下，偶尔通宵达旦，也未尝不可，但要适时、适度、适当。如果夜夜狂欢，通宵达旦，引起睡眠不足、过度疲劳，就会导致体力透支、免疫力低下，加快机体老化，造成疾病的发生。

现代社会，电脑成了大学生的必备品，可这个本来用于提高学习效率和获取信息的有力工具却成了部分男生的游戏机和部分女生的影碟机。他们不加节制、不分昼夜地待在电脑旁，轻者危害身体健康，重者导致网络成瘾、游戏成瘾和电脑依赖综合征。

大学生求胜心切，激烈的学习竞争带来了沉重的心理负担，个别学生为了应付考试，经常在考前熬夜甚至通宵，慢慢形成了昼夜不分的习惯。虽然不少人知晓熬夜对身体健康不利，但夜间睡不着、白天起不来，形成恶性循环。

（七）吸毒

目前我国的毒品问题十分严峻，鸦片、海洛因等传统毒品问题还没有得到有效解决，冰毒、摇头丸、氯胺酮等新型毒品又迅速蔓延。因吸毒造成的社会危害日益严重。大学生是新滋生吸毒人员的主体，新滋生吸毒人员是由于无知、好奇，追求欢快、刺激，空虚无聊或无事可干，或者遇到心烦苦恼的事情，为消愁解闷等心理方面的原因而吸毒。

吸毒造成的社会危害十分严重。据统计，全国因吸毒过量造成的死亡已累计达4万人。共用注射器吸毒造成了艾滋病等疾病的传播。吸毒还诱发了大量的社会治安和刑事案件。吸毒者多靠偷盗、诈骗、卖淫和贩毒等违法犯罪行为获取购买毒品的钱财。据资料表明，在青少年吸毒者中，90%的男性有各种违法犯罪行为，其涉及的案件性质有抢劫、杀人、故意伤害、盗窃、贩毒等；女性则几乎全部以卖淫养吸，少数涉及刑事犯罪。

第二节　环境因素

环境因素是指以人为主体的外部世界，或者说是围绕人的客观事物的总和。环境因素包括自然环境和社会环境。自然环境是人类赖以生存的物质基础。环境污染（如经济发展的同时带来了废水、废气、废渣、噪音等）必然对人体健康带来危害，其危害机制比较复杂，一般具有浓度低、效应慢、周期长、范围大、人数多、后果重，以及诸因素协同作用等特点。

一、自然环境

（一）空气污染

1. 空气污染的来源

在目前部分大都市里，许多地方的空气越来越污浊，灰黄的烟雾笼罩着都市的天空。要吸一口新鲜空气，观看一下晴朗的天空，似乎非常困难。是谁把蔚蓝的天空弄得灰蒙蒙的？从表 2-1 中我们可以得到些许启迪。

2. 空气污染的危害

空气污染首先会使人罹患呼吸系统疾病，如哮喘、支气管炎、呼吸困难等。研究证明，空气中悬浮粒子浓度每增加一倍，人因肺系疾病的死亡率将增加 15%。

（1）悬浮粒子。空气中飘浮的各种微粒会通过呼吸道进入肺部，如吸入含硅的粉尘会对人体造成永久性伤害。香烟燃烧时所产生的悬浮微粒，长期吸入会导致慢性支气管炎、支气管哮喘、肺气肿、肺心病甚至肺癌。

（2）硫化物。许多燃料中都含硫元素，燃烧后会产生硫化物。其中，二氧化硫会刺激眼部，引起眼球结膜充血；二氧化碳浓度增加，会产生温室效应，令地球的平均温度上升，导致全球气候变暖。

（3）一氧化碳。各种含碳燃料在氧气不充足时燃烧会产生大量一氧化碳，该物质有毒，过量吸入可以致命。一氧化碳的主要来源有汽车尾气、工厂废气等。马路上的一氧化碳浓度较高，长期吸入一氧化碳会使人缺氧，影响机体功能。

（4）氟氯碳化物。臭氧层的破坏，氟氯碳化物是主要凶手。臭氧层变薄或出现空洞，导致紫外线直接辐射增多，过多的紫外线辐射会破坏植物的叶绿素，抑制植物的生长，甚至使果实减产。此外，还会令人免疫能力低下，导致皮肤癌、白内障等。

（5）装修污染。装修时使用的人造地砖、大理石、墙面喷漆等材料，含有大量甲醛、二甲苯和乙烯等几十种对身体有害的物质。大理石还可能释放放射性物质，导致妇女不孕、人体过敏等疾病。

表 2-1 空气污染因素表

污染物名称	来 源
悬浮粒子	主要由燃烧燃料产生，包括汽车汽油、柴油；垃圾焚烧、混凝土制造业、金属冶炼业等
硫化物（SO_2等）	由煤炭及石油作燃料所产生，如金属冶炼业等
氮氧化物（NO_2 等）	主要由燃烧燃料产生
二氧化碳、一氧化碳	工业大量燃烧；树木日益减少，光合作用减少；汽车中排出大量废气
各类碳氢化合物	很多工业生产中会产生，如干洗、工业涂料蒸发、工业清洗制品等
氟氯碳化物	作为冷却剂用于冷气系统；作为发泡剂用 U 制造发泡胶；作为喷雾剂的喷射物质；作为溶剂，在清洁电路板及电脑配件中使用
铅	柴油中含量较高

（二）水污染

1. 水是生命的源泉

水不仅是构成身体的主要成分，还具备调节生理功能的作用。人体离不开水，一旦失去体内水分的 10%，生理功能将会发生严重紊乱；失去 15%的水，生命就有危险；失去 20%就会死亡。健康人不吃食物，只供给水分，能维持生命一个月，最长存活 59 天；如果不供给水，只提供食物（食物中的水也被除掉），人一般 5 天即会死亡，最长纪录是存活 17 天，可见水的重要性。水在自然界中广泛分布，一般不会有缺乏的危险。但同时也应看到淡水资源却极其有限，水污染也进一步蚕食着大量可供利用的水资源，并危害人类的健康。

2. 水污染的类别

水污染是指进人水体的污染物含量超过水体本身的自净能力、使水质受到损害，破坏了水体原有的性质和用途。水污染分为物理污染、生物污染与化学污染三类。

（1）物理污染。物理污染是指水中含有的悬浊物及机械杂质，包括悬浮物污染（如泥沙之类）、热污染和放射性物质污染，其中放射性物质污染危害最大。

（2）生物污染。生物污染是指水中含有的细菌、病毒、藻类、真菌、酵母苗、寄生虫及虫卵等微生物超过规定的标准。

（3）化学污染。化学污染是指水中所含无机和有机的化学物质超标，严重威胁了人体健康。常见的化学污染物有：砷、钳、铅、汞、硒、银、锌、氰化物、锑等金属与无机化合物；农药；多氯联苯；卤代脂肪烃；醚类；单环芳香族化合物；苯酚类和甲酚类；酞酸酯类，多环芳烃类；亚硝胺及其他化合物十大类。化学污染已上升为主要污染，成为危及人类健康及安全的主要敌人。

3. 水污染对人体的危害

联合国向全世界发出警告：全世界每天至少有 5 万人死于因饮用受污染的水而引起的各种疾病。受污染水的危害性大致可分为以下四种：

（1）急性和慢性中毒。水体受化学毒物污染后，通过饮用水或食物链进入人体便会造成急慢性中毒。主要表现为牙齿表面变得没有光泽、粗糙，出现黄色、棕色的斑点或花纹，牙齿质地变脆；骨骼上表现为腰腿病、关节僵硬、骨骼变形、驼背，甚至瘫痪。

（2）致基因突变、致畸形和致癌。水中污染物可引起生物体细胞的遗传物质发生突然的可遗传的变异称为致突变作用，也是一种特殊的毒性作用。1953 年在日本南部水俣湾发生的水俣病是世界上第一个因水体污染诱发的先天缺陷疾病。一家氮肥公司在生产乙醛和氯乙烯过程中，将含甲基汞的废水排入水俣湾。甲基汞通过食物链逐级富集，鱼体内甲基汞比水中要高万倍。母体摄入甲基汞，引起胎儿中枢神经系统障碍，出现先天性痴呆和运动功能失调。主要临床表现为：严重的精神迟钝，协调障碍，共济失调，步行困难，语言、咀嚼、咽下困难，生长发育不良，肌肉萎缩，大发作性癫痫，斜视和发笑。

（3）引发传播疾病。以水为媒介的传染病，主要有霍乱、伤寒、脊髓灰质炎、甲型病毒性肝炎等疾病。通过水传播而发生的传染病曾夺走了千百万人的生命。上海市 1988 年曾发生甲型肝炎大流行，有 31 万多人发病，主要是居民食用了受甲肝病毒污染的毛蚶所致。

（4）水中缺乏人体必需元素。饮用水中的钙和镁元素对心血管系统有保护作用，因为钙元素和镁元素能阻止心血管组织对铅和镉等有害元素的吸收。另外镁与血液凝固机制有密切关系，血液中镁的含量低则血液容易凝固，发生血栓。碘是人体所需要的另一种微量元素，碘元素缺乏可引起甲状腺肿大和智力低下。

（三）土壤污染

土壤是生物圈中的重要组成部分，同水和空气一样，是人类赖以生存的重要环境因素之一。它是组成环境的各个部分（大气圈、水圈、岩石圈、生物圈）相互作用的场所，是人类宝贵的资源之一。

1. 土壤污染的分类

现代社会，农药、化肥的大量施用，大气烟尘和污水对农田的不断侵袭，严重影响了土壤的生产性能和利用价值。土壤污染有以下几类：

（1）城市垃圾和工业废渣引起的污染。土壤是城市垃圾和工业固体废弃物的主要存放地点。城市垃圾堆积成灾，工业固体废弃物的处理已成为污染土壤的一个重要因素。

（2）农药、化肥引起的污染。为了保证粮食及其他农作物增产，农药是必不可少的。农药虽然能杀灭害虫，但是也对人体构成危害。

（3）大气沉降物引起的污染。大气中的二氧化硫、氮氧化物和颗粒物，通过沉降和降水落到地面，大气层中核武器的散落物可造成土壤的放射性污染。如果雨水酸度增大，可引起土壤酸化、土壤盐基饱和度降低。

2. 土壤污染的危害

（1）被病原体污染的土壤能传播伤寒、副伤寒、痢疾、病毒性肝炎等传染病。

（2）被有机废弃物污染的土壤是蚊、蝇滋生和鼠类繁殖的场所。鼠类、蚊、蝇是许多传染病的媒介。

(3) 土壤被放射性物质污染后，通过放射性衰变，能产生α、β、γ射线。这些射线对机体既可造成外照射损伤，又可通过饮食或呼吸进入人体，造成内照射损伤，使受害者出现头昏、疲乏无力、脱发、白细胞减少或增多，甚至癌变等。

(4) 土壤中的硝酸盐对人体是有害的。对于婴儿特别是6个月以下的婴儿，可直接引起病变。更严重的是，硝酸盐不稳定，它会还原为亚硝酸盐，进而形成毒性很大的亚硝酸。

(5) 土壤中的重金属通过食物链的富集效应，最终进入人体，损害人体器官，破坏人体功能，损害人体健康。

(四) 噪声污染

1. 噪声污染的类型

(1) 环境噪声。环境噪声是指在工业生产、交通运输和社会生活中所产生的干扰周围生活环境的声音。

(2) 交通运输噪声。交通运输噪声是指由交通运输工具，如汽车、火车、飞机、轮船等发出，是一种流动的噪声源，对环境的影响面最广。

(3) 工业噪声。工业噪声是指在工业生产过程中产生的噪声。各种机械操作、运行而产生的是机械噪声。气流从喷口喷出时产生的是气流噪声。在建筑施工现场要使用各种动力机械，要进行挖掘夯土、搅拌，要频繁地运送材料和构件，产生建筑施工噪声。噪声对居民的生活造成了很大的干扰。

(4) 社会生活噪声。社会生活噪声是指在商业交易、体育比赛、旅游、集会等各种社会活动中产生的喧闹声，以及使用家用电器的嘈杂声、震耳欲聋的鞭炮声。社会生活噪声是普遍存在的。

2. 噪声的危害

(1) 致人耳聋。人进入较强噪声的环境中，就会感到刺耳、难受，待一段时间出来后，会感到耳内鸣响。如果长年无防护地在较强的噪声环境中工作，会导致听觉疲劳。随着听觉疲劳的加重会造成听觉功能恢复不全，造成相当严重的噪声性耳聋。

(2) 损害人体的神经系统。噪声通过听觉器官刺激人的丘脑、下丘脑以及大脑皮质，从而使大脑皮质的兴奋和抑制过程失调，导致条件反射异常，脑血管功能紊乱。如果长期在强噪声的环境下生活和工作，则会形成牢固的兴奋灶，使自主神经受到损害，出现如头痛、脑胀、昏晕、耳鸣、多梦、失眠、心慌和全身疲乏无力等临床症状。这些症状在医学上统称为神经衰弱症或神经官能症。

(3) 引起或诱发疾病。在强噪声车间工作，高血压的发病率比在低噪声车间要高几倍。极强噪声还会影响胎儿发育，造成胎儿畸形，妨碍儿童智力发展。当然噪声并不一定是引起这些疾病的唯一原因。

(五) 电磁污染及危害

电磁污染是指天然和人为的各种电磁波的干扰及有害的电磁辐射。由于广播、电视、微波技术的发展，射频设备功率成倍增加，地面上的电磁辐射大幅度增加，已达到直接威胁人体健康的程度。电场和磁场的交互变化产生电磁波，电磁波向空中发射或汇讯的现象，叫电磁辐射。过量的电磁辐射就造成了电磁污染。电磁污染已成为继废气、废水、废渣和噪声之后的第五个环境公害。

1. 电磁污染的分类

（1）天然电磁污染。天然的电磁污染是由某些自然现象引起的。最常见的是雷电，雷电除了可能对电气设备、飞机、建筑物等造成直接危害外，还会在广泛的区域产生从几千赫兹到几百兆赫兹的极宽频率范围内的严重电磁干扰。火山喷发、地震和太阳黑子活动引起的磁暴等都会产生电磁干扰。天然的电磁污染对短波通信的干扰极为严重。

（2）人为电磁污染。人为的电磁污染包括：①脉冲放电。例如切断大电流电路时产生的火花放电，其瞬变电流很大，会产生很强的电磁。它在本质上与雷电相同，只是影响区域较小。②工频交变电磁场。例如在大功率电机、变压器以及输电线等附近的电磁场。它并不以电磁波的形式向外辐射，但在近场区会产生严重电磁干扰。③射频电磁辐射。例如无线电广播、电视、微波通信等各种射频设备的辐射，频率范围宽，影响区域也较大，能危害近场区的工作人员。射频电磁辐射已经成为电磁污染环境的主要因素。

2. 电磁污染的危害

（1）诱发白血病。电磁辐射极可能是造成儿童患白血病的原因之一。医学研究已证实，人体长期处于高电磁辐射的环境中，血液、淋巴液和细胞原生质会发生改变。据美国科罗拉多州大学研究人员调查，电磁污染较严重的丹佛地区儿童死于白血病者是其他地区的两倍以上。意大利专家研究后认为，该国每年有 400 多名儿童患白血病，其主要原因是距离高压电线太近，受到了严重的电磁污染。

（2）诱发癌症。电磁辐射污染会影响人体的循环系统，免疫、生殖和代谢功能，严重的还会诱发癌症，并会加速人体的癌细胞增殖。瑞士的研究资料指出，周围有高压线经过的住户居民，患乳腺癌的概率比常人高 7.4 倍。美国德克萨斯州癌症医疗基金会针对一些遭受电磁辐射损伤的病人所做的抽样化验结果表明，在高压线附近工作的工人，其癌细胞生长速度比一般人要快 24 倍。

（3）导致儿童智力残缺。据最新调查显示，中国每年出生的 2 000 万儿童中，有 35 万为缺陷儿，其中 25 万为智力残缺，有专家认为电磁辐射也是影响因素之一。瑞典学者托梅尼奥在研究中发现，生活在电磁污染严重地区的儿童，患神经系统肿瘤的可能性更大。WHO 认为，计算机、电视机、移动电话的电磁辐射对胎儿有不良影响。

（4）对心血管系统的影响。主要表现为心悸、失眠、部分女性经期紊乱、心动过缓、心搏血量减少、窦性心律不齐、白细胞减少、免疫功能下降等。如果装有心脏起搏器的病人处于高电磁辐射的环境中，其心脏起搏器会受到影响。

（5）对视觉和生殖系统的影响。圆形的眼球和睾丸对电磁辐射最为敏感，过高的电磁辐射污染会引起视力下降，诱发白内障；使男子精子质量降低；使孕妇发生自然流产和胎儿畸形等。例如长时间使用电热毯睡觉的女性，可使月经周期发生明显改变；孕妇若频繁使用电炉，可增加出生后小儿癌症的发病率。

高剂量的电磁辐射还会影响及破坏人体原有的生物电流和生物磁场，使人体内原有的电磁场发生异常。值得注意的是，不同的人或同一个人在不同年龄阶段对电磁辐射的承受能力是不一样的，老人、儿童、孕妇属于电磁辐射敏感人群。

二、社会环境

社会环境与自然环境相对而言，包括政治、经济、文化、教育、人口、民族和职业等诸多方面。从健康教育学的观点来讲，社会环境是人类在自然环境的基础上，有目的、有计划创造的人工环境，是人类物质文明与精神文明发展的标志，同时随人类文明的进步而不断丰富和发展。过去，医学界对环境与健康的关系多侧重于自然环境的影响，而忽视了社会环境的作用。随着医学模式的转变，医学界已逐渐觉察到疾病谱的改变、疾病的发生和转归、健康素质的高低，不仅与自然环境有关，而且直接或间接地受社会因素的影响和制约。

（一）社会制度与健康

社会制度对人群健康有直接和深远的影响，不同时代、不同制度的社会有不同的卫生政策和方针。许多疾病与不良行为如性病、吸毒、滥用药品等与社会因素紧密相关。先进的政治制度可以促进医疗卫生事业蓬勃发展，促进人民健康水平的提高。

新中国成立前，在半封建半殖民地的社会状况下，文化落后，人民健康水平很低，死亡率非常高，当时城市居民平均预期寿命只有35岁，农村居民寿命更低；各种传染病、寄生虫病广泛流行，烈性传染病如鼠疫、霍乱、天花等严重威胁着人民的生命和健康；地方病如克山病、血吸虫病、大骨节病、地区性甲状腺肿、地区性氟中毒发病率很高；性病在城市及少数民族地区广泛流行；卫生机构发展很缓慢，除少数大城市外，在广大农村缺医少药，很多病人还受巫医和迷信的影响，得不到科学医疗救护和卫生防御。

新中国成立以来，我国制定的各种方针、政策、法律、法令保障了人民在社会经济中的地位，全民卫生服务工作发挥了最大效益。党和国家非常重视人民卫生事业的发展与建设，从卫生机构的建设到卫生人员的人手培养，逐渐完善了城乡三级医疗卫生机构网，开展了爱国卫生运动，对严重流行的传染病和地方病进行了大规模的防治运动。人民的生活及劳动条件得到改善，人民的健康水平有了明显提高。目前，我国人均寿命已增至70多岁，婴儿出生死亡率已降至40/10万以下，许多严重危害人民健康的疾病已被有效控制或基本消灭。

目前，全球疾病和死因谱发生了较大变化，尽管目前我国的国内生产总值和人民的经济水平、生活状况与一些经济发达国家相比，还有相当差距，但经过多年的努力，人民总体健康状况已有了明显改善，许多主要健康指标已经接近或达到经济发达国家水平，某些项目甚至居于前列（如计划免疫、初级卫生保健等）。这些成绩取得的根本原因是有符合中国国情的社会制度和卫生政策做保证。

（二）社会经济与健康

社会经济是社会进步和社会生活的物质基础。人们的劳动条件、生活方式、人口动态及营养状况无不受经济因素的制约，因此，经济是影响人类健康不可忽视的重要因素。大量的调查研究证明，社会经济状况与人民的健康水平呈密切的正相关。没有稳定的、持久的经济做后盾，没有一定的财力投入，人民的健康水平和社会卫生状况是很难得到提高和改善的。

经济的发展推动了卫生工作，卫生工作也同样推动着经济的发展，两者具有双向互动作用。经济的发展是人群健康水平提高的根本保证。社会经济的发展也必须以人群健康为条件，人群健康水平的提高对推动社会经济的发展起着至关重要的作用。

世界各国健康水平差别巨大，发达国家与发展中国家的疾病类型和死因谱不同。在经济落后的发展中国家，由于贫困、营养不良、卫生设施落后和环境污染等，传染病和营养不良引起的5岁以下儿童死亡数占5岁以下儿童总死亡数的70%~90%。

（三）文化因素与健康

文化属于特殊普遍的社会现象，是人类在历史实践中创造的物质财富和精神财富。文化教育在许多方面影响着人类的社会活动，健康也不例外。健康和健康观念与文化教育和文化素质有直接关系，特别是人的卫生习惯与良好行为的养成，往往反映了人的文化素质和教育层次。不珍惜健康和缺乏自我保健意识的人，又多与其文化水平有关。因此，发展经济、重视教育、提高人民的文化素质，是改善全民族的健康状况的重要条件。

文化因素对健康的影响主要表现在以下几个方面：

第一，影响人们对健康问题的认识，如肥胖已被多数人认为是一种疾病现象，而在南太平洋岛国汤加，人们则视肥胖为健康。

第二，左右人们对解决健康问题缓急的决策。如面对疼痛，注重绅士风度的英国人会尽量忍耐，不轻易求医；而意大利人则认为疼痛影响他的安宁，即便疼痛不重也会立即求医。

第三，影响人们对治疗手段的选择。如风湿性心瓣膜病病人需换瓣时，看重未来、注重生活质量的西方人会选择尽早换瓣；而在我国，很多人可能不到万不得已不会接受换瓣。

第四，影响人们对医疗保密措施的选择。如是否将病情真相告诉癌症病人，不同的文化有不同的回答。在美国，几乎所有情况下都会将癌症告诉病人本人，我国则比较强调对癌症病人的保密。因为前者认为告之真相可使病人充分利用所剩不多的人生时光；而后者则觉得病人可能会经不住打击，对治疗产生消极作用。

第五，影响人们对疾病与治疗的态度。意志顽强，认为可以改造、征服自然的人会正视疾病，积极配合医生治疗，和疾病做斗争；意志薄弱的人，则会采取妥协、回避的消极态度。

（四）社会阶层与健康

我国正处在制度急剧转型的过程中，这种转型是一种整体性的、结构性的和加速性的社会结构性变迁，它意味着整个社会的阶层结构正在发生前所未有的重大调整。国际上许多研究已经表明，社会阶层是影响一个人健康状况和期望寿命的最具决定性的因素，不同的社会阶层之间的健康公平性和卫生服务利用公平性存在着鸿沟。

衡量一个人所处的社会阶层主要依据三个方面的标准：职业地位、教育水平和收入水平。每个指标都可以从不同方面反映一个人在社会阶层中的地位：收入反映一个人的消费能力、住房条件、营养状况和医疗保健状况等；职业反映一个人的社会地位、权力资源、体力活动情况以及和工作相关的健康危险因素；受教育程度代表了良好的健康生活方式和对健康状况的调控力。其中，职业地位的影响最为显著。WHO 研究表明，居民的健康状况随着社会阶层从顶部到底部而由最好变为最差，呈现出一种梯度变化趋势。

不同阶层、职业、文化程度的人的疾病谱不同。以心血管疾病为例，城市居民发生率高于农民；医务卫生人员、教师高于工人、农民；高中以上文化程度者高于文化程度低者。在精神神经症状的发生中也有类似的规律。

（五）家庭、人口与健康

家庭是社会的细胞，是维护健康的基本单位。家庭成员和睦相处，有助于各自保持良好的生理和心理状态。家庭环境不佳、经常争吵发怒者心血管和神经系统疾病发生率较高。良好的家庭生活习惯、卫生习惯可保证生活质量，增强体质，减少疾病。

人口的增长应与社会经济增长相协调。若人口增长过快，生产积累减少，生活水平就会下降，人群的健康水平也会随之降低；还会造成自然环境的破坏，加重环境污染，对健康造成威胁。在落后的社会经济条件下，人口增长速度难以控制，反而制约经济的增长。人口的规模、年龄结构及性别结构，取决于生育率、死亡率；人口的区域分布、流动情况对健康及保健服务有着重要影响。优生、优育和计划生育政策可使人口数量得以控制，且能保证人口质量，降低人群发病率。

（六）社会心理因素与健康

随着科学技术的飞速发展、知识领域的不断拓展、社会竞争的日益加剧，人们经常处于节奏紧张状态。紧张状态是一种情绪状态。凡能引起不愉快情绪，导致身心受损的因素称心理社会因素或称心理性社会性刺激因素。

每个人在生活中都会遭受程度不同的心理社会因素的影响，但大多心身反应较轻，并不致病，如果心理社会因素的强度超过平衡系统的极限或个人承受能力，即可引起心理（精神）或躯体（生理）的异常。

生活在现代社会中，人们要进行合理调节，避免过度紧张，减少损害身心健康的各种因素，学会心理调适，使生活有张有弛，只有这样才能避免周围紧张性刺激对我们身心的影响，保持身心健康。总之，社会环境因素对健康有着广泛持久的影响。一个人的健康程度与他所处的社会环境密不可分。

大学是一个崭新的学习环境，绝大多数大学生都是积极的、健康的，表现出良好的社会适应能力。他们能积极、主动地遵守社会规范，努力改正不良的行为和生活方式，能够正确地理解认识自己的社会角色，努力完成自己的社会化过程，使自己适应社会的需要。他们胸怀远大目标，并为此克服重重困难；热爱生活，珍惜大学宝贵而短暂的光阴；顺应社会发展的主流，努力使自己成为对社会有用的人才，使自己的人生具有社会价值。但也有少数大学生，一时不能适应大学的新环境，有的甚至松了一口气，错误地认为考上大学，就已达到人生的目标；或者对所选择的专业不满，对今后可能从事的职业无兴趣；学习松懈，甚至不愿受校规校纪的约束，在个人目标未实现或遭受挫折时，转而向社会发泄不满等。在生活方面，他们模仿、热衷于不良的生活方式，甚至追求受社会道德舆论谴责的行为。他们不懂得任何一个社会都不可能满足社会成员的所有要求，每个社会成员的目标与需求都必须根据社会的需要进行自我调整，从而为社会做出贡献。在这样的错误认识与行为下，最终他们无法完成学业，甚至不能适应社会的需要，只能被社会所淘汰。

第三节　生物学因素

生物学因素包括遗传因素、致病微生物因素、心理因素三个方面。遗传因素对健康的影响分为遗传性疾病和体质遗传两个方面。前者是指遗传缺陷性疾病如血友病、白化病和有遗传倾向的疾病如高血压、糖尿病及某些肿瘤等；后者是指体质机能如胖瘦、心脏功能天生低下等，是通过后天的营养和运动等能够加以改变的。有遗传倾向的疾病也可通过改良生活方式及行为达到预防或延缓发病年龄的目标。致病微生物因素是指人体感染致病菌、病毒、螺旋体、立克次体、衣原体和支原体等病原微生物或寄生虫侵入人体而引起的疾病。随着预防医学的发展和诊疗技术的提高，生物性因素致病几率在不断下降，治愈率在不断提高，因此其对健康的危害正在退居次要地位。随着心理性问题和精神疾病对人类健康的危害的进一步显现，心理因素的致病作用也越来越被人们所认识和重视。

一、遗传因素

遗传是大家熟悉的生命现象。子女与双亲不论在形态结构或生理机能等方面都是十分相似，在生物学上这种现象被称为遗传。决定遗传的物质基础是基因，它存在于细胞核的染色体内，实质上它是一种叫做脱氧核糖核酸（DNA）的化学物质组成的密码序列。人体每个细胞内有成千上万个基因，每一个基因决定了一种遗传特性。如果基因的密码序列在某种条件下发生突变，就可能导致畸形或疾病，并且代代相传。越来越多的证据表明，遗传特性是影响健康和疾病发生的重要的机体内部因素之一，有时甚至是决定性的因素。人类至今已发现 4 000 多种遗传疾病。

国内统计表明，冠心病患者的父亲也死于冠心病者是一般人的 2 倍，其兄弟姐妹也死于冠心病者则多达 4 倍。现代研究认为，冠心病人的肝细胞中没有适当的可使他们的身体摆脱过多的低密度脂蛋白的受体，而低密度脂蛋白增多是冠心病的主要危险因素之一。溃疡性结肠炎在家属中的发生率约为 10%~15%，比一般人群（4%~7%）高，在有血缘关系的亲属中的发生率又比无血缘关系者高。其他如糖尿病、高血压病、消化性溃疡、类风湿性关节炎等的家系调查结果均显示它们有明显的家族倾向。这些疾病是个体的遗传因素与环境因素共同作用而发生的，即具有个体的“遗传易感性”。

（一）病理性基因的遗传方式

人类疾病的病理遗传方式，一般是通过家系调查，绘出家谱图，然后进行分析而决定的。人体每个体细胞中都有 23 对染色体，即 46 条染色体。其中有 22 对男性和女性都是一样的，称为常染色体；另一对是决定性别的，称为性染色体。女性为 44+XX、男性为 44+XY。遗传病有关的基因存在于常染色体上，称为常染色体遗传；遗传病的病理基因位于性染色体上，称为性连锁遗传。目前已知人类病理基因的遗传方式主要有以下四种：

1. 常染色体显性遗传

病理基因存在于常染色体上，且在杂合子时即可显示出病理性状，遗传性状是显性的，故一般具有下列特征：

（1）通常连续几代出现，病人的双亲中至少有一方是患者。

（2）父母中一方患病（多数情况下为杂合子），则其子女约有 1/2 为病人，而且每生一个孩子都有 1/2 的几率患病。

（3）男女得病机会均等。迄今人类常染色体显性遗传病有 1 400 多种，在已确定遗传方式的疾病中约占 1/2，常见的有多指（趾）病、夜盲症、家族性高胆固醇血症等。

2. 常染色体隐性遗传

病理基因存在于常染色体上，但仅有纯合子（病理基因成双）才显示出病理性状，所以具有如下特点：

（1）只有双亲都带有病理（隐性）基因时，才有纯合子患儿出现的可能。这种情况最多见于近亲婚配（如表亲结婚）。

（2）若父母均为杂合子（病理基因载体），即双亲都是同种病的隐性基因携带者时，则子女中约有 1/4 患病，就是说每生一个孩子都有 1/4 的几率患病。

（3）男、女患病机会均等。

（4）一般病理性状不连续两代出现。现已查明，人类常染色体隐性遗传病达 1 000 多种，如白化病、半乳糖血症等。据统计，近亲婚配所生子女中半乳糖血症的发生率为一般人的 19 倍，其他病也为一般人的 3~4 倍，因此，避免近亲结婚是很重要的。

3. 性连锁遗传

（1）X 连锁显性遗传。只要 X 染色体上有此病理基因（女性为杂合子，男性为半合子）即可出现病理性状。若母亲为杂合子，父亲正常，则子女得病的几率各为 50%；相反，母亲正常，父亲为半合子，则女儿全为患者，儿子均正常。故总的来看，以女性病人为多。人类 X 连锁显性遗传病不多，常见的如抗维生素 D 性佝偻病和高甲硫氨酸血症等。

（2）X 连锁隐性遗传。女性杂合子不表现病理性状，仅女性纯合子和男性半合子才是病人。若母亲为杂合子，父亲正常，则女儿约有 1/2 为病理基因传递体，约 1/2 为正常人；儿子约有 1/2 为病人（半合子），约 1/2 为正常人。若父亲为半合子，母亲正常，其儿子全部正常，女儿则全为杂合子。亦即病理基因由父亲传给女儿时不表现性状，而由母亲传给儿子则表现，故此类疾病以男性为多。如血友病在男性身上的发病率为万分之一，在女性仅为十亿分之一。因为只有当父亲为半合子（病人）而母亲又为杂合子时，他们的女儿才有可能成为纯合子（病人），而这种几率是很低的。目前已知此类遗传病有150种左右，例如血友病、红绿色盲等。

4. 多基因遗传

一些数量性状（如身高、血压等）的遗传都是多基因遗传。例如目前已知肾脏、肾上腺、神经、血管、甲状腺、垂体、肝脏等均能影响血压的高低；而且一个脏器也可由多种因素（如肾上腺皮质有皮质醇、醛固酮，髓质则有肾上腺素等）来影响血压，故不难理解血压是由多基因决定的。目前认为糖尿病、高血压病、冠心病、某些先天畸形和肿瘤、精神分裂症等都属于多个基因和环境因素共同作用引起的遗传病，这种遗传方式也称多因子遗传。其中，遗传基础所起作用的大小称遗传度或遗传率。例如，精神分裂症的遗传基础所起的作用相对较大，遗传度为80%；而先天性心脏病的遗传度较低，为35%，表明环境因素的作用相对较大。

（二）基因突变与肿瘤

20世纪70年代，遗传学家和生物学家发现“癌症敏感者”或癌症高发人群均有一定的家族倾向，此后肿瘤的遗传性倾向已有不少报导。例如国外有一个“高癌家族”，经调查其成员970人，患癌症的有164人，其中女性多患子宫癌、男性则多死于消化道肿瘤。国内一个鼻咽癌发病率较高的家族5代84人，第二代和第三代的49人中9人患鼻咽癌、2人疑似。由基因突变引起的肿瘤有某些腺瘤病、嗜铬细胞瘤等。

基因突变引起肿瘤发生的机理，目前有两种假说。其一，认为遗传性免疫缺陷，使致癌物质容易起作用而使细胞发生癌变；其二，认为细胞的恶变可能是一些复杂的基因群调节而发生的改变。有些基因群在胚胎期极为活跃，而在临近出生或出生后，由于基因调节发生改变，这些基因群从有活性变为无活性，即遗传信息受到阻遏；但在某些条件下（如致癌物质的作用），这种阻遏作用得到解除，它的遗传信息又活跃起来，故一些酶或其他蛋白质或抗原又重新大量合成。如肝癌患者血清中出现大量的甲胎蛋白（AFP）就是这一学说的有力佐证，现在临床上就用查血清中的AFP含量作为早期肝癌的诊断方法之一。

（三）染色体畸变与肿瘤

许多由染色体畸变引起的遗传病患者，肿瘤的发生率较正常人高得多，例如先天愚型患儿发生白血病的几率约有1/95，比正常人群的小儿患白血病者多30倍左右。对肿瘤患者进行染色体检查，往往可以发现肿瘤细胞有明显的染色体异常，染色体数目多在二倍体到四倍体之间。癌性积液内也可见到多倍体细胞，有时细胞内的染色体数高达1 000个，说明有异常染色体的细胞比较容易发生恶变。因此，有人提出，异常染色体可作为恶性变的信号。

（四）遗传病的防治

过去遗传病被称为不治之症。随着分子生物学和医学的迅速发展，遗传病的防治方法日益增多。近10年来，产前诊断技术逐渐建立起来，如在妊娠4~5月使用羊膜穿刺术，检查羊水成分，可以探测出胎儿是否有染色体畸变和先天性酶缺陷等遗传病。由于新的生化测定法不断建立，目前已能查出胎儿的80%~90%遗传性代谢疾病。这样，就可以对严重的遗传性病儿在胎儿时期进行处理，对患有可治愈性遗传病的胎儿，也可以进行早期治疗。遗传性代谢缺陷病目前已有33种以上疗效较肯定，如针对缺乏酶的患者，医生可在病人身上安装一种具有酶活性的纤维质膜，或者采用调整营养等方法，使病人恢复健康。因酶缺乏引起代谢产物不足者，可补充该产物或其衍生物，如苯丙酮症胎儿，出生后即开始用低苯丙氨酸饮食治疗等，即可避免出现临床症状；对丙种球蛋白缺乏症患者，可给丙种球蛋白；对血友病患者，可给抗血友病球蛋白等。

二、致病微生物

人们借助光学显微镜或电子显微镜才能观察到的微小生物称为微生物。绝大多数微生物对人类和动植物是有益的，而且是必需的。但某些微生物对人类的危害很大，是影响健康最常见的生物学因素之一。当它侵入人体后，能在人体内的某一部位中寄生、繁殖，使人患病。这些具有致病性的微生物称为病原微生物，简称"病原体"。传染病就是由各种病原微生物所引起的，病原微生物种类很多，归纳起来有以下几类：细苗、病毒、立克次体、支原体、霉菌（又称真菌）、螺旋体等。此外，还有寄生虫中的原虫（疟原虫、阿米巴等）及蠕虫。由细菌引起的疾病，称细菌感染性疾病；由病毒引起的，称病毒感染性疾病；由寄生虫引起的，称寄生虫病。

（一）细菌

细菌是感染性疾病中最普遍的致病因素。细菌性痢疾、伤寒病、流行性脑炎及肺炎等都是细菌性疾病。

1. 细菌的基本特性

细菌是体积微小而能独立进行新陈代谢和生长繁殖的单细胞生物，属于原生生物中的原核细胞。细菌的基本结构大体与植物细胞相似，包括细胞壁、细胞膜、细胞质和核。某些细菌还具有荚膜、鞭毛和芽孢。研究人员通过染色体除可观察细菌的形态外，还可鉴别细菌的种类。最有实际意义的是革兰氏染色法，用此法可将细菌分为革兰氏阳性和阴性两大类，用以鉴别细菌，并可在药物时作为参考，如大多数革兰氏阳性菌对青霉素敏感（结核杆菌除外），而革兰阴性菌对青霉素不敏感（脑膜炎双球菌等除外）；还可确定与致病性细菌的关系，如多数革兰阳性菌的致病物质为外毒素，而多数革兰氏阴性杆菌的致病物质为内毒素。此外，抗酸性染色法可鉴别抗酸杆菌（结核杆菌、麻风杆菌）与非抗酸杆菌。痰液中找到结核杆菌是诊断肺结核的最可靠证据，临床上常用直接涂片作抗酸性染色，在显微镜下检查可见到红色细长的结核杆菌。

细菌的繁殖方法是简单无性二分裂法，即在适宜的环境中吸取养料，便可开始繁殖。一个细菌分裂为两个子代细菌。致病性细菌生长繁殖的最适温度为37℃，高温能使微生物蛋白质凝固变性，故高温能杀灭所有的病原微生物，医疗上常用高温进行消毒灭菌。煮沸的温度在100℃左右，煮沸5分钟能杀灭一切细菌的繁殖体，故煮沸法可用于饮水消毒。有些细菌如结核杆菌在有氧条件下不能生长繁殖，有些细菌则完全缺乏氧化酶系统，如破伤风杆菌在有氧条件下不能生长繁殖，所以深部创伤需注射破伤风抗毒素。大部分细菌的繁殖速度很快，20~30 分钟就分裂一次（个别细菌如结核杆菌要十几小时才分裂一次）。环境条件能在较短时间内使繁殖多代的细菌发生巨大影响，细菌为了适应外界环境变化而进行一系列内部新陈代谢的调整而发生变异，对某种抗生素的一定浓度原来是敏感的，后来却变得不敏感，即产生了抗药性。细菌毒力也可发生变异，例如当前所用的一些“无毒（或弱毒）活疫苗”，就是由强毒株变来的。如目前广泛用于预防结核病的卡介苗就是将牛型结核杆菌（对人有毒）培养在含胆汁的甘油马铃薯培养基中，经过 13 年，传代 230 次以后，成为失去致病性的变异菌种。将这种变异了的牛型结核杆菌接种于人体，可使人体产生对结核杆菌感染的抵抗力。

2. 细菌的致病作用与感染

细菌广泛存在于自然界，在土壤、水、空气、食物、用具、人体体表以及与外界相通的腔道中，均有细菌存在，但仅有少数对人体有致病作用。凡能引起人类疾病的，称为病原菌。细菌的致病作用取决于以下几方面：

（1）细菌的毒力。①毒素，分外毒素和内毒素。外毒素是活菌产生的一种“毒性蛋白质”，毒力较强，选择性地作用于某些器官和组织，引起特殊病变。内毒素是死菌胞壁溶出的一种“毒性脂多糖”，能引起发热反应、糖代谢紊乱、血管舒缩功能紊乱、弥散性血管内凝血（DIC）和机体的特异免疫反应等。②侵袭力，指病原菌在机体内定殖，突破机体的防御屏障进行繁殖和扩散的能力。定殖细菌感染的第一步就是在体内定殖（或称定居），实现定殖的前提是细菌要黏附在宿主消化道、呼吸道、生殖道、尿道及眼结膜等处，以免被肠蠕动、黏液分泌、呼吸道纤毛运动等作用所清除。

（2）细菌侵入的数量和适当的侵入部位。病原微生物引起感染，除必须有一定毒力外，还必须有足够的数量并在适当的侵入部位。有些病原菌毒力极强，极少量的侵入即可引起机体发病，如鼠疫杆菌，有数个细菌侵入就可发生感染。而对大多数病原菌而言，需要一定的数量才能引起感染，少量侵入，易被机体防御机能所清除。

病原菌的侵入部位也与感染发生有密切关系，多数病原菌只有经过特定的门户侵入，并在特定部位定居繁殖，才能造成感染。如痢疾杆菌必须经口侵入，定居于结肠内，才能引起疾病。而破伤风杆菌，只有经伤口侵入，在厌氧条件下、局部组织中生长繁殖，产生外毒素，才能引发疾病；若经口吞入，则不引起疾病。

病原菌可经呼吸道、消化道、皮肤黏膜创伤、接触、节肢动物（如蚤等）侵入人体。如病原菌长期潜伏在人体的某一部位等待时机，一旦人体抵抗力降低时，就能大量繁殖并使人得病，这称为潜伏性感染。由于人体有一定程度的抗感染免疫力，或侵入的病原菌不多，毒力较弱，感染后对人体的损害较轻，所以不出现或出现不明显的临床病状，这称为隐性感染。病原菌侵入机体后，克服机体的防御机能，在一定部位生长繁殖，并引起病理生理过程的，称为感染，其表现有临床病状者称为感染性疾病。由于新的抗生素不断出现，细菌感染引起的各种疾病现在已能得到有效的治疗。

（二）病毒

目前已知 80%的传染病是由病毒引起的，例如流感、肝炎、艾滋病、SARS 等。病毒性疾病传染性强、传播广，并能造成较高死亡率，且现在还缺乏确切的防治药物。

1. 病毒的基本特性

病毒是目前已知的最小的病原微生物，其特点包括：①体积微小，一般光学显微镜看不见，需用电子显微镜才能观察到。能通过滤菌器。②结构简单，无完整细胞结构。病原体主要由核酸和构成外壳（或称衣壳）的蛋白质组成，核酸组成病毒的核心，是病毒生命中枢。一种病毒只含有一种类型的核酸（RNA 或 DNA），其是病毒增殖、遗传、变异及感染的物质基础。单纯的病毒核酸就可感染宿主细胞，而繁殖出下一代完整的病毒。病毒衣壳有保护核酸不受核酸酶的破坏的作用，从而增强病毒的感染力。病毒表面的衣壳，吸附于易感动物细胞表面的受体，使病毒能穿入细胞引起感染。衣壳蛋白质具有病毒抗原的特异性决定簇，能引起机体的免疫反应，产生相应的抗体。③病毒缺乏生活细胞所具备的细胞器如核糖体、线粒体等，以及代谢必需的酶系统和能量，其增殖是由宿主细胞供应原料、能量和生物合成的场所（如细胞器），在病毒核酸（基因组）控制下合成病毒的核酸与蛋白质等成分，然后在宿主细胞的胞浆或核内装配成为成熟的有感染性的病原体，再以各种方式释出细胞，感染其他细胞。因此，病毒是在活细胞内生长繁殖的非细胞形态的微生物。

2. 病毒的致病作用与感染

病毒进入易感细胞后，可能作为异物，产生机械性刺激。但更多的是改变宿主细胞的某些结构，或干扰宿主细胞的主要代谢，引起组织、器官的损伤和功能障碍。此外，因病毒感染而死亡的细胞可产生毒性物质如致热原等，也是致病因素之一。在病毒感染中，隐性感染所占的比例较大，而显性感染多为急性发作，其中少数也转为潜伏感染。例如单纯疱疹病毒和腺病毒的感染，可以不出现症状，或在症状消失后，病毒仍继续存在体内，一旦人体抵抗力降低时，病毒则重新增殖而使疾病复发，表现为显性感染。某些病毒也可以长期在细胞内大量繁殖而并不发病，称为慢性病毒感染，其特点为潜伏期长，病程为亚急性或慢性。例如乙型肝炎，不少病人转为慢性活动性或迁延性，乙型肝炎表面抗原（HBsAg）持续阳性而不易转阴。

在病毒性感染过程中，病毒释放或因损伤细胞而释出的毒性物质可引起发炎反应。病毒性感染的炎性细胞主要为单核细胞，包括巨噬细胞、浆细胞与淋巴细胞，偶尔可发生暂时性的中性粒细胞浸润，这些与急性细菌性感染者不同。病毒感染的急性期中，一般发生白细胞减少症，而细菌感染的急性期中多表现白细胞总数和中性粒细胞增多。血液学的变化反映组织中发炎与免疫的变化过程，偶尔也表现为病毒对白细胞与骨髓直接作用引起的反应。白细胞能被病毒感染而杀死。巨细胞病毒、孢疹病毒与麻疹病毒能在淋巴组织中增殖并引起病变，这些可能是发生白细胞减少症的部分原因。

（三）其他微生物

1. 立克次体

立克次体是介于细菌和病毒之间的病原微生物。它有严格的细胞内寄生性，天然寄生在一些节肢动物体内（如虱子、跳蚤、蜱虫、螨虫等），以这些节肢动物为媒介进行传播。立克次体是引起斑疹伤寒等传染病的病原体，是为纪念因研究斑疹伤寒受到感染而牺牲的立克次医生而定名的。

立克次体侵入人体后，常在小血管的内皮细胞及网状内皮系统中繁殖，引起细胞肿胀、增生、坏死、微循环障碍及血栓形成，并引起血管周围的炎性浸润；若在实质器官如肝、脾、肾、脑、心脏等的血管内皮细胞中繁殖，可导致这些细胞发生肿胀、增生、代谢障碍、坏死及间质性炎症。立克次体毒素可引起小血管收缩、血管通透性增高、血浆渗出、血压下降，甚至弥散性血管内凝血、休克等。因而，患立克次体病时往往有发热、皮疹、实质性器官损害及其他中毒症状。

2. 支原体

支原体是一群介于细菌与病毒之间，目前所知能独立生活的最小微生物，它们没有细胞壁，呈高度多形性。在无生命的人工培养基中能生长繁殖，形成细小集落。支原体对热抵抗力低，一般45℃经15~30分钟，或55℃经5~15分钟即可死亡；对石炭酸（苯酚）、来苏水等化学消毒剂比细菌敏感；对表面活性物质、脂溶剂极为敏感，如肥皂，洗刷后残留于器皿壁的极微量也能使其生长受到抑制。

人类支原体中，仅肺炎支原体已肯定为人类原发性非典型肺炎的病原体。其通过呼吸道传播，多发生于儿童、少年和青年，秋冬季较多见。此病占非细菌性肺炎的1/3以上。肺炎支原体的细胞膜上具有特殊结构，能吸附于宿主细胞表面，继而造成病损，可用红霉素、四环素等治疗。人类被肺炎支原体感染后，血清中可出现具有保护性的抗体。患支原体肺炎后的免疫力并不牢固，有时仍可重复感染。有些患者，肺炎病灶虽已消失，血清中亦出现抗体，但仍能继续排出支原体。

3. 螺旋体

螺旋体是一群细长、柔软、弯曲呈螺旋状、运动活泼的单细胞微生物。螺旋体在自然界及动物体内广泛存在，种类很多。对人致病的有：①回归热与奋森氏螺旋体；②分布广泛，也常存在于人的口腔内，引起梅毒和雅司病的梅毒螺旋体和雅司螺旋体；③广泛分布于水中，引起钩体病的钩端螺旋体。其中钩体病在我国绝大多数地区都有发现。钩端螺旋体对热、酸、干燥和一般消毒剂均很敏感，在人的胃液中30分钟死亡，在胆汁中会被迅速破坏，以致完全溶解。鼠、家畜以及青蛙等都是钩端螺旋体的自然寄主，也是主要传染源。本病主要发生在每年夏秋季节，尤其是江河水泛滥多雨的日子里。钩端螺旋体的致病作用，是由内毒素和外毒素物质产生的纤维蛋白溶解酶等毒性酶的作用。其由皮肤经血流散布到全身各脏器进行繁殖，可引起败血症。早期应用青霉素等治疗有效，病后可获得对同型菌株的持久免疫力。

4. 真菌（霉菌）

在自然界分布极广，某些真菌经常寄生于健康人体内，当人体受某些因素影响而免疫功能降低时，就有可能发生严重的真菌病，如念珠菌病等，这称为内源性真菌病。真菌感染受机体生理状态的影响，例如婴儿易受白色念珠菌侵害，引起鹅口疮。癌症、白血病以及其他全身消耗性疾病，降低了机体的免疫功能，就较易发生继发性真菌病。大量使用抗生素、甾体药物或免疫抑制剂，会使机体抗病机能降低，并会抑制一些正常菌群生长，从而使真菌有机会大量繁殖致病，形成菌群失调症。

皮肤丝状菌或称皮肤癣菌，主要侵犯皮肤、毛发和指甲，引起癣病，一般不侵犯皮下等深部组织或内脏。常由于接触癣症患者、染菌物体及患癣症的家畜（狗、猫等）而感染。在花生和谷类作物中寄生的黄曲霉菌产生的黄曲霉素，有明显的致肝癌作用。

目前，人们对真菌感染尚无特异预防方法，主要是注意公共卫生和个人卫生。制霉菌素、克霉唑等对皮肤丝菌病和白色念珠菌病等病有较好疗效。二性霉素 B 用于深部和全身性真菌感染。

（四）寄生虫

人体寄生虫可分为蠕虫和原虫两大类。蠕虫是多细胞动物，个体较大，一般肉眼可见。原虫是单细胞动物，需用显微镜才能见到，例如引起疟疾的疟原虫。蠕虫和原虫寄生于人体的脏器和组织，引起寄生虫病。在我国不同地区普查时发现，中国人体内已发现有 60 多种寄生虫在肆虐，感染人数高达 6.4 亿。虽然各种传染病的发病率在下降，但寄生虫病仍严重地危害着人们的健康。

1. 寄生虫的生活史

寄生虫发展到感染阶段后，才能侵入人体继续发育。它们侵入方式各有不同，有的是随着被污染的手指和食物等，经口侵入而感染；有的则是通过媒介昆虫的叮咬，经皮肤入侵感染；还有的是通过直接或间接接触皮肤或黏膜而感染的。大多数人体寄生虫都是经口感染的，如蛔虫。严重的寄生虫病多是经皮肤侵入的，如钩虫。侵入人体后的寄生虫，大多数需要循着一定的途径移行，最终到达它特定的寄生部位后才能发育繁殖，如蛔虫和肺吸虫。

在寄生部位生活的寄生虫，有的可不断繁殖产生出新的个体（原虫），有的可不断产出虫卵和幼虫（蠕虫），通过一定的途径离开人体，排出外界。组织内或血液内的寄生虫大多是经过昆虫吸血而离开人体的，血吸虫例外，其虫卵从粪便中排出。肺吸虫虫卵从痰中排出。凡是肠道寄生虫都是经肠道随粪便被排出人体的。

2. 寄生虫的致病作用

（1）机械作用。寄生虫对人体的机械损害主要表现为阻塞管道（如肠管、胆管、血管、淋巴管），破坏组织和压迫组织，尤其是虫体较大，数量较多时，这种危害更为严重。例如，蛔虫钻入胆管引起阻塞，钩虫能咬破肠黏膜。我国寄生虫病防治专家指出：中国人感染寄生虫后继发各种合并症的人数，即使根据最保守的推算，每年也要达到 80 万人。

（2）毒性作用。寄生虫对人的毒性作用是由寄生虫的代谢产物、分泌物或死后的分解产物所引起的，能使人产生炎症、毒性反应或过敏反应，尤其是组织内的寄生虫，这种作用更为显著。例如寄生于红细胞的疟原虫，它的代谢产物可使机体产生全身反应；蛔虫寄生，常可使人出现过敏反应，如麻疹等。

（3）夺取营养。寄生虫在生长发育过程中，必须有各种营养作为其生长要素，而这些物质都必须由寄主来供应。人体的营养物质因此就被寄生虫剥夺去，对人体产生不良影响。例如，钩虫寄生吸取血液，使人产生贫血；蛔虫寄生夺取半消化物质，可引起人体营养不良。

目前，人类对寄生虫病的诊治已经积累了很多经验。养成良好的卫生习惯，加强自我防护是预防寄生虫病的首要环节。很多妇女莫名其妙地得了阴道滴虫病，究其原因，方知是因为不懂得卫生器具不能混用的道理；另一些因食鱼虾而患血吸虫性肝病的，只要改变一下饮食方式，就能在尽尝美味的同时，避免损害健康。

第四节　卫生服务因素

卫生服务是指卫生机构和卫生专业职员为了防治疾病、增进健康，运用卫生资源和各种手段，有计划、有目的地向个人、群体和社会提供必要服务的活动过程。健全的医疗卫生机构、完备的服务网络、一定的卫生经济投入以及合理的卫生资源配置，均对人群健康有促进作用。相反，如果卫生服务和社会医疗保障体系存在缺陷，就不可能有效地防治居民的疾病，促进其健康。

卫生服务的基本内容包括：①健康教育；②供给符合营养要求的食品；③供给安全用水和基本环境卫生设施；④妇幼保健和计划生育；⑤开展预防接种；⑥采取适用的治疗方法；⑦提供基本药物。下面以社区卫生服务中心为例，来阐述卫生服务所包含的内容。

一、健康教育

根据辖区内常见健康问题制订健康教育规划，遵循系统性、连续性、科学性和实用性的原则。针对老年人、妇女、儿童、残疾人、慢性病人或其他疾病患者不同阶段或生理状况下的特殊需要，开展相应的健康教育。开设社区居民健康教育学校（开课每月不少于一次），开展社区人群生理和心理健康的宣传教育，并注意季节性疾病预防。设置固定的健康教育宣传橱（柜），定期更换（至少每月一次）。健康教育资料入户。

二、卫生防疫

负责辖区内传染病的防治管理工作，建立传染病报告卡，及时登记并按时上报；负责辖区内计划免疫工作，建立规范化的接种门诊室，加强安全接种的宣传，保证及时预防接种；负责辖区内慢性病、肿瘤的管理工作；指导辖区内居民委员会除四害、讲卫生、净化居住环境；开展精神疾病的预防和管治工作；完成上级疾病控制中心布置的工作任务。

三、妇幼保健和计划生育技术指导

在辖区内开展妇女保健、计划生育和和优生优育宣传、咨询服务，积极防治妇女、儿童常见病、多发病；掌握辖区内的孕情（包括流动人口），按孕产妇系统管理要求，负责或协助做好孕产妇的产前检查，对围产期妇女进行定期家访和随访。对高危孕产妇应建立专案管理，努力降低孕产妇和围产儿死亡率；掌握辖区内儿童的出生与死亡情况，按儿童保健系统管理要求，对0~6周岁儿童进行定期的健康检查和生长发育监测与评价，做好体弱儿童和残疾儿童的专案管理工作；积极开展儿童口腔、眼、耳保健工作；开展孕产妇死亡、儿童死亡、出生缺陷监测工作；协助有关部门做好流动人口计划生育管理。

四、康复服务

与残联系统共同开展残疾人康复服务，建立残疾人档案，定期为社区内需要康复训练的残疾人制订康复训练计划，记录康复训练情况；负责社区康复保健人员及残疾人亲属的康复技术培训，普及康复知识；做好恢复期病人康复服务；做好慢性病康复服务。

五、医疗服务

运用适宜的中西医技术，开展一般常见病、多发病的诊治；提供院前急救和急诊服务；开展上门医疗、家庭护理，设立家庭病床等服务；对疑难、重危病人或特需病人开展会诊、转诊服务；提供口腔、精神卫生和心理咨询服务；开展临终关怀服务；与家庭签订保健合同，建立个人和家庭健康档案，为个人和家庭提供医疗、预防、保健、康复、健康教育、计划生育技术指导等服务；开展家访和随访服务；开通医疗求助热线电话和开展医疗预约服务。

六、卫生信息

掌握辖区内0~6周岁儿童、育龄妇女基础资料，建立60周岁以上辖区内人群的健康档案；建立社区人群疾病、死亡、人口统计、儿童健康、妇女保健的资料分析，加强对资料的管理使用；做好辖区内社区卫生信息资料的收集、整理、统计、分析与上报工作。

本章所述影响人类健康的四类因素中，行为和生活方式因素受到人们越来越多的关注和重视，行为干预将是促进健康强有力的方式之一；而以个人、群体的行为改变和环境改变为着眼点的健康教育就成为全球第二次公共卫生革命中的核心策略。

思考题

1. 名词解释：行为和生活方式　环境污染　空气污染　卫生服务
2. 常见的不良行为和生活方式有哪些？其对人体健康的影响有哪些？
3. 环境污染分哪几类？环境污染对人体的危害有哪些？
4. 简述生物学因素对健康的影响。
5. 简述卫生服务的内容。

第三章　营养健康教育

营养是维持人体生命活动的物质基础，与生长发育、健康和长寿息息相关。人体所需要的各种营养素主要来自食物，各种食物所含营养物质不同，但通过不同食物的搭配，机体可得到所需要的营养物质；营养摄取不足可引起营养缺乏症，而摄入过多也可产生不良影响；有的疾病可通过营养调整和控制而起辅助治疗作用；不注意饮食卫生，可引起食物中毒，感染上病毒性肝炎、寄生虫病等疾病。根据人体不同时期的营养特点，合理安排膳食，注意饮食卫生，防止病从口入，是保持健康的重要因素。

第一节　概述

一、营养及营养素

人体为了生存和生活必须摄取食物，以维持生长发育、正常的物质代谢和生理机能等生命活动，摄取、消化、吸收、运输、储存和利用食物中的有效成分，以维持生命活动的整个过程称为营养。摄取食物是人的一种本能，但如何合理摄取食物则是一门科学。研究合理利用食物以满足人体需要，促进人体健康、提高人体机能的科学即营养学。

食物中对机体有生理功效的成分称为营养素。人体所需要的营养素有几十种，概括为六大类：蛋白质、脂肪、糖类、矿物质、维生素和水。它们各有独特的营养功用，但在机体代谢中又密切联系。一种食物不可能包含所有的营养素，一种营养素也不可能具备各种营养功能。因此，人体需要从多种食物中获得各种营养素。各类营养素在人体中的比例和功能如图 3-1 所示。

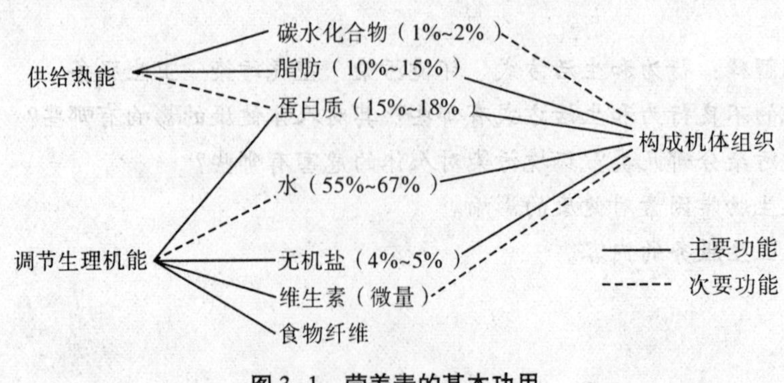

图 3-1　营养素的基本功用

二、营养的重要性

人体进行新陈代谢、维持生命和身体各器官的正常生理活动都需要营养。营养是否合理不仅直接关系到个人的体质强弱、健康好坏和寿命长短，而且对一个国家、民族的兴衰都有着重大影响。

（一）营养与生长发育

人体的生长发育受遗传、营养、运动、环境和疾病等许多因素的影响，而营养是重要因素之一，营养是生长发育的物质基础。在生长发育过程中，机体必须不断摄取食物来建起组织。若营养不足，生长发育必然会受到影响。研究表明，胎儿的体重、身高与母体的营养状况呈正相关，合理的营养能促进儿童的生长发育。WHO 调查表明，一个国家或民族的体格发育水平，与其营养状况有很大关系。

（二）营养与健康

营养与健康的关系密切，合理营养不仅能够增进健康，还可防治疾病。营养失调不仅使人虚弱，而且可引发疾病，营养不足可引起营养缺乏病。如缺维生素 A 引起干眼病，缺钙引起佝偻病等。营养过剩，可引起肥胖症、高血压、冠心病和糖尿病等。

营养还与癌症有关，如脂肪摄取量与乳腺癌发生率成正相关，食物纤维摄入量与直肠癌成负相关。美国的统计资料表明，妇女的癌症 60%与营养有关，男子的癌症 40%与营养有关，而适量的某些营养素（如维生素 A、维生素 C 等）有一定抗癌作用。

营养状况直接影响机体的免疫能力。如营养不良，抵抗力下降，则易感染疾病。而机体患病时机体内代谢改变或食欲下降，则易发生营养不良。营养还对机体的应激状态和伤病后的康复有重要影响，良好的营养能提高机体的应激能力，促进康复。

（三）营养与生理机能

营养可从神经和体液两个方面影响人体机能，人脑的决定性生长期是从出生后到两周岁，若此时营养缺乏，则会影响脑的发育。动物试验证明，营养缺乏对脑的不良影响需两代才能恢复。

生理机能的体液调节是靠体液中的激素、酶、矿物质和维生素等来完成的，其中的矿物质与维生素需直接由食物中摄取，而激素与酶则需要蛋白质、脂肪、矿物质、维生素等参与合成，这些也需从食物中摄取。所以，营养的好坏对体液调节的物质基础有直接影响。

（四）营养与体育运动

营养和体育运动是维持和促进人体健康的两个重要因素。营养是构成机体组织的物质基础，体育运动则是增强人体机能的有效手段，两者科学的配合，可有效地促进身体发育，提高健康水平和提高运动能力。只注意营养而缺乏体育运动，会使人肌肉松弛，肥胖无力，身体机能减弱；只进行运动而缺乏必要的营养，体内消耗的物质能量得不到应有的补偿，也会使人的机能减弱，妨碍发育，并可促发营养缺乏症，有碍身体健康。

三、合理营养

所谓合理营养，是指对人体提供符合卫生要求的平衡膳食，使膳食的质和量都能适应人体的生理以及一切活动的需要。合理营养主要是通过提供平衡膳食来实现的。平衡膳食由多种食物构成，它提供足够数量的热能和各种营养素，满足人体正常生理的需要，而且还要保持各种营养素之间数量的平衡，以利于消化、吸收和利用。目前认为平衡膳食有以下几个方面的基本要求：

（一）热量要保持平衡

热量是维持人体一切活动的基础条件。热量不足，不能满足机体的正常需要，机体机能会下降，健康受损；但过多的热量将引起体脂增多、身体发胖或慢性病。补充热量时要根据食物的发热量和人体能量消耗而定。

（二）热能物质比例要适当

各种营养素之间的比例要适当，我国人民的热能物质以糖为主，但要注意摄入足够的蛋白质，适量的脂肪。蛋白质、脂肪、糖三者的重量之比大致以 1∶0.8∶4 为最佳。

（三）充足的维生素和矿物质

维生素是人体所必需的一类有机化合物，对机体的新陈代谢、生长发育和健康有极为重要的作用。大多数维生素，机体不能合成或合成量甚微，不能满足机体的需要，必须通过摄取食物获得。人体对维生素的需要量很小，日需要量常以毫克或微克计算，但一旦缺乏就会引发相应的维生素缺乏症，引起生理机能障碍或引发某种疾病。

矿物质和维生素一样，是人体必需的元素，在人体组织的生理作用中发挥重要的功能。矿物质是无法自身产生、合成的，在人体的新陈代谢过程中，每天都有一定数量的矿物质通过粪便、尿液、汗液、头发等途径排出体外，因此必须通过饮食予以补充。

（四）正确地选择食物和烹调加工方式

食物中不得含有对人体有害的成分且应保持食物的新鲜卫生，食物中的微生物及其毒素、食品添加剂、化学物质以及农药残留物等均应符合中华人民共和国食品卫生法相关规定的标准。食物一旦受到有害物质污染或发生腐败变质，食物中营养素就会受到破坏，不仅不能满足机体的营养需要，还会造成人体急、慢性中毒，甚至致癌。

对食物烹调加工的目的在于消除食物中的抗营养因子和有害微生物，提高食物的消化率，改变食物的感官性状并促进食欲。因此，烹调加工时，应最大限度地减少营养素的损失并保持食物良好的感官性状，做到食物的色、香、味俱全，以增进食欲。

（五）合理的膳食制度和饮食习惯

合理的膳食制度有助于促进食欲和消化液定时分泌，使食物能得到充分消化、吸收和利用。成年人一般应采用一日三餐制，这符合胃对混合食物排空时间为 4~6 小时的特点，如特殊需要可采用一日多餐制；早中晚三餐应分别占全天总摄入量的 30%、

40%、30%；并养成不挑食、不偏食、不暴饮暴食等良好的饮食习惯。剧烈运动后应休息 30 分钟以上再进食，最好在进食后休息 1.5~2.5 小时后再开始运动。

四、热量

食物在体内经过消化吸收后，在代谢过程中有各种形式的能量转换，以便对外做功，对内维持各种生理机能及其相互协调。营养学上所用的热能单位以“千卡”（kcal）表示，相当于把 1 000 克水升高 1℃（由 15℃上升到 16℃）所需要的热量。现在国际通用热能单位为焦耳（Joule，J），它们之间的换算是：1 千卡 = 4.184 千焦，1 千焦 = 0.239 千卡。

（一）热源物质

糖、脂肪和蛋白质在体内能氧化分解产热，是人体热能的来源，故称为热源物质。它们在体内的氧化过程和体外的燃烧有类似之处，但由于最终产物不同，所以释放的能量与在体外有所不同。糖和脂肪在体内和体外氧化的最终产物都是水和二氧化碳（CO_2），而蛋白质在体内不能完全氧化成水和二氧化碳（CO_2），尚有部分含氮有机物（尿素、肌酐等）排出体外，这部分物质还可以产热。所以蛋白质在体内产热比在体外少（见表 3-1）。

表 3-1 热源物质的生理效能

食物中的热源物质	蛋白质	脂肪	糖
1. 体外彻底氧化产生热能（kcal/g）	5.65	9.45	4.10
2. 体内不完全氧化时，含氮有机物（尿素、肌酐等）产生热能（kcal/g）	1.30		
3. 体内氧化放能（kcal/g）	4.35	9.45	4.10
4. 消化率（%）	92	95	98
5. 生理有效热能（kcal/g）	4.0	9.0	4.0

在一般人的膳食中，热源物质的分配按总热量计，以蛋白质占 10%~14%、脂肪占 15%~25%、糖类占 60%~70%为宜。

（二）人体的热能消耗

成年人的热能消耗包括基础代谢、体力活动和食物特殊动力作用三个方面，而对于儿童、孕妇、乳母，还有特殊生理的消耗。人体的能量代谢很复杂，它受劳动、环境、营养、生理、病理等因素影响，其中影响最明显的是体力活动情况。

1. 基础代谢

在人体处于清醒、静卧、空腹（饭后 10~12 小时）、室温在 18℃~25℃的状态下，外界环境安静、心情平静时的热能消耗，即用于维持体温和呼吸、循环、排泄、腺体分泌等必要生理机能所需要的热能，称为基础代谢（BM）。其数值大小受性别、年龄、身高、体重、健康状况以及气候条件等许多因素影响。一般情况下，女性比男性的代谢率约低5%；老年人比成年人低10%~15%；生活在寒冷气候下的人比热气候下的人高10%~15%。

在正常情况下，人体的基础代谢率比较恒定。根据前人的研究成果，一个成年人在保持健康状态的情况下，其基础代谢率20年内不会偏离正常平均值的5%~10%；在同年龄、同体重、同性别的正常成年人群内，有85%的人其基础代谢率在正常平均值的上下10%以内。

2. 肌肉活动

肌肉活动对能量代谢的影响最为显著。机体任何轻微的活动都可提高代谢率。人在运动或劳动时耗量显著增加，因为肌肉活动需要补给能量，而能量则来自大量营养物质的氧化，导致机体耗氧量的增加。机体耗氧量的增加与肌肉活动的强度呈正比关系，耗氧量最多可达安静时的10~20倍（见表3-2）。肌肉活动的强度称为肌肉工作的强度，也就是劳动强度。劳动强度通常用单位时间内机体的产热量来表示，也就是说，可以把能量代谢率作为评估劳动强度的指标。

3. 精神活动

脑的重量只占体重的2%，但在安静状态下，却有15%左右的循环血量进入脑循环系统，这说明脑组织的代谢水平是很高的。据测定，在安静状态下，100克脑组织的耗氧量为3.5毫升/分（氧化的葡萄糖量为4.5毫克/分），此值接近安静时肌肉组织耗氧量的20倍，脑组织的代谢率虽然如此之高，但据测定，在睡眠中和在活跃的精神活动情况下，脑中葡萄糖的代谢率却几乎没有差异。可见，在精神活动中，中枢神经系统本身的代谢率即使有些增强，其程度也是可以忽略的。

表3-2　不同强度劳动项目举例及热能消耗率的划分

劳动强度等级	工作内容举例	热能消耗率	
		kJ/min	kJ/kg · min
极轻	以坐着为主的工作，如办公室工作，组装或修理收音机、钟表等	低于9.62	低于0.16
轻	以站着或少量走动为主的工作，如店员售货，化学实验操作，教员讲课等	9.66~14.43	0.16~0.24
中	以轻度活动为主的工作，如学生的日常活动，机动车驾驶、电工安装、金工切削等	14.43~20.50	0.24~0.34
重	以较重的活动为主的工作，如非机械化的农业劳动、炼钢、舞蹈、体育运动等	20.50~26.50	0.34~0.44
极重	以极重的活动为主的工作，如非机械化的装卸、伐木、采矿、砸石等	高于26.50	高于0.44

人在平静地思考问题时，能量代谢受到的影响并不大，产热量增加一般不超过4%。但在精神处于紧张状态，如烦恼、恐惧或强烈情绪激动时，由于随之出现的无意识的肌肉紧张以及刺激代谢的激素释放增多等原因，产热量可以显著增加。因此，在测定基础代谢率时，受试者必须摒除精神紧张的影响。

4. 食物的特殊动力作用

在安静状态下摄入食物后，人体释放的热量比摄入的食物本身氧化后所产生的热量要多。例如摄入能产 100 千焦热量的蛋白质后，人体实际产热量为 130 千焦，额外多产生了 30 千焦热量，表明进食蛋白质后，机体产热量超过了蛋白质氧化后产热量的 30%。食物能使机体产生“额外”热量的现象称为食物的特殊动力作用。糖类或脂肪的食物特殊动力作用为其产热量的 4%～6%，即进食能产 100 千焦热量的糖类或脂肪后，机体产热量为 104～106 千焦。而混合食物可使产热量增加 10%左右。这种额外增加的热量不能被利用来做功，只能用于维持体温。因此，为了补充体内额外的热量消耗，机体必须多进食一些食物补充这份多消耗的能量。

目前食物特殊动力作用的机制尚未完全了解。这种现象在进食后 1 小时左右开始，并延续到 7～8 小时。有人将氨基酸注入静脉内，可出现与经口给予相同的代谢率增值现象，这些事实使人们推想，食后的“额外”热量可能来源于肝处理蛋白质分解产物时“额外”消耗的能量。因此，有人认为肝在接脱氨基反应中消耗了能量可能是“额外”热量产生的原因。

5. 环境温度

人（裸体或只穿薄衣）安静时的能量代谢，在 20℃～30℃ 的环境中最为稳定。实验证明，当环境温度低于 20℃时，代谢率开始有所增加，在 10℃以下，代谢率会显著增加。环境温度低时代谢率增加，主要是由于寒冷刺激反射引起寒战以及肌肉紧张性增强所致。在 20℃～30℃时代谢稳定，主要是由于肌肉放松的结果。当环境温度为 30℃～45℃时，代谢率又会逐渐增加。这可能是因为体内化学过程的反应速度有所增加的缘故，这时还有发汗功能旺盛及呼吸、循环功能增强等因素的作用。

（三）热量过多与不足的危害

在一定时期内机体的热能摄入和消耗不平衡，首先反映在体重的变化，然后可发展到降低身体机能，影响健康，引起疾病，缩短寿命，因此热能平衡有重要意义。

1. 热量摄入过多的危害

摄入热量过多，其多余部分在体内转变为脂肪，约 8 000 千卡热能转变为 1 000 克脂肪。脂肪过多形成肥胖，肥胖增加机体负担，妨碍活动，对提高运动成绩不利。过于肥胖者由于肺泡换气不足而发生缺氧，心脏工作负担加重。肥胖还易发生高血压、冠心病、脂肪肝、糖尿病、胆石症、痛风症等疾病。

2. 热能不足的危害

长期摄入热能不足，体内贮存的脂肪和糖原将被动用，甚至体内的重要物质，如蛋白质也被动用分担供能。可发生饮食性营养不良。由于热能不足，影响蛋白质的吸收利用，从而加重蛋白质的缺乏，引起“蛋白质—热能营养不良”。其表现为基础代谢降低、消瘦、贫血、精神萎靡、皮肤干燥、肌肉软弱、脉搏缓慢、体温降低、抵抗力下降、易感染疾病，同时工作效率和健康水平下降。

造成热能不平衡的主要原因有两方面：饮食与运动。具体到不同的人，其主要原因不尽相同。可以是个人热能过多或不足，也可能是缺乏运动或运动过度。因此解决问题一定要根据具体情况、抓矛盾的主要方面。此外，某些疾病也可引起热能失去平衡。评定热量是否恰当的方法，最简单的是观察一定时期内的体重变化，更精确一些可测量皮褶厚度，了解体内脂肪情况。

第二节　营养素

一、蛋白质

（一）组成与分类

蛋白质主要由碳、氢、氧、氮四种元素构成，有的还含硫、磷等元素。蛋白质由许多氨基酸构成。氨基酸是构成蛋白质的基本单位。目前发现，食物蛋白质中的氨基酸有 24 种，其中有些在人体内不能合成或合成甚微，不能满足需要，但又是维持机体生长发育所必需的，这部分氨基酸称为必需氨基酸。成年人必需氨基酸共有 8 种：赖氨酸、色氨酸、苯丙氨酸、甲硫氨酸、苏氨酸、异亮氨酸、亮氨酸、缬氨酸。如果饮食中经常缺少上述氨基酸，可影响健康。组氨酸为小儿生长发育期间的必需氨基酸，精氨酸、胱氨酸、酪氨酸、牛磺酸为早产儿所必需。其他氨基酸在体内可以合成，不是必须由食物蛋白质供给的，称为非必需氨基酸。

营养学上根据食物蛋白质所含氨基酸的种类和数量将食物蛋白质分三类：

1. 完全蛋白质

完全蛋白质也称优质蛋白质，指所含必需氨基酸种类齐全，数量充足，比例适当。如奶类、蛋类、肉类、豆类、小麦、大米等中的蛋白质都属于完全蛋白质。

2. 半完全蛋白质

半完全蛋白质指所含氨基酸虽然种类齐全，但比例不适当。例如，小麦中的麦胶蛋白便是半完全蛋白质，含赖氨酸很少。食物中所含与人体所需相比有差距的某一种或某几种氨基酸叫做限制氨基酸。谷类蛋白质中赖氨酸含量多半较少，所以，它们的限制氨基酸是赖氨酸。

3. 不完全蛋白质

不完全蛋白质指含必需氨基酸种类不全，比例也不适当，如玉米、动物结缔组织和肉皮中的蛋白质。

（二）营养功用

1. 构成机体组织

蛋白质是一切细胞和组织结构的重要成分，是生命的物质基础。蛋白质是供给机体生长、更新和修补组织的材料，占细胞内固体成分的 80%以上。

2. 调节生理机理

蛋白质在体内构成许多机能物质，具有多种生理功能，如酶的催化作用、激素的生理调节作用、血红蛋白与肌红蛋白的输氧与贮氧作用、肌纤维蛋白的收缩作用、抗体的免疫、血浆蛋白维持渗透压的作用。

3. 供给热能

蛋白质的主要功用不是供给热能。当糖和脂肪供给的热能不足或摄入氨基酸过多，超过体内需要时，蛋白质才供给热能。此外，体内蛋白质更新分解代谢中也放出热能。每克蛋白质产热4千卡。

当蛋白质长期供给不足时，可引起蛋白质缺乏症。一般表现为机能下降，抵抗力降低，应激能力减弱，儿童生长发育迟缓，成年人出现体重下降、肌肉萎缩、贫血以及心律减慢、血压降低、伤口愈合迟缓等情况，妇女可发生月经失调，严重者可出现水肿或极度消瘦。

（三）食物蛋白质的营养价值评定

食物蛋白质的营养价值，取决于其含量、成分以及在体内的消化吸收、利用等情况。可根据以下几方面综合评定：

1. 食物中蛋白质的含量

蛋白质在量上满足人体需要十分重要。不同种类食物蛋白质含量的差异较大。一般来说，大豆含量最高，肉类次之，再次为粮谷类，蔬菜水果最少（见表3-3）。

表3-3　部分食物的蛋白质含量（g%）

食物	含量	食物	含量	食物	含量
牛奶	3.3	大米	8.5	马铃薯	1.9
鸡蛋	12.3	小米	9.7	油菜	2.0
猪肉（瘦）	16.7	面粉	9.9	大白菜	1.4
牛肉（瘦）	20.2	玉米	8.6	白薯	2.3
羊肉（瘦）	15.5	大豆	34.2	菠菜	2.0
鱼	12~18	螺旋藻	55~70	花生	26.2

2. 蛋白质的消化率

蛋白质的消化率反映的是某种食物蛋白质被机体吸收的程度，消化率越高，食物蛋白质被吸收的就越多。食物品种、烹调加工、消化酶的作用等因素可影响食物蛋白质的消化率。植物蛋白质的消化率（平均为78%）低于动物蛋白质（平均为92%），这是由于植物蛋白质被植物纤维包围，妨碍与消化酶充分接触。有的食物含有妨碍蛋白质消化率的因素，如大豆中的抗胰蛋白酶、蛋清中的抗生物素等，因而使蛋白质的消化率降低，烹调加工可以去除植物纤维素或使其软化，加热可破坏抗胰蛋白酶等妨碍消化的物质，因而可以提高蛋白质的消化率。如整粒大豆的消化率为60%，加工成豆浆或豆腐后，消化率提高到90%。按一般方法烹调时，肉类的消化率为92%~94%，蛋类为98%，奶类为97%~98%，米饭为82%，面包为79%，马铃薯为74%，玉米面窝头为66%。蒸煮一般对提高消化率较好，但温度过高的煎炸不仅会降低消化率，还破坏氨基酸，降低营养价值。

3. 蛋白质生物价

生物价是评定蛋白质营养价值的主要指标，表示食物蛋白质在机体内真正权利用的程度。生物价越高，营养价值越高，生物价可用下式表示：

$$蛋白质生物价=\frac{氮在体内储留量}{氮在体内吸收量}\times100$$

蛋白质的生物价取决于其中氨基酸含量的相互比值。因为构成人体各种组织蛋白质的氨基酸有一定比例，从食物中摄取的各种必需氨基酸与此种比例一致，才能被机体充分利用。因此，食物蛋白质所含必需氨基酸的比例越接近人体需要，其生物价就越高（见表3-4）。

表3-4　　常用食物蛋白质的生物价

品　种	生物价	品　种	生物价	品　种	生物价	品　种	生物价
全鸡蛋	94	虾	77	土豆	67	大麦	64
全牛奶	87	糙大米	73	红薯	72	绿豆	58
鱼	83	精大米	63	玉米	59	花生	59
牛肉	76	全小麦	65	大豆	67	芝麻	71
猪肉	74	精面粉	52	小米	57	绿叶菜	64

“蛋白质互补作用”：几种蛋白质混合食用时，由于各种蛋白质所含氨基酸互相配合，取长补短，改善了必需氨基酸含量的比例，从而使混合蛋白质的生物价提高，这种现象称为蛋白质的互补作用。如粮谷类蛋白质中赖氨酸较少，限制了其生物价，若与含赖氨酸较多的大豆或肉、蛋类搭配食用，生物价就可提高。再如，单纯食用玉米的生物价值为60%、小麦为67%、黄豆为64%，若把这三种食物按比例混合后食用，则蛋白质的利用率可达77%。食物多样化，粗细粮搭配，动物蛋白合理地分配于各餐，适量采用豆制品，可以较好地发挥蛋白质的互补作用，有利于提高蛋白质的营养价值。

（四）蛋白质的供给量与来源

蛋白质在体内几乎不能储存，而体内的蛋白质每天有3%要更新，因此，每天必须摄入一定量的蛋白质，才能满足机体需要。供给量不足，会造成蛋白质缺乏，供给量过多，体内过多的蛋白质经分解成尿素等排出体外，不仅浪费蛋白质，而且增加肝脏和肾脏的负担，对身体不利。

国际上一般认为健康成年人每天每千克体重需要0.8克的蛋白质。我国营养学会推荐的供给量标准中，成年人的供给量为每日每千克体重1~1.5克，这是由于我国膳食蛋白质来源主要为粮食谷类等植物性蛋白，其营养价值略低于动物性蛋白的缘故。蛋白质供给的热能，应占一日膳食总热能的10%~14%，儿童为12%~14%。

含蛋白质丰富的食物包括：牲畜的奶，如牛奶、羊奶、马奶等；畜肉，如牛肉、羊肉、猪肉等；禽肉，如鸡、鸭、鹅、鹌鹑、鸵鸟等；蛋类，如鸡蛋、鸭蛋、鹌鹑蛋等；鱼、虾、蟹等；还有大豆类，包括黄豆、大青豆和黑豆等，其中以黄豆的营养价值最高，它是婴幼儿食品中优质的蛋白质来源；此外芝麻、瓜子、核桃、杏仁、松子等干果类的蛋白质的含量均较高。豆类的蛋白质含量较高，而且较经济，故可以适当增加豆制品的摄入。

二、脂类

（一）组成与分类

脂类包括脂肪和类脂，由碳、氢、氧三种元素组成，有的类脂质还含有磷。脂肪由一个分子甘油和三个分子脂肪酸构成，故称为甘油三酯，是体内重要的储存和供能物质，约占体内脂类总量的95%；脂肪酸可分为饱和脂肪酸与不饱和脂肪酸，在不饱和脂肪酸中，亚油酸对人体最为重要而又不能在人体内合成，必须从食物中摄取，故称必需脂肪酸。类脂质包括磷脂（卵磷脂和脑磷脂等）和固醇类，约占全身脂类总量的5%。

（二）营养功用

1. 贮存和提供能量

当人体摄入能量过多不能被利用时，就转变为脂肪而贮存起来，至今还未发现脂肪吸收贮存脂肪的上限。当机体需要时，脂肪细胞中的甘油三酯立即分解释放出甘油和脂肪酸，与食物中被吸收的脂肪一起分解释放能量以满足机体需要。脂肪是高热能物质，体内1克脂肪燃烧可产生能量约39.7千焦（9.46千卡）。安静状态下空腹的成年人，所需的能量大约25%来自游离脂肪酸，15%来自葡萄糖代谢，其余由内源性脂肪提供。

2. 构成机体组织

正常人按体重计算含脂类约10%~20%，胖人可达30%以上，绝大部分是以甘油三酯的形式储存于脂肪组织内。脂肪组织所含脂肪细胞，多分布于腹腔、皮下和肌纤维之间，这类脂肪因受营养状况和机体活动的影响较大而增减，变动较大，故又称为可动脂。脂类，特别是磷脂和胆固醇，是所有生物膜的重要组成成分，这类脂类比较稳定，不太受营养和机体活动状况影响，故称为定脂。

3. 供给必需脂肪酸

脂肪为机体提供必需脂肪酸和其他具有特殊营养功能的多不饱和脂肪酸，必需脂肪酸是磷脂的重要成分，而磷脂又是细胞膜的主要结构成分，故必需脂肪酸与细胞的结构和功能密切相关；亚油酸是合成前列腺素的前体，前列腺素在体内有多种生理功能；必需脂肪酸还与胆固醇代谢有密切关系。必需脂肪酸缺乏，可引起生长迟缓、生殖障碍、皮肤受损（出现皮疹）等；另外，还可引起肝脏、肾脏、神经和视觉等多种疾病。

4. 促进脂肪溶性维生素吸收

脂溶性维生素只存在于食物脂肪中，也只有在脂肪存在的环境下才能被吸收。当饮食中缺乏脂肪时，体内的脂溶性维生素也会缺乏，常表现为干眼病，机体组织上皮干燥、角质化、增生等病症。

5. 保温和滋润皮肤

机体内所含的脂肪称为体脂，体脂是热的不良导体，能起隔热作用，对维持机体的正常体温有重要作用。体脂在各器官周围起像软垫一样，有缓冲机械冲击和减少器官间的摩擦，对各种内脏器官及组织、关节起保护和固定的作用。体脂在皮下适量储存，可滋润皮肤，增加皮肤弹性，延缓皮肤衰老。脂肪可刺激胆汁分泌。

6. 脂肪的内分泌作用

脂肪组织内分泌功能的发现是近年来内分泌学研究的重大进展之一，目前已确定的有瘦素、脂联素、抵抗素、肿瘤坏死因子、内脏脂肪因子、白介素、血管紧张素Ⅱ、胰岛素样生长因子、血管内皮生长因子等不同生物学活性的细胞因子和激素。它们分别参与能量代谢、免疫和炎症反应、发育和生殖等生理、病理活动。

7. 增加食物的美味和饱腹感

脂肪可刺激十二指肠产生抑胃素，使胃蠕动受到抑制，故食物中脂肪含量越多，胃排空的速度越慢，因而可有较长时间的饱腹感。脂肪是食品烹饪加工的重要原料，可改变食物的色、香、味、形等感官性状，达到美观和促进食欲的作用。

（三）食用脂肪营养价值的评定

1. 脂肪酸的种类与含量

饱和脂肪酸除由食用脂肪供给外，还可由体内的糖和蛋白质转变，而不饱和脂肪酸，特别是必需脂肪酸（亚油酸和亚麻酸），只能从食物中得到。因此，含必需脂肪酸的油脂，营养价值较高。植物油一般含不饱和脂肪酸较多，动物脂肪含饱和脂肪酸较多。饱和脂肪酸与胆固醇形成酯，易在动脉血管壁上沉积，发生动脉硬化。对于正常人体，较理想的饮食脂肪构成是：饱和脂肪酸：单不饱和脂肪酸：多不饱和脂肪酸=1:1:1（如按能量计算，三者相等，互相平衡）。

2. 脂肪的消化率

脂肪的消化率越高，营养价值越高。脂肪的消化率与其熔点有关。脂肪的熔点接近或低于人体体温的，其消化率高，可达97%~98%，而熔点在50℃以上的，消化率低，一般在80%~90%。熔点又与食物中所含不饱和脂肪酸的种类和含量有关，含不饱和脂肪酸和短链脂肪酸越多，熔点越低，越容易消化。通常植物油中不饱和脂肪酸含量高，熔点较低，易于消化，动物油脂则相反，黄油和奶油虽含不饱和脂肪酸不多，但乳融性脂肪消化率也较高。

3. 脂溶性维生素含量

脂溶性维生素存在于多数食物的脂肪中。维生素A和维生素D以鲨鱼肝油中的含量最多，奶油次之，猪油中几乎不含维生素A和维生素D，所以营养价值较低。一些海产鱼类肝脏脂肪中维生素A、维生素D含量较高。植物油中含有丰富的维生素E，谷类种子的胚中维生素E含量也较高。

（四）脂肪的供给量与来源

由于机体的热能主要由糖供给，所以人体对脂肪的实际需要量并不高。膳食中脂肪过多对人体有害，常是导致高脂血症、冠心病、高血压、胆结石等的主要原因，并与某些癌症的发生有关。中国营养学会建议，2岁以下婴儿对营养影响的承受能力差，应供给充足的能量和脂肪酸以保证其正常的生长发育，每日脂肪的摄入量约占总能量的45%~50%；2岁以上幼儿的膳食脂肪量所供能量占总能量的比例不超过30%；儿童控制体重不宜采取低脂肪高纤维含量的食物，所以儿童期脂肪以占总能量的25%~30%为宜；青少年每天摄入的脂肪能量占总能量的25%~30%；成人每天膳食脂肪的摄入量比例应不大于30%，一般以20%~30%为宜。也有学者认为每天50克脂肪摄入量就能满足人体需要。

脂肪的来源除各种食用油脂外，动物性食物和坚果类食物也是脂肪含量丰富的食品。动物性食物以畜肉类含脂肪最丰富，且多为饱和脂肪酸。猪肉脂肪含量在30%~90%之间，仅腿肉和瘦猪肉脂肪含量在10%左右。牛羊肉含脂肪量比猪肉低很多，如瘦牛肉脂肪含量仅为2%~5%，瘦羊肉多数为2%~4%。一般动物内脏（大肠除外）脂肪含量较低，多数在10%以下，但蛋白质的含量较高。鱼类脂肪含量基本在10%以下，多数在5%左右，且其脂肪含不饱和脂肪酸多，所以老年人宜多吃鱼少吃肉。蛋类以蛋黄脂肪含量高，约为30%，但全蛋仅为10%左右，其组成以单不饱和脂肪酸为多。植物性食物中以坚果类（如花生、核桃、瓜子、榛子、葵花子等）脂肪含量较高，最高可达50%以上，不过其脂肪组成多以亚油酸为主，是多不饱和脂肪酸的重要来源。

三、糖类

（一）组成与分类

糖类由碳、氢、氧三种元素组成，是人体三大功能物质中最经济和最重要的营养素。由于它所含的氢氧的比例为2∶1，和水一样，故旧称为碳水化合物。就其分子结构的繁简分为单糖（葡萄糖、半乳糖、果糖）、双糖（蔗糖，乳糖）与多糖（淀粉、糖原、纤维素与果胶）。食物中的糖类分成两类：人可以吸收利用的有效碳水化合物，如单糖、双糖、多糖；人不能消化的无效碳水化合物，如纤维素，但也是人体必需的物质。各种糖的甜度不一样，如以蔗糖为1，则果糖为1.75，葡萄糖为0.75，半乳糖为0.33，乳糖为0.16，淀粉的甜度最低。随着营养学研究的深入，人们对糖类生理功能的认识，已经从提供能量扩展到调节血糖、降低血脂、改善肠道细菌等更多的方面，对碳水化合物分类学及其与慢性病的关系也有了较多的研究成果，这些成果不断地丰富着人类对糖类营养作用的认识和理解。

（二）营养功用

1. 提供和储存能量

糖是人体最主要的热源物质，人体所需要的能量中，55%~65%由碳水化合物提供。碳水化合物在体内消化后，主要以葡萄糖的形式吸收，人体所有组织细胞都含有能直接利用葡萄糖产热的酶类，葡萄糖最终的代谢产物为二氧化碳和水。1克糖可供热16.7千焦（4千卡）。因此与脂肪和蛋白质相比，糖有许多优点：易消化吸收，产热快，耗氧少，在无氧条件下也能产热。肌肉和肝脏中的糖原是碳水化合物的储能形式，能满足机体肌肉活动、红细胞、脑和神经组织对能量的需要。

2. 维持中枢神经系统机能

葡萄糖是人体各系统，特别是神经系统最主要的能量来源。大脑活动靠糖的有氧氧化提供，其主要能源是血糖，大概2/3的血糖是被大脑消耗的。脑组织自身无能量储备，全靠血糖供给量。人体每天需要 100~120 克葡萄糖，血糖才能保持正常水平，也才能保证大脑的功能。血糖降低，脑的功能即受影响，可引起低血糖症。

3. 构成机体的重要物质

碳水化合物是构成机体的重要物质，并参与细胞的多种活动。糖和脂肪形成的糖脂是细胞膜和神经组织的重要成分，糖与蛋白质结合形成的糖蛋白是抗体、酶、激素、核酸的组成部分，具有重要的生理功能。

4. 节约蛋白质和抗生酮作用

当膳食中碳水化合物供应不足时，机体为了满足自身对葡萄糖的需要，就通过糖原异生作用产生葡萄糖，不需要动用蛋白质，即糖具有节约蛋白质的作用。碳水化合物供应充足，机体内有足够的三磷酸腺苷（ATP）合成，也有利于氨基酸的主动转运和减少蛋白质的消耗。

脂肪在体内代谢，需要葡萄糖的协同作用。当膳食中碳水化合物供应不足时，体内脂肪被动用来供应能量，脂肪在体内分解代谢的中间产物酮体，必须与葡萄糖在体内的代谢产物草酰乙酸结合，才能继续氧化。

5. 保护肝脏

摄入充足的碳水化合物可增加肝糖原的贮存，肝糖原可减少某些有害因素（如酒精、病毒、细菌、毒素等）对肝脏的损害。如细菌、毒素的解毒作用，肝糖原不足时，机体对酒精、砷等有害物质的解毒作用减弱，葡萄糖醛酸直接参与肝脏解毒。

（三）供给量与来源

中国营养学会建议，除了 2 岁以下的婴幼儿外，碳水化合物的摄入量占膳食总热能的 55%~65% 为宜，这些碳水化合物应包括淀粉、非淀粉多糖和低聚糖等。还应限制纯能量食物的摄入量，提倡摄入含营养素多的多糖食物，以保证人体对能量和营养素的双重需要。

膳食中淀粉的来源主要是粮谷类食物。粮谷类一般含碳水化合物 60%~80%，薯类含量为 15%~29%，豆类为 40%~60%。如小麦、水稻、玉米、小米、荞麦、绿豆、红豆、红薯、白薯、南瓜、藕、山药、大豆、花生等。单糖和双糖的来源主要是蔗糖、糖果、甜食、糕点、甜味水果、蔬菜、含糖饮料和蜂蜜等。

糖的种类很多，应以淀粉为主要来源，主要存在于植物性食物中，粮食和根茎类食物淀粉含量很丰富，不仅经济而且来源广。蔗糖是最普通的食用糖，摄入过多对身体有许多危害，与肥胖病、糖尿病、心血管疾病、龋齿，近视眼等疾病的发生有关。果糖是水果和蜂蜜中的天然单糖，在人体内的胰岛素效应比葡萄糖小，血糖相对稳定。低聚糖是一种人工合成糖，分子量较葡萄糖大，渗透压低，甜味低，吸收快，目前是临床营养与运动营养中的特殊糖类。

碳水化合物、脂类和蛋白质广泛存在于各类食物中。粮谷类和薯类含碳水化合物较多，是膳食能量主要来源；油料作物中富含脂肪，大豆和坚果类含丰富的油脂和蛋白质，是膳食能量辅助来源之一；蔬菜、水果含能量较少。动物性食品含较多的动物脂肪和蛋白质，也是膳食能量的重要构成部分。从能量合理摄取的角度，采用以植物性食物为主，并与动物性食物相平衡，避免经常性的高能量高脂肪膳食是必要的。在能量满足的前提下，保证三大能量营养素摄入的恰当比例。

四、维生素

（一）概述

1. 维生素的概念与分类

维生素是维护人体正常物质代谢，促进生长发育和调节生理机能所必需的一类低分子有机化合物。其种类较多，化学性质不同，生理功能各异。它们基本不参与构成组织，也不供给热能，但却对体内生物氧化等代谢过程有重要作用，能促进机体吸收大量热源质和构成机体组织的原料，调节物质代谢和能量转变等。

维生素种类很多，根据其溶解性可分为两大类，即脂溶性维生素和水溶性维生素。脂溶性维生素包括 A、D、E、K 四种，在食物中与脂类共同存在，在肠道吸收时也与脂类吸收有关，排泄效率低，故摄入过多时，可在体内蓄积，产生有害作用，甚至发生中毒。水溶性维生素包括 B 族维生素（B_1、B_2、B_6、B_{12}、PP 等）和抗坏血酸（VC）。水溶性维生素的特点：①溶于水，不溶于脂肪及有机溶剂；②容易从尿中排出体外，且排出效率高，故大量摄入一般不会产生蓄积和毒害作用；③绝大多数以辅酶或辅基形式参加各种酶系统工作，在中间代谢的许多环节中都起着极重要的作用；④其体内水平多数都可在血液和尿中反映出来。

2. 维生素缺乏的原因

人体不能合成维生素，每日必须从食物中获取。它们都是以本体形式或可被机体利用的前体形式存在于天然的食物中。造成维生素缺乏的主要原因有：

（1）膳食中含量不足。可因贫困、膳食单调、偏食等使摄入膳食中维生素的量不能满足机体的需求。

（2）体内吸收障碍。如肠蠕动加快，吸收面积减少，长期腹泻等使维生素的吸收、储存减少。

（3）排出增多。可因哺乳、大量出汗、长期大量使用利尿剂等使之排出增多。

（4）因药物等作用使维生素在体内加速破坏。

（5）生理和病理需要量增多。

（6）食物加工烹调不合理使维生素大量破坏或丢失。

3. 维生素缺乏的预防措施

（1）提供平衡膳食。

（2）根据人体的生理、病理情况及时调整维生素供给量。

（3）及时治疗影响维生素吸收的肠道疾病。

（4）食物加工烹调要合理，尽量减少维生素的损失。

（二）维生素 A

维生素 A 又名视黄醇，对热、酸、碱稳定，一般烹调加工方法对其影响不大，但易被氧化，高温与紫外线可促进这种氧化破坏，若与磷脂、维生素 E 和维生素 C 及其他抗氧化剂并存则较为稳定。

1. 营养功用

（1）参与上皮细胞与黏膜细胞中糖蛋白的生物合成，维持上皮细胞的正常结构和功能，是一般细胞代谢和结构的重要成分，有促进生长发育的作用。

（2）参与视网膜感光物质——视紫质的合成与再生，维持正常暗视觉和弱光下视力的作用，维持正常视觉。缺乏则使暗适应能力降低，导致夜盲症。

（3）促进蛋白质的生物合成和骨细胞的分化，促进机体的生长和骨骼的发育。

（4）免疫球蛋白也是糖蛋白，其合成与维生素 A 有关，故有增加机体抗感染的作用。

（5）维生素 A 可促进上皮细胞的正常分化并控制其恶变，从而有防癌作用。

2. 缺乏与过量

维生素 A 摄入不足所引起的营养缺乏病，临床上首先表现为暗适应能力降低，进一步发展可形成夜盲症；皮肤基底细胞增生和过度角化，特别是毛囊口角化为毛囊丘疹（多发生在四肢伸肌表面、肩部、颈部、背部，臀部的毛囊周围）；汗腺、皮脂腺萎缩、皮肤干燥、毛发干枯脱落；结膜角化、泪腺分泌减少，形成干眼病，进一步发展可失明；骨骼发育受阻、免疫和生殖功能下降。

维生素 A 进入机体后排泄效率不高，长期过量摄入可在体内蓄积，引起维生素 A 过多症。成年人长期每天摄入 15 000 微克视黄醇当量，即可出现中毒症状，多数因过量摄入维生素 A 制剂或食入过冬狗或狼的肝脏所致。一次大量服用维生素 A 可发生急性中毒。成人于 6~8 小时后出现嗜睡或过度兴奋、头痛、呕吐、颅内压增高，12~30 小时后皮肤红肿变厚，继之脱皮，以手、脚掌最为明显。

3. 供给量与来源

婴幼儿与儿童的不同年龄段，供给量有所不同（200~750 微克视黄醇当量）。从 13 岁少年开始至老年皆为 800 微克视黄醇当量。孕妇 1 000 微克，乳母 1 200 微克视黄醇当量。视力要求较高、夜间及弱光下工作、皮肤黏膜经常受刺激者的需要量较高。

天然维生素 A 只存于动物性食物中，动物的肝脏、鱼肝油、奶类、蛋类及鱼卵是维生素 A 的最好来源。植物性食物中含有一种可在体内转变成维生素 A 的物质—β-胡萝卜素，其吸收率与生理功效较低，各为维生素 A 的 1/3 与 1/2。红色、橙色、深绿色植物性食物中含 β-胡萝卜素较丰富。β-胡萝卜素是我国人民膳食中维生素 A 的主要来源。

（三）维生素 D

维生素 D 是所有具有胆钙化醇生物活性的类固醇统称，含有五种化合物，皆为脂溶性维生素，性质较稳定，耐高温和抗氧化，但不耐酸、碱，受烹调的影响较小，但脂肪酸可使其受破坏。与其健康关系较密切的是维生素 D_2 和维生素 D_3。人与动物皮肤中的 7-脱氢胆固醇经紫外线照射后即可转变成维生素 D_3。

1. 营养功用

（1）促进小肠对钙和磷的吸收与转运，减少丢失。

（2）调节骨细胞的代谢。当血钙浓度降低时，维生素 D 可动员骨组织中的钙磷释放，进入血液，以维持正常的血钙浓度；当细胞外钙、磷浓度超饱和时，可促进骨化作用。

（3）参与机体多种功能调节。维生素 D 具有激素的功效，参与调解人体的生长发育、细胞分化、免疫、炎症反应等。

2. 缺乏与过量

维生素 D 与机体内钙、磷代谢密切相关，故当维生素 D 缺乏时，儿童发生佝偻病，成人出现骨软化症和骨质疏松症。佝偻病常在婴幼儿中发生，因骨骼的软骨连接处及骨骼部位增大，临床上可见到方颅、肋骨串珠、鸡胸。由于骨质软化，承受较大压力的骨骼部分发生弯曲变形，如脊柱弯曲，下肢弯曲，还可发生囟门闭合迟缓，胸腹之间形成哈里逊沟。快速生长期的儿童和少年、妊娠与哺乳期妇女会因血钙降低而发生手足痉挛。

维生素 D 可以在体内蓄积，摄入过多可发生中毒。表现为头痛、厌食、恶心、口渴、多尿、低热、嗜睡、血清钙、磷增加、软组织钙化，可出现肾功能衰竭、高血压等症状。停止食用，数周后可恢复正常。

3. 供给量与来源

维生素 D 即来源于食物，又可由皮肤合成，较难估计供给量。中国营养学会建议，在钙、磷供给量充足的条件下，成年人每日供应 5 微克，孕妇、乳母、儿童与青少年及老年人均为 10 微克。

经常晒太阳是人体廉价获得充足有效的维生素 D_3的最好来源，在阳光不足或空气污染的地区，也可采用紫外线灯作为预防性照射。成年人只要经常接触阳光，一般不会发生维生素 D 缺乏病。维生素 D 主要存在于海水鱼、肝脏、蛋黄等动物性食品和鱼肝油制剂中。人奶和牛奶中维生素 D_3含量较少。蔬菜、谷类及其制品和水果等植物性食品中只含少量维生素 D_2或几乎没有活性。

（四）维生素 E

维生素 E 是一种脂溶性维生素，又称生育酚，是最主要的抗氧化剂之一。溶于脂肪和乙醇等有机溶剂中，不溶于水，对热、酸稳定，对碱不稳定，对氧敏感，对热不敏感，但油炸时维生素 E 活性明显降低。

1. 营养功用

（1）抗氧化作用。维生素 E 是氧自由基的清道夫。在体内能阻止不饱和脂肪酸受到过氧化作用的损伤，从而维持着不饱和脂肪酸较多的细胞膜的完整性和正常功能。由于预防了脂质过氧化，从而消除了体内其他成分受到脂质过氧化物的损害。

（2）预防衰老。随着年龄增长人们体内脂褐质不断增加，脂褐质俗称老年斑，是细胞内某些成分被氧化分解后的沉淀物，补充维生素 E 可减少细胞中的脂褐质形成。维生素 E 还可改善皮肤弹性，使性腺萎缩减轻，提高免疫力。因此，维生素 E 在预防衰老中的作用日益受到重视。

（3）与生殖功能和精子形成有关。维生素 E 可促进性激素分泌，使男子精子活力增强和数量增加；使女子雌性激素浓度增高，提高生育能力，预防流产。临床上常用于治疗先兆流产和习惯性流产。维生素 E 缺乏时生殖上皮细胞会发生不可逆的变性，男性可致精子停止形成和睾丸退化，女性可致胚胎死亡。

（4）调节血小板的粘附力和聚集作用。维生素 E 可抑制磷酸酶的活性，减少血小板血栓素的释放，从而抑制血小板的聚集。维生素 E 缺乏时血小板聚集和凝血作用增强，增加了心肌梗死和脑卒中的危险性。

（5）保护心血管系统。维生素 E 可促进毛细血管增生，改善微循环，有利于防止动脉硬化及冠心病等。维生素 E 具有很强的抗氧化作用，可保护红细胞细胞完整，延长红细胞寿命，临床上用于预防和治疗溶血性贫血。

（6）保护肝脏。维生素 E 是肝细胞生长的重要保护因子之一，肝细胞死亡的最后途径之一是肝细胞中维生素 E 的耗竭。维生素 E 对多种急性肝损伤有保护作用，对慢性肝纤维化有延缓作用。

（7）提高运动能力。维生素 E 可维护骨骼肌、平滑肌、心肌的功能，缺乏时可引用肌肉营养不良，功能下降。其中骨骼肌损害最明显，心肌次之。维生素 E 还可促进新陈代谢，使氧的利用率增加，提高机体的耐力。

2. 缺乏与过量

维生素 E 缺乏在人类中较少见。缺乏维生素 E 时，可出现视网膜蜕变、蜡样质、色素积聚、溶血性贫血、肌无力、神经退行性病变、小脑共济失调等。

在脂溶性维生素中，维生素 E 的毒性相对较小。大剂量服用时可能出现中毒症状，如肌无力、视觉模糊、复视、恶心、腹泻以及对维生素 K 的吸收和利用障碍。

3. 供给量与来源

我国现行成人的维生素 E 适宜摄入量是每天 14 毫克，用于特殊保健和治疗，每日不应超过 400 毫克。维生素 E 在自然界中发布广泛，一般不会缺乏。维生素 E 含量丰富的食品有植物油、麦胚、坚果、种子类及其他谷类；鸡蛋、肉类、鱼类及水果蔬菜中含量甚少；食物加工、储存和制备过程中可损失部分维生素 E。

（五）维生素 B_1

维生素 B_1 又称硫胺素，是可抗神经炎症和治疗脚气病的一种 B 族维生素。在酸性溶液中很稳定，在碱性溶液中不稳定，易被氧化和受热破坏。一般烹调对其影响不大，但在高压锅中易被破坏。

1. 营养功用

（1）辅助体内糖代谢。维生素 B_1 是糖代谢中辅羧酶的重要成分，若缺乏，糖代谢至丙酮酸在体内堆积，降低能量供应，影响正常生理功能。

（2）促进能量代谢。维生素 B_1 一方面促进糖原在肝脏和肌肉中蓄积，另一方面在需要时又能加速糖原和磷酸肌酸的分解，释放能量，有利于肌肉活动。

（3）维护神经系统的机能。神经系统主要从葡萄糖获得能量，维生素 B_1 缺乏则使糖代谢障碍，造成神经系统供能不足，同时，由于丙酮酸等中间代谢产物堆积，使神经系统功能下降。此外，糖代谢障碍可影响脂肪代谢，进而引起细胞膜的性状改变，导致神经系统病变。缺乏维生素 B_1 的主要表现有：失眠、健忘、感觉异常、肌力下降、肌肉酸痛、消化不良、便秘、心悸、胸闷和下肢水肿等。典型的维生素 B_1 缺乏症称为脚气病。

（4）促进胃肠功能。维生素 B_1 可保护神经介质——乙酰胆碱受破坏，并促进其合成，有利于胃肠蠕动和消化腺分泌。

2. 缺乏与过量

维生素 B_1 缺乏常由摄入不足引起，需要增量和排除吸收利用障碍。肝损害、饮酒也可引起维生素 B 缺乏。长期透析的肾病者、完全胃肠外营养的病人以及长期慢性发热病人都可发生。初期症状，有疲乏、淡漠、食欲差、恶心、忧郁、急躁、沮丧、腿麻木和心电图异常。进一步发展可出现典型脚气病症状，干性脚气病以多发性神经炎症为主，表现为指趾麻木、肌肉酸痛、压痛，尤以腓肠肌为甚；湿性脚气病以水肿和心脏症状为主。

因维生素 B_1 溶于水，摄入过多的维生素 B_1 也不能在体内储存，而是从尿中排出体外，对人体几乎没有副作用。长期过量摄入偶尔会出现发抖、疱疹、浮肿、神经质、心跳增快及过敏等不良反应。

3. 供给量与来源

维生素 B_1 的供给量与人体的糖摄入量有关，并与热量消耗成正比。中国营养学会推荐，成年男性为每天 1.4 毫克，女性为每天 1.3 毫克。高强度脑力劳动、高温、缺氧及摄入糖多者，需要量增加。

维生素 B_1 广泛存在于天然食物中，含量丰富的食物有：谷类、豆类及干果类；动物内脏（肝、心、肾）、瘦肉、禽蛋中含量也较多。维生素 B_1 多含于胚芽和种皮部分，加工越精，损失越多，还易受某些因素破坏。需注意烹调方法，以减少损失。

（六）维生素 B_2

维生素 B_2 又叫核黄素，微溶于水，在中性或酸性溶液中加热是稳定的，在碱性环境下不稳定，易被光破坏。纯维生素 B_2 为黄棕色针状晶体，味苦，几乎无气味。在水中，它会发出略带黄色的荧光。

1. 营养功用

（1）参与体内的生物氧化与能量代谢。维生素 B_2 在机体的生物氧化的过程中起递氢的作用。维生素 B_2 在黄素激酶催化下与 ATP 作用转化为黄素单核苷酸，又在黄素腺嘌呤二核苷酸过磷酸化酶的作用下经 ATP 磷酸化形成黄素嘌呤二核苷酸，它们都是多种酶的辅酶，对机体物质与能量代谢的意义重大。

（2）参与辅酶构成和维生素代谢。维生素 B_2 是许多氧化酶系统的辅酶。黄嘌呤氧化酶参与了肝脏中黄嘌呤转变为尿酸的过程，能将包括维生素 A 在内的许多醛氧化为相应的羧酸。氨基酸氧化酶能将 α-氨基酸氧化为亚氨基酸，进而分解为氨和酮酸。维生素 B_2 作为辅酶参与色氨酸转变为烟酸和维生素 B_6 转变为磷酸吡哆醛的反应。

（3）促进生长发育。维生素 B_2 对细胞的增殖及机体的生长起着间接的作用。如果没有维生素 B_2，那细胞的生长就会停滞。维生素 B_2 参与体内蛋白质合成代谢，缺乏时，肝脏、血浆中蛋白质含量降低，肌肉蛋白质合成率减慢，所以它对肌肉发育有特殊意义。

2. 缺乏与过量

体内维生素 B_2 的储存是很有限的，因此每天都要由饮食提供。它保证代谢正常进行，促进生长，维护皮肤和黏膜的完整性。缺乏则细胞代谢障碍，可引起多种病变，如唇炎、口角炎、眼睑炎、角膜血管增生、视力疲劳等，常见的是脂溢性皮炎和阴囊炎等。一般，维生素 B_2 不会引起过量中毒。

3. 供给量与来源

维生素 B_2 需要量与机体能量代谢及蛋白质的摄入量成正比。中国营养学会建议，成年男性为每天 1.4 毫克，女性为每天 1.2 毫克，婴幼儿、孕妇及乳母的供给量适当增加。

维生素 B_2 广泛存在于动植物食物中，动物性食物较植物性食物含量高。动物肝脏、肾脏、心脏、乳汁及蛋类含量尤为丰富；植物性食物以绿色蔬菜、豆类含量较高，谷类含量较少。

（七）维生素 B_3

维生素 B_3 又称烟酸、尼克酸、维生素 PP、抗癞皮病因子等，是人体必需的 13 种维生素之一，是一种水溶性维生素。其性质较稳定，能耐光和热，不易被酸碱破坏，一般烹调加工对其影响较小。

1. 营养功用

（1）参与体内物质和能量代谢。烟酸在人体内以烟酰胺的形式构成辅酶Ⅰ和辅酶Ⅱ。这两种辅酶在生物氧化过程中起加氢和脱氢作用，参与体内脂质代谢、组织呼吸的氧化过程和糖类无氧分解的过程。

（2）与核酸的合成有关。葡萄糖通过磷酸戊糖代谢途径可产生 5-磷酸核糖，这是体内产生核糖的主要途径，核糖是合成的重要原料。而烟酰构成的辅酶Ⅰ和辅酶Ⅱ是葡萄糖磷酸戊糖代谢途径第一步生化反应中氢的传递者。

（3）降低血清胆固醇水平。每天摄入 1~2 克烟酸，可降低血清胆固醇水平。其原理可能是烟酸干扰胆固醇或脂蛋白的合成，或者促进脂蛋白酶的合成。临床上可用于治疗高胆固醇血脂症。

（4）扩张周围血管。烟酸能有效地扩张周围血管，促进血液循环，使血压下降。临床上用于治疗周围血管病、偏头痛、耳鸣、内耳眩晕症、缺血性心脏病等。

（5）维护神经系统、皮肤和消化系统的正常功能。烟酸可促进消化系统的健康，减轻胃肠功能障碍，并使皮肤更健康。临床可用于治疗失眠、感觉异常等神经系统症状。

2. 缺乏与过量

以玉米为主食的居民容易发生维生素 B_3 缺乏病，过去新疆南部居民以玉米为主食，又无加碱食用的习惯，副食品供应不足，故发生过癞皮病流行。其典型症状为皮炎（Dermatitis）、腹泻（Diarrhea）及痴呆（Dementia），即所谓“三 D”症。早期常有食欲不振、消化不良、腹泻、失眠、头痛、无力、体重减轻等现象。继之于皮肤裸露部位出现对称性皮炎，红、痒、皮肤呈暗褐色，有色素沉着，皮肤粗糙，有明显浮肿，可伴有疱疹、溃疡与感染。消化道与舌部也有炎症，舌呈猩红色，有溃疡，出现恶心、呕吐、腹泻等症状。神经系统除早期症状外，还有肌肉震颤，腱反射过敏或消失，有烦躁、焦虑、抑郁、健忘的现象，少数病人可有精神失常。其他症状有女性阴道炎、月经不调，男性排尿时有烧灼感、性欲减退等。临床用于治 疗头痛、偏头痛等。

过量摄入维生素 B_3 的副作用主要表现为皮肤潮红、瘙痒、眼部不适、恶心、呕吐、高尿酸血症和糖耐量异常，长期大量服用可引起轻度肝功能减退及视觉障碍等。

3. 供给量与来源

供给量应与能量的消耗和蛋白质的摄入量成正比，成年人每产生 1 000 千卡热量需 5 毫克维生素 B_3，儿童少年为每 1 000 千卡热量需 6 毫克。一般成年人每日维生素 B_3 的摄入量为 12~20 毫克。在缺氧条件下活动者如登山、飞行、潜水，以及运动员，供给量应增加。

烟酸广泛存在于动植物食品中。动物性食物里主要是烟酸，植物性食物里主要是烟酸胺。烟酸和烟酸胺在肝脏、瘦肉、鱼、全谷类及坚果类中含量较丰富；乳和蛋中的烟酸含量虽低，但色氨酸含量较高，在体内可转化为烟酸。

（八）维生素 B_6

维生素 B_6 又称吡哆素，是一种水溶性维生素，遇光或碱易破坏，不耐高温。维生素 B_6 为无色晶体，易溶于水及乙醇，在酸液中稳定，在碱液中易破坏，吡哆醇耐热，吡哆醛和吡哆胺不耐高温。

1. 营养功用

（1）参与氨基酸代谢，如转氨、脱氨、脱羟、转硫和色氨酸转化等。

（2）参与脂肪代谢，如与维生素 C 协同作用，参与不饱和脂肪酸的代谢。

（3）促进体内烟酸合成。

（4）参与造血，磷酸吡哆醛参与琥珀酰辅酶 A 和甘氨酸合成血红素的过程。

（5）促进体内抗体的合成，维生素 B_6 缺乏时，抗体的合成减少，机体抵抗力下降。

（6）维生素 B_6 可促进维生素 B_{12}、铁和锌的吸收。

（7）维生素 B_6 还参与神经系统中许多酶促反应，使神经系统递质的水平升高，包括 5-羟色胺、多巴胺、去甲肾上腺素等。

2. 缺乏与过量

维生素 B_6 主要作用在人体的血液、肌肉、神经、皮肤等。功能有：合成抗体、制造消化系统中的胃酸、利用脂肪与蛋白质（尤其在减肥时应补充）、维持钠/钾平衡（稳定神经系统）。维生素 B_6 缺乏时，会有食欲不振、食物利用率低、失重、呕吐、下痢等毛病。严重缺乏会有粉刺、贫血、关节炎、小孩痉挛、忧郁、头痛、掉发、易发炎、学习障碍、衰弱等症状。

用极高剂量如每天 300 毫克来预防及治疗呕心及放射线照后呕吐、吃药后的呕吐、麻醉呕吐、旅行生病的呕吐等，均可达到治疗效果，且无毒性。

3. 供给量与来源

人体对维生素 B_6 的需要，受膳食蛋白质水平、肠道菌群合成、人体利用程度、生理状况以及服用药物的状况等影响。正常情况下，维生素 B_6 不易缺乏。我国建议适宜摄入量为每天 1.2 毫克，妊娠、哺乳期适当增加。

维生素 B_6 广泛存在于各种食物中，含量最高的食物为白色肉类，如鸡肉和鱼肉，其次为肝脏、豆类、坚果类和蛋黄等。蔬菜和水果中含量也较高，其中香蕉、卷心菜、菠菜的含量丰富，但在柠檬类水果、奶类中含量较少。

（九）维生素 C

维生素 C 又叫抗坏血酸，是一种水溶性维生素。在所有维生素中，维生素 C 是最不稳定的。易受碱和热破坏，极易氧化分解，光以及铜、铁等金属可促使其被破坏。在酸性溶液中较稳定。在贮藏、加工和烹调时，容易被破坏。

1. 营养功用

（1）抗氧化作用。维生素 C 是体内一种活性很强的还原物质，可直接参与氧化作用，其本身被氧化，而使氧化型谷胱甘肽还原为还原型谷胱甘肽，从而发挥抗氧化作用，促进物质代谢，增加大脑中氧的含量，激发大脑对氧的利用，从而能减轻疲劳和提高机体工作能力。它也可以保护其他抗氧化剂，如维生素 A、维生素 E、不饱和脂肪酸，防止自由基对人体的伤害。

（2）胶原蛋白的合成。人体由细胞组成，细胞靠细胞间质把它们联系起来，细胞间质的关键成分是占全身蛋白质 1/3 的胶原蛋白。胶原蛋白的合成需要维生素 C 参加，维生素 C 缺乏时，胶原蛋白的合成将不能正常进行，会影响结缔组织、骨骼、牙齿、毛细血管等的正常结构与功能，导致毛细血管壁脆性增加，易出血、牙龈萎缩和骨骼发育不正常等，延缓创伤与骨折的愈合。

（3）提高人体的免疫力。白细胞含有丰富的维生素 C，当机体受到感染时，白细胞内的维生素 C 急剧减少。维生素 C 可增强中性粒细胞的趋化性和变形能力，提高杀菌能力。促进淋巴母细胞的生成，提高机体对外来细胞和恶变细胞的识别和杀灭。参与免疫球蛋白的合成。提高 CI 补体酯酶活性，增加补体 CI 的产生。促进干扰素的产生，干扰病毒 mRNA 的转录，抑制病毒的增生。

（4）提高机体的应激能力。人体受到异常的刺激，如剧痛、寒冷、缺氧、精神强刺激，会引发抵御异常刺激的紧张状态。该状态伴有一系列身体反应，包括交感神经兴奋、肾上腺髓质和皮质激素分泌增多。肾上腺髓质所分泌的肾上腺素和去甲肾上腺素是由酪氨酸转化而来，在此过程需要维生素 C 的参与。

（5）预防癌症。维生素 C 能阻断致癌物亚硝胺的生成，能合成透明质酸酶抑制物，阻止癌扩散；丰富的胶原蛋白有助于防止癌细胞的扩散；维生素 C 的抗氧化作用可以抵御自由基对细胞的伤害，防止细胞的变异；曾有人对因癌症死亡的病人解剖发现病人体内的维生素 C 含量几乎为零。

（6）抗贫血作用。维生素 C 可使难以吸收利用的三价铁还原成二价铁，促进肠道对铁的吸收和叶酸的利用，提高肝脏对铁的利用率，有助于治疗缺铁性贫血。维生素 C

缺乏可引起造血机能障碍。

（7）预防衰老。维生素C是一种重要的自由基清除剂，它通过逐级供给电子而变成三脱氢抗坏血酸和脱氢抗坏血酸，以清除超氧阴离子（O_2-）和羟茎（OH-）等自由基，发挥抗衰老作用。

（8）提高三磷酸腺苷（ATP）酶的活性，提高机体供能能力。

（9）参与解毒。对于进入人体内的有毒物质如汞、铅、砷、苯以及某些药物和细菌毒素，给以大量维生素C可缓解其毒性。

（10）防治动脉粥样硬化。维生素C可促进体内胆固醇排泄，防止胆固醇在动脉内壁沉积。

2. 缺乏与过量

维生素C缺乏时，早期有乏力、食欲差、体重减轻、性情暴躁、下肢肌肉或关节疼痛、牙龈肿胀等；毛囊周围充血、溢血、紫斑，继之毛囊肿胀与肥厚，使皮肤更显粗糙；牙龈肿胀、发红、疼痛和出血；常伴有贫血、浮肿、伤口愈合缓慢而易继发感染。

短期内服用维生素C补充品过量，会产生多尿、下痢、皮肤发疹等副作用；长期服用过量维生素C补充品，可能导致草酸及尿酸结石；小儿生长时期过量服用，容易产生骨骼疾病。一次性摄入维生素C 2 500毫克以上时，可能会导致红细胞大量破裂，出现溶血等危重现象。

3. 供给量及来源

维生素C的供给量各国差异较大，我国的推荐摄入量规定为一般成年人每日100毫克，可耐受最高摄入量为每日1 000毫克。在高温、寒冷和缺氧条件下生活或劳动，经常接触铅、苯和汞的有毒作业工种的人群，某些疾病患者，孕妇和乳母均应增加维生素C的摄入量。

维生素C主要来源为新鲜蔬菜和水果，一般叶菜类含量比根茎类多，酸味水果含量比无酸味水果含量多。含量较丰富的蔬菜有辣椒、西红柿、芥蓝、菜花、油菜等。蔬菜烹饪方法以急火快炒为宜，可适当勾芡或加醋烹调以减少维生素C的损失。

五、矿物质

人体组织内含有自然界各种元素，目前在地壳中发现的92种天然元素在人体内几乎都能检测到。这些元素除了组成有机化合物的碳氢氧氮外，其余的元素均称矿物质，总量约占人体体重的5%。按照化学元素在机体内的含量多少，通常将矿物质分为常量元素和微量元素。凡体内含量大于体重0.01%的矿物质称为常量元素，它包括钙、磷、钾、钠、氯、硫、镁；凡体内含量小于体重0.01%的矿物质称为微量元素。

目前有20多种元素被认为是构成机体组织，调节生理机能，维持正常代谢所必需的，其中铁、铜、锌、硒、铬、碘、钴和钼被认为是必需微量元素；锰、硅、镍、硼、钒为可能必需微量元素；氟、铅、镉、汞、砷、铝、锡和锂为具有潜在毒性，但低剂量可能具有生理功能的微量元素。

人体在物质代谢中每天有一定量的矿物质排出体外，必须从食物中得到补充，以保持体内的动态平衡。若不能得到满足，体内的代谢和生理机能就会受影响，甚至发生疾病。但摄入过多也对人体有害。

人体所需的各种矿物质，多数在正常膳食下都能得到满足，但有的容易缺乏，有的微量元素受地质化学状况的影响，还会发生地区性的缺乏。下面将介绍营养中较易缺乏的几种矿物质。

（一）钙

钙是人体含量最多的矿物质元素，占人体体重的1.5%~2.0%，其中99%存在于骨骼与牙齿中，其余1%分布于软组织、细胞外液和血液中。人体血液里的总钙浓度为2.25~2.75mmol/L，有重要生理作用。成年人骨骼中钙每天有700毫克要进行更新，年龄越小，更新速度越快。因此钙是较易缺乏的一种矿物质。

1. 营养功用

（1）构成骨骼和牙齿的重要成分。如缺钙，骨骼和牙齿的生长发育和维护正常状态都会受到影响，儿童少年会发生佝偻病，成年人发生骨软化症，老年人患骨质疏松。

（2）维持神经和肌肉的活动。维持神经和肌肉的正常兴奋性与心跳节律。当血浆中钙离子浓度下降时可引起手足抽搐和惊厥，血浆钙离子浓度过高时则可引起心脏和呼吸衰竭。

（3）传递细胞信息。钙离子作为细胞内最重要的“第二信使”之一，在细胞受到刺激后，胞质内的钙离子浓度升高，引起细胞内的系列反应。

（4）参与凝血过程。凝血因子Ⅳ就是钙离子，它能够促使活化的凝血因子在磷脂表面形成复合物而促进血液凝固，去除钙离子后血液将不能凝固。

（5）调节激素和酶的活性。钙离子参与调节多种激素和神经递质的释放，还能激活多种酶（腺苷酸环化酶、鸟苷酸环化酶及钙调蛋白等），调节代谢过程及一系列细胞内生命活动。

（6）维持细胞膜的完整性。钙离子可与细胞膜上的某些蛋白质和磷脂结合，导致细胞膜的疏水性增强，以维持和发挥细胞膜正常的生理功能。

2. 供给量与来源

中国营养学会推荐成人的供给量为每天800毫克，少年儿童、孕妇和老年人的供给量应较高。大量出汗使体内钙的排出增加，故运动员和体力劳动者的供给量也较高，每天为800~1 500毫克。

含钙较多的食物有虾皮、全脂牛奶、海带、豆类、芥菜、油菜、黑芝麻等。但食物中钙的吸收利用受一些因素的影响。如蔬菜中的草酸，谷类中的植酸，过多的脂肪，都能与钙生成不溶性钙盐而影响钙的吸收。而维生素D和蛋白质则可促进钙的吸收利用。

（二）磷

1. 营养功用

（1）构成骨骼与牙齿的成分。磷与钙结合成磷酸钙，是骨骼和牙齿的主要成分。

（2）参与物质能量代谢。磷是体内许多酶的重要成分，糖和脂肪的代谢都需磷的化合物参加，三磷酸腺苷和磷酸肌酸是肌肉收缩的能源物质。机体的能量消耗愈大，磷的消耗量愈多。

（3）构成细胞的成分。磷与脂肪等合成磷脂，是神经组织和细胞膜的重要成分。

（4）维护血液的酸碱平衡。磷在血中以酸式磷酸盐与碱式磷酸盐的形式存在，是重要的缓冲系统。

2. 供给量与来源

一般国家都没有明确规定磷的供给量。因为磷广泛存在于各类动物性和植物性食物中，只要膳食中蛋白质与钙充分，磷也能满足需要。

（三）钾

1. 营养功用

（1）调节细胞内外的水平衡。体内的钾 98%在细胞内，是细胞内液中主要的阳离子，它与细胞外的钠相互作用，维持渗透压。

（2）参与能量代谢。钾与糖原合成有关，可促进乳酸盐和丙酮酸盐合成糖原。合成1克糖原需要0.15毫克当量钾离子（1毫克当量=0.039克）。

（3）与蛋白质合成有关。细胞内合成蛋白质需要钾（1克蛋白质含0.45毫克当量钾），钾还促进肌凝蛋白质合成，缺钾可影响机体对蛋白质的利用。

（4）维持神经肌肉的应激性和心脏的正常跳动。缺钾时神经传导减弱，反应迟钝。血清钾浓度改变可引起心律失常。摄入量低，吸收障碍，排泄增加（利尿剂），创伤、饥饿、脱水等因素可造成低血钾。

2. 供给量与来源

因钾广泛存在于各种食物中，一般不致缺乏，故对供给量无严格要求。运动员因出汗量大，失钾较多，运动后恢复中蛋白质与糖原的合成均需要钾，故供给量应较高，每天可为4~6克。运动员从汗中失钾较多，若摄入不足可引起慢性缺钾，影响运动能力。钾主要来源于蔬菜、水果，水果中的钾较易吸收。

（四）钠与氯

1. 营养功用

（1）钠是细胞外液的主要阳离子，氯是细胞外液中的主要负离子，有维持体内水平衡、渗透压及酸碱平衡的作用。

（2）钠能提高神经肌肉兴奋性，缺钠时可出现肌肉无力，易疲劳，食欲不振，心率加快等症状。

（3）氯是胃酸的主要成分，能激活唾液淀粉酶，有利于消化。

（4）氯化钠有调味作用。

2. 供给量与来源

一般膳食中的钠含量多超过人体正常需要量。摄入钠过多对人体有害，可引起高血压和眼底视网膜病变。世界卫生组织与我国的调查均表明，氯化钠的摄入量与高血压病发生率呈正相关。

食盐是人体获得氯与钠的主要来源。一般成年人每天摄入量不应超过10克。在天热、运动等大量出汗的情况下，机体从汗中失钠较多，需要额外补充。补充盐水以0.3%的浓度为宜。排汗1升，约补氯化钠3克。在大量出汗后，若大量补充水而不补充钠，可引起低血钠症，对人体机能有不良影响。

(五) 镁

1. 营养功用

(1) 维持神经肌肉的正常兴奋性，血清镁浓度降低时，可出现易激动，神经肌肉兴奋性极度增强——易痉挛，幼儿可发生惊厥。

(2) 镁是体内磷酸化与某些酶的激活剂，对能量代谢、蛋白质合成及细胞生长均有重要作用。

(3) 保护心脏、预防高胆固醇饮食引起的冠状动脉硬化。缺镁易发生血管硬化、心肌损害。

2. 供给量与来源

成年人镁的供给量为每 1 000 千卡热量 120 毫克，一般男子约为每天 350 毫克，女子为每天 300 毫克。出汗中失镁较多，或用利尿剂者从尿中失镁较多时，镁的供给量应增加。植物性食物含镁较高，如粗粮、豆类和蔬菜等都含量甚丰。镁是常量元素中体内含量和需要量最少的，一般不会缺乏，但对运动员有特殊意义。

(六) 铁

1. 营养功用

(1) 铁是构成血红蛋白的主要原料。缺铁对机体的危害：一是由于血红蛋白含量减少，向组织输氧能力下降；二是体内含铁酶减少，酶的活性降低。严重者发生缺铁性贫血，其主要症状有乏力、面色苍白、头晕、心悸、指甲脆薄等。血红蛋白减少可使耐力降低，运动后疲劳恢复时间延长。血红蛋白含量是评定铁营养状况的常用指标，定期检查，可做到早期发现，及时治疗。

(2) 铁是细胞色素酶、过氧化酶以及肌红蛋白的组成成分，在组织呼吸、生物氧化过程中起十分重要的作用。

2. 供给量与来源

铁是世界性缺乏率较高的营养素之一，铁的供给量受食物中铁吸收率的影响。铁的吸收率较低，植物性食物中多为三价铁，吸收率多在 10%以下，如大米为 1%，小麦为 5%，大豆为 7%。动物性食物的铁为血色素型铁，吸收率比植物性高，瘦肉和肝脏中铁的吸收率最高，为 22%，鱼为 11%，蛋仅 3%。目前我国规定铁的供给量为：成年男子每日 15 毫克，妇女每日 18 毫克。缺氧、创伤等情况下，铁供给量应增加。

肝脏含铁最多，吸收率最高，瘦肉、蛋类、豆类、绿色蔬菜含铁也较多。铁的吸收率受一些因素影响，充足的维生素 C 和蛋白质可促进铁的吸收。茶叶中的鞣酸可与铁结合，妨碍铁的吸收，膳食中脂肪过多也妨碍铁的吸收。必要时可通过铁强化食物和铁制剂补充铁，但必须慎重，因为过量的铁在体内积蓄对身体有害。

(七) 锌

1. 营养功用

(1) 锌是体内许多种酶的组成部分，在组织呼吸和蛋白质、脂肪、糖、核酸等代谢中有重要作用。

(2) 锌是调节脱氧核糖核酸（DNA）聚合酶的必需成分，对蛋白质合成与机体生长发育有重要影响。缺锌时发育迟缓，组织愈合困难。

(3) 参与唾液蛋白的合成，缺锌可导致味觉迟钝，食欲减退。

(4) 促进性器官正常发育和维持正常机能。

(5) 保护皮肤健康，缺锌可发生皮肤粗糙、角化增生等现象。轻度缺锌较为常见，可从毛发含锌量评定锌的营养状况。

2. 供给量与来源

成年人每日供给量为 15~20 毫克。锌的来源以植物性食物为主时，供给应提高（因植物性食物中锌吸收率低）。

含锌较多的食物为牡蛎、肝脏、干豆、蛋、瘦肉、鱼。牛奶中锌含量不多，粮食加工后，锌损失较多。缺锌可通过锌强化食物和锌制剂补充锌，但须慎重，因为过量摄入对人体有害。

（八）其他

碘的功用是构成甲状腺素，缺乏可引起甲状腺代偿性增大。碘在海带、紫菜等海产食物中含量较多。世界卫生组织规定的一日供给量为：成年男子 140 微克，成年女子 100 微克。

氟是骨骼和牙齿中的重要成分，维持牙釉完整。适量的氟可防龋齿，而缺乏或过多都对人体有害，缺乏易生龋齿，过多则引起斑牙病。氟主要含在水中，与地质化学成分有关。茶叶含氟量较高。

硒在人体内起抗氧化的作用，与维生素 E 功能相似，可防止过氧化作用对细胞的危害，有抗衰老、保护心脏、促进生长发育、增强抵抗力等功用。成年人一天硒的供给量为 50 微克。海产品、肉、大米、大豆含硒较多。

碘、氟、硒在正常膳食中不会缺乏，但由于它们在地理上分布不均匀，一些地区土壤中的某种元素含量较低，水和食物的含量也因而较低，造成地区性的缺乏。

六、水

（一）营养功用

1. 水是机体的主要组成成分

水占成人体重的 50%~70%，所有组织都含有水，如血液含水 90%，肌肉含水 70%，骨骼含水 22%。早期发育的胎儿，含水高达 90%以上；初生儿含水 80%左右。

2. 水是一种理想的溶剂

因水有很高的电解常数，很多化合物容易在水中电解，以离子形式存在，机体内水的代谢与电解质的代谢紧密结合。多数细胞质是胶体和晶体的混合物，使得水溶解性特别重要。此外，水在胃肠道中作为转运半固状食糜的中间媒介，还作为血液、组织液、细胞及分泌物、排泄物等的载体。所以，体内各种营养物质的吸收、转运和代谢废物的排出必须溶于水后才能进行。

3. 水是一切化学反应的介质

水的离解较弱，属于惰性物质。但是，由于机体内酶的作用，使水参与到很多生物、化学反应，如水解、水合、氧化还原、有机化合物的合成和细胞的呼吸过程等。动物体内所有聚合和解聚合作用都伴有水的结合或释放。

4. 调节体温

水的比热大、导热性好、蒸发热高，所以水能储蓄热能、迅速传递热能和蒸发散失热能，有利于体温的调节。血液循环中血液的快速流动，喘气和出汗，冷应激时限制血液流经体表等，都有助于动物和人保持体温恒定。水的导热性比其他液体好，有助于深部组织热量的散失。如人体肌肉连续活动20分钟，无水散热，其温度可使蛋白质凝固。当环境温度超过人体体温时，水的蒸发散热对人体尤为重要。

5. 润滑作用

人体的关节囊内、体腔内和各器官间的组织液中的水，可以减少关节和器官间的摩擦力，起到润滑的作用。

（二）需要量与来源

水是机体的重要内环境，必须保持稳定，才利于物质代谢的进行和维持正常机能。正常情况下，体内水分的出入量是平衡的。体内不储存多余的水分，也不能缺水。多余的水分即排出体外，缺水若不及时补充，就会影响机体机能。摄入水分不足或排出水分过多（出汗、腹泻等）时，可使机体失水（见表3-6）。

表3-6　失水对生理机能的影响

失水程度（%体重）	机能影响
2%	强烈口渴，不适感，食欲下降，尿水
4%	不适感加重，运动能力下降20%~30%
6%	全身乏力，无尿
8%以上	烦躁，体温和脉搏增高，血压下降，循环衰竭以至死亡

人体的需水量取决于排出水量。每日摄入的水量应与机体经过各种途径排出的水量保持动态平衡。一般每天由尿中排出的代谢废物和电解质的总量为40~50克，肾脏为排除这些代谢废物至少需排尿1 500毫升。这是成年人一般情况下每天对水的最低生理需要量。

表3-7　成年人一日的水平衡

摄入方式	摄入量（ml）	排出途径	排出量（ml）
饮料	1 200	肾脏（尿液）	1 500
食物中所含水分	1 000	皮肤（蒸发）	500
生物氧化产生的代谢水	300	肺部（呼气）	350
		大肠（粪便）	150
总　量	2 500	总　量	2 500

为安全计，每日每千克体重供水 40 毫升为宜。高温、运动等出汗多时，供水量应相应增加。供水是否满足需要，可由体重、尿量和尿比重等判断。水的来源包括直接饮入的液体，食物中含有的水分，以及蛋白质、脂肪和糖在体内代谢产生的水分（见表 3-7），它们每克产生水各为 0.41 克、1.07 克和 0.55 克。

七、食物纤维

（一）概念与分类

食物纤维是指在人肠道内能耐受消化酶作用，但可被细菌酶分解的植物性物质。食物纤维是一种大分子的多糖，可分为非溶性和可溶性两大类。非溶性食物纤维，是植物细胞壁的组成成分，主要有纤维素、半纤维素和木质素，来源于禾谷和豆类种籽的外皮及植物的茎和叶。可溶性纤维素存在于细胞间质，主要有果胶、藻胶和豆胶等。果胶来源于水果，藻胶来源于藻，豆胶来源于豆类种籽。纤维素本身不能提供能量，也没有营养价值，但能调节胃肠功能，预防多种慢性病。

（二）营养功用

1. 促进肠道蠕动，预防便秘

一方面，膳食纤维体积大，可促进肠蠕动、减少食物在肠道中停留的时间，使其中的水分不容易被吸收。另一方面，膳食纤维在大肠内经细菌发酵，直接吸收纤维中的水分，使大便变软，产生通便作用。

2. 预防结肠癌和直肠癌

结肠癌和直肠癌的发生主要与致癌物质在肠道内停留时间长，和肠壁长期接触有关。增加膳食中纤维含量，使致癌物质浓度相对降低，加上膳食纤维有刺激肠蠕动作用，致癌物质与肠壁接触时间大大缩短。学者一致认为，长期以高动物蛋白为主的饮食，再加上摄入纤维素不足是导致这两种癌的重要原因。

3. 改善糖尿病症状

膳食纤维中的果胶可延长食物在肠内的停留时间，降低葡萄糖的吸收速度，使进餐后血糖不会急剧上升，有利于糖尿病病情的改善。研究表明，食物纤维具有降低血糖的功效，每日在膳食中加入 26 克食用玉米麸（含纤维 91.2%）或大豆壳（含纤维 86.7%），28~30 天后，糖耐量会有明显改善。因此，糖尿病膳食中长期增加食物纤维，可降低胰岛素需要量，控制进餐后的代谢，可作为糖尿病治疗的一种辅助措施。

4. 防治胆结石

胆结石的形成与胆汁胆固醇含量过高有关，由于膳食纤维可结合胆固醇，促进胆汁的分泌、循环，因而可预防胆结石的形成。给病人每天增加 20~30 克的谷皮纤维，一月后即可发现胆结石缩小，这与胆汁流动通畅有关。

5. 降低血脂，预防冠心病

由于膳食纤维中有些成分，如果胶，可结合胆固醇，木质素可结合胆酸，使其直接从粪便中排出，从而消耗体内的胆固醇来补充胆汁中被消耗的胆固醇，由此降低了胆固醇，从而有预防冠心病的作用。

6. 预防乳腺癌

流行病学发现，乳腺癌的发生与膳食中高脂肪、高糖、高肉类及低膳食纤维摄入有关。在一定范围内，乳腺癌的发病率与体脂含量成正相关，因为体内过多的脂肪促进某些激素的合成，形成激素之间的不平衡，使乳房内激素水平上升而造成。

7. 防止热量入超，有利于减肥和控制体重

单纯性肥胖者大都与食物中热能摄入增加或体力活动减少有关。而提高膳食中膳食纤维含量，可使摄入的热能减少，在肠道内营养的消化吸收也下降，最终使体内脂肪消耗而起减肥作用。膳食纤维遇水膨胀，既可使人产生轻微的饱腹感，减少过多热量的吸收，又可包覆多余糖分和油脂随同肠道内的老旧沉积废物一同排出体外。因此，利用提高膳食纤维摄入量来减肥可以说是目前较有效的安全减肥方法。

(三) 供给量与来源

联合国粮农组织颁布的纤维食品指导大纲中指出，健康人每天常规饮食中应有30~50克（干重）纤维素。膳食纤维主要从植物性食物中获得。适量选用粗杂粮和蔬菜、水果，不吃过分精制食物，一般均能满足。全麦粉的纤维含量可达25%以上，每人每天只吃200克就可以获得充足的膳食纤维。含食物纤维较多的食物有：麦麸、米糠、鲜豆荚、嫩玉米、草莓、菠萝、花生、核桃等。蔬菜生食可增加食物纤维量。

精白面粉、大米的纤维含量很低，以米饭为主食的人群纤维缺乏现象严重。食物纤维摄入过多，可影响钙、镁、锌等矿物质的吸收，这也应当注意。

第三节　食品安全

人们为了维持正常生理需要，离不开食品，但食品在生产、加工、运输、贮存、销售、烹调等的每一个环节都可能受到环境中各种有害物质的影响，以致降低食品的营养价值和卫生质量，给身体带来不同程度的伤害。自20世纪90年代以来，世界各国食品问题此起彼伏。如英国暴发疯牛病和口蹄疫，迅速席卷欧洲，传入拉美、海湾地区和亚洲；比利时二噁英污染奶制品、肉制品和家禽；我国的三鹿奶粉事件等。近年来，随着环境污染的加剧、化学物质的广泛使用，加上食品生产和流通环节发生改变，全球有数亿人因摄入被污染的食品和饮用水而患上食源性疾病。食品安全已经成为世界上最为突出的公共卫生问题。

一、食品安全的内容

食品质量安全是指食品质量状况对食用者健康、安全的保证程度。包括三方面内容：

(1) 食品的污染导致的质量安全问题。如生物性污染、化学性污染、物理性污染等。

(2) 食品工业技术发展所带来的质量安全问题。如食品添加剂、食品生产配剂、介质以及辐射食品、转基因食品等。

（3）滥用食品标识。如伪造食品标识、缺少警示说明、虚假标注食品功能或成分、缺少中文食品标识（进口食品）等。

二、食品质量安全市场准入制度

食品质量安全市场准入制度是指为保证食品的质量安全，具备规定条件的生产者才允许进行生产经营活动，具备规定条件的产品才允许生产销售的一种行政监管制度。它是一项行政许可制度。制度建立的原则是事先保证和事后监督相结合、政府监管和企业自律相结合、充分发挥市场机制作用。它主要包括三项基本内容：

（1）食品生产企业必备条件审查制度。在国内加工销售食品的企业，必须具备保证产品质量的必备条件，并按规定程序取得食品生产许可证后方可生产食品。

（2）强制检验制定。食品生产企业必须履行法律义务，产品经检合格后方可出厂销售。

（3）食品质量安全标志制度。检验合格后出厂销售的食品必须在其包装上加印（贴）食品质量安全市场准入标志，即“QS”标志。第一批必须标注 QS 标志的食品共 5 类，分别是小麦粉、大米、食用植物油、酱油、醋。第二批必须标注 QS 标志的食品共分 10 类，包括肉制品、乳制品、饮料、调味品（糖和味精）、方便面、饼干、罐头食品、冷冻饮品、膨化食品及速冻米面制品。第三批必须标注 QS 标志的食品共分 13 类，包括糖果制品、茶叶、葡萄酒及果酒、啤酒、黄酒、酱腌菜、蜜饯、炒货、蛋制品、可可制品、咖啡、水产加工品、淀粉及淀粉制品。

三、WHO 推荐的食品安全制作五大黄金守则

（1）保持清洁，勤洗手。取食品前洗手、准备和加工食品期间经常洗手、便后洗手；清洗和消毒用于准备食品的所有场所、设备和餐饮具；避免虫、鼠及其他动物进入厨房和接近食物。

（2）生熟分开。生的肉、禽、蛋和海产品要与其他食物分开；生和熟食品的餐饮具、工具、用具要分开；避免交叉污染。

（3）彻底做熟。食物要烧熟、煮透，中心温度应在 85℃以上，尤其是肉、禽、蛋和海产品；熟食再次加热要彻底。

（4）保持食物的安全温度。熟食要保存在冰箱里，但也不能够长时间存放；熟食和凉菜做好后在室温下存放不得超过 2 小时；冷冻食品不要在室温下化冻。

（5）使用安全的水和原材料。食品用水要安全；选择卫生安全的餐饮具；选择卫生安全的纸巾；水果和蔬菜要清洗干净，生吃要消毒；螃蟹、甲鱼、黄鳝要吃鲜活的。

四、保健食品

（1）内容规定。国家食品药品监督管理局审批，获得国家保健食品批准证书的保健食品，其标签和说明书必须标明的内容包括保健功能作用和适宜人群、食用方法和适宜的食用量、贮存方法、功效成分的名称及含量（在现有的技术条件下，不能明确功效的，则必须标明与保健功能有关的原料名称）、保健食品批准文号、保健食品标志

及有关标准或要求所规定的其他标签内容。

(2) 保健功能的宣传。只能在保健食品批准的范围内进行宣传或在食品标签上标注，不得随意夸大保健功能。

(3) 特别规定。标签中不得有暗示可使疾病痊愈的宣传和治疗作用封建迷信进行保健食品的宣传。

五、绿色食品

绿色食品标志是由绿色食品发展中心在国家工商行政管理总局商标局正式注册的质量证明标志。它由三部分构成，上方的太阳、下方的叶片和中心的蓓蕾，象征自然生态，颜色为绿色，象征着生命、农业、环保；图形为正圆形，意为保护。AA 级绿色食品标志与字体为绿色，底色为白色；A 级绿色食品标志与字体为白色，底色为绿色。绿色食品标志使用是食品通过了专门机构认证，许可企业依法使用。

绿色食品必须同时具备以下条件：①产品或产品原料产地必须符合绿色食品生态环境质量标准；②农作物种植、畜禽饲养、水产养殖及食品加工必须符合绿色食品生产操作规程；③产品必须符合绿色食品质量和卫生标准；④产品外包装必须符合国家食品标签通用标准，符合绿色食品特定的包装、装潢和标签规定。

六、转基因食品

转基因食品是利用现代分子生物技术，将某些生物的基因转移到其他物种中去，改造生物的遗传物质，使其在性状、营养品质、消费品质等方面向人们所需要的目标转变。用转基因食品制造或生产的食品、食品原料及食品添加物，可以降低生产成本，增加食品或食品原料的价值。

1995 年，科学家们成功地生产出抗杂草黄豆，之后又生产出抗虫害、抗病毒、抗杂草的转基因玉米、黄豆、油菜、土豆、西葫芦等。科学家将普通的蔬菜、水果、粮食等农作物，变成能预防疾病的神奇的“疫苗食品”而受到欢迎。

由于转基因食品不同于相同生物来源的传统食品，遗传性状的改变将可能影响细胞内的蛋白质组成，进而造成成分浓度变化或新的代谢物生成，其结果可能导致有毒物质产生或引起人的过敏症状，甚至有人怀疑基因会在人体内发生转移，造成难以想象的后果。全球的科学家们目前还无法在短时间内下结论。虽然存在争议，但有一点提请注意，即出售各类转基因食品时，必须在商标中明示类型。

第四节　大学生健康饮食习惯

一、常用食品的营养价值

食品是人类获取能量和各种营养素的基本来源，是人类赖以生存的物质基础。食品可分动物性食品和植物性食品。食品的营养价值是指某种食品所含营养素和热能满足人体营养需求的程度，目前的评定指标是营养质量指数。

（一）谷类

谷类中碳水化合物含量高，是热能的主要来源。一般谷类蛋白质因必需氨基酸组成不平衡而含量偏低，其蛋白质营养价值低于动物性食品。谷类是 B 族维生素、硫胺素、核黄素、尼克酸、泛酸等的主要来源。

（二）豆类

豆类含有 35%~40%的蛋白质，且其蛋白质组成接近人体的需要，富含谷类缺乏的赖氨酸，为优质蛋白。大豆中还含有丰富的钙、硫胺素和核黄素，经曲霉发酵加工后，营养成分增加，利用率更高。

（三）蔬菜、水果

蔬菜、水果除含有丰富的碳水化合物、维生素和矿物质外，还富含各种有机酸、芳香物质和色素等成分，使它们具有良好的感官性状，对增进食欲、促进消化、丰富食品多样性具有重要意义。

（四）乳类食品

乳类食品不仅含有酪蛋白、乳蛋白等完全蛋白质，还含有丰富的钙、磷、铁、锌、铜等矿物质。牛奶是人类膳食中蛋白质和钙的最佳来源，是改善营养、增强体质、延缓衰老不可缺少的理想食品。

（五）畜、禽、鱼类

人体需要的各种必需氨基酸在畜、禽、鱼类蛋白质中比较充足，故畜、禽、鱼类蛋白质均为优质高蛋白。畜、禽、鱼的铁、磷等矿物质含量也很高。瘦肉和内脏含 B 族维生素较多，特别是肝脏，是多种维生素的丰富来源。

二、大学生常见的不良饮食行为及其危害

饮食是人最重要、最经常的一种行为，但能按科学方式对待饮食的大学生为数不多。一部分大学生对饮食不甚关注，抱着无所谓的态度；另一部分大学生则过分讲究，片面理解一些格言，听信广告，结果顾此失彼，事与愿违；还有一部分大学生经常纵欲进食和节食，造成消化系统功能紊乱，影响了身体的正常生长发育。

（一）纵欲式的进食方式

有时暴饮暴食，有时忍饥挨饿。饥饿多半是因为睡懒觉、错过了早餐就餐时间，或夜间看书活动过久；暴饮暴食则多发生在亲朋聚会、过生日、野餐等场合。空腹学习随后又一顿饱餐，会使消化器官负担加重，很不利于消化。暴饮暴食，使消化器官的功能发生紊乱，从而使机体代谢功能失去平衡，产生许多疾病。

（二）盲目节食

这种情况女大学生多于男大学生，她们的减肥手段主要是限制饮食。限制饮食虽

然可以使人消瘦，但体内营养物质也随之匮乏，势必出现种种功能障碍或疾病。轻则头昏眼花、四肢乏力，重则出现贫血、低血糖、月经失调等情况。有的学生明知过分限制饮食对身体有害，但仍乐此不疲，甘愿付出巨大代价。这就不是单纯的知识缺乏问题，而涉及现代大学生的心态。如由于“肥胖恐惧”心理导致的饮食紊乱，其不良后果包括病理性肥胖及危险的体重过低，表现为神经性厌食和饥饿症。这些人对于形体瘦弱表现为一种病理性的需要，她们摄入的热量仅能维持其生存，不仅不能满足生长的需要，而且严重影响了学业，造成终身遗憾。

（三）追求高蛋白、高脂肪饮食

有学生盲目追求高能、高蛋白饮食，认为西餐比中餐优越，大量食用牛奶、鸡蛋、面包，向欧美模式靠拢。其实，东、西方饮食习惯的差异历史已久，东方式饮食所含的能量和蛋白质，虽明显比西方饮食低，但东方人的体形和需求也较小，体内酶含量和消化液分泌量已与饮食结构适应。盲目模仿，很容易造成消化不良和营养素的失衡。现在，西方发达国家已认识到，营养过剩会引起心血管病、结肠癌、糖尿病、胆石症等许多所谓的“富裕病”，它们已开始从误区撤退，我们何苦反向误区挺进呢？东、西方饮食模式各有利弊，彼此可以取长补短，但需根据自身体质状况逐渐适应，并以科学的分析监测作指导，这样才能使饮食科学化、合理化。

（四）不卫生的合餐制和共食现象

合餐制是一种落后的饮食习惯，虽在一定程度上能密切感情、交融思想，但极易传播某些疾病，明显弊大于利。我国传统的合餐制多局限在一家人内，大学生历来是分食的。但近些年来，大学生从合餐制到“共食”现象明显增多。异性间的共食是恋爱活动的一项内容，同性间的共食或因节约开支，或因追求热闹，少数属心态变异。“共食”现象是预防传染性肝炎及肠道传染病的一大障碍。彼此共用餐具或公共餐具消毒不严，其危害与“共食”相同，也应尽量避免。

（五）偏食

部分大学生片面认定某些食物是高营养食物，长期偏食，结果造成另一些营养素的缺乏。长期只吃一种或几种食物就会造成营养上的不平衡。如有的大学生不肯吃肉，结果身体不能及时补充优良蛋白质，造成发育迟缓或发育不良。有的偏吃肉食，不吃蔬菜，造成多种维生素和矿物质的缺乏，且为成年后患高血脂、高血压、动脉硬化埋下定时炸弹。值得注意的是一些女大学生怕发胖，这也不敢吃那也不敢吃，结果面黄肌瘦，弱不禁风，学习时注意力不能集中，精力不充沛。

（六）偏信“营养补品”

听信广告，夸大营养补品的作用，甚至以药代食，以为补品可以补救一切营养缺乏，如仅依赖减肥、增高、增智力等药的作用。其实，营养补品仅仅提供一小部分营养素，而且只能对缺乏某些营养素的人起作用。至于补药，主要是调整提高某些生理功能，需不需要补，补什么，要因人而异。即便是所谓高档的补品，单靠吃这一类补品，也是满足不了身体的营养需要的。中医理论中的“虚则补之”有其特定的含义，不能简单理解为物质的补充。补药不是人人皆宜的强壮剂，更不能替代食物。

三、培养良好饮食习惯

（一）食物要多样

人类的食物多种多样，我国营养学工作者将食物分成五大类：第一类为谷类、薯类、杂豆类，主要提供碳水化合物、蛋白质和B族维生素，是我国膳食的主要热能来源；第二类为动物性食品，包括肉、禽、蛋、鱼、奶等，主要提供蛋白质、脂肪、矿物质、A族维生素和B族维生素；第三类为大豆及其制品，主要提供蛋白质、脂肪、膳食纤维、矿物质和B族维生素；第四类为蔬菜水果，主要提供膳食纤维、矿物质、维生素C和胡萝卜素；第五类为纯热能食物，包括动、植物油脂、各种食用糖和酒类，主要提供人体热能。

除母乳对6月龄婴儿外，任何一种天然食物都不可能提供人体所需的全部营养，故五大类食物均应适量摄取，同时注意动物性食品和纯热能食物不宜过多，以保持我国膳食以植物性食物为主、动物性食物为辅、热能来源以粮食为主的基本特点，避免西方发达国家膳食模式所带来的脂肪过多、热能过高的弊端。

（二）饥饱要适当

太胖或太瘦都不利于人体健康，各国膳食指南都把维持正常体重放在重要位置。我国人民根据长期的养生经验提出“食不过饱”的主张，也就是饮食要适度，饥饱要适当，以达到营养适宜的程度，使摄入与消耗相适应，避免身体超重或消瘦。进食量可以自身调节，当食欲得到满足时，其营养一般可以满足。当营养不足或病后恢复时，进食量要相应增加，以补充营养，恢复正常体重。经常测量体重是衡量饮食是否适度的实用方法。

（三）油脂要适量

脂肪是膳食的重要成分。它是最浓缩的热能来源，能提供必需的脂肪酸，改善食品风味。但过多的饱和脂肪酸（动物性脂肪）会增高血中胆固醇含量，是冠心病的致病因素之一。我国膳食结构正发生比较大的变化，部分地区、大城市，有不少人的脂肪摄入量已经超过了30%。中国营养学会建议，脂肪摄入以不超过热能供给量的30%为宜。

（四）粗细要搭配

不为人体消化酶分解的膳食纤维对人体健康有益。它们能刺激肠道蠕动，减少便秘，对心血管病、糖尿病、结肠癌等有一定的预防作用。每天要吃不同类型富含膳食纤维的食物，如粗粮、杂粮、豆类、蔬菜、水果等，要提倡多吃些粗米、面，少吃精米、白面，因为米碾得太精，谷粒中所含的维生素、矿物质和膳食纤维等，大部分流失到糠麸之中，对人体健康不利。

（五）食盐要限量

食盐含钠和氯，两者都是人体必需的。但钠摄入量过高与高血压的发病率呈正相关。成年人对钠的需要，每日平均为2克，约合食盐5克左右。我国膳食中食盐用量较高，平均每日消费量每人15~16克。为了有利于高血压病的预防，世界卫生组织建议每人每日用量以不超过5克为宜，原则是“食不过咸”。

（六）甜食要少吃

多吃糖引起最重要的问题是龋齿。糖过多还影响其他营养素的摄入量，对于幼年儿童尤应注意。为了保持牙齿卫生，吃糖后最好漱口。

（七）饮酒要节制

高浓度酒热量很高，但无其他营养素。无节制饮用高度白酒，会使食欲下降，食物摄取量减少，以致发生营养缺乏，严重的还会发生酒精中毒、肝硬化。因而，严禁酗酒，不宜无节制饮酒。

（八）三餐要合理

建立合理饮食制度。每日三餐，热能分配早餐30%、午餐40%、晚餐30%较为合适。早餐蛋白质、脂肪食物应多一些，以便满足上午学习、工作的需要；午餐糖、蛋白质和脂肪的供给均应增加，因为既补偿饭前的热能消耗，又储备饭后学习、工作之需要，所以在全天各餐中应占热能最多；晚餐多供给含糖多的食物为宜，所以晚餐可多吃些谷类、蔬菜和易于消化的食物。富有蛋白质、脂肪和较难消化的食物应少吃。大学生晚餐后，仍有晚自习，用脑时间较长，所以晚餐不可减量。

以上八条原则有普遍性。当前的问题是营养不良与营养过剩同时存在，钙的不足、碘的不足在相当一部分人中存在，应根据当地的实际情况注意解决。

思考题

1. 名词解释：营养　营养素　合理营养　平衡膳食　完全蛋白质　必需氨基酸
2. 试述六大营养素对人体的生理意义。
3. 简述常用食品的营养价值。
4. 试述大学生的膳食结构。
5. 简述大学生常见的不良饮食行为及其危害。
6. 何为转基因食品？

第四章　性健康教育

性是人生不可缺少的重要内容，是构成人身心健康的重要组成部分。在个人生活和人际交往中，涉及性的问题经常存在着，或吸引，或激励，或折磨着人们。正如美国一位学者所说：我们在性的问题上要么无知，要么世故；要么压抑、要么刺激；要么矢口否认，要么任意放纵；要么惩处到近乎残忍，要么就是利用到近乎盘剥；要么遮遮掩掩、神神秘秘，要么就是连廉耻都不顾……可以说，只要这种混乱状态一天不结束，性就必然与欺骗、下流联系在一起。什么理智的诚实，什么人类的尊严，都无从谈起。也就是说，人没有任何理由去拒绝认识和研究性。了解性科学，懂得性知识，重视性的健康教育，是当代大学生，尤其是大学生身心健康发展的需要。

性健康教育就是有计划、有步骤、有针对性地对广大青少年进行恰如其分的性知识、性心理的教育，使青少年从性开始发育起，逐渐懂得“什么是性”，了解自己的“性心理”，获得必要的“性知识”，打破过去那种对性的封闭状态，消除对性的神秘感和好奇心；同时使青少年懂得性行为的社会道德规范和自我控制的意义，正确处理和对待性冲动等问题，最终使自己的性心理走向成熟，达到提高生活质量的目的。

第一节　性科学概述

一、性及性健康的基本概念

（一）性的内涵

性是一个复杂的问题，需要从不同角度、不同层次理解。

1. 性的生物学概念

性是指男女两性在生物学上的差别。男女性生物学上的区别，主要表现在遗传学、解剖学和生理学等上面，包括以下几个方面：

（1）性染色体不同。正常男性是XY型，女性是XX型。这个差别来源于新个体形成之初，即卵细胞与精子结合时，受精卵的染色体若是XX型，就发育成女孩，若是XY型，将来发育成男孩。

（2）性腺不同。男性的性腺是睾丸，女性的性腺是卵巢，它们分别产生精子和卵细胞，并分泌不同的激素，以此决定了两性性器官和第二性征的差异。

（3）性激素不同。男性体内雄性激素居于优势，女性体内以雌性激素为主。

2. 性的社会学概念

性不仅具有生物学意义，而且还具有心理学和社会学的意义。伴随性活动还产生性的心理体验、性意识、情感、性观念、性道德、法规等。

（1）性别。性别是指男女两性在心理上，包括性格、气质、智力、感觉、情感等方面的差异。心理学研究表明，男女两性在智商上有差异，但很小。女性的认知、想象能力较强，触觉较敏感。男性的推理和抽象能力较强，视觉较女性敏感；男性的竞争性普遍较强，更喜欢处于支配地位。男女两性心理学上的差异与环境关系极大。随着社会的进步，男女两性心理方面的共同点越来越多，性别差异相对减小。

（2）性角色。性角色是指男女在社会学上的差异，是社会约定俗成的用于表现男女差异的行为模式。角色的含义是人在社会生活结构中特定的权力和位置，性角色差异不仅与男女身心特征有关，而且受社会风俗、习惯制约。由于性角色不同，造成性角色期待的不同。如男人应当刚强，女人应该温柔。

（3）性度。性度是指一个人男性化或女性化的程度，具体通过体质、性格、能力、行为等方面表现出来。性度的概念抛开了两性在解剖、生理上的差异，从心理行为上区分为男性化和女性化，并将其作为一个维度中的对立两级。任一个体，从心理行为特征上可能偏向于男性化，也可能偏向于女性化，或者表现为中性化，这就是其性度。性度可以通过男性化—女性化测验加以测量。影响个体性度的因素，既有生理的原因，也有社会的原因。一个人的男性化程度越高，其女性化的程度就越低，反之亦然。

（4）性别同一性，也称性别自认，即对自身性别的认同。绝大多数人性别自认与其生物学属性是相同的，这就是性别同一性。但也有在生物学上是男性或女性，却自认为是异性，并且愿意按照异性方式生活的人。这称为性别同一性障碍。

可见，性既具有生物性，也具有社会性；既是生理的，也是心理的。在一定环境下，人的性别意识是可能产生混乱的。

（二）性健康的含义

WHO认为，性健康是指具有性欲的人在躯体、感情、知识、信念、行为和社会交往上健康的总和。具体包括：性别染色体正常；有关性和生殖器官解剖结构发育完好，没有畸形；乳房、喉结、阴毛、腋毛、胡须、体态等第二性征发育正常；没有生殖系统功能性和器质性的疾病；心理正常，不存在性心理变态；具有健康的符合社会道德规范要求的性观念和性行为，有良好的社会适应能力。

二、性健康教育的重要性和必要性

首先，性发育是青春期发育的核心，是青少年生理成熟的基础，因而也是健康基础。性意识、性欲望等是每个正常人都有的心理活动，若不能及时地解除性困惑及其他心理问题，将会妨碍青少年的心理健康成长。

其次，大学阶段学生的发育已经逐渐成熟，生理和心理发生了急剧的变化。在这个时期，他们有许多有关性发育、性心理的问题需要得到解答、指导和帮助，也产生了迫切获取这方面知识的愿望。如果不抓住时机进行正面引导和教育，那么不健康的思想、不科学的东西就会影响学生们健康的发展，甚至会毁了他们一生。大学生虽然在生理上迅速发育成熟，但心理上还比较幼稚，情绪不稳定、敏感、看问题偏激。在此期间，应帮助他们懂得如何正确处理人与人之间的关系，尤其是在两性关系上，要遵循哪些道德和行为规范，帮助他们锻炼意志、培养自我控制能力，把他们旺盛的精力引导到增长智力和塑造良好品质方面上来。

最后，懂得性卫生，预防性疾病，这直接关系到每个人的身体健康和生活质量。在大学生中间，由于性神秘和性愚昧造成的性越轨、性犯罪和性疾病问题日益突出，特别是当前艾滋病对我国青少年的健康和生命已经构成很大的威胁。所以，对他们进行科学的、系统的性健康教育势在必行。

三、性健康教育的内容

性健康教育是对大学生进行性的基本知识的教育，目的是：培养健康的性爱心理；提高性道德水平，增强法制观念；建立对不良性行为的防御心理和控制能力；增强自我保护意识；正确处理恋爱等问题。具体包括如下内容：

1. 性的基本知识教育

性的基本知识是关于人的性生理、心理及行为的科学知识，包括性器官的解剖、生理和发育期出现的各种现象、心理上的变化、性心理发育过程、性卫生和性保健及青春期遇到的特殊生理、心理问题。它是大学生整个知识结构中的一个重要组成部分。

2. 培养大学生健康的性爱心理

培养健康的性爱心理是性教育的中心内容之一。因为只有健康的性爱心理，才不会形成性犯罪的动机。首先，要树立正确的性爱观，就是要对两性关系有正确的认识和评价，既要反对封建的“禁欲主义”，又要反对资产阶级的“纵欲主义”。其次，要加强社会责任感和抚育责任感的教育。因为性爱牵涉到两个人的生活及家庭的和谐，并会产生第三个生命。这就决定了性爱不仅是一种生理关系，而且还有社会的责任。

3. 教育大学生树立正确的性道德观

性道德教育能够帮助大学生顺利完成青春期转折过程。建立性的高尚情操，是性观念上的自尊、自重、自爱教育。上述教育有利于大学生人格的全面发展，树立正确的、健康的性意识，可以对人的性行为起到积极有益的作用，扭曲的性意识可能导致人的不良行为。

4. 建立对不良行为的防御心理

所谓不良性行为的防御心理，是指人能克服或转移性欲求，拒绝性诱惑与性挑逗，不发生违法性行为。培养大学生与异性正常交往的习惯，正确处理恋爱关系等问题。

5. 了解自己的性角色

老师通过正确的性别心理差异和社会角色差异的教育，使大学生正确理解人类性的内涵，建立性别平等意识，养成性文明行为。

四、部分国家的性教育现状

美国在学校进行性教育起始于20世纪初。但是直到20世纪60年代以后，特别是艾滋病出现以后，性教育才真正受到政府、公众普遍的重视和广泛的支持。经过一段时间的“性革命”，美国国内已开始认识到“性解放”所带来的后遗症，近百万名的单亲儿童已是美国政府必须面对的问题。人们渐渐从困惑中觉醒，重新认识了爱情的忠贞、责任和婚姻的价值。导向明确地要求并指导青少年不要有婚前性行为，而不再推行避孕套和所谓“安全性行为”的教育。值得注意的是，近年来有越来越多的美国女青年摆脱了“性解放”思想的影响，重新信奉起一度受人嘲笑的贞操观念，她们绝大多数都是受过较好教育的人。这些人想在事业上有所造就。她们逐步认识到轻率、随便的两性关系，会给自己的身心造成损害，并影响自己的事业。

瑞典自 1955 年开始，性教育被国家正式列为义务教育学科。与孩子交谈性问题不再存有争议，多数人同意性教育是必要的。目前在瑞典，人们已普遍认为性教育不仅需要学习生理解剖和生育控制等知识，还要尊重和考虑青少年迟早将会具有性生活这样的现实，帮助青少年了解如何保护自己，如何在性生活方面发展积极健康的行为，拒绝各种非意愿的后果发生。瑞典的性知识教育有三点需要注意：①坚持对事实的开放。在谈论性器官以及性征方面的问题时已不再有任何恐惧，对性行为的描述也无须再使用委婉的语言。②承认性的平等。认为无论是男性还是女性，每个人在性方面都是平等的，都具有性需求和性感受的权利。③鼓励相互交流。在教师与学生间、学生与学生间，通过对话可以提出问题，检验想法。强调对话和交流能够有助于青少年发现自我，了解个人以及其他人的观点。国际上普遍认为瑞典的性教育是成功的，它对促进青少年性与生殖健康，预防性传播疾病都具有非常深刻的意义。

我国 20 世纪初期，许多思想家、教育家勇于冲破长期的封建意识的桎梏，大声疾呼性教育的重要。当时最突出的代表人物是鲁迅，他率先在学校的讲台上向学生讲授性解剖、性生理和性道德知识，开创了我国学校性教育的先河。1922 年时任北大哲学系教授的张竞生提出公开研究性教育。新中国成立后，周恩来总理提出要在女孩来月经之前，男孩首次遗精之前，把科学的性知识告诉他们，让他们用科学知识保护自己的健康，促进身体正常发育。

从现实来讲，当前我国在性问题上面临着严峻的形势。一方面，由于长期封建意识的束缚以及性问题本身的复杂性，我国性科学知识的普及、性教育在各种人群中的开展还不够；另一方面，由于各种思潮的涌入，其引发的一系列社会问题、性问题越来越多，严重地影响着青少年的健康。

第二节　男性生殖系统的构造和功能

男性生殖系统包括内生殖器和外生殖器两个部分。内生殖器由生殖腺（睾丸）、输精管道（附睾、输精管、射精管和尿道）和附属腺（精囊腺、前列腺、尿道球腺）组成。外生殖器包括阴囊和阴茎。

一、男性生殖系统

（一）外生殖器

1. 阴茎

阴茎是男性最重要的性器官，呈圆柱状，发育成熟的阴茎有松弛和勃起两种状态，松弛时阴茎长约5~11厘米，勃起时可达10~18厘米。阴茎的后部称阴茎根，中部为圆柱形的阴茎体，阴茎体的前端膨大部分称阴茎头（又称龟头），阴茎头部与体部交界处较细，称为颈部，其为一环形沟，称为冠状沟。阴茎内部由3条平行的长柱状海绵体组成，有血管神经分布，阴茎海绵体内的特殊结构是阴茎勃起功能的重要组织结构。龟头神经末梢丰富，性感极强，对刺激非常敏感。阴茎具有排尿、性交和射精三大功能。性兴奋时，阴茎内动脉显著扩散，流入阴茎的血流极度增加，使阴茎体积增大，形成勃起。射精后，阴茎内动脉收缩，血流减少，静脉回流增加，阴茎即软缩。

2. 阴囊

附着在阴茎根部，是由皮肤、肌肉等构成的柔软而富有弹性的具有保护睾丸功能的袋状囊。阴囊外正中有一条缝线，名为阴囊缝，将阴囊分为左右两部分。囊内有纵膈将其分成左右两部分，分别容纳左右睾丸及附睾。阴囊皮肤薄而柔软，且有许多皱襞及丰富的汗腺，其主要功能是保护睾丸。阴囊皮肤为男性性敏感区之一，性兴奋时阴囊收缩、增厚并提升。阴囊皮肤有丰富的汗腺可以调节其内的温度。寒冷时阴囊收缩，使睾丸上提接近腹部以提高温度；当炎热时阴囊松弛，睾丸远离腹部，同时通过汗腺分泌汗液以利于阴囊内散热。阴囊就是这样通过收缩和舒张以保持35℃左右的温度环境，以利于精子在适宜的条件下生成和储存，因此可以说阴囊是睾丸的恒温箱。

（二）内生殖器

男性内生殖器包括睾丸、输精管道和附属性腺（一对精囊、一对尿道球腺和一个前列腺）。

1. 睾丸

睾丸是产生精子及性激素的男性性腺，是男性主要性器官，如果在青春期前去除睾丸（如封建时代的太监），青春期后将丧失性功能和生育能力。睾丸呈卵圆形，左右各一个，新生儿的睾丸相对较大，降生后至青春期前，发育较慢，青春期开始后迅速发育增大，老年人则随性功能的衰退而萎缩变小。

睾丸内具有三种特殊功能的细胞，包括生精细胞、支持细胞和间质细胞。间质细胞分泌雄性激素。成人睾丸的生精能力很强，每天可产生几亿个精子。一般到40岁以后，生殖能力逐渐减弱。在生长发育过程中，若睾丸不能从腹腔下至阴囊，则形成隐睾症。这种患者的生殖能力消失，雄性激素分泌也会减少。这是因为腹腔内的温度高于阴囊（高1.5℃~2℃）不适于睾丸正常功能活动的缘故。动物实验证明，睾丸产生精子或制造雄性激素都需要较低的温度。因此，临床上有用睾丸加温的方法进行避孕的报告。

睾丸的上述三种功能细胞中，以生精细胞对机体内外环境条件的改变最为敏感，如温度、超声波、微波、电离辐射、磁场、药物、全身性疾病、内分泌、维生素、微量元素、烟、酒等，这些物理、化学 、生物因素，都会不同程度地干扰精子的产生。而支持细胞和间质细胞对这些因素的耐受力较高，影响较小。根据这些理论基础，当前研究者正致力于利用生精细胞对一些物理性、化学性、药物性、免疫性等因素的影响，探索对男性进行调节控制生育的新途径。

2. 附睾

附睾是精子贮存和成熟的地方。它是连接睾丸和输精管的高度卷曲的管道。附睾的功能尚未了解清楚。目前认为精子在附睾内发生了降低代谢率和耗氧量并储备能量等变化，使精子进一步成熟，贮存于附睾尾，在性高潮时，强烈收缩，驱排精子参与射精活动。因为人体不同部位的功能不同，并且在男性生殖系统中，附睾结构和功能上的地位特殊，所以当前不少研究者正试图利用这一部位作为男性调控生育的研究重点。

3. 输精管

输精管连接附睾管和射精管，是成熟精子的排出通道，左右各一个，每管长40~46 厘米。输精管管腔及其壶腹内是贮存精子的场所，性高潮射精时，输精管有强烈的节律性收缩，以驱动管内的精子排出。输精管坚韧如绳索，在腹股沟管和外环以下的精索内，隔着阴囊壁可自行摸到。常用的男性绝育方法，即在此段做输精管阻断术，以达到控制生育的目的。输精管阻断后，仅是精液内无精子，性生活中仍有性高潮和射精活动。

4. 射精管

射精管是精囊排出管与输精管汇合而成的成对肌性管道。位于膀胱底部，贯串前列腺，开口于尿道前列腺部精阜的前列腺小囊下方，左右各一个，长约 2 厘米，完全包埋在前列腺内，平时呈闭合状。性高潮时，射精管出现节律性强烈收缩，促使附睾、输精管的精子和精囊腺分泌物喷出于后尿道。

5. 前列腺

前列腺位于膀胱下方的肌性腺体。是男性附属性腺中最大的有管腺体，其发育受睾丸的雄激素水平影响，青春期后才发育成熟。前列腺外形微扁，如板栗大，底向上而尖向下。前列腺位于膀胱出口，包绕尿道起始部，射精管贯串其中，其背面与直肠仅有一层筋膜相隔，故临床检查时，医生可借手指经肛门在直肠前壁触及前列腺背面，判断前列腺的大小、质地和病变性质。前列腺可分泌前列腺液。

前列腺液是精液中精浆成分之一，占射出精液量的约 1/6，约 0. 5 毫升。在射精顺序中，前列腺液是精液的前导成分之一。为稀薄无色的弱酸性液体，含有多种成分，前列腺液中蛋白分解酶含量减少时，可使射出的精液不液化或延长液化时间，常是男性不育的原因之一。近年还发现，前列腺液含有一种特异蛋白，称前列腺特异抗原，在患前列腺癌或前列腺增生时，前列腺特异抗原的含量会有显著增高。50 岁后的男性，尿道周围的前列腺常有不同程度的增生，也称良性前列腺肥大，严重时会压迫尿道，引起排尿困难。前列腺的外围区常是前列腺癌的多发部位。

6. 精囊

精囊位于前列腺后上方、输精管壶腹外侧和膀胱与直肠之间的男性附精囊。位于前列腺后上方、输精管壶腹外侧和膀胱与直肠之间的男性附属性腺。左右各一个，表面凹凸不平，容量为2~4毫升，呈前后扁平的梭锥形囊体。精囊在幼年时较小，性成熟时，受雄激素调控而旺盛生长，达到完全发育的状态。此后，随着年老体衰，会有所减少。精囊是有管腺，为男性附属性腺之一。精囊腺只在射精时才分泌，其分泌物是精浆的主要来源，占射出精液量的60%，它与前列腺、尿道球腺的分泌物以及存贮在附睾尾部和输精管内的精子共同混合成精液。精囊分泌物呈碱性，为淡黄色液体，含有果糖、前列腺素和凝固酶等，射精时的最后部分即是精囊分泌物。果糖是精子排出体外后运动的能量来源。已经证明，精液中的前列腺素来自精囊，有数种之多，有使子宫颈松弛、增强精子运动和穿过宫颈黏液的能力，从而提高受精率。

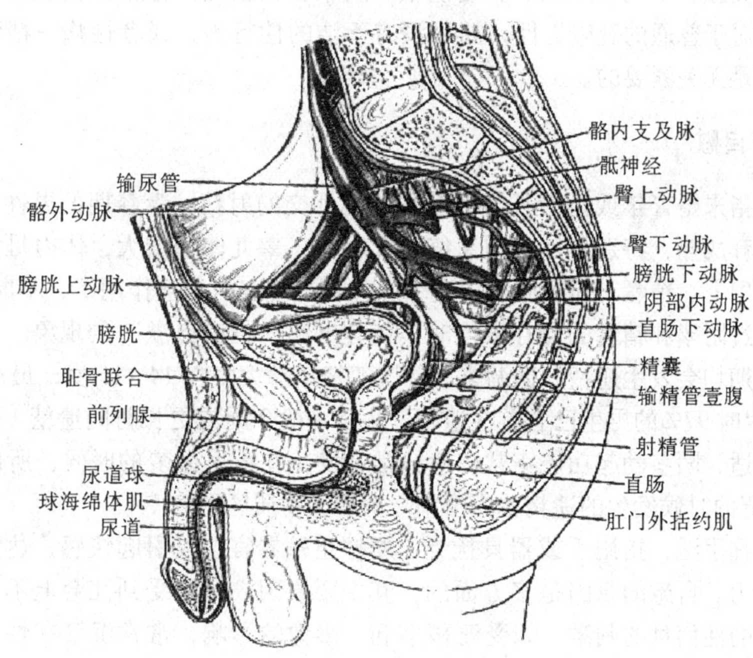

图4-1 男性生殖系统（矢状面）

二、精液

精液是指由男性性腺和附属性器官分泌的乳白色、带有特殊气味的液体。节欲过久，呈淡黄色。人类的精液由精子与精浆组成，其中精子占5%左右，其余为精浆。精浆除了含有水、果糖、蛋白质和脂肪外，还含有多种酶类和无机盐，是精子的营养物质。另外，精浆中还含有前列腺素和一些酶类物质。精液呈碱性，可中和女性生殖器内部的酸性。有生育力的正常男性一次射精量为2~6毫升，平均3.5毫升。一次射精量与射精频度呈负相关。若一次射精量超过8毫升，精子被稀释，也不利于生育。每毫升精液中的精子数一般在6千万至2亿个。若禁欲5~7天射精量仍少于2毫升，视为精液减少；若不射精，称为无精液症。有活动能力的精子占总数的60%以上，畸形精子占总数的10%以下。在室温下精子活动力持续3~4小时。

射精时与射精后，精液需经凝固、凝胶化、液化等一系列反应，其中的成分有精子、细胞、磷酸精胺结晶和细菌。精液生化分析常用于男性生育力的检查，用于了解射精过程有无障碍，对男性生殖缺陷的鉴别以及对内分泌功能的评估。精液成分的定量测定与理化分析，可判断睾丸功能与疾病状态，依此来确定生殖水平及健康状况。

精液内含有一种可与青霉素相媲美的抗菌物质——精液胞浆素。专家们指出，精液胞浆素是一种具有独特功能的蛋白质。此物质一旦进入细胞内部，就可以阻止核糖核酸的合成，从而杀死细菌。从实验室培养中观察到，精液胞浆素能杀死葡萄球菌、链球菌等多种致病菌。

凡精液呈鲜红、淡红、暗红或酱油色并含有大量红细胞者称为血精，可能是由前列腺和精囊炎症、生殖系结核、肿瘤或结石所致。黄色或棕色脓性精液见于前列腺炎和精囊炎。对于普通的健康男性，如果没有不洁的性行为，或者性病，精液是什么颜色、形状，是无关紧要的。

三、遗精与自慰

遗精是指未婚青年或婚后长时间分居，无性交的射精。青春期的男性在生理、心理上迅速发育成熟，特别是性生殖系统变化较大，睾丸体积增大，体内雄激素水平明显提高，在睾丸、精囊、前列腺、尿道旁腺等组织器官的相互作用下，不断产生精液。当精液量超过附睾和精囊的储存限度时，就会出现“精满自溢”的现象。大部分健康男性在青春期均会发生遗精，据调查，首次遗精年龄大多在14~16岁，最小年龄为11岁，至18岁时97%的男生已有首次遗精发生。一般2周或更长时间遗精1次，不引起身体任何不适，阴茎勃起功能正常。遗精常常发生在夜里做梦的时候，所以也称“梦遗”。在清醒的时候发生的遗精称为滑精。两者无本质区别。

自慰旧称手淫，指用手或器具抚弄、摩擦生殖器官，以引起快感、达到性欲满足而射精的行为。自慰的原因是多方面的，其主要原因：一是受到社会上不良的或者不适合青少年的性信息的刺激，如受淫秽书刊、影像的影响，常常沉浸在性幻想中；二是生殖器官局部受到不良影响，如包皮过长、尿道炎、前列腺炎等炎症刺激；三是生殖器官因内裤太紧受摩擦刺激或睡觉时被子盖得太厚；四是玩弄自己的生殖器。

遗精与自慰在某种程度上可以缓解性压力、满足性需要，造成一种生理上的平衡，国外视为性成熟的标志。偶尔遗精与自慰对健康是没有影响的，但如果遗精过于频繁，可造成一些泌尿生殖系统疾病、性神经衰弱等，主要表现：①中枢神经系统和全身症状如意志消沉、记忆力减退、注意力不集中、理解力下降、失眠、多梦、头昏、心悸等；②可引性功能障碍，如男子遗精、滑精、阳痿、早泄或射精困难以及腰酸腿软、耳鸣脱发等性功能衰退症状；女子手淫可以发生外阴炎、阴道炎、膀胱炎，甚至性感不足或性欲冷淡，重者还可以引起盆腔淤血而腰痛，或者导致神经衰弱和严重精神负担等。

防治自慰关键在于：对手淫要正确对待，以预防为主，应用精神治疗、心理疏导的方法，加强精神文明建设和性教育，转移注意力。注意生活规律与生活调节，避免穿着太紧衣裤，按时睡眠，晚餐不宜过饱，睡眠时被褥不要过暖过重，睡眠不宜仰卧和俯卧，晚餐不宜刺激性饮食，如烟、酒、咖啡、辛辣之物。养成良好的卫生习惯，注意保持外阴清洁，经常清洗、除去积垢及其不良刺激。鼓励男女参加社会活动，减少对异性的敏感。对犯有自慰习惯的青少年，不宜严加指责，应帮助他们，使其建立信心与决心戒除自慰，切不能用夸大、恐吓的办法，否则会加重他们的思想负担。如有生殖系统炎症，服用消炎药等对症治疗，消除患者的不适。

第三节　女性生殖系统的构造和功能

女性生殖系统包括内、外生殖器官及其相关组织与邻近器官。女性内生殖器包括阴道、子宫、输卵管及卵巢，后两者常被称为子宫附件（见图4-4）。女性外生殖器指生殖器官的外露部分，又称外阴，包括阴阜、大阴唇、小阴唇、阴蒂、阴道前庭、前庭球、前庭大腺、尿道口、阴道口和处女膜（见图4-2、图4-3）。

一、女性生殖系统

（一）女性外生殖器

1. 阴阜

阴阜为耻骨联合前面隆起的外阴部分，由皮肤及很厚的脂肪层构成。青春期皮肤上开始生长阴毛，分布呈尖端向下的三角形。

2. 大阴唇

大阴唇为外阴两侧靠近两股内侧的一对长圆形隆起的皮肤皱襞。前连阴阜，后连会阴。大阴唇外面长有阴毛。大阴唇有很厚的皮下脂肪组织，内含丰富的血管、淋巴管和神经，局部受伤后，可发生出血，形成大阴唇血肿。未婚妇女的两侧大阴唇自然合拢，遮盖阴道口及尿道口。产妇的大阴唇由于分娩影响而向两侧分开。

3. 小阴唇

小阴唇位于大阴唇的内侧，表面湿润、褐色、无毛。小阴唇的左右两侧的上端分叉相互联合，其上方的皮褶称为阴蒂包皮，下方的皮褶称为阴蒂系带，阴蒂就在其间。小阴唇的下端在阴道口底下会合，称为阴唇系带。小阴唇黏膜下有丰富的神经分布，故极敏感。

4. 阴蒂

阴蒂位于两侧小阴唇之间的顶端，是一个长圆形的小器官，是与男性阴茎海绵体相似的组织，外露部分为阴蒂头，有勃起性，有丰富的静脉丛及丰富的神经末梢，故极敏感，受伤后易出血。

5. 阴道前庭

阴道前庭为两侧小阴唇之间的菱形区。其前是阴蒂，后是阴唇系带，两边是小阴唇。尿道开口在前庭上部，阴道开口在它的下部。此区域内还有前庭球和前庭大腺。阴道口由一个不完全封闭的黏膜遮盖，这就是处女膜。

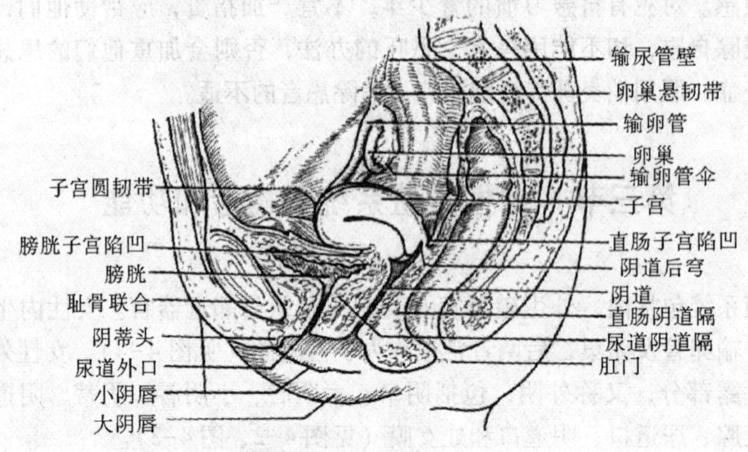

图 4-2　女性生殖系统（矢状面）

6. 前庭球

前庭球又称球海绵体，位于阴道口两侧，有勃起性。前与阴蒂相连，后接前庭大腺，表面为球海绵体肌所覆盖。受伤后，易出血。

7. 前庭大腺

前庭大腺位于大阴唇后部，也被球海绵体肌所覆盖。它是如小黄豆大小的腺体，左右各一个。它的腺管很狭窄，开口于小阴唇下端的内侧。性兴奋时，分泌黄白色黏液，起润滑阴道口的作用。

8. 尿道口

尿道口位于阴蒂头的后下方及前庭前部，为一个不规则的椭圆形小孔，尿液由此流出。其后壁有一对腺体，称为尿道旁腺，其分泌物有润滑尿道口的作用。此腺常为细菌潜伏之处。

9. 阴道口及处女膜

阴道口位于尿道口后方，前庭的后部为阴道的开口，其大小、形状常不规则。阴道口覆有一层较薄的黏膜，称处女膜。膜的两面均为鳞状上皮所覆盖，其间含结缔组织、血管与神经末梢，处女膜中间有一孔，经血即由此流出。每位女性处女膜孔的大小及膜的厚薄不同。处女膜多在初次性交时破裂，受分娩影响而进一步破损，产后残留数个小隆起状的处女膜痕。

女性之间的外生殖器形态有很大的不同，包括：阴毛分布的类型和数量有显著的差别；阴唇的大小、色素沉着和外形不同；阴蒂的大小和形态不同；尿道和阴道开口的位置不同。在未受到性刺激的状态下，大阴唇通常会合于中线，为尿道口和阴道口提供机械性的保护。

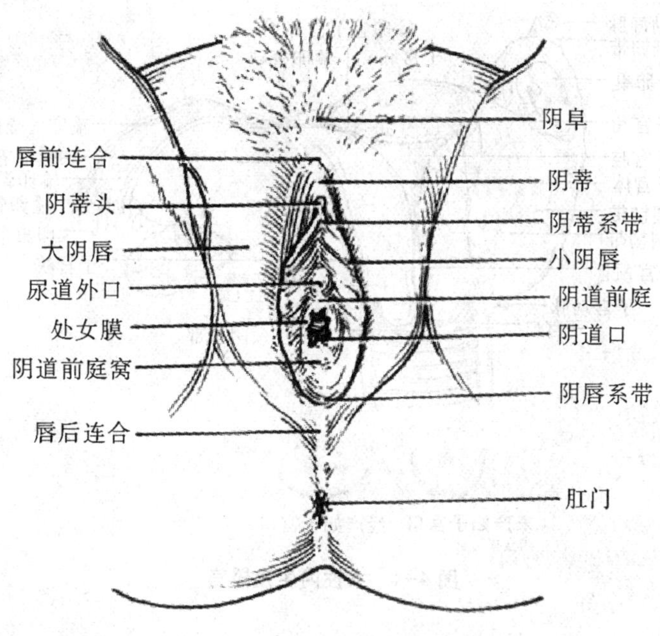

图 4-3　女性生殖系统（截石位）

（二）女性内生殖器

1. 阴道

阴道是一个有弹性的柔韧的中空管道，常处于闭合状态。它是女性的性交器官，也是排出月经和娩出胎儿的通道。阴道上端呈顶棚状环绕子宫颈，称阴道穹窿，下端开口于阴道前庭后部。阴道黏膜呈横形皱襞状，有很大的伸展性，因富有静脉丛，故局部受损伤，易出血或形成血肿，其上皮脱落的细胞形态受卵巢性激素的影响而呈周期性变化。阴道壁小血管的渗出液、脱落的上皮细胞、宫颈腺体分泌物等混合，形成乳白色的阴道液（即白带），使阴道保持湿润状态。在性兴奋时，阴道壁小血管高度充盈，渗出液增多，与前庭大腺液一起对阴道起润滑作用，以避免性交摩擦对阴道壁的损伤，同时阴道也扩张，便于阴茎插入。

2. 子宫

子宫为一中空的肌性器官，腔内附有黏膜，称子宫内膜。从青春期到更年期，子宫内膜受卵巢激素的影响，发生周期性改变，并产生月经。性交时，子宫为精子到达输卵管的通道；受孕后，子宫为胚胎着床、发育、成长的部位；分娩时，子宫收缩，使胎儿及其附属物娩出。子宫位于盆腔的中央，呈倒置的梨形，前与膀胱、后与直肠相邻。子宫下部为狭窄、呈圆柱形的子宫颈，宫颈外口与阴道相通；子宫上部 2/3 较阔的部分为子宫体；子宫体的顶部为子宫底；其两侧为子宫角，与输卵管相通。子宫由三层组织构成：内膜层含有腺体，血液供应丰富，青春期后和绝经前的妇女子宫内膜呈周期性生长与脱落；中层由互相交错的平滑肌及少量纤维构成，富有弹性，能充分容纳胎儿，分娩时，可产生强烈的收缩；最外层是黏膜，是腹膜的一部分。

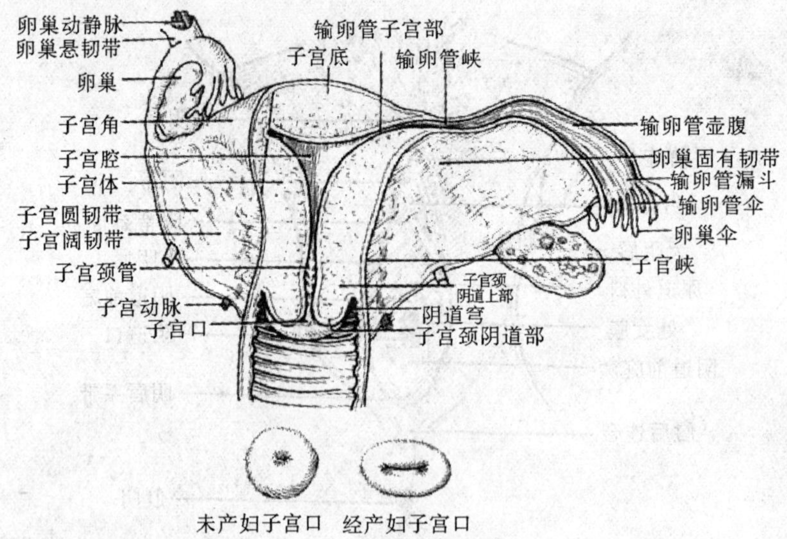

图 4-4　女性内生殖器官

3. 输卵管

输卵管是一对细长而弯曲的中空管道，内侧与子宫角相通，外端游离而靠近卵巢。输卵管分间质部、峡部、壶腹部、伞部，其中伞部末端有许多指状突起，能捕获由卵巢排入腹腔的卵子。输卵管为卵子与精子相遇采精的场所，受精卵由输卵管向子宫腔运行，并在子宫腔内着床。

4. 卵巢

卵巢是一对扁椭圆形的性腺，位于子宫两旁，能够产生卵子和女性激素。青春期前，卵巢表面光滑；青春期开始排卵后，表面逐渐凹凸不平；绝经后，卵巢萎缩，变小、变硬。

二、月经及月经周期

月经是指有规律的、周期性的子宫出血。严格说来，伴随着这种出血，卵巢内应有卵泡成熟、排卵和黄体形成，子宫内膜有从增生到分泌的变化。但是在临床上常有不经过排卵而有子宫出血的现象，叫做无排卵性月经。月经第一次来潮称为初潮，初潮年龄大多数在 13~15 岁之间，但可能早在 11~12 岁，晚至 17~18 岁。我国各地区初潮年龄相差不大，但体弱或营养不良者初潮可较迟，体质强壮及营养良好者，初潮可提早。

出血的第一天称为月经周期的开始。两次月经第一天的间隔时间称为一个月经周期，一般为 28~30 天。提前或延后 7 天左右仍属正常范围，周期长短因人而异。

正常月经持续 2~7 天，平均 5 天左右。月经量的多少很难统计，临床上常用每日换多少次月经垫粗略估计量的多少。有人测定正常人月经血量为 10~58 毫升，个别妇女月经量可超过 100 毫升。有人认为每月失血量多于 80 毫升即为病理状态。一般月经第 2~3 天的出血量最多。

月经血一般呈暗红色，除血液外，尚含有子宫内膜碎片、子宫颈黏液及阴道上皮细胞。月经血的主要特点是不凝固，但在正常情况下偶尔也有一些小凝块。

一般月经期无特殊症状。有些妇女可有下腹及腰骶部沉重下坠感觉，个别可有膀胱刺激症状如尿频，轻度神经系统不稳定症状如头痛、失眠、精神抑制、易于激动，肠胃功能紊乱如恶心、呕吐、便秘或腹泻以及鼻黏膜出血等现象。

在一般情况下，月经来潮并不影响工作和学习。但不宜从事重体力劳动或剧烈运动，应避免洗冷水浴及下水田劳动，禁止性交，注意经期卫生。

第四节 性卫生保健

一、男性生殖器卫生

男性生殖器卫生，主要是指正确对待与处理生殖器官的卫生保健以及包皮过长、包茎、隐睾等现象。

（一）包皮过长和包茎

包皮过长和包茎是男性青少年中比较常见的现象。男孩子在幼年时期，阴茎的包皮会将阴茎头（又称龟头）盖住。随着青春发育的开始，阴茎上的包皮会逐渐向上退缩，慢慢露出龟头。正常成人阴茎松弛时包皮不遮盖尿道口，包皮上翻时露出冠状沟。“包皮过长”是指包皮在任何状态下遮盖住全部龟头，但上翻时仍能露出尿道口和龟头。“包茎”则是指包皮口狭小紧紧包住阴茎，不能向后翻开露出龟头。

1. 包皮过长的危害性

男性外阴皮肤皱褶多，汗腺丰富，分泌旺盛，皮肤代谢时脱落的细胞与细菌、真菌等常易聚积形成一种带臭味的、呈豆腐渣状的污物，叫“包皮垢”，常囤积于阴茎头部冠状沟内，使冠状沟成为细菌繁殖的理想场所。若不及时将包皮上翻清洗干净，很容易发生“包皮阴茎头炎”，表现为局部红肿、刺痒、疼痛。如果炎症反复发作，则可产生纤维粘连，包皮不能上翻的问题，进而形成后天性包茎。此时，若强行上翻，则可形成嵌顿，阴茎沟血液、淋巴液回流受阻，阴茎头肿胀、发亮，需立即去医院诊治，否则会发生阴茎头坏死。

2. 包茎的危害性

包茎一般是先天性的，但也有由包皮过长发展形成的。包茎的包皮囊内形成的包皮垢往往无法清洗，久而久之便形成结石。长期慢性的不良刺激，会引起包皮、阴茎头溃疡，这与阴茎癌的发生也密切相关。包茎口过小会发生排尿困难。尿液往往聚集在包皮内，膨胀成球状物。这时患者大多会伴有尿路感染、肾积水等，严重时甚至引起肾功能损害。若在儿童发育期，包皮过长和包茎可影响阴茎的正常发育，到性成熟期则造成终身遗憾，不但使性欲大大降低，更严重的还可能引起阴茎癌变。

因此，包皮过长及包茎患者，应尽早去做手术。这种环切手术是小手术，不需住院，术后可以立即回家。最好在儿童期就去做手术，手术对性功能和将来的性生活不会有任何影响，还能促进阴茎的发育。

（二）睾丸保健

睾丸产生的精子在附睾内发育成熟，并贮存在附睾尾部。输精管是精子的第二贮存处，也是精子排出的通道。精子在睾丸里产生的过程，一般历时74天，在附睾内成熟的时间为16天，总计要3个月的时间。精子在生殖道内存活的时间一般为28天，贮存过久则衰老而失去活力。男子大约到14岁时，睾丸就开始产生精子，随后出现遗精现象，到40岁时生精能力逐渐减弱。睾丸的生精过程受大脑皮层、中枢神经系统的调节和控制。在这种调控中，大脑皮层、下丘脑、脑垂体通过分泌激素起到调节的作用，从而保证睾丸具有正常的生精功能。

1. 睾丸外伤

睾丸位于阴囊内、体表外，是男子最容易被攻击的部位。闭合性损伤较多见，如脚踢、手抓、挤压、骑跨；开放性损伤除战争年代外，平时较少发生，如刀刺、枪弹伤。受伤后睾丸局部疼痛剧烈，疼痛可向同侧下腹部放射，可伴有恶心、呕吐。挫伤后阴囊皮肤有淤斑、阴囊血肿和鞘膜积血。检查见局部压痛明显，睾丸肿胀或者界限不清。睾丸破裂应与精索扭转及睾丸挫伤相鉴别。开放性损伤有阴囊皮肤伤口、出血；睾丸组织裂伤；白膜破裂后睾丸组织外露；触诊睾丸质硬压痛多为挫伤；睾丸轮廓不清，触痛明显多为破裂。巨大血肿压迫可导致睾丸萎缩，少数人可遗留性功能障碍。因此，男子日常要注意阴部防护，若有意外发生，应及时到医院救治。

2. 隐睾症

睾丸正常的位置是在阴囊内。如果阴囊内无睾丸或缺一只睾丸，就称为“隐睾症”或“睾丸下降不全”。隐睾是男孩中的一种比较常见的先天性畸形。男性胎儿的睾丸生长时，原位于腹腔。至胚胎7~9月时，下降入阴囊。有些人出生时睾丸尚未降入阴囊，大多出生后的1~2月降至正常位置。还有些人是出生1~2年睾丸才移入阴囊。如果到了青春期睾丸还不坠入阴囊，在腹腔温度过高（>35℃）的环境下，睾丸生精细胞停止分化产生精子，会造成不育，甚至导致癌变。对此，应及早手术，最好不迟于10岁。一般可在6~7岁施行隐睾固定术。只要能够尽早治疗，仍可与同龄男性一样健康发育。

3. 睾丸炎

由细菌、支原体和病毒引起的感染，都可以导致睾丸的损害，包括原发于睾丸的炎症和其他系统的炎症，如上呼吸道感染、口腔以及附属性腺的感染。引起睾丸炎的途径有三种，即上行感染、淋巴感染及经附睾直接蔓延。常见有非特异性睾丸炎和腮腺炎性睾丸炎。①非特异性睾丸炎。任何化脓性败血症均可并发急性化脓性睾丸炎，甚至引起睾丸脓肿，致病菌多为大肠杆菌、链球菌、葡萄球菌及绿脓杆菌。但化脓性睾丸炎最常见的原因为由附睾蔓延而来的炎症，所以实际上是附睾睾丸炎，患者睾丸疼痛，向腹股沟放射，并伴有高热、恶心、呕吐。症状为睾丸肿大、压痛明显，阴囊皮肤红肿。若病变较早，能触及附睾。本病应与睾丸扭转、嵌顿疝及睾丸肿瘤相鉴别。治疗与急性附睾炎相同。②腮腺炎性睾丸炎。腮腺炎性睾丸炎为病毒感染引起，可造成严重的生精上皮损害，约5%可导致睾丸萎缩。青春期前较少见，成人腮腺炎男性患者中约有30%的并发睾丸炎，其常于腮腺炎出现4~6天后发生，但也可无腮腺炎症状。单侧睾丸损伤后仍具有生精能力，双侧睾丸受损可发生少精症或无精症，可能导致不育。睾丸炎是可以治愈的，只要发现本病后进行及时系统、有效的治疗，防止引发睾丸伤害还是完全可以做到的。而平日里男性朋友也要注意生殖健康和卫生，预防睾丸炎的发生。

4. 附睾炎

附睾于睾丸的后上方，外形细长呈扁平状，左右各一，长约5厘米，像一顶小帽子盖在睾丸上端，是精子的发育、成熟和贮藏地。附睾炎多由邻近器官的感染蔓延所致，好发于青壮年。急性期附睾迅速肿胀，触痛明显，常有阴囊内剧烈疼痛，并放射到同侧腹股沟及下腹部，行动或站立时加重，伴有全身不适、发热，尿频、尿急、尿痛等症状。治疗不彻底可转为慢性附睾炎，此时除患侧附睾肿大及轻度压痛外，还伴有精索和输精管增粗、前列腺变硬等症状。双侧附睾炎往往继发输精管道的堵塞，造成男性不育，所以要及时到正规医院治疗。

5. 前列腺炎

前列腺是男性生殖的附属性腺，一般来说，前列腺炎多发生于已婚的青壮年。但也不尽然。临床上，未婚男性青少年的病例也不鲜见。前列腺炎分感染性和非感染性两种。①非感染性前列腺炎。对于未婚青少年来说，其主要诱发因素是：大量饮酒，经常吃刺激性食物，频繁手淫，过分沉迷于黄色书刊、色情音像制品；沉醉于荒诞而离奇的性幻想中，使自己意志消沉，学习精力分散，导致前列腺广泛持久的充血，最终引发急慢性前列腺炎。表现为疲乏无力、精神萎靡、频繁遗精、腰酸背痛、排尿液沥不清、排尿后总感到没有排干净。尿道口经常有稀薄水样分泌物或较厚稠的乳白色黏液沾粘着、排尿时尿道部位还有轻微的灼热与不适的感觉等。②感染性前列腺炎。未婚青少年患感染性前列腺炎机会依然存在，尤其在机体抵抗力低下时，身体其他部位的细菌等致病微生物也可通过血液、淋巴进入前列腺。另外，部分青年有婚前性行为，特别是有不洁性行为者，可能引起性病的侵扰，但总的发生率比非感染性前列腺炎要低一些。

对于慢性非感染性前列腺炎，治疗的重点在于生活起居的调整和精神生活的调理。生活起居方面要注意多休息，避免过度劳累，防止长途骑车，不吃有刺激性的食物，切忌饮酒。

（三）男性卫生常识

1. 经常清洗外阴

男孩外阴皮肤皱褶多，汗腺丰富分泌旺盛。皮肤代谢时脱落的细胞、细菌、真菌等容易聚积形成包皮垢，成为细菌繁殖的理想场所。若不及时清洗，容易引发包皮炎、尿道炎、阴囊湿疹、股癣等疾病。因此，男孩需要每天清洗外阴。

最好用流动的温水冲洗，盆、毛巾要专用。先洗生殖器官后洗肛门，正确的方法是翻开包皮，裸露龟头，仔细清除其内的污垢，擦干水分后将包皮回复原位。清洗时切莫玩弄阴茎，以免引起性冲动而诱发自慰行为。要勤换洗内裤，内裤宜选择透气性好的纯棉纺织品。

2. 不穿紧身裤

睾丸是产生精子和分泌雄性激素的重要场所，男性穿紧身裤有碍于睾丸产生正常精子。精子生成的最佳温度是35℃左右，而人体37℃的体温高于精子生成的最佳温度。阴囊通过自身的"热胀冷缩"功能使睾丸和身体总是保持一定的距离。也就是说，睾丸产生精子所需要的合适温度，可通过这一距离调节来完成。穿紧身裤会限制阴囊的舒展，迫使睾丸紧贴身体而影响精子的正常生成，造成精子量少，活力差、畸变率高，严重者还会导致不育。另外，紧身裤散热不良，尤其在天气炎热时会阴部出汗较多，为细菌、真菌的生长提供了条件。有些男青年易患股癣、会阴部皮肤疖肿、阴囊湿疹，可能和长期穿紧身裤有关。

二、女性生殖器卫生

（一）会阴部的卫生

青春期少女处于代谢旺盛阶段，汗腺和皮脂腺分泌多，以湿润周围皮肤。大小阴唇皱襞部位容易积存污垢，较胖的少女更是如此。此外，由于青春期卵巢功能活跃，阴道分泌液增多，加之外阴阴道离肛门或尿道很近，易受尿液和粪便污染。

第一，每晚都要用温水清洗外阴，一般不必用高锰酸钾等消毒剂，以免外阴、阴道受到不良刺激；第二，清洗外阴的盆、毛巾和水要单独使用，不能与洗脚的盆、毛巾和水混用；第三，不要穿别人的内裤，自己的内裤要选用透气性好、吸湿性强的纯棉织品；第四，养成大便用纸从前向后擦的习惯，预防肛门口的细菌进入阴道；第五，注意经期卫生；第六，若白带量多，又有异味或有血色时，要及时去医院检查治疗。

（二）不要随便冲洗阴道

人类自身的防御体系决定了阴道本身具有自净作用：①正常情况下，阴道前后壁紧贴使阴道口闭合；两侧小阴唇自然合拢，遮盖阴道外口和尿道口；子宫颈紧闭及子宫颈的黏液栓共同阻止了病原微生物进入阴道和子宫；子宫内膜周期性地剥脱形成经血流出，也定期清除了宫腔内的病原体。②阴道在正常情况下呈酸性（pH 值为 4~5），抑制了适应在碱性环境中繁殖的病原体；宫颈管的黏液栓呈碱性，抑制了适应在酸性环境中繁殖的病原体。这样，适应酸性或碱性环境的病原体分别在女性生殖道的不同部位受到抑制，使女性内生殖器官保持相对清洁和卫生。冲洗阴道将会破坏这些保护屏障，扰乱阴道的自洁功能，使原来受到抑制的病原体活跃起来，从而引起生殖器官的炎症。因此，除非是在医生的建议下，一般是不宜进行阴道冲洗的。

（三）经期卫生

行经期由于体内部分血液的丧失，经期前后内分泌的波动影响了代谢和神经调节功能，使机体抵抗力下降，加上经血的排出改变了阴道的酸性环境，宫颈口又处于张开状态，这就减弱了阴道、宫颈抗感染的天然屏障作用；子宫内膜脱落造成的创面，亦使子宫腔抗感染的能力下降。月经期阴道整体及局部防御机能都处于低下状态。因此，应注意如下几点：

1. 清洁卫生

经期要每晚用温开水冲洗外阴，保持外阴清洁，不宜洗盆浴或坐浴，淋浴为好。不合格的卫生巾（纸）是造成月经期感染的最大隐患之一，因此卫生巾的选用非常重要。首先，要在信誉较好的大商场购买，挑选时一定要注意外包装完好无损，有生产日期、有效使用期、厂家厂址、卫生许可证号等。其次要柔软清洁、舒适透气。卫生巾按质地分为干爽网面和棉质网面，前者吸水性好不易产生侧漏，后者比较柔软、透气性好。已开封未用的卫生巾在下次使用时，最好重新消毒或经日光暴晒，最好经高压消毒后使用。

血是病原体最好的培养基，经血污染的内裤容易引起生殖器官和皮肤的感染，所以要勤换内裤并及时洗净，洗后用开水烫一下，并在太阳下晒干后备用，内裤要选购透气性好的纯棉制品。

2. 劳逸结合

经期照常工作、学习、从事一般的体力劳动，可以促进盆腔的血液循环，从而减轻腰背酸痛及下腹不适，但应避免重体力劳动和剧烈运动。因过劳可使盆腔过度充血，引起月经过多、经期延长及腹痛腰酸等，并保证充足睡眠，以保持充沛精力。

3. 饮食有节

月经期因经血的耗散，更需充足的营养。饮食宜清淡温和，易于消化，不可过食生冷。因寒使血凝，容易引起痛经以及月经过少或突然中断等。不可过食辛辣香燥伤津的食物，以减少子宫充血。要多喝开水，多吃水果、蔬菜，保持大便通畅。

4. 调节情志

祖国医学认为，情志异常是重要的致病因素之一，而精神情绪对月经的影响尤为明显。故经期一定要保持情绪稳定，心情舒畅，避免不良刺激，以防月经不调。

5. 顺应天时

注意气候变化，特别要防止高温日晒、风寒雨淋，或涉水游泳，或用冷水洗头洗脚，或久坐冷地等。

6. 避免房事

月经时，子宫内膜剥脱出血，宫腔内有新鲜创面，宫口亦稍微张开一些，阴道酸度降低，防御病菌的能力减弱。如此时行房事，易将细菌带入，导致子宫内膜炎、盆腔炎、附件炎等；可造成经期延长，甚至崩漏不止。若输卵管炎症粘连，堵塞不通，还可造成不孕症。因此，妇女在行经期间应禁止房事，防止感染。

7. 勿乱用药

一般妇女经期稍有不适，经后即可自消，不需用药，以防干扰其正常过程。若遇有腹痛难忍或流血过多、日久不止者，需经医生检查诊治为妥，不要自己乱服药物。

8. 坚持建立月经卡

自青春期初潮年龄开始后，女生要学会建立月经卡，记录每月经期日期，便于了解自己的月经是否规律、是否怀孕、是否流产等，有利于防治各种妇科疾病和落实计划生育。

（四）月经障碍

1. 经前期紧张综合征

日常生活中，不少健康妇女在月经前出现不同程度的乳房胀痛、头痛、失眠、心慌、抑郁、易怒、便秘或腹泻以及尿频及颜面手足浮肿等症状，多在经期后恢复正常。这就是人们常说的经前期紧张综合征。据对昆明 4 所高校 630 名女大学生的调查表明，月经障碍及经前期紧张综合征在女大学生中极为常见。而且，厌恶月经组的月经障碍、经前期紧张综合征的发生率及症状的严重度明显高于悦纳月经组，这表明对待月经的态度与月经障碍、经前期紧张综合征密切相关。因此，女生一方面要认识到来月经是一件好事，做到心情舒畅，避免精神紧张，坦然地对待月经来潮；另一方面在经期尽量不到环境嘈杂的地方去，力求在安静平和的环境中生活、休息。月经前几天饮食宜清淡、少盐、少吃辛辣带刺激性的食物，适当参加文体活动。本病以对症治疗为主，注意劳逸结合，症状严重者请医生治疗。

2. 闭经

凡年满 18 周岁以上的女孩月经尚未来潮，称原发性闭经；已有规律的月经，但连续 3 个月以上停经者，称继发性闭经。闭经常见的原因有：消耗性疾病（如重度肺结核、严重贫血、盲目减肥及营养不良等）、生殖器官发育不良、肿瘤、内分泌功能紊乱、强烈的精神刺激以及环境改变等。另外，已有规律月经的女孩会因无防护的性活动或不幸遭遇性侵犯而怀孕，也表现为闭经。这种情况有时会被当事人及家长忽略，甚至被医生误诊以至于延误了终止妊娠的最佳时期，应该引起注意。如果发现闭经，应及时去医院查明病因，积极治疗。

3. 痛经

凡在月经前或月经期出现下腹及腰骶部疼痛，严重时伴有面色苍白、四肢发冷、恶心呕吐甚至晕厥，以致影响工作和生活的现象称为痛经。痛经是一种临床自觉症状，分原发性和继发性两类。前者生殖器官无异常，后者常患有子宫内膜异位症、子宫畸形、子宫肌瘤、盆腔炎等器质性病变，以前者为多见。研究显示，对月经来潮具有焦虑和恐惧感者，易发生痛经。所以应从心理上进行调节，保持愉快的心情，同时做好月经期保健，了解月经时轻度不适是正常生理反应，症状严重者可在医生指导下适量服用止痛药。伴随发育成熟，痛经会逐渐减轻，但如果疼痛愈来愈严重，应到医院检查是否患有盆腔器质性病变，以便及时治疗。

（五）乳房保健

女性的乳腺在 10~13 岁开始发育，先是乳头突起，继而乳晕呈圆锥状隆起，随着乳腺腺体的发育和脂肪的增多，至 16~19 岁时发育成挺而坚实的半球形状，形成健康成熟的女性体态。乳房是女性性敏感兴奋区的重要部位之一。20 世纪 70 年代以前，由于对性知识的封闭禁锢，不少女性因对乳腺发育感到焦虑、羞怯而不知所措，往往采取弓背缩胸的姿势或束胸的方法来遮掩乳房的隆起，不仅形成不良的体形还造成乳头凹隐，以致影响胸廓和心肺的发育，还为将来的哺乳带来麻烦和痛苦。近年来由于受现代欧美文化的夸大渲染，人们把乳房作为女性美和魅力的象征，过分追求丰满。然而乳房的大小有如人的高矮，有很大的差异，更与遗传、种族等多种因素有关。随着社会的进步和文化素养的提高，女性博得他人（包括异性）的爱慕的重要因素是内在的美，所以不必为乳房小而苦恼，更不必为丰乳滥用内服或外搽的激素制剂。对于市面风行的丰乳器和隆乳术（研究证实植入硅化物有致癌可能），更不必去问津。正确的做法有以下几个方面。

1. 注意姿势

平时走路要抬头挺胸，收腹紧臀；坐姿也要挺胸端坐，不要含胸驼背；睡眠时要取仰卧位或侧卧位，不要俯卧。

2. 切忌束胸

处于青春期发育阶段的少女千万不要穿紧身内衣。束胸对少女的发育和健康有很多害处。第一，束胸时心脏、肺脏和大血管受到压迫，从而影响身体内脏器官的正常发育。第二，束胸会影响呼吸功能。正常情况下，胸式呼吸和腹式呼吸两种呼吸动作协调配合进行，才能保证人体正常的气体交换。而束胸影响胸式呼吸，使胸部不能充分扩张，肺组织不能充分舒展，吸入空气量减少，以致影响了全身氧气的供应。第三，束胸压迫乳房，使血液循环不畅，从而产生乳房下部血液淤滞而引起疼痛、乳房胀痛不适，甚至造成乳头内陷，乳房发育不良，影响健美。

3. 适时佩戴合适胸罩

乳房发育基本定型后，少女要及时选戴合适的胸罩。少女在 15 岁左右乳房发育基本定型，但个体差异性较大。一般情况下，可用软尺从乳房上缘经乳头量至下缘，上下距离大于 16 厘米时即可佩戴胸罩。戴胸罩有以下好处：第一，显示女性的体形美；第二，支托乳房，防止下垂；第三，可预防乳房下部血液淤滞而引起乳房疾患；第四，减轻心脏的局部压力，促进血流循环畅通，有利于乳房发育；第五，减轻由于体育运动或体力劳动造成乳房振动，还可免于乳房受伤；第六，保护乳头不受擦伤或碰痛，在秋冬季，胸罩还有保暖作用。总之，还要根据身体发育成长中的胖瘦变化，随时更换胸罩。千万不要片面追求体形美而勉强戴不适合的胸罩。

4. 乳房卫生

青春期的少女，由于内分泌的原因，许多人在月经来潮前一周感到乳房增大胀痛、乳头痒痛，月经来潮后乳房变松软，这是正常的生理现象。这时千万不要随便挤压乳房，抠剔乳头，以免造成破口而发生感染。要经常清洗乳头、乳晕、乳房。因为乳晕有许多腺体，会分泌油脂样物质，它可以保护皮肤，但也会沾染污垢、产生红肿等，因而要保持乳房的清洁卫生。但如经前出现乳房胀痛并触到增厚、变硬与周围界限不清的片状结节，是乳腺小叶增生症的表现，如在经后症状缓解，硬结变软消失，不必就医。但如包块持续存在并长大则应诊治。如乳房内触到单个质地较硬无疼痛、边界清楚、光滑活动、不随月经周期变化的肿块，多为良性纤维瘤，治疗多主张及时手术。

5. 乳房发育不良

若发现乳房过小或过大，双侧乳房发育不均，乳房不发育，乳房畸形以及乳房包块等现象，不必惊慌失措。若发现这些情况，一是可通过健美运动促进胸肌发达，使乳房显得丰满；二是在医生指导下进行适当调治。少女要到身体发育定型，性完全成熟才能确定乳房是否发育不良，不要过早下结论。

6. 正确对待乳腺纤维腺瘤

有的女性在经期前会出现乳房胀痛，并能触到增厚、变硬与周围界限不清的片状结节，这是常见的乳腺小叶增生。如果月经后疼痛缓解，片状硬结变软或消失，可不必担心，但如包块持续存在，并有增长的趋势，应到医院做进一步检查治疗。还有的乳房会出现单个的肿块，摸起来质地较硬且无疼痛，边界清楚、光滑、活动、不随月经周期发生变化，通常在洗澡时无意发现，此多为乳腺纤维腺瘤，属良性，但应及时就医行手术切除。

另外，男性的乳腺在青春发育期由于体内雌激素的作用，可有部分发生乳腺发育增大。有时可触到硬节，有压痛，多为单侧，一般半年至一年后会消退，不必惊慌。但如果增长迅速或时间较长，应找医生诊治。

第五节　避孕

一、药物避孕

自从1956年女用避孕药发明以来，在其药物的组成、剂型和使用方法各方面，如从短效到长效，从单纯口服到肌内注射、皮下埋藏等都有了很大进展。绝大部分避孕药是由合成孕激素和合成雌激素配制而成，也有由单一的孕激素或雌激素配制而成的。避孕药能影响生殖过程的不同环节，如抑制排卵、影响内膜发育，使受精卵不易着床，或使宫颈黏液变稠阻止精子穿过，从而达到避孕的目的。一般来讲，生育年龄的健康妇女都可以服用药物避孕，特别适合月经不调和痛经者。

（一）常用避孕药

1. 短效口服避孕药

常用的有避孕片Ⅰ号、避孕片Ⅱ号、避孕片0号等，用法是从月经来潮当天算起的第5天开始，每晚口服1片，连服22天。一般服完停药3天左右，即来月经。服药当月可以避孕，下次仍按同时间同剂量服药。目前避孕片Ⅰ号、避孕片Ⅱ号又有糖衣纸型。自月经第5天开始，每晚1片，连服34天，质量稳定。此外有新型的双相片及三相片，该药主要特点是模拟月经周期中的生理变化，将孕激素、雌激素剂量分成三个不同阶段，服用时必须按特定药片的排列顺序，每晚1片，连服28天。在国外全部片剂避孕药应用中，三相片占有重要比例。国内也有三相片，其避孕效果较好，可保持月经规则，副作用少。

在短效口服避孕药中，有专门供两地分居者探亲时应用的探亲片制剂。此类药在月经周期的任何一天开始服用，均可达到避孕的目的。事后片也可以用探亲片替代，例如使用避孕套破裂后可服用53号探亲片作为补救措施。

2. 长效口服避孕药

长效口服避孕药每月只使用1次，有的可2~3个月使用1次，可以减少天天服药的麻烦，避孕效果略逊于短效避孕药。

3. 长效避孕针

常用的有复方己酸孕酮避孕针、复方甲孕酮避孕针等。

4. 甾体避孕药缓慢释放系统

根据其适用途径不同，分为皮下埋植剂、阴道环和宫内节育环等。

5. 紧急避孕

紧急避孕又称事后避孕，是针对避孕措施突然失败或一时疏忽而没有采取任何避孕手段的情况下，临时采用的一种紧急补救措施。其目的是避免非意愿性妊娠。所以，紧急避孕是近年来提倡的一种保护妇女生殖健康的重要方法。目前首选的紧急避孕药是毓婷，此药安全有效、方便、无明显副作用。此外，还可选用53号探亲片、米非司酮片等。

（二）注意事项

（1）凡是需长期服用避孕药者应先到医院进行全面体检，以决定是否可以用药，用药者还须定期复查。

（2）凡患有急慢性肝炎、肾炎、恶性肿瘤、糖尿病、动静脉血栓栓塞、高血压症、心脏病者，不宜使用。

（3）用药期间出现恶心、头晕、无力、食欲不振、色素沉着、白带多、头痛、乳房胀痛、黄褐斑、下肢痛、月经失调、脱发、腹泻、痛经、腰痛等症状，可对症处理。以上副作用均为暂时性的，药一经停用，甾体类激素很快自行排泄。

（4）使用口服避孕药者，必须戒除吸烟、饮酒的习惯。服药期间因病需用药者，要告诉医生，以免某些药物与避孕药相互干扰而影响药效或避孕效果，同时避免经量减少或闭经等。

（5）有些片剂避孕药的主要成分在糖衣上，如保管不好，糖衣溶化或脱落就会影响避孕效果，还会引起阴道出血。因此，应将口服避孕药放在瓶内并置于阴凉、干燥、不易潮解的地方。

（6）避孕药应按时服用，不可随意变动服用时间，以免影响药效。漏服时应于次日补服。用药期间或停药后有闭经或有类似早孕反应（恶心、头晕、无力、食欲不振等）者，应及时到医院诊治。

二、避孕工具

利用工具不使精液泄入阴道，或阻止泄入阴道的精子进入子宫颈或妨碍受精，从而达到避孕的目的，称为工具避孕。工具避孕是目前应用最广泛的避孕方法，如果使用得当，避孕效果很理想。

目前常用的避孕工具有男用避孕套（又称阴茎套），女用阴道隔膜、子宫颈帽及阴道塞、子宫内置节育器等。近年来由于性传播疾病的猖獗，避孕套的使用就显得更为重要。避孕套的选择及使用方法如下：

（一）型号的选择

避孕套分大、中、小和特小四种型号，使用者应根据个人情况选用合适的型号，如避孕套过大，性交时容易脱落在阴道内，导致避孕失败；如避孕套太小会有不适感，还容易撑破。一般来说，初次使用避孕套先用中号，如不合适再改用其他型导。另外，以选用薄的、富于弹性和表面涂润滑剂的避孕套为好。

（二）使用前检查

在使用避孕套之前，应当进行认真细致的检查，以防避孕套有小洞造成精液外漏，以致避孕失败。在检查避孕套时首先要注意外观，凡是因保存不当造成变质、发粘的避孕套都不能使用，应当丢掉。检查避孕套是否有漏洞一般是用吹气检查法，方法如下：先把避孕套卷着的部分展开，然后往避孕套里吹气，使整个避孕套膨胀起来，接着用一只手捏紧套口，另一只手稍用力挤压避孕套中间鼓起的部分，停留几秒钟，如果避孕套慢慢地瘪下去，说明有漏洞；反之，则说明避孕套没有漏洞。

（三）避孕套的正确使用方法

避孕套是一种简便、有效的避孕工具，但倘若使用不当，也容易导致避孕失败。避孕套的正确使用方法如下：

（1）首先要选择型号合适的避孕套，避免过大或过小。接着用吹气法检查避孕套有无破损，如发现漏气则不能使用。避孕套检查好后仍按原来那样卷好。

（2）戴避孕套之前要将前端的小囊捏扁，把囊内的空气挤掉，然后把它放在已经勃起的阴茎头上，将避孕套的卷折部分向阴茎根部边推边套，宜推到阴茎根部为止。套好后避孕套前端的小囊应悬在阴茎头的前面，切不可将阴茎头套进小囊，这样不仅容易胀破，还会影响性感。

（3）在阴茎头部及避孕套外面涂一些避孕药膏，可以提高避孕效果，还可以润滑阴道、减少不适感。但在阴茎头部不要涂得太多，否则容易使避孕套脱落。

（4）射精后不要将阴茎长时间留在阴道内，应在阴茎未软缩之前，用手按住套口，使阴茎连同避孕套一起从阴道内抽出，以防阴茎软缩后避孕套脱落在阴道内或精液从避孕套口溢入阴道，以致避孕失败。

（5）性交结束后还需检查避孕套有无破裂，如有破裂应及时采取补救措施。

三、安全期避孕法

人类至青春期后，男子的精子虽然可以持续产生（生殖年龄内），但女子每个月只能定期排一次卵。排卵日期一般在下次月经前 12~16 天，排卵后卵细胞只能存活 24 小时，而精子进入女性生殖器内，具有受精能力的时间为 2~3 天。因此，当精子和卵细胞相遇时，只要有一方失去受精能力，就能达到避孕的目的。安全期避孕法是指在每个月经周期中的排卵期避免性生活，从而防止怀孕的一种手段。

（一）安全期的计算方法

1. 日历节律法

女性必须连续记录6~12个月的月经周期，以月经来潮的第一天为起始日计算出最长和最短的周期，然后计算出能孕期。计算方法如：

第一能孕日（能孕期开始）= 最短周期减20天

最终能孕日（能孕期结束）= 最长周期减10天

例如某女性记录的最短周期为26天，最长周期为31天，则其能孕期为：26-20=6和31-10=21，这位妇女的能孕期（或不安全日）为其月经周期的第6~21天，其余时间为安全期。在此期间，应禁止性生活或使用其他避孕方法。

2. 体温法

女性在每日清晨醒后未起床前立即测量体温，并在专门的体温纸上记录下来。一般情况下，女性在排卵以前，体温总是在36.5摄氏度左右；排卵时体温稍下降，通常降低0.2摄氏度左右，排卵后就上升到37摄氏度左右，一直持续到下次月经来潮，再恢复到原来的体温水平。如果连续测量三个月经周期的基础体温，就能够推测出较准确的排卵日期。在月经来潮的第1天到体温升高后的前3天、体温升高3天后至下次月经前为安全期。

3. 宫颈黏液法

女性由于成熟的卵泡可以产生较多的雌激素，当达到一定的程度时，即在排卵期间，可以使宫颈腺体分泌较多的黏液，大约为平时的3~30倍，这时黏液稀薄透明、黏性小，呈水样，易拉成丝状，长可达10厘米以上。假如在显微镜下，可见宫颈黏液呈羊齿植物叶形状的结晶体。同时，女性自己能摸到宫颈，可见宫颈外口在排卵期是向外展开的，原来似软骨样硬的宫颈质地变软，并有大量清亮、滑润、有弹性的黏液流至阴道。阴道收缩使黏液自行排出阴道外。这些黏液稀薄滑润、透明、用拇指和食指捏起黏液可拉成丝状。愈接近排卵期，黏液变得愈滑润、清亮、水样。假如一旦发现阴道分泌物增加，即宫颈黏液增多时，立即避免同房或采用其他避孕措施，并注意黏液的变化，一直坚持至子宫颈黏液变少，黏液变稠厚干燥为止，这个过程需要5~7天。最好每月将发现黏液增多或变化的日期记录下来，以便总结其规律。

通常要综合日历节律法、体温法、宫颈黏液法，才能更准确地计算月经周期中的能孕时间，这样进行避孕效果会更好。

（二）安全期避孕法的适宜人群

安全期避孕法属于自然避孕法，不需要使用器具、服用激素或行外科手术，适用于受宗教信仰限制而禁止使用人工避孕法的妇女，也可运用于对使用其他避孕法有严重副反应和有禁忌征的妇女。采用此种方法避孕的妇女要求月经周期比较有规律，性生活的频率较稳定，性伴侣的关系较为配合默契，伴侣双方有较长时间不行房事的自觉性。

（三）安全期避孕法的缺陷

安全期避孕法的优点不言而喻，但推算能孕期的三种方式都会受到很多人为因素的影响。而且女性的排卵往往受生活环境、情绪、健康或性生活等影响而发生改变，甚至有时会出现额外排卵（在非能孕期排卵）。因此自然避孕法不是十分可靠的。

四、更换避孕方法时的注意事项

（1）服短效避孕药需要更换其他避孕方法时，必须在服完22片后再进行替换。不能中途停服，否则会引起阴道出血。如在服药期间已经采用了其他避孕方法，也要待服完22片后才能停药。如要更换长效口服避孕药，可在服完短效避孕药的第2天服用长效避孕药一片，以后按长效避孕药的使用方法服用。

（2）长期服用长效避孕药需要更换短效避孕药时，应从月经来潮当天算起的第5天开始按短效避孕药的使用方法服用。如要更换其他避孕方法（如避孕套、阴道隔膜等），也要在停服长效避孕药后，先改服短效避孕片Ⅰ号或避孕片Ⅱ号，连服2~3个月经周期，然后再换其他避孕方法，这样可以防止因突然停服长效避孕药可能引起的月经紊乱或闭经。

（3）使用探亲避孕药应于同居当晚服用，每晚服1片，同居10天以内，必须连服10天才能改用其他口服避孕药；同居10天或超过半个月，服完14天后才能改为口服短效避孕片Ⅰ号或避孕片Ⅱ号。

五、未婚女性避孕指导

未婚性行为是世界各地都存在的社会问题。由于未婚女性的性行为不是为了生育，故发生未婚先孕时，绝大部分选择人工流产终止妊娠。未婚女性自我保护意识差，因此，未婚女性的性行为具有不稳定性、盲目性和多向性的特点。在妇科门诊，未婚怀孕、性病及妇科炎症患者所占比例相当大。相对于已婚女性而言，未婚女性性生活环境差、性知识缺乏，这种种原因造成了她们生殖系统发病率增加，甚至影响到婚后的生育，乃至一生的幸福。

因此，不管何时何地，只要有性行为的可能，就要做好避孕的准备。未婚女性的避孕有其特殊性，故未婚女性应根据自己的实际情况，选择不同的避孕方法。

（1）性伴侣较稳定，性活动较频繁的女性，相对来说日常生活较有规律，情绪较稳定，月经周期如果有规律，就可以选用安全期避孕。在非安全期宜采用避孕套或避孕药膜避孕。

（2）如果是与固定的男朋友同居，可以选择高效而稳定的宫内节育器。临床实践显示，性伴侣较稳定的未婚女性使用宫内节育器是安全的。但由于未婚女性子宫肌壁张力大、敏感性高，宫内节育器容易移位或脱落，应加强随访，定期进行B超查环，尽量避免避孕失败情况的发生。对于这类女性的另一个合适选择是短效口服避孕药。第三代口服避孕药具有低剂量、高效、副作用少及停药后即可怀孕的优点，可以为新婚或同居而暂不想生孩子的妇女所使用。

（3）性伴侣不稳定的女性，由于容易感染性病，从性安全和性卫生的角度考虑，应选用避孕套避孕。避孕套使用方便、效果好、副作用小，且易得易用（药店和安全套售套机取套方便），对避孕和预防性病有双重效果。

很多未婚女性怀孕都是由于无防备的性生活引起，如果你发生了无避孕的性生活，应立即采用紧急避孕法。紧急避孕法也可用于避孕药具失败者，如避孕套破裂或滑脱、漏服避孕药、错算安全期等。

六、人工流产

早孕的诊断：凡是生育年龄有性生活史的女性，月经一向正常，突然停经，就要想到可能是怀孕了。①停经。停经超过10天以上为可疑。②早孕反应。停经6周有头晕、乏力、嗜睡、食欲不振、不同程度的恶心、偏食、偏好酸味食物和怕油腻等。⑤尿多。④乳房胀痛。⑤妇检发现子宫增大。⑥化验。妊娠试验呈阳性。

人工流产是指采用手术方法使妊娠终止。过去主要用于个别妇女因患有某种疾病而不宜妊娠者，近年来常常作为避孕失败的一种补救措施。在计划生育措施中应属辅助方法。凡女性因避孕失败或不宜怀孕而妊娠者，查无禁忌，均可施行。人工流产有早期人工流产和中期引产之分。

（一）早期人工流产

早期人工流产是指妊娠3个月以内施行的人工流产，可分为器械性流产和药物流产。器械性流产指用手术器械将胚胎组织由子宫内吸出，使妊娠终止。目前多用负压吸引术。药物流产指运用某些药物通过不同途径（如置于子宫、阴道或采用口服方式）进入体内，产生对抗黄体、对抗雌激素、抑制垂体和卵巢功能等作用，促使胎儿流产。

（二）人工流产的危害

人工流产对身体有多大影响？一般人考虑的是对肉体的损伤及疼痛，而没有认识到不痛不痒的激素变化对人体的影响。实际上，肉体的损伤很快就会修复，而且现在大多是以无痛人工流产为主，唯有那神秘的内分泌变化对人体的打击不是一天两天就能恢复过来的。

妇科专家指出，有些年轻女性把人工流产当成常规的补救措施，甚至三个月做两次人工流产，这是对自己的健康极不负责的表现。她们并不知道，从怀孕到生育，体内的各个系统都会发生很多微妙的变化。而且十月怀胎，机体对此早已做好充足准备工作，而人为地中止妊娠，体内的内分泌水平会急剧下降，同时缺乏一个缓慢的适应过程，这对人体是一个潜在的隐性打击。如果反复多次人工流产，机体所遭受的双重打击会逐渐使各方面的功能慢慢减退，出现早衰。因此频繁的人工流产祸害无穷！具体说来，人工流产对女性身体可能带来以下危害：

（1）人工流产手术会造成闭经。人工流产手术不当可能损伤子宫内膜，造成月经量减少，如果内膜受损严重，会造成闭经，甚至绝经。

（2）多次人工流产可导致不孕。近年来，由于性观念的改变，婚前性行为比较普遍。有关专家指出，由于婚前性行为增多，做人工流产的越来越多，生殖道病毒感染及性传播疾病发病率呈上升趋势，这不仅严重威胁到妇女的自身健康，还影响生育能力，甚至影响到下一代的生长发育。

思考题

1. 简述大学生性健康教育的必要性和内容。
2. 简述男女两性生殖系统的结构和功能。
3. 简述男性常见的生殖系统疾病。
4. 简述月经期的注意事项。
5. 简述常见的月经障碍及处理的方法。
6. 简述常用的避孕方法及工具。

第五章　传染病的防控

传染病是由各种病原体引起的能在人与人、动物与动物或人与动物之间相互传播的一类疾病。病原体中大部分是微生物，小部分为寄生虫，由寄生虫引起的疾病称寄生虫病。微生物无处不在。自然界的土壤、空气、森林和水中，人类的口腔、呼吸道、肠道和生殖道内，都存在各种微生物。大多数微生物和人类是共生、共栖或寄生的关系。但仍有一些致病微生物，当它们侵入机体后，会大量繁殖，产生伤害宿主细胞的毒素，干扰人体正常的防御机制，使机体的生理功能受到影响，重要脏器受到损伤，从而发生疾病。

第一节　概述

一、传染病防控的历史进程

在人类的历史上，传染病的暴发和流行，给人类造成了巨大的灾难和伤痛。从1347年到1351年，鼠疫在欧洲流行，造成了欧洲1/3人口（2 400万人）的死亡；20世纪20年代开始流行的肾综合征出血热，其疫源地遍布五大洲70多个国家，病死率高达30%；而烈性传染病天花，在长达数世纪的反复流行中，使无数的感染者死亡。

在旧中国，鼠疫、霍乱、天花等传染病流行猖獗，使许多人颠沛流离，家破人亡。新中国成立初期，传染病还是导致人类死亡的主要因素之一。当时，我国有1 100多万人患血吸虫病，3 000余万人患疟疾，2 400万人感染丝虫病，50余万人患黑热病。

从20世纪开始，随着社会的发展，人们的生活条件和卫生设施不断得到改善，人的健康水平有了显著提高，人类防治传染病的工作取得了突破性进展。20世纪80年代，头号烈性传染病天花绝迹。麻风病、流行性脑脊髓膜炎、猩红热等疾病的死亡率大幅下降。随着疫苗的广泛使用，麻疹、脊髓灰质炎、白喉、破伤风等严重威胁人类健康的疾病，也得到了有效的控制。

但近20多年来，由于全球流动人口的增加，抗生素的滥用造成微生物耐药性的急剧增强。生态环境的改变，导致出现了一些新的传染病如军团杆菌病、莱姆病、疯牛病等，加之霍乱、鼠疫、结核病等老的传染病死灰复燃，使传染病的发病率和死亡率明显回升。传染病疫情再次引发了世人的恐惧和关注。

在再度肆虐人类的传染病中，结核病是一个突出的例子。由于流动人口的增加和耐药菌株的增多，结核病患者人数呈上升趋势。而新发生的传染病，如艾滋病、传染性非典型肺炎、禽流感、甲型 H1N1、甲型 H7N9 流感等，使世界再次为之震惊。

疯牛病（新型克雅氏病）、埃博拉出血热、黄热病等疾病的高死亡率，又向人们提出了新的挑战。当前传染病的新特征，就是全球化流行，这对传染病的控制、预防和研究提出了更高的要求。

二、传染病的基本特征

传染病的基本特征是指传染病所特有的征象，可以用作鉴定传染病的先决条件。

（1）有病原体。各种传染病都具有特异的病原体。如微生物中的细菌、病毒、衣原体、支原体、立克次体、真菌、寄生虫中的原虫及蠕虫等。病原体的确定，对确诊传染病的发生和流行具有重大的意义，也是确定传染病与非传染病的最根本的依据。

（2）有传染性。所有传染病都具有一定的传染性，这是由于病原体可以排出体外，通过一定传播途径进入易感者体内，把病传给他人。这是传染病不同于非传染病的另一特征。

（3）有流行性。传染病都具有流行性。按传染病流行过程的强度和广度可分为散发、暴发。当流行超越国界和洲界形成大流行时，称为“世界流行”。

（4）有地方性。有些传染病或寄生虫病，由于不同的自然、地理条件及人民生活习惯的影响，只在一定地区流行，具有地方性的特点。

（5）有季节性。由于气温、湿度和昆虫媒介的影响，不少传染病的发病率每年有一定的季节性升高，如冬春季多发呼吸道传染病，夏秋季多发消化道传染病。

（6）有免疫性。传染病痊愈后，人体对同一传染病产生不感受性，叫做免疫，即机体再遇到同一病原体入侵，可获得保护而不再感染。这种免疫力持续时间一般可达数年。少数传染病如天花、麻疹、水痘等，一次得病后几乎终生不再感染，通常称为持续免疫。普遍感冒、流行性感冒、细菌性痢疾等，病原体型别较多，无交叉免疫。在寄生虫病中，由于其抗原性较弱，机体再次感染很难得到保护。免疫性的获得除与病原体有关外，还与机体免疫状态有关。

三、传染病流行的基本要素

传染病在人群中发生、传播和终止的过程，称为传染病的流行过程。传染病流行必须具备三个基本要素，即传染源、传播途径和易感人群。三个要素必须同时存在，方能构成传染病的流行。控制其中的任何一个要素，就能阻断其流行。

（一）传染源

传染源是指体内有病原体生长、繁殖，并不断向体外排出病原体的人或动物，包括患者、病原携带者和受感染的动物。

（1）患者。在大多数传染病中，患者是重要传染源。其传染性的强弱取决于各阶段排出的病原体的数量和频度，一般在发病期其传染性最强。

（2）病原携带者。指没有任何临床症状而能排出病原体的人，包括潜伏期病原携带者、恢复期病原携带者和健康病原携带者。

(3) 动物性传染病。受感染的动物作为传染源传播的疾病，称为动物性传染病，如狂犬病、布鲁菌病等。野生动物为传染源的传染病，称为自然疫源性传染病，如鼠疫、钩端螺旋体病、流行性出血热等。

(二) 传播途径

病原体从传染源排出体外，经过一定的传播方式，到达与侵入新的易感宿主的过程，称为传播途径。主要的传播途径有：

(1) 空气传播。如飞沫、尘埃，经该途径传播主要引起呼吸道传染病，如流感、麻疹等。

(2) 水的传播。水源受到病原体污染，未经消毒，饮用后可发生传染病流行，如霍乱、痢疾、甲肝等。

(3) 食物传播。所有肠道传染病及个别呼吸道传染病，如结核、白喉等。

(4) 接触传播。其分为直接接触和间接接触。直接接触如通过污染的手，在肠道传染病中尤为多见，间接接触如被狂犬所咬伤致狂犬病。

(5) 虫媒传播。如蚊、蝇、蚤、恙虫等，通过叮咬或吸血传播某些传染病，如疟疾、流行性脑膜炎等。

(6) 土壤传播。接触了土壤中的寄生虫卵或细菌而发生传染病，如蛔虫病、破伤风等。一些病原体（如炭疽）在土壤中可保持传染性大约十年之久。

(7) 垂直传播。垂直传播是指在围产期病原体通过母体的胎盘或产道传给子代。如带有乙肝病毒的妊娠妇女可把病毒传给新生儿，引起新生儿感染。

(8) 血液传播。血液传播指通过输入含有病原体或被病原体污染的血液和血液制品传染疾病，使该病在人与人之间传播。如乙型肝炎、艾滋病等。

(三) 易感人群

易感人群是指对某种传染病缺乏免疫而容易感染的人群整体。易感人群的易感性决定每个人的免疫状态，易感人群的多少，对传染病的发生和传播有着很大的影响。

四、我国传染病的防控网络

传染病的预防和控制，必须针对其流行过程的三个因素。阻断其中任何一个因素，传染病就不会发生，流行就会终止。

(一) 管理传染源

1. 传染病的分类

根据《中华人民共和国传染病防治法》（以下简称《传染病防治法》）规定，有些传染病，防疫部门必须及时掌握其发病情况，及时采取对策，因此发现后应按规定时间及时向当地防疫部门报告，称为法定传染病。中国目前的法定传染病分甲、乙、丙 3 类，共 39 种。

(1) 甲类传染病，共 2 种，分别是：鼠疫、霍乱。

(2) 乙类传染病，共 26 种，分别是：甲型 H1N1 流感、传染性非典型肺炎、艾滋病、病毒性肝炎、脊髓灰质炎、人感染高致病性禽流感、麻疹、流行性出血热、狂犬病、流行性乙型脑炎、登革热、炭疽、细菌性和阿米巴性痢疾、肺结核、伤寒和副伤寒、流行性脑脊髓膜炎、百日咳、白喉、新生儿破伤风、猩红热、布鲁菌病、淋病、梅毒、钩端螺旋体病、血吸虫病、疟疾。

(3) 丙类传染病，共 11 种，分别是：流行性感冒，流行性腮腺炎，风疹，急性出血性结膜炎，麻风病，流行性和地方性斑疹伤寒，黑热病，包虫病，丝虫病，手足口病，除霍乱、细菌性和阿米巴性痢疾、伤寒和副伤寒以外的感染性腹泻病。

其中，对乙类传染病中传染性非典型肺炎、炭疽中的肺炭疽和人感染高致病性禽流感，采取甲类传染病的预防、控制措施。

2. 传染病的信息公布

从 2004 年开始，我国建立了新的传染病疫情信息公布制度。具体内容是：

(1) 报告病种。现行的《传染病防治法》中规定的甲、乙、丙三类共 39 种传染病。

(2) 报告时限。发现甲类传染病和按甲类管理的乙类传染病中的肺炭疽、传染性非典型肺炎、脊髓灰质炎、人感染高致病性禽流感的病人或疑似病人时，或发现其他传染病和不明原因疾病暴发时，应在 2 小时内完成网络直报。对其他乙类和丙类传染病病人、疑似病人，及乙类中伤寒副伤寒、痢疾、梅毒、淋病、白喉、疟疾的病原携带者，应在 24 小时内，通过网络进行信息的录入报告。

(3) 报告程序和方式。由临床医生填写传染病报告卡，传染病疫情报告人进行网络直报。疾病预防控制机构均设立了专门的部门、人员负责传染病疫情信息管理工作，及时对疫情报告进行核实、分析。国务院卫生行政部门定期公布全国传染病疫情信息。各省、自治区、直辖市人民政府和卫生行政部门也定期公布本行政区域的传染病疫情信息。

3. 针对传染源的措施

(1) 患者、病原携带者。医疗机构一旦发现甲类传染病患者时，应对患者、病原携带者予以隔离治疗，隔离期限根据医学检查结果确定。拒绝隔离治疗或者隔离期末满擅自脱离隔离治疗的，可以由公安机关协助医疗机构采取强制隔离治疗措施。发现乙类或者丙类传染病患者，应当根据病情采取必要的治疗和控制传播措施。对病原携带者，特别是食品制作供销人员、炊事员、保育员要定期做身体检查，对带苗者应及时发现，及时治疗和调换工作。

(2) 密切接触者。对和传染病密切接触者，须进行医学观察、留院观察、集体检疫，必要时进行免疫法或药物预防。

(3) 对危害大的病畜或野生动物应予以捕杀、焚烧或深埋。

(二) 切断传播途径

医疗机构应当实行传染病预检、分诊制度，对传染病患者、疑似传染病患者，应引导至相对的隔离分诊点进行初诊。

(1) 切断传染病的传播途径。必要时，报经上一级人民政府决定，可以采取下列紧急措施并予以公告：限制或者停止集市、影剧院演出或者其他人群聚集的活动；停工、停业、停课；封闭或者封存被传染病病原体污染的公共饮用水源、食品以及相关物品；控制或者扑杀染疫野生动物、家畜家禽；封闭可能造成传染病扩散的场所。还可根据传染病的不同传播途径，采取不同防疫措施。如肠道传染病做好床边隔离、吐泻物消毒，加强饮食卫生及个人卫生，做好水源及粪便管理。预防呼吸道传染病，室内应开窗通风，使空气流通、空气消毒。虫媒传染病，应有防虫设备，并采用药物杀虫、防虫、驱虫。

（2）加强个人防护。接触传染病的医务人员和实验室工作人员应严格遵守操作规程，配置和使用必要的个人防护用品（如口罩、手套、护腿、鞋套等）。

（三）针对易感者的措施

疫苗是提高人体免疫力来达到预防疾病的一种生物制品。我国1980年起正式加入WHO开展的全球扩大免疫规划的活动，制定了《中国儿童发展纲要（2001—2010）》，要求全国以乡为单位对7周岁及7周岁以下儿童进行卡介苗、脊髓灰质三价疫苗、百白破混合制剂、麻疹疫苗和乙肝疫苗的免疫接种，使儿童获得对结核、脊髓灰质炎、百日咳、白喉、破伤风、麻疹和乙肝的免疫力，儿童免疫接种率应达到90%以上。

药物预防，一般可作为一种应急措施来预防传染病的传播。特异性的防护措施，如疟疾流行地区使用个人防护蚊帐，性生活中使用安全套等措施来保护易感者。加强健康教育，运用各种渠道，如通过新闻媒体、网络等宣传渠道，通过开设健康教育课、健康教育讲座、出版健康教育的书籍、教材、影像等宣传资料，提高对传染病的防控意识和应对能力。其他方面，如改善饮用水的质量，加强环境卫生，消灭鼠和蚊、蝇等病媒生物的孳生地。

第二节 流感、禽流感与甲型H1N1流感

一、流感概述

流感是流行性感冒的简称，是由流感病毒引起的一种急性呼吸道传染病，传染性强，发病率高，容易引起暴发流行或大流行。流感病毒分甲、乙、丙三型。甲型：抗原变异性最强，感染人类和其他动物，侵袭所有年龄组人群，常引起世界性大流行。甲型流感病毒根据H和N抗原不同，分为许多亚型，H可分为15个亚型（H1~H15），N有9个亚型（Nl~N9）。乙型：变异性较弱，仅感染人类，引起的疾病较轻微，主要侵袭儿童，可引起局部爆发。丙型：仅引起婴幼儿感染和成人散发病例。

在过去的一个世纪里，全球性的人类大流感，至少出现过四次。第一次：1918—1919年爆发了“西班牙流感”，属于H1N1型病毒的一个种类，主要袭击青壮年，当时造成了全球大约20%~46%的人口感染，死亡有4 000万~5 000万人。第二次：1957年爆发的所谓“亚洲流感”。这种流感病毒属于H2N2型病毒，最早在中国发现的这一波流感造成全球大约200万人死亡。第三次：1968年爆发的“香港流感”属于H3N2

型流感病毒，最早出现于香港，两年中扩散到全世界。全球死亡人数大约为100万。第四次：1977年11月—1978年1月在苏联“俄罗斯流感”流行。至1978年冬，其他许多国家也纷纷出现感染流行。引发此次流感流行的致病病毒为1950年流行的H1N1病毒株的变异体。

抗原转变是造成流感全球大流行的原因。抗原变异仅发生于甲型病毒，甲型流感病毒大约每隔十几年发生一次大变异。如自1933年以来甲型病毒已经历了4次抗原转变：1933—1946年为H0N1（原甲型，A0），1946—1957年为H1N1（亚甲型，A1），1957—1968年为H2N2（亚洲甲型，A2），1968年以后为H3N2（香港型，A3）。正是因为流感病毒变异的速度十分迅猛，由此产生的病毒血凝素和神经氨酸酶发生全新结合，而使得人群没有免疫力，导致全球不断出现流感大流行，全世界对流感的流行也高度重视。

流感病毒在低温、干燥以及甘油环境中较稳定，-70℃以下至少可保存数年。其对热相当敏感，当温度达到60℃时，30分钟即可杀灭；当温度达到100℃时，1分钟即可杀灭。紫外线、X射线等能灭杀流感病毒，病毒对乙醇、升汞、氯、酸、酚、甲醛、乙醚、氯仿等化学药物均较敏感，肥皂和去污剂对流感病毒亦有灭杀作用。

二、禽流感

禽流感是禽类流行性感冒的简称，是由甲型流感病毒（对禽类危害最大的为H5、H7和H9亚型毒株）引起的，容易在禽鸟类（尤其是鸡）之间流行的传染性疾病，即民间所说的“鸡瘟”。

（一）禽流感的危害

自1878年意大利首次报告发生禽流感以来，禽流感给许多国家的家禽养殖业带来了沉重打击。如1983—1984年，美国宾夕法尼亚州鸡群中发生了H5N2亚型毒株引起的禽流感流行，导致当地鸡场全部倒闭，1 700多万只鸡死亡，直接经济损失6 100万美元。2005年期间，中国农业局报告了12个省共发生32次禽流感疫情，导致2 400多万只禽鸟被扑杀。

（二）人感染禽流感

世界上首次证实的人感染禽流感是在1997年，发生于我国香港。当时有18人受到感染，其中6人死亡。经过美国疾病控制中心和世界卫生组织（WHO）荷兰鹿特丹国家流感中心鉴定后确认，此18人由甲型流感病毒H5NI感染所致。

从2004年初起，亚洲部分国家相继发生人感染禽流感的疫情。越南、泰国、柬埔寨等多个国家和地区遭受了禽流感袭击。截止到2013年3月，全球共报告了人感染高致病性H5N1禽流感622例，其中死亡371例。病例分布于15个国家，其中，我国发现了45例，死亡30例。大多数人感染H5N1禽流感病例为年轻人和儿童。

2013年3月，我国首次发现人感染H7N9禽流感病例。到2013年5月2日，上海、安徽、江苏、浙江、北京、河南、山东、江西、湖南、福建等10省（市）共报告确诊病例127例，其中死亡26例。病例以老年人居多，男性多于女性。

H5N1是不断进化的病毒类型，对人类健康的威胁也与日俱增。世界卫生专家对病毒H5N1型毒株进行了研究后认为，人类的免疫系统不具备对H5N1的免疫性，H5N1型病毒一旦突变成为人类流感病毒的一种，就很可能导致人类的流感大流行。

（三）人感染禽流感后的临床表现

人感染高致病性禽流感后，患者一般表现为流感样症状，主要表现为高热，体温在39℃以上，持续3~4天，同时伴有流涕、鼻塞、咳嗽、少痰、咽痛、头痛、肌肉酸痛和全身不适，部分患者可有恶心、腹痛、腹泻、稀水样便等消化道症状。重症患者病情发展迅速，表现为重症肺炎，出现呼吸困难，可伴有咯血痰；可快速进展出现急性呼吸窘迫综合征、纵隔气肿、脓毒症、休克、意识障碍及急性肾损伤等，甚至导致死亡。

实验室检查，可见白细胞总数一般不高或降低。重症患者多有白细胞总数及淋巴细胞减少，并有血小板降低的症状；多有肌酸激酶、乳酸脱氢酶、天门冬氨酸氨基转移酶、丙氨酸氨基转移酶升高，C反应蛋白升高，肌红蛋白可升高；从患者呼吸道标本中可分离禽流感病毒，可检测到禽流感病毒核酸。

人感染高致病性禽流感重症患者预后差，影响预后的因素可能包括患者年龄、基础疾病、合并症等。

（四）预防措施

（1）控制传染源。一旦发现染病家禽，应按要求立即扑杀；当患者出现发热、咳嗽、呼吸急促、全身疼痛等症状时，应立即去医院就诊，做到早发现、早报告、早隔离、早治疗，以防止疫情扩散。

（2）切断病毒的传播途径。感染的禽类及其分泌物、排泄物，经呼吸道、消化道感染，也可通过眼结膜和破损皮肤引起感染。要加强宣传，提高群众的预防意识。特别是自我保护意识。

（3）保护易感者。注射新型疫苗能彻底切断高致病性禽流感病毒通过水禽向家禽、哺乳动物和人类传播的传播链。抗流感病毒的中药有大青叶、板蓝根、金银花、连翘、射干、牛蒡子、黄连等33种之多，可用于抵御流感病毒的攻击。

三、甲型H1N1流感

2009年4月26日，WHO宣布，美国和墨西哥发生了人感染猪流感疫情。所有病例都具有相同的病毒基因模式。该病毒被描述为以前在猪和人体中未曾发现过的A/H1N1新亚型。甲型H1N1流感是猪的一种高度传染性急性呼吸道疾病，病毒在猪群中传播，由一种或多种猪流感A型病毒引起。发病率往往较高，但死亡率较低。4月30日，WHO宣布，不再使用“猪流感”而开始使用“A（H1N1）型流感”指代流感疫情，在我国称“甲型H1N1流感”。

2009年4月30日，国务院新闻办公室举行新闻发布会，请卫生部、质检总局和农业部有关负责人介绍了我国加强甲型H1N1流感的防控工作情况。中国政府高度重视甲型H1N1流感的防控工作，建立了多政府部门参加的应对甲型H1N1流感联防联控工作机制，制定并颁布了相关法规和技术指南，加强与国际社会的沟通与合作。在密切关注全球疫情发展变化的同时，采取了加强出入境检验检疫，强化疾病监测和防治，加快诊断试剂、疫苗和药物研发等综合防控措施。

甲型 H1N1 流感病毒在世界各地飞快地传播和流行。2009 年 5 月 11 日，四川省确诊了 1 例甲型 H1N1 流感病例，这是我国内地首例甲型 H1N1 流感病例。至 6 月 10 日，据 WHO 的最新数据显示，已经有 74 个国家报告出现甲型 H1N1 流感病例 27 737 例，出现持续性的人与人之间的传播，有 141 例病人死亡。6 月 11 日，WHO 通知其成员国，甲型 H1N1 流感出现全球性大爆发，WHO 决定将甲型 H1N1 流感的警戒级别升至最高级别 6 级。

至 2010 年 2 月，WHO 宣布威胁全球的甲型流感最严重阶段已经结束，全球性甲型 H1N1 流感已经造成至少 14 711 人死亡，目前正处在过渡阶段，但由于疫情还没有彻底消除，紧急防控疫情警告还不能取消。截至 2010 年 2 月 28 日，我国 31 个省份累计报告甲型 H1N1 流感确诊病例 12.7 万例，其中境内感染 12.6 万例，境外输入 1 225 例；已治愈 12 万例，死亡病例 793 例。

（一）人感染甲型 H1N1 流感的临床表现

人感染甲型 H1N1 流感后的早期临床症状与普通流感类似，主要有：头痛、发热、喉痛、咳嗽、全身酸痛、发冷等，有些还会出现腹泻或呕吐、眼睛发红等。

部分患者病情可迅速进展，突然高热、体温超过 39℃，甚至继发严重肺炎、急性呼吸窘迫综合征、肺出血、胸腔积液、肾功能衰竭、败血症、休克、呼吸衰竭及多器官损伤，导致死亡。

（二）传染期与潜伏期

人感染甲型 H1N1 流感病毒后，传染期为发病前 1 天至发病后 7 天。人感染甲型 H1N1 流感的潜伏期一般为 1~7 天。

（三）预防措施

（1）经常开窗通风，保持教室、宿舍等室内场所的空气新鲜。

（2）培养健康的生活方式，要勤洗手、不随地吐痰、不吸烟、不与他人共用毛巾；要做到睡眠充足、均衡饮食、适量运动、注意防寒保暖，增强抵抗力。

（3）儿童、老年人、体弱者和慢性病患者应尽量避免到人多拥挤或空气不流通的场所。

（4）甲型 H1N1 流感患者应主动与健康人隔离，咳嗽或打喷嚏时应用纸巾或手帕掩口鼻，咳嗽后立即洗手，外出应戴口罩，尽量不要去公共场所，防止传染他人。

（5）如果有发热、咳嗽等症状，应自觉戴上口罩并尽快到医院就诊。

（6）接种疫苗是提高人群免疫力，预防甲型 H1N1 流感传播的主要措施之一。

第三节　传染性非典型肺炎

一、流行概述

2002 年 11 月 16 日，在我国的广东省发现并报告了首例非典型肺炎，这种不明原因的疾病具有极强的传染性，进展快、病情重、死亡率高。该病迅速向北京、香港、台湾等地区及新加坡、越南等国家扩散、传播，引起了国际社会的广泛关注。2003 年 3 月 12 日，WHO 根据患者表现出呼吸困难、呼吸窘迫、呼吸衰竭等特征，命名为严重急性呼吸综合征（Severe Acute Respiratory Syndrome，SARS）。SARS 在我国内地疫情较重，有 24 个省、266 个县出现 SARS 患者。2003 年 4 月 11 日，卫生部将 SARS 列为法定传染病，要求严格控制 SARS 的传播。4 月 23 日，国务院成立防治 SARS 指挥部，时任国务院副总理吴仪任总指挥。国务委员兼国务院秘书长华建敏任副总指挥，统一指挥、协调全国 SARS 的防治工作。卫生部还向全国各地派出督查组，同时建立了 SARS 防治专项基金，专用于 SARS 的防治。

在全社会的共同努力下，SARS 疫情很快得以控制。2003 年 6 月 24 日，WHO 宣布对北京“双解除”，即北京“被排除在‘非典’疫区名单外和解除旅行警告”，7 月 5 日，WHO 宣布 SARS 病毒人与人之间传播链已断开，人类终于又度过了一场危机。

二、SARS 患者的临床表现

SARS 起病急，以发热为首发症状，体温一般大于 38℃，伴有畏寒、头痛、肌肉关节酸痛、全身乏力、腹泻；伴有咳嗽、痰少；重者有胸闷，甚至出现呼吸急促或呼吸窘迫等症状。查体显示心率较快，肺部可闻及少许湿啰音，或出现肺实变的体征。胸部 X 线显示，肺部有不同程度的片状、斑片状浸润性阴影或网状改变；部分患者进展迅速，呈大片阴影状，常为多叶或双侧改变，阴影吸收较慢。

三、SARS 的传播

在全世界科学家的共同努力下，很快查明了引起 SARS 的病原体为一种新型的冠状病毒，人和动物都可能是它的储存宿主。SARS 病毒主要通过呼吸道传播，通过近距离（约 1 米）飞沫传播；还可通过与患者密切生活接触传播，如直接通过呼吸道分泌物传播，或受污染的手通过口、鼻黏膜、眼结膜传播。

四、SARS 的防治

（一）*治疗*

（1）监测病情变化。多数患者在发病后 14 天内进展快，必须密切观察，监测生命体征。

（2）对症治疗。针对患者的病症，给予镇咳、祛痰、解热镇痛等对症治疗，在抗病毒等方面有特殊效果，可辅助应用。

（二）预防

在SARS得以控制后，卫生部筹措了1.2亿元的经费，召集了3 000多名科技人员，启动了95个攻关项目，用于SARS的防护用品、早期诊断、预防疫苗及治疗药物等方面的研究。此外，还完成了SARS流行规律和传播机制的研究，为科学的评价和完善防控措施提供了理论依据。目前证实能切断SARS传播途径、预防SARS传播的方法有：

（1）保持生活、工作环境空气的通风流畅，注意个人卫生，被认为是最有效的预防措施。

（2）不与病人或疑似病人接触，用肥皂和自来水（流动的水）洗手，在人群密度高或不通风的场所戴口罩（须12~16层厚），也是有效的防护措施。

（3）预防性服用中西药，室内地面及家具使用优氯净消毒，都有较好效果。

五、突发公共卫生事件应急条例

SARS暴发后，为了有效预防、及时控制和消除突发公共卫生事件的危害，保障公众身体健康与生命安全，维护正常的社会秩序，国务院在2003年5月12日发布了《突发公共卫生事件应急条例》。该条例分总则、预防与应急准备、报告与信息发布、应急处理、法律责任、附则等六章，共54条。它明确了突发事件的应急处理指挥部的组成和相关部门的职责；明确了突发事件信息的监测、预警、收集、分析、报告和通报的各项制度；明确了突发事件预防、现场控制、应急设施、设备、救治药品和医疗器械以及其他物资和技术的储备与调度方法。该条例的实施，确立了中央与地方各级政府部门在传染病防治工作和其他突发公共卫生事件中的权利、责任和义务关系，提高了全社会解决突发公共卫生事件的能力。

第四节　结核病

一、流行概述

结核病是由结核杆菌感染引起的慢性传染病，可侵犯全身器官，主要侵犯肺脏，称为肺结核病（旧称痨病）。历史上，结核病曾在全世界广泛流行，夺去了数亿人的生命。自20世纪50年代以来，随着抗结核药物的不断发现，结核病得到了一定的控制；但从90年代起，由于治疗的不规律、多种耐药病例增加、流动人口增多等因素，结核病疫情在世界范围内出现第三次回升或失控，每年新发生结核患者800万~1 000万人，200万~300万人死于结核病。1993年WHO宣布“全球进入结核病紧急状态”，并确定每年3月24日为“世界防治结核病日”。

中国属于全球22个结核病高负担国家之一。至2005年年底，我国已如期完成结核病控制的五年目标：100%的短程督导化疗（DOTS）策略覆盖率、79%的患者发现率、91%的治愈率。2010年全国第五次结核病流行病学抽样调查结果表明，中国15岁以上人群传染性肺结核患病率为66例/10万，较2000年的169例/10万下降了60.1%，实现了中国政府向国际社会承诺的结核病控制阶段性目标。2012年我国肺结核发病人数为951 508人，死亡人数为2 662人。为了实施结核病控制策略，卫生部对结核病控制提出了新的要求；财政部每年拨出4 000万元专项经费，与世界银行、WHO等国际组织及相关机构合作，开展多个结核病防治项目，如对肺结核患者免费进行治疗和管理、对结核病防治工作进行督导、对人员进行培训以及进行健康教育等活动。

二、传播方式

结核杆菌传播方式为呼吸道传播。其传播方式是：

（1）飞沫传播。抗酸杆菌阳性的肺结核患者以咳嗽、打喷嚏的方式将结核杆菌经鼻腔和口腔喷出，在空气中形成飞沫，成为含有结核菌的“微滴核”，并长时间悬浮在空气中。若空气不流通，带菌的“微滴核”被健康人吸入肺泡，则引起感染。传染性的大小与患者的病情严重状况、排菌量的多少、咳嗽的频度、患者居住房子的通风情况、接触者的密切程度及抵抗力有关。这是最主要的传播方式。

（2）尘埃传播。通过随地吐痰所致尘埃中带有结核杆菌的传播叫“尘埃传播”，是次要的传播方式。

三、诊断

（一）临床表现

典型肺结核起病缓，病程经过较长，常无明显体征。有的患者可出现低热、乏力、食欲不振、咳嗽和少量咯血等症状。

（二）诊断依据

（1）痰涂片抗酸杆菌阳性是确诊肺结核的主要依据。

（2）胸部X线检查不但可早期发现肺结核，而且可对病灶部位、范围、性质、发展情况和治疗效果做出判断，对决定治疗方案很有帮助。

（3）结核菌素试验。结核菌素的纯蛋白衍生物（PPD）试验可用来在人群中筛查结核菌感染，阳性表示结核菌感染。

四、治疗

我国对传染性肺结核患者实行免费检查和治疗。

（1）有结核毒性症状、痰菌阳性、X线病灶具有炎症成分，或是病灶正在进展或好转阶段，均属活动性肺结核，须进行治疗。目前，我国结核病的治疗是由定点医院免费进行的。

（2）结核病的治疗主要用抗结核杆菌的化学药物治疗（简称化疗），是现代结核病主要的治疗方法，对结核病的控制起着决定性的作用。传统的休息和营养疗法有辅助治疗的作用。结核病的化疗原则是：早期、联合、适量、规律和全程使用敏感药物。合理的化疗常常能治愈最严重的结核病。

（3）药物使用的方法：根据 WHO 规定，结核病的治疗是在直接观察下的短程督导化疗（DOTS），即送药到手、看药入口、缩短期限、隔日服药。DOTS 分为两个阶段：

一是强化期，为杀菌阶段：即在治疗开始时的 2~3 个月，联合应用 4~5 种抗结核药，以便在短时间内尽快杀灭大量繁殖活跃的敏感菌，减少耐药菌的产生。我国目前广泛应用的抗结核药物有异烟肼（H）、利福平（R）、吡嗪酰胺（Z）、乙胺丁醇（E）和链霉素（S）。这些药在强化期几乎全部被采用。

二是继续期，为巩固治疗阶段：在强化期之后的 4~6 个月内，继续消灭残留的结核活菌苗，并减少和避免复发机会。在继续期一般选择 2~3 种药物。

五、预防

结核病的预防，从以下几个方面着手。

（1）控制传染源。通过普查发现患者，如进行集体肺部 X 线检查可以发现早期患者，对有可疑症状者要查痰或者进一步作 X 线检查。发现并治愈痰涂片抗酸杆菌阳性患者，是切断传染链的最有效方法。

（2）切断传染途径。良好的通风是减少空气中结核菌的最有效措施之一。每日 3 次，每次 30~45 分钟的紫外线照射，能高效杀灭空气中的细菌。

（3）保护易感者。卡介苗是全球使用最广泛的疫苗之一，也是我国计划免疫的内容，一般可维持 5~10 年，主要保护婴幼儿免于结核杆菌的感染。加强宣传教育，使人们掌握肺结核的预防知识，是整个防治工作的关键。

第五节　病毒性肝炎

一、流行概述

病毒性肝炎是由多种不同类型的肝炎病毒引起，以肝脏损害为主的一组传染病，具有传染性强、传播途径复杂、流行面广、发病率高等特点。

病毒性肝炎根据病原学分类，分为甲、乙、丙、丁、戊五型。我国是病毒性肝炎的高发地区，五种类型的肝炎在国内均有发生和流行。1988 年，上海地区因生食毛蚶而大规模暴发甲肝，发病人数达 31 万人，死亡 47 人。目前全国乙肝病毒携带者仍有 1.2 亿人，慢性乙肝患者约 3 000 万人。

据 2012 年度中国疾病预防控制中心全国法定传染病疫情公告，2012 年全国甲类、乙类传染病中，发病数居前六位的病种依次为：病毒性肝炎、肺结核、梅毒、猩红热、细菌和阿米巴痢疾、艾滋病；报告死亡数居前六位的病种为：艾滋病、肺结核、狂犬病、病毒性肝炎、流行性出血热、梅毒。这说明病毒性肝炎仍是我国流行的主要传染病之一，应严格控制。

二、传播途径

人类对各型肝炎普遍易感，各种年龄均可发病。甲型和戊型肝炎主要经粪便途径传播，病毒主要通过粪便排出体外。粪便以发病前5天至发病后1周传染性最强。粪便中排出的病毒通过污染的手、水、苍蝇和食物等经口感染，以日常生活接触为主要传染方式。甲型肝炎感染后机体可产生较稳固的免疫力，成年人血中普遍存在甲肝抗体，所以甲肝发病者以儿童居多。

乙型、丙型和丁型肝炎的病毒存在于患者的血液及各种体液（汗、唾液、泪水、乳汁、羊水、阴道分泌物、精液等）中。急性患者自发病前2~3个月开始具有传染性，并持续于整个急性期。乙型、丙型、丁型肝炎的传播途径包括：①输血及血液制品、使用污染的注射器或针刺等；②母婴垂直传播，主要通过分娩时吸入羊水、产道血液、哺乳及密切接触感染，通过胎盘感染者约5%；③性接触传播。

三、临床表现

（一）急性肝炎

病程可分为三期：

（1）黄疸前期。多以发热起病，伴以全身乏力、食欲不振、厌油、恶心或呕吐，常有上腹部不适、腹胀、腹泻，尿色逐渐加深，呈红茶样；肝脏可轻度肿大，伴有触痛及叩击痛。化验显示尿胆红素及尿胆原阳性，血清丙氨酸氨基转移酶（ALT）明显升高。本期一般持续5~7天。

（2）黄胆期。尿色加深，巩膜及皮肤出现黄染，且逐日加深，多于数日至2周内达高峰期，出现皮肤瘙痒、大便颜色变浅等症状。本期肝肿大，有明显触角及叩击痛，部分病例有轻度脾肿大，肝功能改变明显。本期持续2~6周。

（3）恢复期。黄疸消退，精神及食欲好转。肿大的肝脏逐渐回缩，触痛及叩击痛消失。肝功能恢复正常。本期持续1~2个月。

（二）慢性肝炎

（1）慢性迁延型肝炎。急性肝炎病情达半年以上，仍有轻度乏力、食欲不振、脂胀、肝区痛等症状，多无黄疸；肝肿大并伴有轻度触痛及叩击痛。肝功检查主要是ALT单项增高。

（2）慢性活动性肝炎。有较明显的肝炎症状，如倦怠无力、食欲差、腹胀、便溏、肝区疼痛，面色晦暗等症状。肝脾多肿大且质地较硬，伴有触痛及叩击痛；肝功能ALT持续升高或反复波动。

（三）重型肝炎

重型肝炎是宿主对入侵病毒发生强烈的免疫反应所导致的机体细胞免疫功能衰竭。重型肝炎起病急、病程短，一般少于10天，病情发展迅猛，患者常有高热、乏力及严重的消化道症状（如厌食、腹胀、恶心、呕吐等），出血倾向明显（鼻出血、淤斑、呕血、便血等）。出现神经、精神症状（如性格改变、行为反常、嗜睡、烦躁不安等），黄胆很快加深，可急骤发展为肝昏迷。但肝细胞广泛坏死后可形成“酶胆分离”现象。

四、肝炎的血清学鉴别

(一) 甲型肝炎

(1) 急性期血清抗 HAV lgM 阳性，机体感染 HAV 后，抗 HAV lgM 出现最早，3~7 周在血中即可检出，血清中抗 HAV lgM 阳性是急性甲肝早期诊断指标。

(2) 抗 HAV lgG 在感染后 3~12 周出现，可持续多年甚至终生。抗 HAV lgG 是获得免疫力的标志，可防止再次感染 HAV。

(二) 乙型肝炎

(1) 乙肝表面抗原抗体系统。乙肝表面抗原（HBsAg）是机体感染乙肝病毒（HBV）后最先出现的指标，感染后 1~2 个月呈阳性。乙肝表面抗体（抗 HBs）是乙肝病毒刺激机体产生的特异性抗体，在感染后 4~5 个月出现，是乙肝唯一有效的保护性抗体，也是检查乙肝疫苗接种是否有效的指标。

(2) 乙肝核心抗原抗体系统。乙肝核心抗体（抗 HBc）是乙肝病毒核心抗原的总抗体，无保护作用。

(3) 乙肝 e 抗原抗体系统。乙肝 e 抗原（HBeAg）是 HBV 内核中的主要结构蛋白，多见于 HBsAg 阳性者血清中。HBeAg 阳性时，一般血清中 HBsAg 滴度较高，HBV DNA 也多为阳性，传染性大。

HBV DNA 存在于病毒的核心部分，为 HBV 感染最直接的指标，是表示 HBV 复制的可靠指标，传染性强。

五、预后

急性肝炎患者预后大多良好。甲型及戊型肝炎患者大多数能在 3 个月内恢复健康。乙型肝炎有 13%~15% 发展为慢性肝炎。丙型肝炎发展为慢性肝炎的比例更高，为 40%~50%。丁型肝炎重叠感染乙型肝炎者可加重病情，且易发展为慢性肝炎、肝硬化、肝癌。

慢性迁延型肝炎的预后一般较好，慢性活动型肝炎的预后较差，可发展为硬化或重型肝炎。重型肝炎预后差，病死率高。存活者常发展为坏死后肝硬化。无症状 HBsAg 携带者，预后一般状况良好。

六、治疗与预防

(一) 治疗

病毒性肝炎至今无特效疗法，治疗原则以适当休息、合理营养为主，根据不同类型辅以中西医结合治疗，避免饮酒、过劳和不使用有损肝脏的药物。绝大多数人可以恢复健康。

(二) 预防

(1) 控制传染源。学校要早期发现和隔离病人，隔离期限为：甲型、戊型肝炎为自发病之日起 3 周；乙型肝炎急性期最好隔离至 HbsAg 转阴，恢复期不转阴者按携带者处理；丙型肝炎隔离至病情稳定。病毒携带者应调离接触食品、自来水或幼儿的工作，不能献血。学校医生、教师要严格把关，对病愈返校复课的学生要认真检查。

（2）严密消毒。病人用过的食具、茶杯等要煮沸消毒。对病人的大小便要用生石灰消毒处理。

（3）加强饮食管理。要加强食堂的卫生管理，消灭苍蝇、搞好环境卫生；要求学生饭前便后洗手，不吃不洁食物；要求食堂食具每餐后消毒，保证饮水的卫生；要求学生不与别人共用茶杯和食具。

（4）做好炊事员的定期检查。学校炊事员、食堂的管理人员要定期检查身体，及时发现病毒携带者和隐性肝炎患者。病毒携带者和隐性肝炎患者应调离工作岗位，以防传染。

（5）做好学校医疗器械的消毒工作。用过的注射器、针头、刺血针、手术器械等要严格消毒；医务室要制定严格的消毒制度，防止血液的传染。

（6）药物预防。肝炎流行时，学校可采用中药预防，以茵陈 30 克、山栀 9 克、甘草 3 克（每人量）煎水，要求学生每天服 1 次，连服 3 天，进行集体预防。

（7）免疫预防。现在研制出的乙型肝炎免疫球蛋白，能对乙型肝炎起到一定的预防作用，保护期可达 6 个月，属于短期被动免疫，目前国内已开始试用。丙种球蛋白或胎盘球蛋白可预防甲型肝炎。目前已经在我国普遍接种甲型肝炎、乙型肝炎疫苗，属于主动免疫，可使接种者获得保护。

第六节　霍乱

一、流行概述

霍乱是由霍乱弧菌引起的急性肠道传染病，以起病急、传播快、范围广、易导致大流行为特征。发病一般在 5~11 月，而流行高峰多在 7~10 月。临床表现轻重不一，轻者仅有轻度腹泻；重者剧烈吐泻大量米泔水样排泄物，并引起严重脱水、酸碱失衡、周围循环衰竭及急性肾功能衰竭。患者和带菌者是霍乱的传染源。本病主要通过水、食物、生活密切接触和苍蝇媒介传播，以水传播为主。患者吐泻物和带菌者粪便污染水源后易引起局部暴发流行。人群普遍易感，新疫区成人发病多，而老疫区儿童发病率高。

霍乱至今已发生过 7 次世界大流行。从 1961 年开始的第 7 次大流行，40 多年来已波及世界五大洲 140 多个国家和地区；自 2005 年年初起，西非的塞内加尔、马里、毛里塔尼亚等国家在遭受连日滂沱大雨后，霍乱再次暴发，发病数万例，死亡近千人。

中国自 1820 年发生第一次霍乱大流行以来，每次世界大流行都受到波及。根据中国疾病预防控制中心全国法定传染病疫情的公告，2011 年、2012 年我国报告霍乱病例分别为 75 例和 24 例，说明霍乱疫情仍有发生，对霍乱的防治不能松懈。

二、临床表现

霍乱潜伏期为1~3天，短者数小时，长者5~6天。典型患者多急骤起病，少数病例病前1~2天有头昏、倦怠、腹胀及轻度腹泻等前驱症状。病程通常分为三期。

（1）泻吐期。多数病人无前驱症状，突然发生剧烈腹泻，继之呕吐，少数先吐后泻，多无腹痛，亦无里急后重，少数有轻度腹痛，个别有阵发性腹部绞痛。腹泻每日十余次至数十次，甚至大便从肛门直流而出，难以计数。大便初为黄色稀便，迅速变为“米泔水”样或无色透明水样，少数重症患者可有洗肉水样便。呕吐一般为喷射性、连续性，呕吐物初为胃内食物残渣，继之呈“米泔水”样或清水样。一般无发热，或低热，共持续数小时或1~2天进入脱水期。

（2）脱水期。由于剧烈吐泻，病人迅速呈现脱水和周围循环衰竭。轻度脱水患者仅有皮肤和口舌干燥，眼窝稍陷症状，神志无改变。重度脱水患者则出现“霍乱面容”，眼眶下陷，两颊深凹，口唇干燥症状，神志淡漠甚至不清。皮肤皱缩湿冷，弹性消失；手指干瘪似洗衣妇，腹凹陷如舟。当大量钠盐丢失，体内碱储备下降时，可引起肌肉痛性痉挛，以腓肠肌、腹直肌最为突出。钾盐大量丧失时主要表现为肌张力减低，反射消失，腹胀臌肠，心律不齐等。脱水严重者有效循环血量不足，脉搏细速或不能触及，血压下降，心音低弱，呼吸浅促，尿量减少或无尿，血尿素氮升高，出现明显尿毒症和酸中毒。

（3）反应恢复期。患者脱水纠正后，大多数症状消失，逐渐恢复正常。约1/3患者因循环改善残存于肠腔的毒素被吸收，又出现发热反应，体温约38℃~39℃，持续1~3天自行消退。

三、实验室检查

（1）血液检查。红细胞总数和血球压积增高，白细胞数可达每升15×10^9~60×10^9，分类计数中性粒细胞和大单核细胞增多。血清钠、钾降低，输液后更明显，但多数氯化物正常，并发肾功能衰竭者血尿素氮升高。

（2）细菌学检查。采集患者新鲜粪便或呕吐物悬滴直接镜检，可见呈穿梭状快速运动的细菌，涂片染色镜检检测到排列呈鱼群状革兰阴性弧菌，暗视野下呈流星样运动，可用特异血清抑制。荧光抗体检查可于1~2小时出结果，准确率达90%。

（3）血清学检查。抗菌抗体病后5天即可出现，两周达高峰，故病后2周血清抗体滴度1：100以上或双份血清抗体效价增长4倍以上有诊断意义。其他如酶联免疫吸附试验，杀弧菌试验也可酌情采用。

四、治疗

本病的处理原则是严格隔离，迅速补充水及电解质，纠正酸中毒，辅以抗菌治疗及对症处理。

（1）一般处理。我国《传染病防治法》将本病列为甲类传染病，故对患者应严密隔离，至症状消失6天后，粪便培养致病菌连续3次阴性为止。患者吐泻物及食具等均须彻底消毒。可给予患者流质饮食，但剧烈呕吐者禁食，恢复期逐渐增加饮食。对重症者应注意保暖、给氧、监测生命体征。

（2）补液疗法。合理的补液是治疗本病的关键，补液的原则是：早期、快速、足量，先盐后糖，先快后慢，纠酸补钙，见尿补钾。

（3）病原治疗。早期应用抗菌药物有助于缩短腹泻期，减少腹泻量，缩短排菌时间。

（4）对症治疗。患者在发病期间若出现高热，可采取物理降温或药物降温；出现急性肺水肿或心力衰竭时，应立即停止输液或减慢输液，应用速尿利尿，西地兰强心，必要时使用扩血管药。

（5）出院标准。临床症状消失已 6 天，粪便隔日培养 1 次，连续 3 次阴性，可解除隔离出院。如无病原培养条件，须隔离患者至临床症状消失后 15 天方可出院。

五、腹泻病人的管理

（1）患者的排泄物含有大量病原体，排放量大，次数频繁，污染范围广。若从事饮食服务业，则危害更严重。因此，必须做好患者的隔离、治疗和卫生处理。

感染性腹泻的病人在流行季节应在专科治疗。对病人的要求是“六早一就”，即早预防、早发现、早诊断、早报告、早隔离、早治疗和就地卫生处理。相关工作人员要在 24 小时内完成网络报告。

（2）人群对感染性腹泻病原体普遍敏感，要认真做到“三管一灭”，即管好水源、食物和粪便，消灭苍蝇。严格贯彻、执行各项卫生制度，注意个人卫生，养成饭前便后洗手的良好卫生习惯。

（3）疫苗预防是保护易感人群的有效手段，在特别严重的流行地区可考虑在密切接触者等小范围人群使用疫苗。

WHO 制定了预防感染性腹泻的七项普及措施，要求世界各国有计划地落实。七项措施是：母乳喂养、合理添加辅食、喝开水及使用清洁水、洗手、使用厕所、正确处理粪便、接种疫苗。

第七节　细菌性痢疾

一、流行概述

细菌性痢疾是由痢疾杆菌引起的常见肠道传染病。痢疾杆菌侵入肠道，其毒素被吸收后，可引起大肠充血、水肿、溃疡和出血。临床上以发热、腹痛、腹泻、里急后重感和黏液脓血便为特征，严重者可出现感染性休克和中毒性脑病。

细菌性痢疾是我国的常见病、多发病。此病一年四季均可发生，但以每年夏秋季发病率最高，儿童发病率大于成人，如治疗不及时，很容易转变成慢性。痢疾杆菌最适宜生长温度为37℃，故夏秋季节时，志贺氏菌属在肉类食品中4小时可增殖100~800倍，12小时超过5万倍；在瓜果蔬菜中8~24小时可增殖20~800倍。痢疾杆菌在外界环境中生存力较强，室温下在患者粪便中可存活2~13天；在阴暗潮湿的泥土中可存活34天；但在高温、干燥或阳光照射下很快死亡，而且对各种化学消毒剂均很敏感。

据中国疾病预防控制中心统计资料表明，我国每年细菌性和阿米巴性痢疾发病人数有几十万人，均居甲、乙类传染病的前3位。如2011年细菌性和阿米巴性痢疾发病人数237 930例，死亡人数是24人；2012年细菌性和阿米巴性痢疾发病人数207 429例，死亡人数是13人。

急性、慢性患者和病原携带者排放的粪便污染食物、水、手等经口腔进入消化道内引起感染。水源被污染可引起爆发流行。苍蝇和蟑螂的带菌率也很高，是主要的传播媒介。人类对痢疾杆菌普遍易感，患病后可获得一定的免疫力，但免疫时间较短，故容易复发和重复感染。

二、临床表现

（一）普通型（典型）

起病急，突发寒热、腹痛腹泻。大便先为稀便，但很快转为典型的脓血样，每日腹泻10次以上，伴有里急后重、全腹压痛，以下腹最为显著。可触及乙状结肠，有压痛，本期持续1~2周后缓解自愈，少数逐渐转为慢性。严重者大便失禁，有酸中毒、电解质紊乱、神志模糊、呃逆、腹部胀气或凹陷，体温会升高，或在常温以下，可因酸中毒或周围循环衰竭而死亡。

（二）轻型（不典型）

大都表现为肠炎，可有微热，排便稀，一日数次，偶有黏液，但无脓血，显微镜下有少数红、白细胞。病程数日，可不治自愈或转为慢性。

（三）中毒型

多见于体质较好的儿童，突然发病，或以普通型开始，于1~2天后突变，患者高热40℃以上，有严重的毒血症及神经系统症状，如精神萎靡，频发惊厥，迅速出现休克、呼吸衰竭、四肢发凉、面色灰青、发绀、脉搏细弱、血压下降等症状，若抢救不及时可导致死亡。部分患者因在急性期治疗不及时或菌株耐药，虽经正规治疗仍可转为慢性患者。凡有营养不良、胃酸低、肠道寄生虫者易形成慢性菌痢。慢性菌痢表现为急性菌痢感染后常有腹胀，大便时干时稀，或长期腹泻，带有黏液脓血，左下腹压痛，可触及乙状结肠增厚，即慢性迁延型。有的病情处于相对稳定状态，由于饮食不洁、受凉、劳累等诱因，机体抵抗力降低，在慢性病程中，若突然发生腹痛、腹泻、脓血便等症状，即慢性菌痢急性发作型。亦有临床表现基本正常，但乙状结肠镜检查时，发现肠黏膜有溃疡、增生等病变，或大便培养痢疾杆菌为阳性，即慢性隐匿型。

三、治疗

此病多采用病原治疗和对症治疗。可服镇静、镇痛药，也可用抗生素及黄连素进行治疗。急性菌痢疾患者应卧床休息，吃易消化、高热量、高维生素的饮食。对于高热、腹痛、脱水者给予退热、解痉、补液等治疗，可酌情使用抗生素，以减轻病情，缩短排菌期。

四、预防

急性细菌性痢疾的预防最主要的是抓住“防止病从口入”这条原则，具体应做好以下几项工作：

（1）加强卫生管理，改善卫生环境，加强对饮水、饮食和粪便的管理。学校食堂要加强管理，采取防蝇、灭蝇措施，防止食品霉变，保证供给开水或消毒的过滤水。

（2）培养学生良好的卫生习惯，教育学生重视个人卫生，养成良好的卫生习惯，不吃不洁或变质的食物，不喝生水，饭前便后要洗手。

（3）发现病人要早报告、早隔离、早治疗。病人用过的物品、食具，要煮沸 30 分钟，进行消毒灭菌。

（4）我国各地采用中草药，如大蒜、马齿苋、黄芩、白头翁、桉树叶、三颗针等，进行集体预防服药。

（5）加强季节多发病的卫生宣传工作，提高预防疾病的自觉性。

第八节　狂犬病

一、流行概述

狂犬病为狂犬病病毒引起的一种人畜共患的中枢神经系统急性传染病。多见于狗、狼、狐、猫、蝙蝠等动物。人多因被病兽咬伤、抓伤而感染，狂犬病曾夺去过数千万人的生命。随着疫苗的普及，西欧各国（瑞士、法国、比利时等）已基本上在宠物中消灭了狂犬病。而在拉丁美洲、非洲和亚洲的许多国家中，伴随着宠物热的升温，人感染狂犬病有升高的趋势。全球目前有 150 多个国家和地区存在狂犬病，每年有超过 5.5 万人死于狂犬病，多数发生在亚洲和非洲。根据中国疾病预防控制中心全国法定传染病的疫情公告，我国 2011 年报告人狂犬病发病人数是 1 917 例，死亡人数是 1 879 人；2012 年报告人狂犬病发病人数是 1 425 例，死亡人数是 1 361 人，发病人数和死亡人数非常接近，其死亡数每年高居甲、乙类传染病的前 3 位。这充分说明了狂犬病对人类的危害。

二、临床表现

狂犬病典型表现可分为三期：

（一）前驱期

由于病毒繁殖刺激周围神经，大多数患者伤口部位及其周围有麻木痛或蚁走等异样感，并伴有发热、头痛、乏力、恶心、全身不适等症状，对声刺激敏感，咽喉部有紧缩感。

（二）兴奋期（又称痉挛期）

此时病毒侵犯迷走神经核、舌咽神经核和舌下神经核。患者大多神志清楚，但处于亢奋状态，表现出极度恐惧、烦躁，对声音、实物等各种刺激均非常敏感，出现呼吸肌和咽肌的痉挛，表现出恐水、怕风、呼吸困难和吞咽困难等症状。恐水、怕风是狂犬病的特殊症状，在饮水、见水、听到流水声或谈及饮水时，有微风、听到吹风的声音时，均可引起严重咽喉肌痉挛。本期持续1~3日。

（三）麻痹期

患者神志不清，肌痉挛减少或停止，代之以出现弛缓性瘫痪，心跳微弱，呼吸慢且不规则，最终因呼吸麻痹和循环衰竭而死亡。本期持续6~18小时。

三、治疗与预防

（一）治疗

患者常在出现症状后3~10日内死亡。加强监护，保护心、肺、肾、脑等重要脏器，仍能使少数患者存活。治疗以单间隔离患者、避免各种刺激、对症治疗为主。

（二）预防

狂犬病最终死亡被认为不可避免，故预防尤其重要。

（1）控制传染源。加强动物管理，野犬应尽量捕杀；家犬应进行登记和疫苗接种；狂犬或患狂犬病的野兽应立即击毙、焚烧、深埋。

（2）及时处理。一旦被狂犬病动物咬伤后，如立即给予适当处理，则罕有发病者。被狂犬病动物咬伤后，最有效的保护机制是立即用20%的肥皂水和清水反复彻底清洗伤口，深部刺伤的伤口也应采用肥皂水灌洗，至少20分钟；再用75%的乙醇或2%的碘酒涂擦，也可用1%的新洁尔灭液冲洗，以清除和杀死病毒。用精制抗狂犬病血清皮试后在创伤处做浸润注射，伤口不缝合。

（3）预防接种。对兽医、动物管理人员、猎手、野外工作者及可能接触狂犬病毒的医务人员应做预防接种。护理患者时应戴口罩和手套，以防被感染。被狼、狐、狗、猫等动物咬伤者，也应预防接种。目前我国使用的方法是在咬伤后的第1、3、7、14和30天，各肌注2毫升的狂犬病疫苗。严重者可局部同时增加注射精制抗狂犬病血清。

第九节 埃博拉出血热

埃博拉出血热（Ebola hemorrhagic fever，EHF）是由埃博拉病毒（Ebola virus，EBV）引起的一种烈性出血性传染病。该病毒最早发现于1976年非洲刚果民主共和国境内的一次流行暴发。因暴发地临近埃博拉河，故命名为埃博拉。人主要通过接触病人或感染动物的体液、排泄物、分泌物等进而感染，临床表现主要为发热、出血和多脏器损害。埃博拉出血热的病死率较高，可达50%~90%。

一、流行概述

（一）传染源和宿主动物

感染埃博拉病毒的人和灵长类均可为本病传染源。埃博拉病毒的自然储存宿主及其在自然界的自然循环方式尚不清楚，首发病例的传染源也不清楚，但首发病例与续发病例均可作为传染源而造成流行。在非洲大陆，埃博拉病毒感染和与雨林中死亡的黑猩猩、大猩猩、猴子等野生动物接触有关。有实验证实蝙蝠感染埃博拉病毒后不会死亡。蝙蝠可能在维持埃博拉病毒在热带森林的存在中充当重要角色。

（二）传播途径

（1）接触传播。接触传播是本病最主要的传播途径。病人或动物的血液及其他体液、呕吐物、分泌物、排泄物（如尿、粪便）等均具有高度的传染性，其他人可以通过接触病人和亚临床感染者（特别是血液、排泄物及其他污染物）而感染。病人自急性期至死亡前血液中均可维持很高的病毒含量，医护人员在治疗、护理病人时或处理病人尸体过程中容易受到感染，病人的转诊还可造成医院之间的传播。医院内的传播是导致埃博拉出血热暴发流行的重要因素。

（2）气溶胶传播。吸入感染性的分泌物、排泄物等也可造成感染。1995年曾有学者报道用恒河猴、猕猴作为感染埃博拉病毒实验动物，含有感染动物分泌物、排泄物的飞沫通过空气传染了正常猴，证实了气溶胶在埃博拉病毒传播中的作用。

（3）注射途径。以往，使用未经消毒的注射器是该病的重要传播途径。1976年扎伊尔一位疑诊为疟疾的病人，在接受注射治疗后一周内，数位在该院住院接受注射治疗的病人感染了埃博拉出血热而死亡。

（4）性传播。在一埃博拉出血热患者发病后第39天、第61天、甚至第101天的精液中均检测到病毒，故存在性传播的可能性。

（三）人群易感性和发病季节

人类对埃博拉病毒普遍易感。发病主要集中在成年人，主要是因为成年人与患者接触机会多有关。尚无资料表明不同性别间存在发病差异。长期观察发现，埃博拉出血热发病无明显的季节性。

（四）地理分布

近几十年来，埃博拉出血热主要在非洲的乌干达、刚果、加蓬、苏丹、科特迪瓦、利比里亚、南非等国家流行。血清流行病学调查资料表明，肯尼亚、利比里亚、中非共和国、喀麦隆等国家也有埃博拉病毒感染病例。自1976年以来已有10次大的暴发流行。近年来最严重的一次流行出现于1995年，发生在刚果民主共和国基科维特市，为典型的院内感染造成的流行，共发生315例病人，其中医护人员43人，总病死率为81%。2014年几内亚、利比里亚、塞拉利昂的埃博拉病毒蔓延速度惊人，截至4月14日在几内亚已出现168名感染者，其中108人死亡。我国目前尚未发现埃博拉出血热患者，但随着国际交往日益增多，不排除该病通过引进动物或通过隐性感染者及病人输入的可能性。

二、临床表现

本病总体潜伏期为2~21天，一般为5~12天。感染埃博拉病毒后可不发病或呈轻型，非重病患者发病后2周逐渐恢复。

典型病例为急性起病，临床表现为高热、畏寒、头痛、肌痛、恶心、结膜充血及出现相对缓脉。发病2~3天后可有恶心、呕吐、腹痛、腹泻、黏液便或血便等表现，半数病人可有咽痛及咳嗽。病后4~5天进入极期，发热持续并出现神志的改变，如谵妄、嗜睡等。重症病人在发病数日可出现不同程度的出血倾向，有咯血，鼻、口腔、结膜、胃肠道、阴道及皮肤出血或血尿，病后第10日为出血高峰，50%以上的患者出现严重的出血，并可因出血、肝肾功能衰竭及致死性并发症而死亡。病人最显著的表现为低血压、休克和面部水肿，还可出现弥散性血管内凝血（DIC）、电解质和酸碱的平衡失调等。90%的死亡患者在发病后12天内死亡（7~14天）。

急性期并发症有心肌炎、细菌性肺炎等。由于病毒持续存在于精液中，也可引起睾丸炎、睾丸萎缩等迟发症。在病程第5~7日可出现麻疹样皮疹，以肩部、手心和脚掌多见，数天后消退并脱屑，部分患者可较长期地留有皮肤的改变。

三、治疗与预防

（一）治疗

本病无特效治疗措施，主要是对症和支持治疗，注意水、电解质平衡，预防和控制出血，控制继发感染，治疗肾功能衰竭和出血、弥散性血管内凝血（DIC）等并发症。本病预后不良，病死率高。

（二）预防

（1）控制传染源。目前埃博拉出血热尚没有疫苗可以预防，控制传染源是预防和控制埃博拉出血热最重要的措施。严格隔离疑诊病例和病人，应进入负压病房隔离治疗。病人死亡后，应尽量减少尸体的搬运和转运。尸体应消毒后用密封防漏物品包裹，及时焚烧或就近掩埋。必须转移处理时，也应在密封容器中进行。需做尸体解剖时，应严格实施消毒隔离措施。

（2）切断传播途径。对病人的分泌物、排泄物要严格消毒，可采用化学方法处理；具有传染性的医疗污物（污染的针头、注射器等）可用焚烧或高压蒸汽消毒的方式处理。

人的皮肤、黏膜暴露于可疑埃博拉出血热病人的体液、分泌物或排泄物时，应立即用肥皂水清洗，也可用恰当的消毒剂冲洗；黏膜应用大量清水或洗眼液冲洗，对接触者应进行医学评价和追踪观察。搞好医院内消毒隔离，防止医院内感染是预防埃博拉出血热流行的重要环节，应坚持一人一针一管一消毒或使用一次性注射器。病人使用过的衣物应进行蒸气消毒或焚化。

（3）保护易感人群。加强个人防护，使用防护装备。由于接触污染物是主要的传播方式，因此与病人接触时要戴口罩、手套、眼镜、帽子与防护服，防止直接接触病人的污染物。若环境中病人的血液、体液、分泌物、排泄物较多时，还应戴腿罩与鞋罩。出病房时，应脱去所有隔离衣物。鞋若被污染则应清洗并消毒。在处理针头等其他锐器时防止皮肤损伤，若进行外科或产科处理时也应咨询防疫部门或感染科。

（4）开展公众宣传教育，正确预防，减少恐慌。积极、广泛地宣传埃博拉出血热的防治知识，避免疫情发生后引起不必要的社会恐慌。使公众正确对待事件的发生，及时、有效地采取预防手段。

第十节 常见寄生虫病

由原虫和蠕虫引起的疾病称为寄生虫病。原虫，如疟原虫；蠕虫，如蛔虫、钩虫、绦虫、囊虫和华支睾吸虫等。这类疾病大多数具有明显的疾病地理学分布特点，是一种地方性疾病。在亚热带地区，气候温热而且潮湿，适合于多种寄生虫的生长和繁殖，又因生活和饮食习惯的特点及部分地区的环境卫生较差，易发生各种寄生虫病，尤其是农村和人群密集居住地区的发病率较高，危害性也较大。

一、蛔虫病

蛔虫病是蛔虫寄生于人体小肠所引起的疾病。病程早期当其幼虫在体内移行时可引起呼吸道过敏症状和炎症；当成虫在小肠寄生则可引起腹痛等肠道功能紊乱。大多数患者无明显症状，称为蛔虫感染；少数患者可发生胆道蛔虫病和蛔虫性肠梗阻等严重并发症。

（一）病因

人蛔虫是寄生在人体内最大的线虫之一，形似蚯蚓，其受精卵具有感染致病的能力。蛔虫不需要中间宿主，受精卵自粪便排出后在适当的温度、湿度环境下发育成感染性虫卵，虫卵被人吞食进入小肠，幼虫脱壳，穿破肠黏膜经血液循环到肺部，穿破肺微血管进入肺泡，沿支气管向上移行，并逐渐发育成长，行至气管与会厌部，再经吞咽进入消化道，在小肠内发育为成虫。成虫在小肠内寄生，存活期为 1~2 年。

（二）流行病学

蛔虫感染和蛔虫病人是本病的主要传染源。其主要传播途径是因起居、饮食等个人卫生习惯不良，如饭前便后不洗手，生食未洗净附有虫卵的蔬菜、瓜果等，易致使感染性虫卵经口吞入而引起该病发生。

（三）临床表现

蛔蚴移行至肺部时，可有低热、轻咳。蛔虫成虫少时，一般无自觉症状，虫量多时常有腹痛、厌食、易饥感和出现异嗜癖；腹痛为脐周阵发性疼痛，自行缓解后活动如常；有的会出现夜间磨牙、皮肤瘙痒等症状；粪便检查可有部分患者检出蛔虫卵。

（四）治疗

（1）口服驱虫药，如肠虫清、复方甲苯咪唑等，服用时注意掌握用药剂量。

（2）发生并发症时应及时住院治疗。

（五）预防

（1）积极查治病源，控制传染源。

（2）改善卫生条件，加强厕所等基本公共卫生设施的建设和管理。实行粪便、垃圾的无害化处理。

（3）养成良好的个人卫生习惯，如饭前便后洗手，不吃不洁食物，讲究个人卫生。

二、钩虫病

钩虫是吸血蠕虫，成虫似绣花针样大小。钩虫病是由十二指肠钩虫或美洲钩虫寄生于人体小肠所致的肠道寄生虫病。临床上以贫血、营养不良、胃肠功能失调为主要症状表现；无明显症状者称为钩虫感染。

（一）病因

钩虫不需要中间宿主，虫卵随粪便排出体外，散布于温暖而潮湿的泥土中，发育成感染性的丝状蚴。当人赤手裸足接触泥土时，丝状蚴迅速穿刺皮肤，经皮下毛细血管和淋巴管进入血液，随血液循环到达肺部，穿破肺微血管进入肺泡，沿支气管上移至会厌，随吞咽进入消化道，在小肠内发育为成虫。成虫在人体内能生存数月乃至数年。

（二）流行病学

该病的传染源是钩虫感染者与钩虫病人，其主要传播途径是经皮肤或黏膜侵入人体（手指和足趾间的皮肤是最常见的入侵部位）；另外，经口感染也是常见的传播途径之一。

（三）临床表现

丝状蚴侵袭皮肤引起皮炎、局部奇痒和烧灼感，出现丘疹，1~2 天后变成水疱；

幼虫移行至肺部可引起咳嗽，痰带血丝，甚至哮喘；成虫可引起腹痛、腹泻、头昏、食欲不振、易疲劳等症状。由于成虫吸血，可出现不同程度的贫血。化验粪便可发现钩虫卵，粪便隐血试验可呈阳性，血液中红细胞计数减少，血红蛋白量降低等。

（四）处理

（1）在进行野外活动或野外劳作后，若出现“粪毒疹”，应及时用左旋咪唑涂肤剂局部用药，重者连涂 2 日以上，可将侵入在皮下的丝状蚴杀死。

（2）治疗贫血，增加营养。可服用治疗贫血药物如硫酸亚铁、补血糖浆等，另加服维生素 C 有利于铁剂吸收。

（3）口服阿苯达唑、C 型甲苯咪唑等药物进行驱虫治疗。

（五）预防

（1）搞好普查、普治钩虫病人和钩虫感染者。

（2）搞好粪便、垃圾无害化处理，不滥施生粪。

（3）加强个人防护，在野外活动或野外劳作时提倡穿鞋，减少赤手、赤脚操作，或在手脚表面涂抹 2%碘酒防止钩虫入侵。

第十一节 常见性传播疾病

一、淋病

淋病是由淋球菌引起的泌尿生殖器黏膜的炎症性疾病。据 WHO 估计，全球每年约有 2 亿人患淋病，在性传播疾病中居首位。

（一）病原

淋病是由奈瑟氏淋球菌引起，该菌呈球形或肾形，成对存在，一般存在于多形核白细胞内，革兰氏染色阴性。急性期阳性率为 93%~99%。淋病双球菌对理化因素的抵抗力很差，对热很敏感，50℃存活 5 分钟，100℃立即死亡。其喜潮湿，怕干燥。在完全干燥的条件下可存活 1~2 小时，在污染的潮湿毛巾上可存活 10~24 小时。其对各种化学消毒剂的抵抗力也很差，在 1∶4 000 硝酸银溶液内可存活 7 分钟，1%石炭酸内可存活 3 分钟。

（二）临床表现

淋病双球菌感染男性时，可逐渐侵犯前尿道、后尿道、前列腺、精囊腺、附睾和睾丸等；感染女性时，可逐渐侵犯子宫颈、子宫、输卵管和卵巢等。

（1）男性淋病。与淋病患者性交后 2~5 天，便出现急性前尿道炎症状，出现尿道瘙痒、轻度刺痛、尿道口红肿等症状；尿道口有少量浅黄色脓性分泌物溢出。脓性分泌物淋漓不尽，经常污染内裤。

如急性淋病者延误诊治，症状持续 2 个月以上则转变为慢性淋病。淋病双球菌可隐伏于尿道球腺、前列腺、精囊腺、附睾和睾丸内，并引发炎症。可伴有性功能障碍，如性欲减退、早泄、遗精等。双侧附睾和睾丸炎常是导致男性不育的主要原因。

（2）女性淋病。女性淋病好发于子宫颈和尿道。宫颈炎主要表现为白带增多，常为脓性，有臭味，常有外阴瘙痒及烧灼感，偶有腰痛或下腹痛。尿道炎表现为尿道口红肿，有脓性分泌物溢出，可有尿频、尿急、尿痛及排尿烧灼感。检查出淋病双球菌即可确诊。

如不及时治疗可导致输卵管炎、盆腔炎。急性输卵管炎还会导致输卵管等部位积脓、积水、粘连、闭塞等，是造成女性不孕和宫外孕的原因。

（三）传播途径

（1）性接触传染。淋病患者是重要的传染源，性接触是主要传播途径。成人男性患淋病，99%是通过性交传染的。

（2）非性接触传染。这主要是指接触了被淋病双球菌污染的用具而感染。如接触沾有患者分泌物的毛巾、衣裤、床单、浴盆等均可致感染。

此外，新生儿可通过产道被感染。如孕妇是淋病患者，球菌就会传染给新生儿，导致新生儿眼结膜炎。

（四）预防

首先应积极广泛地开展预防性病的教育，使人们了解淋病的病因、临床症状、传播途径，以更好地预防淋病。

（1）避免不正当的性行为，发生性行为时采取必要的安全措施。取缔卖淫、嫖娼等非法性行为。

（2）患者应积极彻底地进行治疗，对已治愈的淋病患者要定期进行追踪复查和必要的复治，以求根治，防止复发。

（3）淋病患者在未治愈前应自觉不去公共场所，如公共浴室、公共厕所等。

（4）对被淋病患者污染的物品，包括被褥、衣服、毛巾等生活日常用品应及时消毒处理。

（5）淋病患者应禁止与儿童特别是幼儿同床、共用浴盆和浴巾等。

二、非淋菌性尿道炎

非淋菌性尿道炎是指由性接触传染的一种尿道炎。在临床上有尿道炎的表现，但在分泌物中查不到淋球菌，细菌培养也无淋球菌生长，因此而得名。女性患者常合并子宫颈炎等生殖道炎症，故在女性又称为非特异性生殖道感染。非淋菌性尿道炎的病原体有多种，但以沙眼衣原体为主，占40%~50%，另外20%~30%由支原体引起。此外，10%~20%由阴道毛滴虫、白色念珠菌和单纯疱疹病毒等引起。由于一次性接触可同时感染淋球菌和沙眼衣原体，后者潜伏期长于前者，淋病治愈后，又出现非淋菌性尿道炎症状，称谓“淋病后尿道炎”，实际上就是非淋菌性尿道炎的表现。

（一）传播途径

病人是该病的主要传染源。主要通过性接触传播，与患者性交后被感染。沙眼衣原体还可通过母亲产道传染，引起婴儿眼结膜炎、肺炎、鼻炎、中耳炎和女婴的阴道炎。在非性接触传播中，少数可通过密切接触感染，主要由阴道毛滴虫、白色念珠菌、单纯疱疹病毒感染所致。

（二）临床表现

潜伏期1~5周，症状与淋病相似，但程度较轻。典型的临床症状有尿道刺痒，烧灼感，伴有轻重不等的尿急、尿痛与排尿困难，晨起排尿前尿道外口有少量浆液性分泌物，有时也可见痂膜黏封尿道外口。有些患者无任何症状，但有1%的男性患者并发附睾炎、前列腺炎、精囊精索炎、Reiter综合征及直肠炎。女性白带增多，下腹不适。女性衣原体感染的主要合并症为盆腔炎、前庭大腺炎、直肠炎和肛周炎、宫颈炎等。

（三）诊断与治疗

诊断以不洁性交病史、临床表现和实验室检查为标准。治疗以抗菌药物为主，包括美满霉素、强力霉素、红霉素和四环素等。非孕期妇女一般与配偶采用同种抗生素治疗；孕期妇女可口服红霉素碱、阿莫西林、琥乙红霉素或阿奇霉素。以自觉症状消失、尿沉渣无白细胞、复查病无原体为治愈标准。

三、梅毒

据卫生部2009年度全国法定传染病疫情报告，梅毒的发病人数是306 381人，位居甲、乙类传染病的第三位。梅毒的病原体称为梅毒螺旋体。梅毒螺旋体通常是6~14个排列均匀的旋园，呈螺旋状，其活动较强。梅毒螺旋体对人体的黏膜和皮肤具有很强的亲和性，当阴道或阴茎黏膜有轻度损伤时，它便会乘虚而入。梅毒螺旋体是厌氧菌，在体内可长期生存繁殖。

（一）临床症状

梅毒根据病程可分为一期、二期和三期。各期梅毒的临床表现如下：

1. 一期梅毒

一期梅毒所出现的皮肤或黏膜损害称为硬下疳。螺旋体通过黏膜或皮肤的微小损伤侵入而感染人体。首先在侵入的局部发生病变，发生红色丘疹、硬结或浸润性红斑，之后表面发生轻度腐烂或溃疡。溃疡边线整齐且隆起，表面没有脓性分泌物，触之有一定硬度，不痛不痒，所以称为“硬下疳”，是一期梅毒的特征性损害。

一期梅毒传染性很强，发生部位隐蔽且无明显症状，若发生性行为极易传染。硬下疮如不及时治疗，梅毒螺旋体将从局部扩散到全身，进入二期梅毒的潜伏期阶段，此时体内各脏器皆可被侵犯。因此，一期梅毒患者一定要接受充分治疗，才能彻底治愈梅毒。

2. 二期梅毒

一期梅毒未经彻底治疗，梅毒螺旋体由附近的淋巴结进入血液传播，使全身的组织器官受累。二期梅毒疹的形态多种多样，诸如斑疹、斑丘疹、丘疹、结节、脓疮等、还可出现扁平湿疹、脱发、白斑等症状。皮疹分布较广泛，遍及躯干、四肢、颜面及手足。全身性淋巴结可肿大，但无压痛。

若二期梅毒未治疗或抗梅毒治疗不彻底，潜伏在内脏器官内的梅毒螺旋体将使被侵犯部位的组织发生炎症性反应，导致内脏梅毒的发生，即心血管梅毒、骨梅毒、神经梅毒及眼梅毒等，不仅直接影响人的健康，还会缩短人的寿命。

3. 三期梅毒

梅毒的病程发展很缓慢，在感染后3~10年内皮肤上可出现树胶样肿，是三期梅毒的标志。发生在鼻腔内的树胶样肿可使鼻骨遭到破坏，形成塌鼻梁；发生在上腰部，可使软腭穿孔，从而影响到发音；发生在前额或头顶部皮肤上，可长期不能愈合。

通常从感染开始经10~20年进入晚期梅毒，这时梅毒螺旋体已遍布全身，血管、神经和眼睛等脏器都受到侵害。梅毒演变到这一阶段，已危及生命。

（二）传播途径

（1）直接性接触。直接性接触是最主要的传播途径，约95%以上的患者是由这一途径被感染的。接吻、握手等也可以直接传染。

（2）间接感染。间接感染是通过被污染的内衣裤、牙刷、毛巾、剃须刀、餐具、烟嘴、被褥、床单、门把、便桶及未经消毒或消毒不彻底的医疗器械等而感染。

（3）母婴传播。母婴传播是指患梅毒的孕妇通过胎盘血流将梅毒螺旋体传给子宫内的胎儿，被感染的胎儿为先天梅毒。

（三）预防

首先应积极广泛地开展预防性病的教育，使人们了解梅毒的病因、临床症状、传播途径，并采取以下预防措施：

（1）防止不正当的性行为，取缔卖淫、嫖娼等非法性行为。

（2）对可疑患者均应进行预防检查，做梅毒血清试验，以便尽早发现并及时治疗。

（3）梅毒患者的衣物及用品，如毛巾、衣服、剃须刀、餐具、被褥等，要在医务人员指导下进行严格消毒，以隔离传染源。

（4）追踪患者的性行为对象，进行预防检查或治疗。

（5）未婚患者未治愈前不允许结婚。对患有梅毒的孕妇，应给予积极治疗，以防止将梅毒传给胎儿。

四、尖锐湿疣

尖锐湿疣是由人乳头瘤病毒感染所致的以肛门、生殖器部位增生性损害为主要表现的性传播疾病。尖锐湿疣主要是通过性接触而感染的，传染性很强。与患有该病的人发生性接触后，大约2/3的性伴侣受到感染，经过1~8个月，平均为3个月的潜伏期后发病。本病也可通过非性接触传播，如接触被污染的浴巾、浴盆等而感染。近年来，尖锐湿疣在各国都有增多的趋势，而且多发生于18~50岁的中青年人。此病较为常见。

（一）临床表现

生殖器和肛周为好发部位，男性多见于包皮、系带、冠状沟、龟头、尿道口、阴茎体、肛周、直肠内和阴囊；女性多见于大小阴唇、后联合、前庭、阴蒂、宫颈和肛周。偶尔可见于阴部及肛周以外的部位，如腋窝、脐窝、口腔、乳房和趾间等。女性阴道炎和男性包皮过长是尖锐湿疣发生的促进因素。

损害初期为细小淡红色丘疹，以后逐渐增大增多，单个或群集分布，湿润柔软，表面凹凸不平，呈乳头样、鸡冠状或菜花样突起，呈红色或污灰色。根部常有蒂，且易发生糜烂渗液，触之易出血。皮损裂缝间常有脓性分泌物郁积，致有恶臭，且可因搔抓而引起继发感染。本病常无自觉症状，部分病人可出现异物感、痛、痒感或性交痛。直肠内尖锐湿疣可发生疼痛、便血、里急后重感。

（二）治疗

尖锐湿疣的治疗必须采用综合治疗。如治疗包皮过长、阴道炎、包皮龟头炎、淋病等诱因，提高机体免疫力；用化学方法、冷冻、激光、电灼等切除数量少，面积小的湿疣；用手术分批或整个切除巨大疣体；也可用干扰素肌内、皮下和损害基底部注射，白介素-2 皮下或肌内注射，聚肌胞肌内注射等。

（三）预防

（1）坚决杜绝性乱。尖锐湿疣患者主要是通过性接触感染。家庭中一方从社会上染病，又通过性生活传染给配偶，还通过密切生活接触传给家人，既带来生理上的痛苦，又造成家庭不和。因此提高性道德，不发生婚外性行为是预防尖锐湿疣发生的重要方面。

（2）防止接触传染，注意个人卫生。不使用别人的内衣、泳装及浴盆；在公共浴池不洗盆浴，提倡淋浴，沐浴后不直接坐在浴池的坐椅上；在公共厕所尽量使用蹲式马桶；上厕所前后用肥皂洗手。

五、生殖器疱疹

生殖器疱疹是由单纯疱疹病毒引起的性传播疾病，是常见的性病之一。生殖器疱疹可反复发作，对病人的健康和心理影响较大，因此该病也是较为严重的公共卫生问题之一。

（一）传染源

生殖器疱疹由单纯疱疹病毒引起，人是单纯疱疹病毒的唯一自然宿主。单纯疱疹病毒可分为Ⅰ型和Ⅱ型两种。Ⅰ型疱疹病毒主要是通过呼吸道、皮肤和黏膜密切接触传播，感染腰以上部位的皮肤、黏膜和器官。Ⅱ型单纯疱疹病毒被认为是生殖器疱疹的病原菌，其主要存在于会阴部。发作期、恢复期患者以及无明显症状的感染病毒者为该病的传染源。

（二）传播途径

感染者主要通过性接触而传染给其性伴侣，主要通过病损处的水疱疱液、局部渗出液、病损皮肤黏膜表面等存在的病毒进行传播。该病主要通过性行为传染，通过被污染物品的间接传染较少。此外，患生殖器疱疹的母亲，在分娩过程中，经过产道可将病毒直接传染给新生儿，或怀孕过程中患病，病毒可通过胎盘传给胎儿。由于有感染性的病毒能在潮湿的环境中存活数小时，因而也有可能在少数情况下通过污染物而间接传播。

（三）临床表现

（1）初发性生殖器疱疹。初发性生殖器疱疹分为原发性生殖器疱疹和非原发性生殖器疱疹。前者为第一次感染，其病情相对严重。潜伏期3~14天，外生殖器或肛门周围有群簇或散发的小水疱，2~4天后破溃形成糜烂或溃疡，自觉疼痛；腹股沟淋巴结常肿大，有压痛；患者可出现发热、头痛、乏力等全身症状；病程2~3周。

（2）复发性生殖器疱疹。部分病人既往有过感染（主要为口唇或颜面疱疹）又再次感染，原发皮损消退后皮疹反复发作，复发性生殖器疱疹较原发性全身症状及皮损轻、病程较短。疹前局部有烧灼感，针刺感或感觉异常；外生殖器或肛门周围群簇小水疱，很快破溃形成糜烂或浅溃疡，自觉症状较轻；病程7~10天。妊娠女性感染Ⅱ型疱疹病毒后，可导致流产、死产及胎儿畸形。新生儿感染上Ⅱ型疱疹病毒可出现高热、呼吸困难和中枢神经系统症状，约有60%新生儿死亡，幸存者常留有后遗症。

（四）治疗

目前的治疗方法尚不能达到彻底清除病毒、消除复发的效果。治疗的目的主要是缓解症状，减轻疼痛，缩短病程及防止继发感染等。抗病毒药可选用阿昔洛韦，口服，每天5次；或阿昔洛韦，口服，每天3次；或伐昔洛韦，口服，每天2次；或泛昔洛韦，口服，每天3次。如果是初发性生殖器疱疹，疗程为7~10天；复发性生殖器疱疹疗程为5天。频发复发者则需以较低的剂量服用较长时间的疗程。保持局部清洁、干燥，用等渗生理盐水清洗，疼痛者可口服止痛药，给予自己精神安慰。并发细菌感染者，可外用抗生素药膏。局部疼痛明显者，可外用5%盐酸利多卡因软膏或口服止痛药。给予心理支持，增强与疾病斗争的信心。

（五）健康教育

（1）强调病人将病情告知其性伴，取得性伴的谅解和合作，避免在复发前驱症状或皮损出现时发生性接触，或更好地采用屏障式避孕措施，以减少生殖器疱疹传染给性伴的危险性。

（2）提倡安全套等屏障式避孕措施，安全套可减少生殖器疱疹传播的危险性，但皮损出现时性交，即使使用安全套也可能发生生殖器疱疹性传播。

（3）改变性行为方式，避免非婚性行为，杜绝多性伴，是预防生殖器疱疹的根本措施。

思考题

1. 什么是传染病，传染病通过什么流行过程进行传播?

2. 传染病的预防措施有哪些?

3. 试述流感、肺结核、病毒性肝炎、细菌性痢疾、埃博拉出血热和常见寄生虫病的病因、流行特点和预防措施。

4. 什么是淋病? 对人体有哪些危害?

5. 什么是梅毒? 对人体有哪些危害?

6. 什么是尖锐湿疣? 对人体有哪些危害?

7. 什么是生殖器疱疹? 对人体有哪些危害?

8. 什么是非淋菌性尿道炎? 有哪些临床表现?

第六章　艾滋病健康教育

第一节　艾滋病流行趋势

艾滋病亦称获得性免疫缺陷综合征（Acquired Immune Deficiency Syndrome，AIDS），是由人类免疫缺陷病毒（Human Immunodeficiency Virus，HIV）感染引起的以T细胞免疫功能缺陷为主的一种免疫缺陷病。艾滋病本身不是一种病，而是当免疫系统被HIV破坏后，人体由于失去抵抗能力而发生一系列机会性感染及其他的疾病感染，人不会死于艾滋病，但会死于与艾滋病相关的疾病，病死率几乎达100%。

一、全球流行趋势

专家们普遍认为，艾滋病病毒的自然宿主很可能是生活在非洲的绿猴，也称非洲猴。1959年生活在现刚果境内的一名班图族成年男子是迄今所能确认的世界最早的艾滋病患者。这名男子原先被诊断为患了镰刀形红细胞贫血病，他在1959年抽取的血样一直保存至今。美国科学家对该血样进行分析，发现其中含有HIV。这一发现可推断HIV感染可能源于20世纪30年代。艾滋病起源于非洲，后由移民带入美国。1981年美国疾病控制中心（CDC）在美国男性同性恋者中发现首例艾滋病病人。1986年7月，国际微生物学会及病毒分类学会将这些病毒统一命名为HIV。1996年联合国七个有关机构（儿童基金会、开发计划署、人口基金、国际基金署、教科文组织、世界卫生组织和世界银行）联合专门成立了联合国艾滋病规划署（UNAIDS），全面协调预防控制艾滋病的工作。人们对艾滋病的认识取得了前所未有的进展和突破。

目前，艾滋病是肆虐全球的一种致死性传染病，广泛分布于全球五大洲210多个国家。联合国艾滋病规划署新近公布的统计数字显示，截至2011年年底，全球估计存活的艾滋病毒感染者和艾滋病病人有3 400万人，全球14~59岁人群约0. 8%感染HIV。新发感染者总体呈下降趋势，2011年新发感染250万人，艾滋病相关死亡170万人。与2001年相比，2011年全球新发艾滋病毒感染率下降20%。2011年全球共有33万儿童感染艾滋病毒。撒哈拉以南地区仍然是艾滋病疫情最为严重的地区，感染率为4. 9%，大约每20名成人中有1名，感染者占全球艾滋病病毒感染者总数的69%。其次为加勒比海、东欧和中亚地区，HIV感染流行率1%。

全球95%以上的感染者生活在发展中国家，95%以上的艾滋病死亡也发生在发展中国家。艾滋病已成为世界上仅次于心脏病、脑猝死和急性下呼吸道感染的第四个主要致死原因，是世界上造成死亡最多的传染病，成为很多发展中国家的主要疾病负担。非洲地区是世界上 HIV 感染者最多的地区。估计 2010 年，其平均期望寿命将因艾滋病减少 30 年左右。在这个地区，成人中 HIV 主要通过异性性行为传播，再通过母婴传播蔓延到儿童。主要原因是致病因子对新环境适应，如自然灾害、社会动荡，武装冲突和大量人群流动。

对亚洲来说，艾滋病完全是一种传入性疾病，其流行高峰比非洲和北美、欧洲晚了 8~10 年。印度目前估计是世界上 HIV 感染者和艾滋病人最多的国家，而柬埔寨、泰国和缅甸的成年人感染流行率（2%~4%），则居亚洲前三位。亚洲是世界上人口最多的地区，所以，亚洲未来有可能取代非洲成为 HIV 感染者最多的地区。

近年来，由于预防措施的实施，澳大利亚和新西兰的 HIV 感染发病率已经下降，而且平稳地保持在较低水平，一些高危人群的感染率也比较低。美国在使用高效抗逆转录病毒治疗后，艾滋病死亡率开始下降，而且感染者进展到艾滋病的发病率也有所减低。

总之，艾滋病在全球流行有四大趋势：①病情上升的总体趋势未减，21 世纪亚洲成为感染率最高的地区；②发达国家 HIV 感染率趋于稳定，而多数发展中国家快速增长，从感染到发病、从发病到死亡的平均时间短于发达国家；③传播方式依然是多种途径并存，但性传播正逐渐成为主要传播方式；④妇女 HIV 感染率有增高趋势。

二、中国流行趋势

中国大陆自 1985 年发现首例艾滋病以来，艾滋病的流行经历了三个阶段。第一阶段（1985—1988 年）为输入散发期，以病例高度分散为特征，除 4 例因应用进口血制品而被感染的患者之外，其余 HIV/AIDS 病例均是境外输入性病例；第二阶段（1989—1994 年）为局部流行期，以在云南德宏州个别地区发现静脉吸毒者中 HIV 感染呈聚集性流行为标志；第三阶段（1995 年至今）为广泛流行期，静脉吸毒人群中的 HIV 流行已在云南、广西、新疆、四川等更多地区出现，中部某些省份非法采供血人群中有 HIV 感染，东南沿海地区和部分中心城市的性滥交人群中 HIV 感染率越来越高。目前 AIDS 在我国的传播呈快速增长的趋势，感染人数和死亡人数都明显在增加，并呈现出以下特征。

（1）流行地区广泛、地区差异大，局部地区和特定人群感染严重。疫情主要出现在农村和经济不发达地区。全国累计报告感染者和病人数超过 1 000 名的县（区）有 93 个，超过 5 000 名的县（区）有 5 个。疫情严重的 9 个省（区）累计报告感染者和病人数占全国的 79.9%，15~24 岁青少年和 50 岁以上老年人感染数逐年上升。

（2）三种传播途径并存，吸毒和性传播是新发感染的主要途径。吸毒人群是主要的 HIV 感染人群，性滥交人群正逐渐成为重要的 HIV 感染人群，有偿采供血传播所占的比例明显下降。

（3）感染者陆续进入发病期，艾滋病死亡人数增加。中国疾病预防控制中心 2012 年全国法定报告传染病发病死亡统计显示，截至 2012 年年底，全国累计报告 HIV 感染者和病人 502 432 人，存活的感染者和病人 390 922 人。2012 年新发生 HIV 感染约

41 929 人，死亡 11 575 人，与 2011 年（2011 年新发生 HIV 感染约 20 450 人，死亡 9 224 人）相比，明显增加。近两年，全国艾滋病病人报告数和死亡数大幅增加，说明一些 HIV 感染者进入发病期。

（4）HIV/AIDS 由高危人群向一般人群扩散。云南、河南和新疆等省的部分地区中，孕产妇、婚检和临床检测人群中 HIV 感染率已达到或超过 UNAIDS 界定的亚人群流行水平（Ⅰ低流行：任何一类亚人群中 HIV 感染率 < 5%。Ⅱ集中流行：至少一类亚人群中 > 5%，但孕妇 HIV 感染率<1%。Ⅲ广泛流行：孕妇 HIV 感染率持续>1%），说明 AIDS 正由吸毒、卖淫、嫖娼等高危人群向一般人群扩散。

（5）存在 HIV/AIDS 疫情进一步蔓延的危险。中国每年流动人口总量为 2.2 亿，以农村流向城市为主，多数为青壮年。还有一些暗娼流动频繁以及大量出入境旅游，其中存在的高危行为正在人群中蔓延流行。此外，45.5%的注射吸毒者共用注射器，11%的吸毒者有危险性行为，使艾滋病在吸毒人群和性滥交人群间的传播加剧。

我国拥有世界上 1/5 的人口，地处东亚，与周边艾滋病高发国家人群交往频繁，亚洲一些国家艾滋病流行形势与我国息息相关。由于我国当前商业性性行为和性自由倾向日趋严重，性病病人迅速增加，吸毒人数仅在册者就逾 50 万，且呈逐年递增势头。此外，基层和农村的医疗机构缺乏无菌观念，医疗器械普遍存在消毒不严的状况；理发、美容等服务行业消毒措施差；采供血管理不严等各种危险因素的存在，均增加了艾滋病进一步蔓延的危险，其流行形势非常严峻。

第二节　艾滋病的诊疗进展

一、传播途径

目前公认的传播途径主要是性接触、血液传播和母婴传播。

（一）性接触传播

HIV 主要存在于感染者的血液、精液、阴道分泌物中，唾液、眼泪、乳汁和汗液等体液中也含有 HIV，性接触传播是主要的传播途径，包括同性、异性和双性接触传播。生殖器患有性病（如梅毒、淋病、尖锐湿疣）或溃疡时，会增加感染病毒的危险。精液 HIV 含量远高于阴道分泌物，所以男同性恋比女同性恋者更加容易得艾滋病，男传女的几率高于女传男 2~3 倍，但在性病高发区，两者无明显差别。与发病率有关的因素包括性伴数量、性伴的感染阶段、性交方式和性交保护措施等。

（二）血液传播

输入被 HIV 污染的血液或血液制品；静脉吸毒者共用针具；医院里重复使用针具、吊针等。另外，被血液污染而又未经严格消毒的注射器、针灸针、拔牙工具等，都是十分危险的传播工具。

（三）母婴传播

感染了HIV的妇女有1/3可通过妊娠、分娩和哺乳把艾滋病病毒传染给婴幼儿。母婴传播是儿童和婴幼儿感染HIV的主要方式。但是，如果母亲在怀孕期间，服用有关抗艾滋病的药品，婴儿感染艾滋病病毒的可能就会降低很多，甚至完全健康。有HIV的母亲绝对不可以用自己的母乳喂养孩子。

（四）其他

接受HIV感染者的器官移植、人工授精或使用被其污染的器械等，医务人员被HIV污染的针头刺伤或破损皮肤受污染皆可受染。目前无证据表明可经空气、食物、水、昆虫或生活接触传播。

二、临床表现

HIV感染者是指已经感染了艾滋病病毒，但是还没有表现出明显的临床症状，没有被确诊为艾滋病的人；艾滋病病人指的是已经感染了艾滋病病毒，并且已经出现了明显的临床症状，被确诊为艾滋病的人。二者之间的相同之处在于都携带艾滋病病毒，都具有传染性。从感染艾滋病病毒到发病有一个完整的自然过程，临床上将这个过程分为三期：急性期、无症状期、艾滋病期。

（一）急性期

HIV侵袭人体后对机体的刺激所引起的反应为：病人发热、皮疹、淋巴结肿大、还会发生乏力、出汗、恶心、呕吐、腹泻、咽炎等。有的还出现急性无菌性脑膜炎，表现为头痛、神经性症状和脑膜刺激征。末梢血检查，白细胞总数正常，或淋巴细胞减少，单核细胞增加。急性感染期，症状常较轻微，容易被忽略。当这种发热等周身不适症状出现后5周左右，血清HIV抗体可呈现阳性反应。此后，临床上出现一个长短不等的、相对健康的、无症状的潜伏期。

（二）无症状期

感染者可以没有任何临床症状，此期长短不一，半年到12年不等，平均6~8年，少数可达15年以上。此期的长短与感染病毒数量、病毒类型、感染途径、机体免疫状况的个体差异、营养、卫生条件及生活习惯等因素有关。但无症状期并不是静止期，更不是安全期，这时病毒在持续繁殖，具有强烈的破坏作用和传染性。

（三）艾滋病期

1. HIV相关症状和体征

（1）淋巴结肿大。主要是浅表淋巴结肿大。发生的部位多见于头颈部、腋窝、腹股沟、颈后、耳前、耳后、股淋巴结、颌下淋巴结等。一般至少有两处以上的部位肿大，有的多达十几处。肿大的淋巴结对一般治疗无反应，常持续肿大超过半年以上。约30%的病人临床上只有浅表淋巴结肿大，而无其他全身症状。其特点为：除腹股沟以外有两个或两个以上部位的淋巴结肿大；淋巴结直径大于或等于1厘米，无压痛，无粘连；持续时间3个月以上。

（2）全身症状。病人常有病毒性疾病的全身不适，肌肉疼痛等症状。约50%的病有疲倦无力及周期性低热，常持续数月。夜间盗汗，1月内多于5次。约1/3的病人体重减轻10%以上，这种体重减轻不能单纯用发热解释，补充足够的热量也不能控制这种体重减轻。部分病人表现为神经精神症状，如记忆力减退、精神淡漠、性格改变、头痛、癫痫及痴呆等。有的病人头痛、抑郁或焦虑，有的出现感觉神经末梢病变，有的可出现反应性精神紊乱。3/4的病人可出现脾肿大。

2. 各种机会性感染及肿瘤

患者经常出现各种特殊性或复发性的非致命性感染。反复感染会加速病情的发展，使疾病进入典型的艾滋病期。约有半数病人有比较严重的脚癣，通常是单侧的。病人的腋窝和腹股沟部位常发生葡萄球菌感染大疱性脓疱疮。病人的肛周、生殖器、负重部位和口腔黏膜常发生尖锐湿疣和寻常疣病毒感染。

（1）呼吸系统：卡氏肺孢子虫肺炎、肺结核、复发性细菌、真菌性肺炎。

（2）中枢神经系统：隐球菌脑膜炎、结核性脑膜炎、弓形虫脑病、各种病毒性脑膜脑炎。

（3）消化系统：白色念珠菌食道炎，巨细胞病毒性食道炎、肠炎，沙门氏菌、痢疾杆菌、空肠弯曲菌及隐孢子虫性肠炎。

（4）口腔：鹅口疮、舌毛状白斑、复发性口腔溃疡、牙龈炎等。

（5）皮肤、淋巴结：带状疱疹、传染性软疣、尖锐湿疣、真菌性皮炎、甲癣、淋巴结结核。

（6）眼部：巨细胞病毒性及弓形虫性视网膜炎。

（7）常见肿瘤：子宫颈癌、恶性淋巴瘤、卡波氏肉瘤等。

三、诊断标准

（1）流行病学史：不安全性生活史、静脉注射毒品史、输入未经抗HIV抗体检测的血液或血液制品、HIV抗体阳性者所生子女或职业暴露史等。

（2）临床表现：各期表现不同，见上述内容。

（3）实验室检查：诊断HIV感染必须是经确认试验证实的HIV抗体阳性，而HIV-RNA和P24抗原的检测有助于HIV/AIDS的诊断，尤其是能缩短抗体“窗口期”和帮助早期诊断新生儿的HIV感染。

四、治疗

（一）抗病毒治疗

高效抗逆转录病毒治疗是治疗艾滋病最根本的方法，而且需要终生服药。治疗目标：最大限度地抑制病毒的复制，保存和恢复免疫功能，降低病死率和HIV相关性疾病的发病率，提高患者的生活质量，减少艾滋病的传播。开始抗逆转录病毒治疗的指征和时机：

（1）成人及青少年开始抗逆转录病毒治疗的指征和时机。有下列情况之一建议治疗：艾滋病期患者；急性期；无症状期 CD4+T 淋巴细胞<350/mm^3；CD4+T 淋巴细胞每年降低大于 100/ mm^3；HIV-RNA>105cp/ml；心血管疾病高风险；合并活动性 HBV/HCV 感染；HIV 相关肾病；妊娠。开始高效抗逆转录病毒治疗前，如果存在严重的机会性感染或既往慢性疾病急性发作，应控制病情稳定后再治疗。

（2）婴幼儿和儿童开始抗逆转录病毒治疗的指征和时机。有以下情况之一建议治疗：小于 12 个月的婴儿；12～35 个月的婴儿，CD4+T 淋巴细胞比例<20%，或总数<750/ mm^3；36 个月以上的儿童，CD4+T 淋巴细胞比例<15%，或总数<350/ mm^3。

国际现有抗反转录病毒药物：六大类 30 多种。核苷类反转录酶抑制剂、非核苷类反转录酶抑制剂、蛋白酶抑制剂、整合酶抑制剂、融合酶抑制剂（FIs）及 CCR5 抑制剂。

抗病毒治疗前，应与患者有充分的交流，让他们了解治疗的必要性、治疗后可能出现的不适、依从性的重要性、服药后必须进行定期的检测以及在发生任何不适时应及时与医务人员联系；同时，要得到其家属或朋友的支持，以提高患者的依从性。在抗病毒治疗过程中，应监测 CD4+T 淋巴细胞，做 HIV-RNA 及常规血液检测，以评价疗效及副作用。

（二）并发症的治疗

（1）对于各种感染均进行针对各种病原的抗感染治疗。如念珠菌感染用氟康唑；单纯疱疹或带状疱疹用阿昔洛韦片，局部应用干扰素；细菌感染应用针对敏感菌的抗生素；活动性结核给予规范的抗结核治疗，出现结核性脑膜炎或结核性心包积液时需联合糖皮质激素。

（2）并发肿瘤者。根据分期不同采取手术、放疗、化疗等。如卡波氏肉瘤：局限者仅需抗病毒治疗，播散者需化疗。

（三）营养治疗

营养干预可以改善感染了人类免疫缺陷病毒者的生活质量和明显延缓其艾滋病的发病。营养素的不足在很大程度上令艾滋病病毒感染者出现各种临床症状，如硒和谷氨酸的严重匮乏可令免疫系统迅速崩溃，而色氨酸不足可在疾病后期表现为心理障碍。

（四）干细胞骨髓移植

据美国媒体报道，一名同时患有白血病和艾滋病的患者在接受干细胞骨髓移植手术后，体内的 HIV 病毒居然也全部消失了。血液学专家许特曼博士在准备骨髓移植时刻意寻找携带“德尔塔 32”突变基因、且能与患者骨髓相配型的捐献者，因有报道称“德尔塔 32”能够阻碍艾滋病病毒对人体健康细胞的侵袭。这种手术如果用作临床治疗的话费用太高，而且风险过大。但这毕竟是一种治疗手段，还是值得尝试。

第三节 艾滋病健康教育的目标和内容

一、教育目标

艾滋病的严重流行将给人民群众的健康和生命带来巨大威胁，同时也直接阻碍国民经济的发展和社会的进步。国人曾设想并提出把艾滋病拒于国门之外。然而，严酷的事实说明，在国门开放，与世界交往日趋频繁的现代社会，在尚未研制出有效可靠的疫苗和药物的情况下，这种愿望是难以实现的。因此，动员全社会力量，营造预防、控制艾滋病健康促进的氛围；大力开展各类人群预防和控制 HIV/AIDS 的健康教育，增强全民自我保护的意识，采纳健康的生活方式，减少和改变 HIV/AIDS 传播的高危行为；减缓艾滋病在中国蔓延的速度，控制爆发流行的发生，把艾滋病流行控制和保持在尽可能低的水平，最大限度地减少 HIV/AIDS 对个人、家庭和社会的影响和危害，这既是当前艾滋病健康教育的目标，也是我国预防艾滋病的基本策略。

为实现这一总体目标，我国艾滋病健康教育方针应对不同目标人群实施不同的教育干预。目标人群的分类包括：①艾滋病病毒感染者、艾滋病病人；②高危人群，包括卖淫嫖娼者、吸毒者、同性恋者、受劳教或教养中心的人员以及性病患者、艾滋病病毒感染者和艾滋病病人的亲属；③重点人群，包括年轻人、流动人口，宾馆或服务行业人员、长途汽车司机、个体户；④一般人群。

二、教育内容

1. 艾滋病是严重危害人类健康与生存的疾病

艾滋病是目前死亡率极高的传染病，它对人类社会的极端危害性表现在以下几个方面：

（1）普遍的易感性。所有人群不论男女老幼都缺乏对艾滋病病毒的免疫能力，都是易感者，均有可能通过不同传播途径受感染。可以说，所有社会成员的健康和生命都受到艾滋病的威胁。

（2）威胁的长期性。艾滋病病毒潜伏期长，从感染到发病短者约 6 个月至 1 年，通常 3~5 年，长者可达 10 余年甚至更长时间。潜伏期大都没有什么症状或有轻微的类似感冒的症状，不易被觉察。因此，作为传染源的艾滋病病毒感染者，可在病毒潜伏期通过各种途径将其传播给众人。

（3）控制与治疗的困难性。世界各国政府与科研、医疗机构已投入巨资用于艾滋病疫苗和药物的研制，但是由于艾滋病病毒的变异性极大，疫苗研制极为困难，专家估计至少 10 年内不可能使人们通过预防接种而获得免疫能力。用于临床治疗的药物价格昂贵，用药方法非常复杂，且尚无治愈的可能。

（4）资源的消耗性。艾滋病发病后，适当的治疗可以延缓病程进展至相当长的时间。因此，医疗费用和卫生资源消耗很大。泰国在过去的 10 年中，每个艾滋病病人的人均治疗费均是人均国内生产总值的16~18倍。此外，艾滋病主要发生在性活跃的青壮年中间。社会可因此丧失劳力、兵员等最重要的人力资源，从而影响经济的发展、削弱国防力量。

（5）社会的毁灭性。艾滋病一旦严重流行，人均期望寿命下降，不仅影响当代人，对下一代甚至下几代都有影响。大批成人失业，家庭破裂，产生无数单亲家庭儿童和艾滋病孤儿。社会难以承受这种长期的压力和负担，其损失是毁灭性的。

2. 艾滋病是可以预防的行为性疾病

目前，艾滋病虽然还是一种尚无预防疫苗和有效治疗药物的不治之症，但其传播途径却十分明确。它是一种行为性疾病，主要是由人类自身不良的性行为、吸毒行为而传播的。因此，人们如果能学习和掌握预防艾滋病的科学知识，坚决摒弃造成艾滋病传播的各种危险行为，人类免遭艾滋病的威胁是完全有可能的。正如前世界卫生组织总干事中岛宏博曾尖锐指出的："艾滋病人主要死于无知"，说明艾滋病是可以预防的疾病。

3. 艾滋病传播途径的预防教育

（1）预防性传播教育的主要内容：①加强性伦理道德和法制教育，反对"性自由"倾向。洁身自爱、遵守性道德是预防经性传播感染艾滋病的根本途径。青少年避免发生婚前性行为，学会克制性冲动；已婚者保持单一性伴侣关系，保持和发扬中华民族的传统美德是在普通人群中进行艾滋病教育的首要内容。②在高危人群和重点人群中积极推行使用安全套。在性交中使用安全套，国外称之为安全性行为（safer sex），其效果虽不绝对可靠，但远比不使用安全。研究表明，HIV感染者的配偶不使用安全套感染HIV的相对危险性较使用者高5~10倍。使用安全套可使人群HIV和性病感染率分别下降40%和60%。泰国从1991年开始大力推行使用安全套，性工作者的安全套使用率达到90%以上，使得每年的新感染人数从1990年的14万降至2000年的3万。美国近年来HIV感染率总的来说趋向平稳或有所下降，与提倡安全性行为有关。但在美国旧金山地区，有些青年不愿受避孕套的约束，结果他们中HIV感染又有上升趋势。可见，坚持正确使用高质量的安全套，推行安全性行为，不失为一项预防性传播的有效措施。对于同性恋人群也要进行使用安全套教育。我国同性恋人群约占总人口的3%，据调查80%的同性恋者有肛交行为，这与艾滋病病毒感染有一定的关系。推广使用安全套有助于降低同性恋人群的艾滋病病毒感染率。③早期治疗性病。性病病人及其性伴侣应该同步进行早期诊断，早期治疗。性病感染者，由于生殖器溃疡的存在使艾滋病病毒的易感性增加2~9倍，积极早期诊治性病是有效降低HIV感染率的途径之一。坦桑尼亚的研究表明，采用较好的药物，较先进的检测手段诊治性病，与沿用旧的治疗系统相比，会使HIV感染率下降42%。

（2）经血液传播预防教育主要内容：①严格执行《中华人民共和国献血法》，实行全民无偿献血；②遵守禁毒法律，教育广大群众尤其是青少年认识静脉吸毒与感染艾滋病病毒的关系及其危险性，教育其远离毒品，教育吸毒者防止共用注射器，以及采取降低危害策略；③尽量减少不必要的输血并逐步推广自体输血的方法；④大力加强防止医源性传播，各级医院应建立防止院内交叉感染的各项规章制度、完善各项消毒措施。医护包括从事人工授精、接触血制品的卫生工作者要加强防护意识，提高预防艾滋病的病毒感染的警觉性，遵守各项操作规程；⑤加强对理发、美容等服务行业的卫生监督，保证用具消毒；⑥养成不与他人共用牙刷、剃须刀等个人良好的卫生习惯。

（3）母婴传播的预防，感染艾滋病病毒的母亲在妊娠后，血液中的病毒可以通过胎盘直接到达婴儿体内，也可在分娩、母乳喂养过程中将艾滋病病毒传染给婴儿。受感染的婴儿存活时间通常不会超过 2~3 年，5 岁之前基本死亡。母婴传播的几率各地报告不一，全世界估计约为 30%。即每 100 名感染艾滋病病毒的母亲所生的孩子，约 1/3 将受艾滋病病毒的感染。预防母婴传播的教育内容：①让妇女了解这一传播途径和妇女的易感性，加强自我保护能力；②教育有高危行为的妇女主动作血液 HIV 抗体检测；③劝告受艾滋病病毒感染的妇女避免怀孕，一旦怀孕，最好中止妊娠；④对坚持妊娠者应加强监护，并进行妊娠期与妊娠后的药物预防；⑤推荐采用剖宫方式分娩，可以减少新生儿感染 HIV 的危险性，避免母乳喂养，实施人工喂养。

（4）非传播途径的教育。日常生活和工作接触是不会感染艾滋病病毒的。艾滋病病毒是一种非常脆弱的病毒，对外界环境的抵抗力较弱，离开人体后，在常温下存活时间很短。因此，在工作和生活中与艾滋病感染者和病人进行一般性接触是不会被传染的，如下行为不会传播艾滋病病毒：①与艾滋病病毒感染者握手、拥抱、抚摸、礼节性接吻；②与艾滋病病毒感染者一起吃饭、喝饮料以及共用碗筷、杯子；③与艾滋病毒感染者一起使用公共设施，如厕所、游泳池、公共浴池、电话机等；④与艾滋病病毒感染者一起居住、劳动和生活；⑤咳嗽、打喷嚏、流泪、出汗、撒尿；⑥蚊子、苍蝇、蟑螂等昆虫叮咬不会传播艾滋病。

第四节　中国政府预防艾滋病的具体措施

中国政府对艾滋病防治工作十分重视，建立了国务院防治艾滋病性病协调会议制度，成立了国家预防与控制艾滋病专家委员会。在各级政府的支持下，逐步形成一支以各级卫生部门为主，有关部门参与的防治队伍；在开展监测、制定防治对策、培训、宣传教育、科研和国际合作等方面均做了卓有成效的工作。然而，必须明确认识，中国当前正处在艾滋病流行的上升阶段，这一时期是预防和控制艾滋病的关键时刻，也是稍纵即逝的最后时机。我们应认真吸取印度、泰国等在艾滋病流行初期认识不足、措施不力而导致艾滋病泛滥的教训。

为了将我国艾滋病流行从总体上控制在较低水平，我国具体采取了“五扩大”“六加强”“四免一关怀”等措施。

一、“五扩大”

（一）扩大宣传教育覆盖面，营造良好社会氛围

宣传教育是预防控制艾滋病的首要环节。要坚持艾滋病宣传教育的公益性，采取

多种方式，全面普及艾滋病性病防治知识和政策，努力形成全社会共同应对艾滋病挑战的良好局面。各级领导干部要带头学习和掌握艾滋病防治政策，正确认识艾滋病；要将防治政策纳入党校、行政学院等机构的培训内容，增强培训针对性。加强对农村、偏远贫困地区、疫情严重地区和有易感染艾滋病病毒危险行为人群、流动人群的艾滋病防治知识宣传。要根据不同地区、不同人群特点及民族习惯，编印通俗易懂的多种民族语言宣传材料，注重发挥有良好社会影响的公众人物作用，积极动员受艾滋病影响人群参与宣传。人口和计划生育部门要充分利用人口计划生育管理服务网络，向育龄人群、流动人群宣传艾滋病防治知识。教育、卫生部门要建立预防艾滋病宣传教育工作机制，切实落实初中及以上学历学生学习艾滋病防治知识的规定。广播影视、新闻出版等部门要制定刊播艾滋病防治知识和公益广告的指令性指标，加强经常性、针对性的宣传。

（二）扩大监测检测覆盖面，最大限度发现艾滋病病毒感染者

监测检测是发现艾滋病病毒感染者、掌握疫情的有效手段。进一步加强监测检测网络建设，依托现有医疗卫生资源，配备必要的设备和人员，扩大检测服务范围，推广使用快速、简便的检测方法，提高检测可及性。组织各级各类医疗卫生机构主动开展艾滋病病毒、梅毒检测咨询，疫情严重地区要将检测咨询纳入婚前自愿医学检查内容。

（三）扩大预防母婴传播覆盖面，有效减少新生儿感染

预防母婴传播是艾滋病防治工作的优先领域。要逐步将预防艾滋病母婴传播、预防先天梅毒工作扩展到全国。各级各类提供孕产期保健及助产技术服务的医疗卫生机构要结合孕产期保健服务，为孕产妇提供艾滋病病毒、梅毒检测，对感染艾滋病病毒、梅毒的孕产妇及其所生婴幼儿免费提供治疗、预防性用药、随访等系列干预措施。

（四）扩大综合干预覆盖面，减少艾滋病病毒传播几率

切断经性途径传播是防止艾滋病从有易感染艾滋病病毒危险行为人群向普通人群扩散的关键。要在严厉打击卖淫嫖娼、聚众淫乱等违法犯罪活动的同时，重点加强对有易感染艾滋病病毒危险行为人群综合干预工作，在公共场所开展艾滋病防治知识宣传，摆放安全套或安全套销售装置。要加强对艾滋病病毒感染者和病人的随访和管理，督促其将感染或发病事实及时告知与其有性关系者。要规范性病医疗服务行为，加强对性病病人的治疗和综合干预，有效降低性病病人感染艾滋病病毒的风险。卫生、公安、食品药品监督管理等部门要密切配合，提高药物维持治疗服务质量，建立强制隔离戒毒、社区戒毒、社区康复和与药物维持治疗相互衔接的治疗机制以及异地服药的保障机制，将吸毒人员最大限度地纳入药物维持治疗机构进行治疗。积极在社区戒毒和社区康复场所内开展药物维持治疗。在药物维持治疗难以覆盖的地方，继续开展清洁针具交换工作，降低艾滋病传播风险。

（五）扩大抗病毒治疗覆盖面，提高治疗水平和可及性

抗病毒治疗是挽救艾滋病病毒感染者和病人生命、有效减少艾滋病传播的重要措

施。要进一步落实国家免费抗病毒治疗政策，坚持就地治疗原则，完善家庭治疗和社区治疗服务网络，加强对感染者和病人的定期检测，建立病人异地治疗保障机制，为病人提供及时、规范的治疗服务。要充分发挥中医药的作用，扩大中医药治疗艾滋病的规模。卫生、中医药部门要加强对医务人员特别是基层医疗卫生机构人员的培训，提高治疗质量。

二、“六加强”

（一）加强血液管理，保障临床用血安全

保证血液及其制品安全是阻断艾滋病血液性传播的重要关口。要加大采供血管理力度，在血站开展并逐步扩大核酸检测试点，提高血液筛查能力，所需费用通过调整血站供血收费标准、合理安排血站经费预算统筹解决。大力推动无偿献血工作，广泛开展无偿献血公益广告宣传，积极建立无偿献血志愿者组织。卫生部门要加强对医疗卫生机构临床用血和院内感染管理，完善并落实预防艾滋病医源性传播的工作制度和技术规范，加强病人防护安全和医务人员的职业防护。卫生、保险监督管理等部门要探索建立经输血感染艾滋病的相关保险制度。

（二）加强医疗保障，减轻艾滋病病毒感染者和病人医疗负担

发展改革、卫生、人力资源社会保障、财政、食品药品监管等部门要根据艾滋病治疗需要和医保基金、财政等各方面承受能力，在基本药物目录中适当增加抗艾滋病病毒治疗和机会性感染治疗药品的种类，扩大用药范围。人力资源社会保障、财政、卫生、民政等部门要逐步提高基本医疗保障水平，做好与国家统一开展的公共卫生服务项目的衔接，切实减轻包括艾滋病病人在内的参保人员的医疗费用负担。发展改革、财政、海关、税务部门要加大对抗艾滋病病毒药品生产的扶持力度，对进口和国产抗艾滋病病毒治疗药品按规定给予税收优惠。

（三）加强关怀救助，提高艾滋病病毒感染者和病人生活质量

加强对感染者和病人的救助工作及对晚期病人的情感支持和临终关怀。民政部门要认真落实受艾滋病影响儿童福利保障政策，确保受艾滋病影响儿童的生活补助及时发放。在农村地区，要将救助工作与扶贫开发等工作紧密结合，支持感染者和病人开展生产自救。

（四）加强权益保护，促进社会和谐

认真落实相关政策，消除社会歧视，保障艾滋病病毒感染者和病人及其家庭成员在就医、就业、入学等方面的合法权益；加强艾滋病防治定点综合医院及传染病医院的学科和能力建设，提高综合诊疗能力，保障感染者和病人的诊疗权益。要将监狱等监管场所的艾滋病防治工作纳入国家和地方艾滋病防治规划，加强对被监管人员艾滋病防治知识的宣传教育、病毒检测和病人的抗病毒治疗工作，建立健全对感染艾滋病病毒违法者的监管制度，做好其回归社会后的治疗、救助等衔接工作。加强对艾滋病病毒感染者和病人的法制和道德教育，增强其社会责任感，引导其积极参与艾滋病防

治工作。依法打击故意传播艾滋病行为和利用感染者、病人身份进行的违法犯罪活动。

（五）加强组织领导，落实工作职责

地方各级政府要对本行政区域内的艾滋病防治工作负总责，加强组织领导，健全联防联控机制，结合医药卫生体制改革科学制订防治规划，定期开展督导检查，落实目标管理责任制。疫情严重地区要实施艾滋病防治工作“一把手”负责制，将艾滋病防治纳入政府工作重要内容，摆到突出位置抓紧抓好。各级艾滋病防治议事协调机构要加强统筹协调，明确成员单位职责，组织推动防治工作。各有关部门要将艾滋病防治纳入本部门日常工作，制定年度工作计划，建立考核制度，相互支持、密切配合，切实落实防治责任。

（六）加强防治队伍建设，提高工作积极性

加强对各级各类艾滋病防治人员的培训，加强学术带头人和创新型人才的培养，全面提高防治队伍的整体素质。落实国家对艾滋病防治工作人员的工资倾斜政策，完善收入分配激励制度，稳定防治队伍，调动防治人员工作积极性。疫情严重地区要根据工作需要合理调配工作人员。

三、“四免一关怀”

2003 年国家开始对艾滋病病人及感染者实行“四免一关怀”政策。2006 年 1 月 29 日，温家宝同志签署中华人民共和国国务院第 457 号令，颁布《艾滋病防治条例》，并于 3 月 1 号起实施。至此正式通过《艾滋病防治条例》并将“四免一关怀”政策制度化、法律化。

（一）“四免”

（1）农村居民和城镇未参加基本医疗保险等医疗保障制度的经济困难人员中的艾滋病病人，可到当地卫生部门指定的传染病医院或设有传染病区（科）的综合医院服用免费的抗病毒药物，接受抗病毒治疗。

（2）所有自愿接受艾滋病咨询和病毒检测的人员，都可在各级疾病预防控制中心和各级卫生行政部门指定的医疗等机构，得到免费咨询和艾滋病病毒抗体初筛检测。

（3）对已感染艾滋病病毒的孕妇，由当地承担艾滋病抗病毒治疗任务的医院提供健康咨询、产前指导和分娩服务，及时免费提供母婴阻断药物和婴儿检测试剂。

（4）地方各级人民政府要通过多种途径筹集经费，开展艾滋病遗孤的心理康复抚慰活动，为其提供免费义务教育。

（二）“一关怀”

“一关怀”指的是国家对艾滋病病毒感染者和患者提供救治关怀。各级政府将经济困难的艾滋病患者及其家属，纳入政府补助范围，按有关社会救济政策的规定给予生活补助；扶助有生产能力的艾滋病病毒感染者和患者从事力所能及的生产活动，增加其收入。

国家对艾滋病的投入力度一直是在加大的，政策的执行将越来越人性化，政策涉及的免费治疗范围也将越来越广。2012 年 12 月 1 日世界艾滋病日到来前夕，李克强总理在国务院防治艾滋病工作委员会第四次全体会议要求各级政府加大投入，抓紧研究解决一些突出问题，更有效地开展防控。随着抗病毒治疗范围的扩大，抗机会性感染治疗费用纳入基本医疗保险的成功运行，中国艾滋病的防控将迎来新的希望。

思考题

1. 简述艾滋病的流行趋势。
2. 简述艾滋病的诊疗进展情况。
3. 艾滋病健康教育的目标和内容是什么？
4. 中国政府为预防艾滋病采取了哪些措施？

第七章　成瘾性行为的健康教育

成瘾性行为是与人类文明共生的一种现象，它的发生至少有五千年的历史，现已发展成为影响人类心身健康的全球性灾难。据 WHO 统计，全球每年大约有 10 万人死于吸毒，而由此丧失的劳动力上千万之众。中国禁毒委员会 2013 年 6 月 26 日公布，我国现有登记的吸毒人数大约有 213 万，35 岁以下占了 70%，18 岁以下的占 86%，在校学生占了 69%。另外，我国是世界最大的烟草生产国，同时也是烟草消费国，13 亿人口中约有 3.5 亿是烟民，每年因吸烟死亡的人数达到 70 万人。我国的酒徒达 2 亿有余，一年消耗的酒量足以灌满 3 个西湖，有近 3 000 万人成为酒瘾患者。随着互联网的普及和上网人数的增加，我国网民人数已突破 1 亿，有 5%～10% 的互联网使用者存在网络依赖倾向，据《中国青少年网瘾报告》数据显示，我国青少年网络成瘾人数已经超过 1 000 万。除此之外，还有相当数量的赌瘾者，其数量也迅速增长。由此可见，成瘾危机日趋严重，范围越来越大，如何有效地干预、控制乃至消除这类行为，是当前健康教育面临的重大问题。

第一节　成瘾性行为

一、成瘾性行为的概念

早期认为，成瘾性行为又称依赖性行为，是依赖综合征中的一种行为表现，由物质使用障碍所致。1965 年，世界卫生组织建议采用药物依赖一词取代成瘾，并做了如下定义：药物依赖指一种由生命机体与药物相互作用而产生的特定心理状态或生理状态。这种状态以连续地或周期性地强迫用药来体验药物的心理效应或为了避免断药后的痛苦为特征。

但是，成瘾一词并未退出历史舞台，专家们和大众传媒都乐于使用成瘾和成瘾者。近年来，专家学者们扩大了成瘾的研究领域，认为其他的不良行为如赌博、电子游戏、网络、摄取食物等都可以成瘾，对成瘾性行为已有了全新的认识。

目前认为，成瘾性行为是指不是出于医疗或其他正当需要，个体在一种额外的超乎寻常的嗜好形成过程中，表现出强烈、迫切、连续或周期性地进行某种有害健康的活动，目的是为了取得或维持某种特殊的心理体验，或为了避免停止这种活动所导致的痛苦的一系列内外行为。

二、成瘾性行为的特征

成瘾性行为一旦形成，会表现出一系列心理和行为表现。成瘾性物质已成为成瘾者生命活动中的必需部分，此产生强烈的心理、生理、社会性依赖。一旦中止成瘾性物质的使用，将出现戒断症状。

(1) 生理性依赖。机体的循环、呼吸、代谢、内分泌等系统对成瘾性物质形成生理平衡，以适应烟、酒、毒品等精神活性物质的额外需要。

(2) 心理性依赖。成瘾性行为已完全整合到心理活动中，成为完成智力、思维、想象等心理过程的关键因素。

(3) 社会性依赖。一旦进入某种社会环境或某种状态，就会出现该行为。例如吸烟成瘾者假如不先抽烟就无法完成开会、人际交往、做报告等社会活动。

(4) 戒断症状。一旦中止成瘾性物质的使用，将会出现焦虑、空虚、无聊、无助、不安、嗜睡、流涎、绝望、寻死觅活等，是一系列生理和心理的综合改变。烟、酒、毒品在成瘾后各有特异的戒断症状。

三、成瘾性行为的形成机理

(一) 生物医学机理学说

现代医学各学科对成瘾性行为的研究取得了多方面的成果，包括受体学说、带些耐药性和细胞耐药性学说、生物活性胺作用学说、戒断症状和废用性增敏学说、神经和内分泌作用学说等。如遗传学说认为成瘾具有家族聚集性和延续性，研究者运用行为遗传学中的孪生子法开展了许多遗传与成瘾的相关研究，结果表明遗传对成瘾的影响很大，它影响了个体对物质的敏感性、耐受性及相关反应。同时发现，无论孪生子是在亲生父母家还是在寄养父母家长大，单卵双生酗酒的同病率几乎是双卵双生的2倍，吸烟的遗传力为0.53。

(二) 精神（心理）病理学说

神经和精神（心理）病理学研究发现，成瘾性行为和精神疾病有较高的同病率。有成瘾性行为的人群中，情感性精神障碍，尤其是抑郁症、神经症、反社会型人格障碍的患病率较高。此外，若童年罹患注意缺失障碍，即多动症、品行障碍等行为问题，成年后较易出现成瘾性行为。

(1) 动力心理学派指出，药物成瘾者要从药物中寻求“快乐”的感觉，以使自己心里踏实、适应环境。追寻人格发育史，发现成瘾者多有缺少父母恰如其分的爱护，缺乏自尊心、责任感、理想和抱负，有过多的愤怒、仇恨、自暴自弃，感觉不到世界的美好。成瘾者的情感承受能力也有缺陷，不善于言语表达，缺乏沟通，依赖性很强，但是又找不到合适可靠的人，只有把自己的情感封闭起来，一旦承受不了失去控制，就会崩溃。

(2) 行为学习理论认为，人们首次使用成瘾物质后，由于体验到成瘾物质所带来的欣快感、缓解焦虑、祛除戒断反应成为一种阳性的强化因素，通过奖励机制促使人们再次重复使用这一行为，直至成瘾；而停用成瘾物质所引起的戒断症状又是一种阴性强化因素或负性强化作用。戒断症状、痛苦体验的出现是一种惩罚，为了逃避这种惩罚，成瘾者只好继续使用成瘾物质，强迫觅药。

四、成瘾性行为的形成过程

（1）诱导阶段。当人与致瘾源偶尔接触时，会初步尝到“甜头”，如手拿烟卷时自我陶醉的“成就感”、喝酒后的飘飘欲仙感、吸毒后的欣快感等。这些快感对成瘾者有强大的吸引力，但此时终止接触并不会有明显的戒断症状。

（2）形成阶段。在内、外环境的共同作用下，尚未成瘾的行为不断重复，直到产生依赖。初期成瘾者常有羞耻感、畏惧感和自责心理，宜于及时矫治，多数成瘾者仍有强烈戒断愿望，只是难以忍受戒断症状的发生。一旦依赖建立，矫治难度将增加，戒断症状带来的痛苦反而会对成瘾性行为起正反馈作用，使行为程度加剧。不成功的戒断次数愈多，成瘾性行为恢复后的欣快感愈明显。

（3）巩固阶段。成瘾性行为已经巩固，即整合为生命活动的一部分。此阶段，成瘾者对各种促使其戒断的措施有强烈的心理抵抗；一旦瘾性发作，成瘾者宁愿不吃、不喝、不睡，甚至明知后果严重，也会铤而走险，不择手段获取成瘾性物质，完成成瘾性行为。

（4）衰竭阶段。由于成瘾性行为使成瘾者身体和心理受到严重损害，社会功能亦发生不同程度的缺失。如酒依赖和酒精中毒者出现酒精性肝硬化症状；吸毒者精神颓废、身体衰竭，直至死亡。

不同的致瘾源和不同类型的成瘾性行为，经历上述过程的表现各异；同一行为的个体间差异也很大。但通常来说，吸毒者的诱导阶段很短，有的一次偶尔尝试即成瘾；吸烟者的诱导时间较长，有的初吸时呛咳不止，没有明显的欣快感。但是有研究表明，青少年时代的尝试成瘾性行为，留在大脑皮层中的记忆印象十分深刻，对成年后的成瘾性行为的发展有较大影响。

五、成瘾性行为的影响因素

（一）人格特征

同样面对成瘾性物质，并非所有人都成瘾。人群中有一类被称为“易成瘾者”，他们具有以下人格特征：

（1）依赖型人格。依赖型人格的人无主见、意志薄弱、缺乏自信、缺乏自尊，往往需要他人替他做决定。有时即使勉强决定去做某事，也要反复声明自己无能为力，再三要求他人予以帮助才能把事做成。缺乏独立生活的能力，对他人产生强烈的精神依赖，长期需要一位坚强、能干、果断的人陪伴并支配其生活，否则就很有可能沦落到无依无靠甚至难以生存的地步。具有依赖型人格或具有这种人格倾向的人是非常容易成为药物依赖者的。而一个人一旦成为药物依赖者，他就很容易发展为依赖型人格，而且对于依赖型人格的药物依赖者，戒药是异常困难的。

(2) 偏执型和反社会型人格。青少年心理发育不健全，易受周围环境影响和蛊惑，且对失败等意外打击承受能力较弱，好奇空虚，被利诱是青少年吸毒的主要原因。吸毒成瘾者多不能主动适应社会或与社会疏远，性格多变无常，表现为自私，以自我为中心，对周围环境不满，不信任他人，人际交往缺乏道德感，无视道德准则，不顾及他人利益和安全，缺乏社会和家庭责任感。

(3) 过度敏感性。青少年药物使用和滥用与精神病理学密切相关，如与人交往的过程过度紧张，孤僻、焦虑、情感紊乱、好奇心强、疑心重；性格内向，有内心矛盾冲突时既不与人交流，也无自我调节或自我控制力等性格，没有积极的解脱方式，对外界环境耐受性差，适应不良。

(4) 高级意向减退。从众心理较强，行为随大流，缺乏意志力，信念和观点时常随外界环境而改变，对不良事物缺乏批判性。研究者发现，有许多行为和生活方式如反社会行为、儿童早期的攻击性、较差的学校教育、较差的学习成绩、较差的社会责任心、较低的信仰及其他问题行为都与青少年药物使用和滥用高度相关。

(5) 情绪不稳定和易冲动性，易有冒险性、冲动性行为，以自我为中心，争强好胜，易激怒；易在别人挑唆、激将下接受致瘾源。

(二) 社会因素

人格特征使“易成瘾者”具备了养成成瘾性行为的特质，但社会因素是“易成瘾者”养成成瘾性行为的根本原因。

(1) 社会环境因素。无论是发达国家还是发展中国家，都存在不良的社会环境，如暴力、杀人、种族歧视、失业、通货膨胀和拜金主义等，引起人们对现实生活的惶惑和厌倦；各社会阶层都有一些人物资生活虽然富足，精神却极度空虚。这些社会环境促使易成瘾者希望借助成瘾性行为进入世外桃源，获得暂时安宁。

(2) 生活紧张刺激。由于现代生活节奏加快，竞争激烈，生活紧张性刺激增多，使人们应激增加。为此，有的易成瘾者借助吸烟来调整情绪，提高工作效率；有的易成瘾者借助酗酒来消除烦恼、空虚、胆怯、失败等心理感受；有的通过吸毒产生的梦幻感，逃避现实生活中的压力。

(3) 文化因素。不同的文化现象对于成瘾性行为起到了社会润滑作用。尤其在我国，烟和酒作为社会润滑剂，使社会交往更成功，人际关系更易沟通，在社会价值观上能取得难以替代的满足感。饮酒、敬酒则是喜庆和礼仪场所的重要活动。许多地方盛行以豪饮为荣的文化风俗，助长了酗酒的陋习。在美国青少年中，吸烟为酷的风气为许多人接受。尽管人们明知吸烟和酗酒有害，但在一定的社交场合仍不得不参与其中，自然而然地把吸烟和酗酒整合到自己的日常行为模式中。

(4) 传播媒介因素。媒体宣传与广告效应在成瘾性行为中起到了不可低估的作用。有些媒体借助吸烟、饮酒表现一定的社会形象、风度和仪表；各种形式的烟酒广告及影视作品中英雄人物的吸烟镜头等对好奇心强、仰慕英雄人物、有狂热追星倾向的青少年产生强大的诱导作用和负面影响。

(5) 团体效应。各类社会团体内广泛存在的吸烟、酗酒现象，其导致成瘾作用对具有强烈认同感的成员来说，影响比外界更大。许多青少年的吸烟行为，源自同龄人的伙伴集团。犯罪团伙从事贩毒，往往先诱使其成员吸毒，以此作为团伙内互相认同的主要标志。

（6）家庭影响。吸烟和酗酒行为都有“家庭集聚现象”，即家庭成员在某健康相关行为上的相似程度显著大于非成员。美国有调查发现，来自父母吸烟的家庭的孩子吸烟率比其他家庭高1.5倍，若家中还有年长兄弟姐妹吸烟，该吸烟率还将增加1倍。这一现象的产生并不取决于父母对吸烟的态度，而在于他们的“榜样”行为迎合了青少年强烈的好奇心理，并引发其模仿和探究行为。同时，家庭成员享有共同的遗传基因也可解释家庭聚集性。

第二节 吸烟的危害及防控

一、概述

吸烟始盛于19世纪末。发达国家吸烟率近20余年内呈逐年下降的趋势，约以每年1.1%的速度递减。然而，全球烟草生产和消费量仍在增加，这主要是由于发展中国家的吸烟率在上升，约以每年2.2%的速度递增。尽管烟草控制措施日趋严格，并且在部分发达国家呈现人口吸烟率和吸烟人口“双下降”趋势，但总体来看，世界成年人口吸烟率仍保持在较高水平，青少年吸烟呈现出低龄化趋势，世界吸烟人口总数仍然有增无减。

据《2012世界卫生统计数据》，2012年全球成年人口平均吸烟率为22%，其中男性为32%，女性为8%；烟草消费者总数达12亿人，其中男性9.5亿人，女性2.5亿人。世界上男性吸烟率最高的为71%（基里巴斯），最低的为8%（埃塞俄比亚）；女性吸烟率最高的为50%（瑙鲁），最低的为0.4%（斯里兰卡、埃及等8个国家）；男女平均计算最高的为57%（基里巴斯），最低的为4%（埃塞俄比亚）。另据全球青少年烟草调查项目数据估算，世界上13~15岁青少年男、女吸烟率约分别为22%和16%，青少年吸烟人口超过1亿人。根据地区统计，成年男、女吸烟率非洲地区分别为17%和3%，美洲地区分别为26%和16%，东南亚地区分别为30%和5%，欧洲地区分别为41%和22%，东地中海地区分别为33%和4%，西太平洋地区分别为51%和4%。根据经济发达程度统计，成年男、女吸烟率高收入国家分别为32%和19%，中高收入国家分别为37%和15%，中低收入国家分别为39%和4%，低收入国家分别为30%和4%。男性吸烟率在不同经济发达程度的国家差异相对较小，但女性吸烟率在不同经济发达程度的国家差异很大。总体特征是经济越发达，女性吸烟率越高。目前全世界每年有490万人死于吸烟相关疾病，平均640人/小时，13 400人/天。估计到2030年每年死于吸烟相关疾病的人数会上升为1 000万人，其中700万人在发展中国家。

我国有吸烟者约有3.5亿，占世界吸烟总人数的1/4，每年约有100万人死于吸烟导致的疾病，平均每分钟就有两个中国人因吸烟而死亡。从20世纪70年代至今，由吸烟引起的肺癌上升的比例是我国癌症种类中最高的一个。中国烟草产量和烤烟生产量均居世界第一。调查表明：在2002年11 000人因被动吸烟而死于肺癌，31 300人因被动吸烟死于冠心病，估计因被动吸烟死亡人数超过10万。外国烟草商以强大的广告攻势打开并扩大在中国的烟草市场，在我国，万宝路的标志可谓深入每个家庭。WHO肿瘤处处长曾指出，借着赞助中国杂技、体育活动，外国烟草商将他们的产品倾销到中国市场。根据2002年调查结果，我国15岁以上人群吸烟率为35.8%，其中男性和女性吸烟率分别是66.0%和3.1%。我国是男性医生吸烟率最高的国家之一，达57%。我国至少有5亿人遭受被动吸烟的危害：青少年在家中和公共场所受二手烟危害的比例分别为44%和56%。吸烟率在上升，初次吸烟者的年龄在提前。

二、烟草的有害成分

烟草燃烧后所产生的成分复杂，约包含3 000多种化学物质。主要有害成分为尼古丁、烟焦油、一氧化碳、胺类、烷烃、酚类、多环芳烃、氯氧化物、重金属元素、农药等。

尼古丁是一种无色透明的挥发性液体。我国市售烟每支约合1~1.4毫克尼古丁。尼古丁会损害气管黏膜，使纤毛失去活力后易致感染。尼古丁是一种细胞毒素，刺激中枢神经系统，引起血管收缩、损害血管，导致血管硬化、血压上升，诱发冠心病、心肌梗死等。尼古丁有兴奋、抗焦虑作用，少量吸入时吸烟者可有舒适、轻松感，久吸后可产生依赖。在成瘾后，当尼古丁在体内达不到一定水平，吸烟者就会有烦躁、头胀、头痛等不适症状，再吸烟后可迅速改善。除此以外，尼古丁还可引起吸烟者消化功能紊乱、性功能障碍等。

烟雾中的一氧化碳是一种无色无味的气体，每支烟可产生20~30毫升一氧化碳，一氧化碳比氧对血红蛋白的亲和力大210倍，会使血液中血红蛋白的携氧能力下降，可导致组织缺氧而产生一系列病变。每日吸烟量大、烟龄较久者往往面色灰暗，口唇发紫，即通常所说的“烟脸”，即与此有关。

烟焦油，是当前评价烟所含的有害物质的指标之一。有些国家和地区，规定纸烟要标明焦油含量。我国市售纸烟的焦油含量在19~27毫克为中等。焦油业已证明含有3，4-苯并芘等公认的致癌物，吸入后附在呼吸道黏膜上，有致畸变、致癌变作用，也是肺癌发病的重要基础。

三、吸烟的危害

1. 吸烟与癌症

吸烟已被公认是肺癌的主要致病原因。美国、英国、日本、加拿大等国进行过8次大样本的前瞻性研究，认为65岁以下人的肺癌死亡原因主要为吸烟所致。研究表明吸烟者肺癌死亡率比不吸烟者高30%~50%，并与吸烟量有关，每天吸烟40支以上者比不吸烟者少活8年。这表明肺癌与每年吸烟量及持续时间呈正相关。英国一组资料表明，吸烟者戒烟5年后肺癌死亡率比吸烟者下降40%。近年来美国妇女肺癌发病率上升，与美国妇女纸烟消耗量的增加相一致。中国肺癌发病率，在大城市中已居男性癌病患者的首位，并且每年以4.5%的速度上升。上海肺癌发病率又在各城市中居首位。吸烟还会引起口腔癌、皮肤癌、鼻咽癌、膀胱癌等，且有明显剂量效应，即与吸烟时间长短及平时烟瘾大小呈正相关。必须指出并非每例吸烟者均会得肺癌。癌症的形成，往往是多种因素作用的结果，个体对致癌物的应答反映不一。但无可否认的是，吸烟是肺癌最为主要的致病因素，吸烟者不可因为每例吸烟者并未都患肺感而存侥幸心理。

2. 吸烟与呼吸系统疾病

吸烟时烟雾首先接触的是娇嫩的呼吸道黏膜，可引起刺激性咳嗽，同时使黏膜变得干燥，慢性充血，进而黏膜细胞代偿性地分泌过量黏液，使长期吸烟者普遍患有慢性咳嗽、痰多等症状。此外，烟雾中的烟尘微粒比空气中的微粒多5万倍，并且含有很多有害物质，可使呼吸道的纤毛细胞中毒、受损，黏液发生凝固，从而失去抵抗和保护功能，致使大量的毒物和细菌乘虚而人，引起呼吸道炎症。长期大量吸烟者常患慢性支气管炎并导致肺气肿、肺心病。同时，肺结核、肺炎发病率也会增高。

3. 吸烟与心血管系统疾病

世界上早已公认吸烟是引起冠心病三大危险因素（高血压、高胆固醇血症和吸烟）之一。这主要与烟雾中的一氧化碳和尼古丁有关。据美国1983年报告，吸烟者患冠心病死亡人数比不吸烟者高70%，每天吸两包或以上者较不吸烟者冠心病死亡率高200%。吸烟不但是冠心病的独立危险因素，而且能加强高血压、高胆固醇血症等危险因素的作用，也就是吸烟与高血压、高胆固醇血症在引起冠心病方面有协同作用。戒烟后冠心病的死亡率迅速下降。吸烟还是中风、血栓闭塞性脉管炎等疾病发生的危险因素。

4. 吸烟与消化系统疾病

烟草的烟雾中含有的各种有害物质在燃烧时产生的热可直接刺激口腔黏膜，导致口腔白斑。据有关调查发现，吸烟人群口腔白斑患病率为29%，不吸烟人群为0.73%；口腔白斑患者演变为口腔癌的人约3%~6%；吸烟者口腔癌的死亡率是不吸烟者的3.4倍。烟雾中的有害化学成分，特别是尼古丁可刺激胃液过度分泌，可引起胃溃疡和十二指肠球部溃疡。有研究表明，吸烟者因胃、十二指肠溃疡病的死亡率比不吸烟者高2.8倍；吸烟者消化道癌症的发病率也明显增高。

5. 吸烟对神经系统的危害

吸烟对中枢神经系统和植物神经系统的作用是先兴奋后抑制，影响思维能力。长期吸烟者比不吸烟者大脑老化的速度要快很多。前面提到的吸烟可引起高血压、动脉硬化，可进一步发展成为脑血栓、脑出血等严重的中枢神经系统疾病。

对于求学的学生来说，吸烟直接影响到学习。人体在尼古丁等刺激下，短暂兴奋后，血管收缩，血流缓慢，脑血流量减少，使注意力分散、记忆力下降、智力活动能力降低。据北京、上海等地学校的统计，吸烟学生的成绩明显低于不吸烟的学生；吸烟学生在遵守纪律、进取心、参与集体活动等行为上与不吸烟学生有明显的差别，且往往还伴有其他不良的行为方式。

6. 吸烟对生育的危害

吸烟可影响男女两性的生殖系统，并影响胎儿的健康。吸烟危害男性生殖功能，可使精子数量减少，精子活动率下降，还可引起精子的形态异常。女性吸烟可导致其受孕能力下降，流产和死胎率增加。吸烟妇女妊娠的流产可能性要高于不吸烟妇女的2倍。吸烟因血液内碳氧血红蛋白增加，致使胎儿缺氧，畸形、流产、早产率上升，新生儿体重低于250克。吸烟妇女妊娠胎盘重量增加，易早剥、羊膜早破、孕期出血、围产期婴儿死亡率增高。追踪观察表明，母亲吸烟使孩子的生长、智力和情感发育都受到不良影响。

7. 被动吸烟的危害

国际上把不吸烟者被动吸入吸烟者喷出来的烟雾和点燃产生的烟雾的空气称作被动吸烟。科学家将吸烟产生的烟雾分为两种：一种是吸烟者吸进的烟雾叫主烟雾；另一种是香烟燃烧时产生的烟雾叫次烟雾。据测定，次烟雾量是主烟雾量的两倍。一支烟可产生130微克的苯并芘，其中100微克在次烟雾中；一支烟尼古丁含量的3/4随次烟雾进入空气中；一支烟燃烧后产生的一氧化碳主要存在于次烟雾中；次烟雾中的亚硝胺是主烟雾中的50倍。被动吸烟的危害表现在：丈夫吸烟的妇女发生肺癌的机会比丈夫不吸烟的妇女高2.4倍，如丈夫吸烟量每天大于一包以上则高3.4倍；丈夫吸烟的女性比丈夫不吸烟的女性的平均寿命短4年；父母吸烟的孩子比父母不吸烟的孩子感染严重呼吸系统疾病的几率高2倍。

8. 吸烟与意外事故

吸烟是某些恶性事件和意外死亡事故的重要原因。我国1987年发生的大兴安岭森林火灾起因便是吸烟，造成400人死亡，5万人无家可归，几十亿直接经济损失，其罪魁祸首正是乱扔的烟头。据有关报道，在巴西的森林、飞机、饭店及建筑物火灾中，平均每三起就有一起与吸烟有关；美国居民火灾的一半是吸烟引起的。

四、控烟对策

（一）控烟策略

1. 创造良好的支持环境

为降低吸烟的危害，创造一个有利于控烟、禁烟的良好环境，国家应颁布相应的法律法规，执行公共场所禁止吸烟法规、限制向青少年售烟、扩大无烟场所等，以及大学校园内不许吸烟的规定，使烟草行业朝着有益于人民健康的方向发展。

2. 加强健康教育

进行大众媒体宣传、发送专刊和传单，在学校、社区开展专题讲座或健康教育课程，定期举办控烟知识竞赛等，改变人们对禁烟减少税收、吸烟是对国家做贡献等错误说法的认识。与其他行业纳税额相比，我国烟草税收从20世纪80年代中期即占国家税收的第一位，并以每年20%的速度攀升，这并非是个好现象。据英国、美国、波兰等国的有关报道，烟草税收与因吸烟造成的损失相比，仅够支付损失额的一半左右。

3. 多方参与的社区行动

为增强控烟工作的成效，还应重视社会环境的作用。虽说吸烟有心理、生理上的依赖，但社会环境的影响要大于这种依赖。如加强吸烟有害的宣传，各级会议不设招待烟，各级主要干部带头不吸烟，树立、扩大不吸烟为荣的社会风尚，开展无烟单位、无烟家庭等，有力地推进控烟工作。

4. 改变个人行为和技能

13~15 岁是控烟教育的最佳年龄段，控烟教育最易生效，中小学要加大禁烟教育的力度。预防新吸烟者的产生要比规劝戒烟更易于见效。包括介绍戒烟技巧、医生和老师开展控烟技能的教育等。

(二) 具体措施

大学生应建立不吸烟的良好生活方式，无论是自费购买的还是他人赠送的均应不吸。若已有吸烟习惯者，应戒烟。下列几种方法有助于戒烟：

(1) 替代法。尼古丁替代治疗用于减弱烟瘾并有助于预防戒断症状，常用的是口香糖和皮肤粘贴剂。

(2) 推迟法。推迟是一种策略，能很好地用于减弱惊慌和恐惧的感觉。你可告诫自己“仅这一分钟，一小时或一天不抽烟”，而不是永远不再抽烟。在这一段时间过后，再次推迟抽烟的时间。

(3) 转移法。烟瘾通常仅持续几分钟，想抽烟时你可尝试思考别的事情，通过活动来分散你对烟的注意力。

(4) 避免法。戒烟的最初两周往往是最容易复发的危险期，你应避免接触主要的烟刺激物或场所，如会见烟友、参加宴会、俱乐部活动、生气或悲伤等。

(5) 回避法。如果以上的策略失效，你可采取离开引起你的烟瘾的场所，可外出散步，呼吸新鲜空气，回避并降低你对烟草的欲望。

从戒烟之日起，你的目标是战胜烟瘾，直至戒烟成功。减少烟量不是戒烟的有效方法。因为烟草尼古丁是一种成瘾物质，一旦吸烟成为习惯，便会对其产生依赖性，即烟瘾。如强行戒烟，成瘾者会产生一系列不适症状。这些发生在戒烟期间的不适症状医学上称“戒断综合症”。尼古丁成瘾的吸烟者需维持一定浓度的尼古丁水平，降低就会出现戒断综合症。如果你能战胜戒烟最初几天的吸烟渴望以及战胜周围存在的许多诱惑，不屈服于烟瘾，你很快便能戒烟。随着科学控烟的宣传、社会风尚的支持，大学生作为高知识群体，应尽量不吸烟，以健康的行为影响社会、影响同龄人。

第三节　酗酒的危害及防控

一、概述

饮酒在我国已有数千年的历史，凡有人群的地方就有饮酒，以饮酒闻名的历史人物甚多。近年来我国酒的消耗量急剧上升，特别是烈性酒的消耗量上升更快，其中，少数民族人口比汉族人口酒的消耗量大，农村比城市、北方比南方、文化低的人群比文化高的人群酒的消耗量高。大学生中饮用含低度酒精的饮料的现象越来越普通，已被学校、家长、社会所接受，然而大学生饮用烈性酒及借各种聚会集体饮酒的趋势日益增多，这可以从学校内及附近地区酒的销量剧增得到佐证。以往不大参与饮酒的女大学生，也渐渐加入饮酒的行列。现在不能说大学生饮酒成风，但有明显饮酒欲望者增加，以及醉酒及酒后肇事等情况增多，这足以表明在大学生中进行不酗酒的宣传教育是十分必要的。

二、酗酒对人体健康的危害

酒是以酒精和水为主要物质的混合液，含有醇类、醛类、有机酸和人工添加的香精或色素等。由于原料酿制添加物等不同，可构成不同类型的酒。酒中的酒精，口服后可经消化道直接吸收进入血液，并分布到全身。一般认为，少量饮酒能使人产生愉悦感，但过量饮酒，也就是酗酒则对健康有很大危害的。

酗酒的危害首先是导致急性和慢性酒精中毒。急性酒精中毒又称“醉酒”，表现有：心跳加速、血压升高、气急头晕、脉搏加快等兴奋状态。过度兴奋可产生酩酊状态，面色由潮红转为苍白、瞳孔缩小或放大、呕吐、知觉迟钝、动作失衡、醉步、躁动、语言单调重复或语无伦次，做出平时力所不及和无胆量做的事情。严重者继而进入抑制状态，知觉消失、大小便失禁、抽搐、发生脑部严重并发症，甚至昏迷死亡。在我国，已有多例大学生饮酒过量导致死亡的报道。

慢性酒精中毒的危害主要表现在胃肠道、肝和神经系统受损。长期酗酒，特别是“一口干”式的豪饮，常造成胃肠道黏膜充血、水肿、糜烂、胃炎和消化道溃疡。长期酗酒是造成肝硬化的重要原因。神经系统病变根据中毒的深浅而表现得十分多样。感觉迟钝、麻木等为普遍的现象。从事精细动作的能力下降，心情不稳定。慢性过量饮酒，可导致慢性酒精中毒，引起心、肝、肾、脑等多脏器功能损害，使这些器官的功能减退，如酒精性肝硬化、平衡功能失调，记忆力明显减退，手足和脸部肌肉震颤抖动，容易失眠，性功能减退，病理解剖可发现脑萎缩。长期酗酒还可导致癌症，如直肠癌、肝癌、胰腺癌、口腔癌等。青少年还会出现发育迟缓症状。

另外，慢性酒精中毒者几乎都有不同程度的性格改变和精神症状。烦躁、粗暴、固执、猥琐、不拘小节是常见的倾向。也有人变得胆小，纠缠不清。小事神经过敏，大事麻木不仁，注意力不能集中，特别是难以承担注意力高度集中的脑力劳动。奋发勤勉的人逐渐变得马虎懒散，应变力降低，遇事拖沓敷衍，犹豫不决，以自我为中心，甚至为了一杯酒可以不要朋友、亲人。有的人丧失原则，唯唯诺诺，卑躬屈膝。酒醉时轻则失态，重则失去羞耻心，发生随地大小便，调戏妇女等事件。

最后，酒精是多种化合物的良好的溶剂，一些致癌物如亚硝胺、黄曲霉素等在酒精中会增加溶解度，使毒性增强。

三、酗酒对学习的危害

大学生过量饮酒，特别是饮高浓度的酒，很易醉酒。醉酒后的兴奋常会使人失去常态，做出有悖于社会公德、违纪、违法的行为；还可因丧失自控能力而伤及他人或使自己遭到意外伤害；也会使思维迟缓、记忆力下降，导致学习效率低下。如果经常饮酒，一旦产生依赖，当中断饮酒，亦会产生如戒烟后的乏力、情绪低下、坐立不安等现象。酒后的自制能力下降，可导致是非判断失常，产生一些错误的言论和举动，做出错误的选择，甚至造成终生的憾事。

四、酗酒对社会的危害

酗酒除了对自己的身心带来伤害外，醉酒还会给社会带来严重的危害。例如，醉酒之后发生谩骂、斗殴、寻衅滋事、亲朋反目为仇的事件屡见不鲜。醉酒使人的理解力、判断力、忍耐力降低或丧失。醉汉常常目空一切，对法律和道德毫不在乎，因此，许多凶杀案、抢劫案、强奸案发生在酒后，等肇事者清醒过来时后悔莫及。因为法律规定，醉酒状态发生的罪行与非醉状态同等论处。

（1）增加意外事故。酒后驾车是交通事故发生的主要原因之一，经常出现车毁人亡、伤及无辜的现象。酒后造成的对工作的玩忽职守而致的火灾、偷盗等事件也时有发生。酒后失去自制力，可表现出多种怪异行为，有些行为可直接或间接造成意外事故。

（2）社会责任感下降。酗酒者对酒有一种特别的亲和力，在酒精的作用下，易许下平时所不敢承担责任的诺言，失去本来的责任感，这往往被一些有预谋者所利用，成为一种犯罪的手段。

（3）成为社会毒品。酒是许多行贿者最常用的攻关载体。酒已成为一种合法的“武器”，它的危害也早已不仅限于其本身作为化学物质的范畴。与烟相比，饮酒者在酒醉后判断力下降，往往做出错误的决定。从这种意义上讲，“酒毒”比“烟毒”更重。

五、控酒对策

控制过度饮酒，同样面临经济和社会问题，在立法方面比控烟还要难。吸烟无论多少，均被认为是有害的，而少量、偶尔的饮酒常被认为是无碍的。我国教育部曾规定在学校内不得出售白酒，但对含低度酒精的饮料并未禁止。在大学生中进行不过度饮酒的宣传、教育，首先应从认识中澄清，从督促上着手。

（1）不要学习饮酒，认为饮酒有男子汉气派的说法是错误的。

（2）节庆期间与家人、朋友聚会饮酒要量力而行，要把握好度，不饮烈性酒。

（3）遇到麻烦及不如意之事时，不要借酒浇愁。

（4）不要用酒作为交际手段。

（5）饮酒可御寒、引发灵感是一种误导。

（6）严格实施在校园内不饮烈性酒的规定，对于饮酒滋事者，要认真教育处理。在校园内推行以不吸烟、不饮酒为荣的风尚，如在评选优秀学员、发放奖学金等时，将能做到不吸烟及不经常饮酒作为重要评选条件之一。

第四节 吸毒的危害及防控

一、概述

毒品是指鸦片、海洛因、吗啡、大麻、可卡因以及国务院规定管制的其他能够使人形成瘾癖的麻醉药品和精神药品。它的危害严重而广泛。据联合国国际禁毒署统计，截至2010年年底，毒品泛滥波及全球200多个国家和地区，全球吸毒人数超过2.18亿人，占全球人口的3.78%，在成年人（15~64岁）中占3.4%~6.6%。全球毒品交易额已超过5 000亿美元，成为仅次于军火的全球第二大贸易。然而，10%~13%的药物滥用者演变成了药物依赖者，每100名死亡的成年人中就有1人和药物滥用有关。毒品正日益严重地威胁着全人类的发展，破坏着世界经济的正常运行，毒害着亿万人民的身心健康，危害着各国的社会安定，已成为当今世界的一大公害。尽管许多国家千方百计地采取各种措施大力禁毒，但是毒品仍像瘟疫一样蔓延。1987年6月，联合国秘书长德奎利亚尔在世界反毒大会上警告：滥用毒品同以前若干世纪里瘟疫在世界许多地区恶性泛滥一样，对现代和未来若干代人是同样可怕的威胁。如果不制止这种危险，其后果将比瘟疫的祸害更为严重和可怕。近年来，吸毒有向全球蔓延的趋势，吸毒者区域超出了传统的吸毒区域，而且吸毒者年龄也越来越小，严重地损害了青少年的身心健康，给社会带来了潜在的危险。

由于毒品种类渐多，由过去的从植物中提炼到现在的化学合成，毒品已渗入到世界的每一个地方。我国受鸦片之害，已见于史实，中国人民为禁毒付出了惨重的代价。新中国成立后，毒品活动基本上销声匿迹，然而，改革开放30余年来，毒品又沉渣泛起。自20世纪80年代以来，在国际毒潮的侵袭下，吸毒、贩毒活动死灰复燃，并且不断发展蔓延，现已由西南边境地区向内地省份、由城市向农村蔓延。公安部最新数据显示，截至2013年3月底，全国累计登记吸毒人员已达213.48万人。其中，从吸毒人群性别看，男性占83.6%，女性占16.4%；从年龄分布看，18岁以下青少年占0.7%，19至35岁占54.4%，36至59岁占44.3%，60岁以上占0.6%。青少年滥用合成毒品问题突出，吸毒人员年龄越低，滥用合成毒品比例越高，18岁以下青少年吸毒人员滥用合成毒品比例为86.5%。大学生了解毒品知识，提高防范意识，已势在必行！

二、毒品的类别

按照国际上通用的分类方法，毒品一般分为受到管制的麻醉药品和精神药品两大类。根据国际禁毒公约上的划分，属于麻醉药品的毒品有128种，属于精神药品的毒品有99种。下面介绍的是几种危害性大，使用最普遍的毒品。

（一）鸦片

鸦片是英文opium的译音，又称阿片、阿芙蓉，俗称“大烟”。它是从罂粟科植物罂粟的未成熟蒴果中提取，经割破果皮将流出的浆汁干燥后得到的深棕色膏状物。罂粟是一种两年生的草本植物，植株高，全株无毛，夏季开花。罂粟的花朵较大，生于枝顶，有四片花瓣，极为鲜艳美丽，有红、紫、黄、白等颜色。罂粟的果实呈球形或椭圆形，用刀划开，就会有白色的浆液流出。生鸦片经烧煮、发酵和蒸发后，成为深棕色膏状的熟鸦片。鸦片是一种传统的麻醉品，含有70%~80%的吗啡，被用作止痛镇静药，广泛用于治疗各种疾病。但是，鸦片有很大的毒副作用，极易使人成瘾而严重地危害人体。长期吸食鸦片会使人变得面色蜡黄、神情呆滞、骨瘦如柴，丧失劳动能力。一旦毒瘾发作，就会浑身发抖，手脚瘫软无力，鼻涕眼泪横流，状态十分狼狈。

（二）吗啡

吗啡是从鸦片中提炼出来的一种具有很强镇痛作用的生物碱，是一种易溶于水的白色结晶粉末，医疗上被广泛用作镇痛剂。过多吸食、注射吗啡容易成瘾，吗啡的毒性和成瘾性比鸦片强烈得多。吗啡成瘾者表现为精神不振、精神失常、肝炎等综合症；超剂量吸食、注射吗啡会导致呼吸停止而死亡。临床医疗上使用，必须由医生严格控制，不得滥用。贩毒分子常将鸦片加工粗制成吗啡，有时制成粉状，有时压成砖块状，进行贩卖。

（三）海洛因

其俗称“白粉”。它是在吗啡中添加某种化学物质加热而合成的，为颗粒状或粉末状。海洛因的成瘾性、毒性比吗啡强4~5倍，而且体积更小，携带、贩运更方便。它是目前世界上流传最广、滥用最普遍、危害最大的一种毒品，被人们称作“白色恶魔”。吸食、注射海洛因比吸食、注射鸦片、吗啡更容易成瘾，对人体的危害更大。注射海洛因容易感染病毒性肝炎、血栓、皮肤脓肿、破伤风等，特别是极容易染上艾滋病。吸食、注射高纯度的海洛因会引起昏迷、呼吸减弱、体温降低、心跳缓慢、血压降低甚至死亡。

（四）可卡因

可卡因是从古柯树的叶子中提取出来的生物碱，为粉末状的白色晶体。它是与海洛因齐名的另一种极其危险的毒品。海洛因属于镇静剂，而可卡因属于兴奋剂。它能刺激人的神经系统，使中枢神经系统和交感神经系统产生强烈的兴奋源。重复递增使用可卡因，会增加兴奋的强烈程度，并引起中毒，产生令人难以预想的荒诞行为和可怕举止。表现为皮肤苍白、体温升高、过分兴奋、周身颤抖痉挛、肌肉扭曲变形，严重时可出现癫狂的幻觉病。大剂量使用可导致窒息死亡。

（五）大麻

大麻是从一种一年生草本植物大麻的叶、花、茎中提炼出来的。吸食大麻使人脑功能失调、记忆力减退，破坏男女生育能力，造成死胎、怪胎，同时也可致癌。

（六）冰毒

冰毒化学名称为甲基苯丙胺，即去氧麻黄素。它是一种无味透明的结晶体，其外观与冰极为相似。冰毒对人的中枢神经系统有极强的兴奋作用，吸入后几分钟，吸食者会感到精神亢进，力气十足，丝毫感觉不到疲倦；一旦药效过后，吸食者就像泄气的皮球，疲倦不堪，萎靡不振。因此，它会造成严重的药物依赖性。冰毒被称为致命的毒品，使用一次就可使人成瘾，使用0.2克就会引起中毒，甚至死亡。它的刺激性比海洛因更强烈，作用的时间更持久。它严重地刺激人的中枢神经系统，使人体体能大量消耗，免疫力下降。表现为坐立不安、震颤、易怒、失眠、忧虑、惊慌、心悸、口干舌燥、恶心、呕吐、腹部痛性痉挛、昏迷，严重的导致疯狂发作而死亡。

（七）常用的受国家管制的麻醉药品和精神药品

国家规定的受管制的麻醉药品是指连续使用后易产生生理依赖性、能成瘾癖的药品。如杜冷丁（哌替啶）是目前常用的镇痛药之一，滥用会成瘾，成为毒品，因此，此药必须在医生指导下使用。国家规定的受管制的精神药品是指直接作用于中枢神经系统，使之兴奋或抑制，连续使用会产生依赖性的药品。如咖啡因、麦司卡林、安钠咖等，这些都是医疗上使用的中枢神经兴奋剂，滥用均易成瘾，成为毒品。

三、吸毒的原因

（1）好奇心驱使。尝试禁果心理是年龄偏低的青少年和知识分子涉毒的重要原因。绝大多数吸毒者，尤其是青少年学生，多数因思想幼稚、好奇心强，或对毒品的危害认识不足，看见别人吸毒，觉得新鲜，于是试上几口，加上一些贩毒分子的教唆，不知不觉染上了毒品，不能自拔。

（2）赶时髦与寻求刺激。这是一些思想空虚、素质低下的人滑入毒品深渊的重要原因。当前，吸毒同抽得起洋烟、喝得起洋酒一样被一些年轻人视为一种“时髦”和“派头”，结果他们成为吸毒者。另外，一些人赚了点钱，就想及时行乐，寻求刺激，结果走上吸毒道路。

（3）受不良生活事件影响。有的人因情场失意、家庭不和、事业受挫、工作无着落、寄人篱下等因素的影响，沉迷于吸毒，以求自我麻醉、忘却尘世的烦恼，结果走向吸毒。

（4）环境影响。社区环境、家庭环境和人际环境等影响也是使人走上吸毒道路的重要原因。

（5）医源性因素。如阿片类毒品具有镇痛、催眠等麻醉作用，对于咳嗽、腹泻、疼痛性疾病有较好的疗效。如滥用也可成毒瘾；也有些人为消除疲劳和不适，滥用麻醉药品而成毒瘾。

四、毒品的危害

（1）成瘾性。吸食毒品后会有超乎寻常的愉悦感，飘飘欲仙，万虑俱消，呈现十分明显的欣快感。毒品都具有使人成瘾的特点，几次吸食就会对毒品产生顽固的精神依赖和严重的生理依赖，毒品的纯度越高，成瘾越快。久食后耐受性加大，吸毒时间越长，所需毒品量越大方能达到欣快感，就会产生迫使人不断地、反复地大量地获取和吸食毒品。吸毒者在毒瘾发作时，轻者头晕、耳鸣、呕吐、涕泪交加、大小便失禁、浑身颤抖；重者有如万蚁蚀骨、万针刺心、奇痒无比、求生不得、求死不能，甚至发生撞墙自残等行为，使吸毒者完全成为毒品的俘虏。

（2）致幻性。现代科学技术合成了一些有致幻作用的毒品，损害人的中枢神经系统，使人用后特别兴奋，精神持续激动亢奋，忘却暂时的苦闷、悲伤等，长期吸食后，人容易注意力不集中，反应迟钝、失眠易怒、性情暴躁、道德沦丧，形成严重的病态心理，与吸毒前判若两人；吸毒者往往行踪诡秘，生活毫无规律，行动迟缓，形态佝偻，贪睡懒动、面色黄黑、神情呆滞、身体枯瘦，丧失劳动能力，最终日渐衰竭而死亡。致幻型毒品不如海洛因、可卡因那样很快成瘾，在停用后产生的戒断症状也不如海洛因、可卡因那样明显。据估计美国有近40%的人使用致幻作用的大麻等，有200万人使用麦角酸二乙基酚胺等毒品。我国发现的摇头丸也属于此类。

（3）破坏性。吸毒不但严重地危害个人的身心健康、导致家庭破裂，而且会诱发多种形式的犯罪，严重危害社会安定。由于吸毒耗资巨大，毒瘾又是永远填不满的无底洞，吸毒者为毒瘾所驱使不惜采取各种手段去攫取钱财，为了得到毒品可以不顾羞耻，卖淫、偷盗、抢劫、杀人无所不干，从而导致各种刑事案件的发生，严重地扰乱社会治安。吸毒者尽管在毒瘾发作间隙，可产生改过自新的短暂要求，但一旦发作，就难以控制。一些吸毒者还成为贩毒者，以贩养吸，破坏性更大。据统计，60%~80%的吸毒者都有过犯罪的记录。

（4）性混乱。吸毒还往往与性混乱同时并存，在吸毒者中艾滋病发病率很高，世界各国艾滋病专家都指出了这一点。吸毒者注射时注射器不消毒，共用注射器和针头，极易感染肝炎、性病、艾滋病等。吸毒后，毒品直接抑制了机体免疫功能，导致抗感染力下降、合并症多、患病率及死亡率均高。得病后消耗大量的社会卫生资源，加上吸毒破坏社会伦理、道德和秩序，又成为犯罪的温床，故其被称为社会瘟疫。

五、毒品的防控

（1）永远不要尝试。现代毒品的纯度高，极易上瘾，不能抱着尝试一次无害的心理。这方面有许多惨痛的教训，如某医生自认为自制能力强，以为吸毒者主要是意志不坚强所致，自信自己能克服，可一旦涉入就无法自拔，最后沦为瘾君子乃至罪犯。

（2）远离毒品。发现有贩毒、吸毒等行为应立即向公安部门报告。特别是具有一定化学、药物知识的专业人员不要参与与毒品有关的分析、提纯、合成活动，如广州某医学院一位讲师，就是从进行毒品合成试验逐渐被毒品贩子引上毁灭之路的。

（3）强制戒毒。如有亲戚、朋友染上毒品要劝其到正规戒毒所戒毒，不要企望说服教育能使吸毒者戒毒，必须强制戒毒。

（4）忠于职守，严格管理。若从事麻醉药品的生产、销售、管理等，要忠于职守，防止成瘾药品的流失。如吗啡、杜冷丁、可卡因等都是常用的止痛药，负责保管者，对这些药物要严格按规定（如凭处方等）使用。

综上可见，吸毒会残害个人、毁灭家庭、诱发犯罪、破坏社会安定，严重损害着国家的前途和民族的素质。吸毒是人类的瘟疫、社会的毒瘤、国家的沦丧、民族的末日。因此，作为大学生，无论是为了个人、为了家庭，还是为了社会、为了国家、为了中华民族乃至全人类的未来，应该珍惜生命，远离毒品！

第五节 网络成瘾及防控

一、概述

互联网技术迅猛发展，它正在逐渐渗透到人们的社会生活中，并对人们的生活方式、心理行为产生深刻的影响。越来越多的人对互联网产生了心理上的依赖性，并达到了成瘾的程度，即网络成瘾。它像酗酒、吸毒和赌博等不良嗜好一样，对人们的工作、学习和生活产生了破坏性影响。自 20 世纪 90 年代末开始，网络过度使用（Internet Overuse，简称 IOU）现象越来越受到人们的关注，并成为近年来心理学、临床医学和社会学研究的热点问题。

网络成瘾是指由于过度使用网络而导致明显的社会、心理损害的一种现象。其主要特征是：无节制地花费大量时间上网，必须增加上网时间才能获得满足感，不能上网时出现异常情绪体验，最终导致学业失败、工作绩效变差或现实人际关系恶化、向他人说谎以隐瞒自己对网络的迷恋程度、症状反复发作等。美国纽约精神病医师伊凡·戈德堡于 1994 年首先借用 DSM-Ⅳ中关于药物依赖的判断标准将此现象命名为“网络成瘾障碍”（Internet Addiction Disorder Syndrome，简称 IADS）。

美国心理学会年会报告（1999 年），上网人群中 IADS 的比例约为 6%。英国的一项研究（Niemz K 等，2005 年）表明，大学生 IADS 的比例为 18.3%。韩国一项研究（Kim K 等，2006 年）对 1 573 名高中生进行了调查，结果表明，1.6%的学生被诊断为网络成瘾，38.0%被诊断为可疑的网络成瘾。国内文献报道 IADS 在大学生中发生率为 4%~13%，中学生为 6%~15%。民盟北京市委进行了一项关于网络游戏与未成年人教育的调查（2000 年）显示，北京市有近 22 万中学生在玩网络游戏，而中学生上网成瘾者比例达 14.8%，初中生 11.8%，高中生 15.97%。据中国互联网络信息中心（CNNIC）2013 年 1 月发布的《第 31 次中国互联网络发展状况统计报告》结果显示：截至 2012 年年底，中国网民规模达到 5.64 亿人，规模排名全球第一，较 2011 年增长 3.8%，互联网普及率达到 42.1%。其中，10 岁以下占 1.7%，10~19 岁为 24.0%，20~29 岁达到 30.4%，30 岁及以下的网民占 52.1%。以上的数据表明，青少年已成为网络成瘾人群的主体人群，有人估计我国目前至少有 440 万网络成瘾青少年。

二、网络成瘾理论

与物质依赖的成瘾行为相比，网络过度使用没有受到任何摄入物质的影响，是一种最为单纯的行为成瘾，故其依赖状态的形成主要是心理机制所致。网络过度使用的理论主要有心理学理论、社会学理论和生理学理论三个流派。

（一）心理学理论

（1）强化理论。在上网的过程中，体会到的是精神上的满足和快感，上网—注意力从现实中转移—忘记生活中的烦恼，一系列的条件反射强化了其上网行为。

（2）缺陷人格理论。从个案研究可以看出，许多 IADS 患者都有自己在现实生活中无法解决的问题。有些人考试成绩不好，老是被人嘲笑；有些人极其内向，与人交往时感到极端地不舒服；有些人与配偶的感情不好，出现裂痕；有些人认为长相难看，羞于见人，常常封闭自己；有些人处于社会的下层，向往社会上层的生活。通过个案分析的方法，对过度使用网络的人进行分析，归纳出其人格特征为：敏感、警觉、倾向于抽象思维、不服从社会规范、性格内向、脆弱、适应环境能力较差、依赖性强、喜欢独处、在人际交往中感到困难。家庭缺少幸福感或与父母管教子女方法有剧烈冲突的大、中学生，最容易变成网络的俘虏。当然，并不是全部具备这些特征的人才易网络成瘾，而是具备其中的一项或几项即可。

（二）社会学理论

美国犯罪学家萨瑟兰在 1939 年首次提出该观点。他认为成瘾是个体学习的产物，个体最亲近的社会主体，如家庭和朋友，对其行为的形成具有最大的影响。

（三）生理学理论

该理论认为人脑中有“快乐中枢”，网络过度使用者上网会对大脑进行化学反应式的刺激，从而释放出多巴胺，进而使人产生快感。如果这种刺激是经常性的，大脑会强化自身的这种化学反应，从而产生成瘾行为。研究表明，成瘾者脑内有效的多巴胺水平低于常人，而上网正好有提高大脑多巴胺水平的作用。

三、网络成瘾的分类

研究表明，具备不同个人特质的网络使用者，会受到不同网络功能特性的吸引，而产生不同的网络过度使用类型。一个网络过度使用患者可以是纯粹的某个类型，也可以是几个类型的混合型，而且实际情况更多的是混合型患者居多。根据临床表现的不同，主要有以下类型：

（一）网络性成瘾

网络性成瘾即网络色情成瘾，指沉迷于成人话题的聊天室和网络色情文学。那些在生活中有其他方面成瘾的人更容易陷入其中，而且中年是容易陷入其中的主要年龄段。心理学家杨克说：“网上色情成瘾就像在吸食可卡因一样。”

（二）网络关系成瘾

网络关系成瘾，是指沉溺于通过网上聊天或色情网站结识朋友。网络聊天成瘾是指个体着迷于网络聊天，并且为了消除下网后的烦躁不安而不断延长上网时间，由此获得满足感，致使工作、学习、人际关系甚至就业机会受到影响，虚拟空间的网络聊天室或以网络社群的人际关系取代了现实生活中的亲朋好友。特别是一些有社交障碍的人、失恋者、孤僻的人，更喜欢到互联网上寻找心灵的慰藉。长期上网聊天交友的人，自觉不自觉地“异化”了交往方式：一方面他们是网络交际的高手，与网友侃侃而谈；另一方面他们在现实生活中沉默寡言，封闭内心世界。

（三）网络强迫行为

网络强迫行为，是指以一种难以抵抗的冲动，着迷于在线赌博、网上贸易或者拍卖、购物。互联网在某些方面吸引人的地方就在于它像赌博一样令人着迷。斯金纳（Skinner）通过电子信箱发现了强迫性上网的复杂性。原理即每个人都愿意重复被表扬。人们总是喜欢沉浸于即将胜利的喜悦和期盼之中，这使人们更多地沉醉于上网购物或赌博行为。

（四）信息收集成瘾

信息收集成瘾，是指强迫性地浏览网页以查找和收集信息。因惧怕所拥有的信息不足而不停地上网漫游或搜寻信息。其特征有三：①难以自拔的上网渴望与冲动。②上网后难以脱离网络。③使用网络时，精神较为亢奋。中国互联网络信息中心在对“用户上网最主要目的”的调查中，只有6.2%的人回答是工作需要，而回答获取信息的占到了46.1%，居于该项调查的第一位。但是网络信息种类繁多、数量巨大、质量良莠不齐，让许多人感觉到面对浩瀚如海的信息时常手足无措，变得非常盲目，只能被动地接收。有人曾这样感叹：“我们上网寻找信息，却忽略了探求真正的信息，我们上网浏览的信息虽然比过去多了几十倍，但是能够用得着的信息却只有原来的1/10，而能够记得住的却连几十分之一都不到。”一些常常无节制地上网浏览信息的人，会强迫性地从网上收集和浏览无用的、无关紧要的信息资料。强迫信息收集成瘾的人一般是具有强迫性格缺陷者，互联网带给他们的不再是快捷方便，而是心理上的困惑、痛苦。因此，法国信息专家罗斯奈呼吁，要像节制午餐一样进行“信息节食”。

（五）电子计算机成瘾

电子计算机成瘾，是指不可抑制地长时间痴迷于计算机游戏或计算机程序设计师一再沉迷于各种程序的设计。其中最为典型的是网络游戏成瘾和网络入侵成瘾。

（1）网络游戏是借助于数字、电子、网络、创意、编剧、美工、音乐等先进的道具，对现实生活的虚拟。一些调节机制较差的人会选择逃避压力而躲到虚拟的网络游戏中，暂时忘却了生活中的角色规则。在这里，他们时而是江湖侠客，时而是英勇斗士，时而又是妖怪恶魔。电子游戏类似于赌博，由于游戏的结果总是难以预料，反而让人欲罢不能。另外，一般简单的游戏是每闯过一关就有奖励，轻则是虚拟的网上奖励，重则是实物和满足色欲结合起来的奖励，如让获胜者观看一些色情照片或是让他们获得赌资等。这样的强化手段，对于那些好奇心强、好胜心强的人来说，是极易上瘾的。

（2）网络入侵成瘾最典型的例子就是黑客攻破别人的网站。对于大部分黑客而言，他们攻破网站不是为了金钱，而是为了满足个人的好奇心，获得成就感。目前，黑客技术、黑客程序傻瓜化的特点日益明显，进行一般的黑客活动，并不需要掌握高超的电脑知识，只要借助于各种黑客软件，便可通过网络寻呼偷看他人的资料、潜入他人电脑并篡改资料、攻击别人网络。而黑客软件，不仅能在黑客网页中免费下载，还可以在不法商人处以低价购得。这使得越来越多的中学生快速进入黑客行列。网络入侵成瘾呈现越来越低龄化、普遍化的特点。

四、网络成瘾的特征

网络成瘾是行为成瘾的一种，虽然不具有明确的生物学基础，但与传统的药物成瘾具有类似的特征，主要表现为一种不自主的长期强迫性使用网络的行为。网络成瘾者往往无节制地花费大量时间和精力在互联网上持续聊天、浏览、游戏，以致损害身体健康，并出现各种行为异常、心理障碍、人格障碍、交感神经功能失调。该病的典型表现包括：情绪低落，无愉快感或兴趣丧失，睡眠障碍，生物钟紊乱，饮食下降和体重减轻，精力不足，运动迟缓，自我评价降低，能力下降，思维迟缓，有自杀意念和行为，社会活动减少，大量吸烟、饮酒和滥用药物等。由金伯利・扬（Kimberly Young）概括的主要特征包括以下五条：

（1）突显性。网络成瘾者的思维、情感和行为都被上网这一活动所控制，上网成为其主要活动，在无法上网时会体验到强烈的渴望。

（2）情绪改变。如果停止使用可能会产生激惹、焦躁和紧张等情绪体验。

（3）耐受性。网络成瘾者必须逐渐增加上网时间和投入程度，才能获得以前曾有的满足感。

（4）戒断反应。在不能上网的情况下，网络成瘾者会产生烦躁不安等情绪体验。

（5）冲突。网络成瘾行为会导致网络过度使用者与周围环境的冲突，如与家庭、朋友关系淡漠，工作、学习成绩下降等；网络过度使用者与网络成瘾者其他活动的冲突，如影响学习、工作、社会活动和其他爱好等；网络过度使用者内心对成瘾行为有矛盾心态，意识到过度上网的危害又不愿放弃上网带来的各种精神满足。

五、治疗措施

由于网络成瘾的发生机制较复杂，干预效果的评价工具也各异。总体而言，国内外网络成瘾的治疗方法主要包括心理治疗和药物治疗，必要时可根据情况选择两种手段合用的方法。

（一）心理治疗

对网络成瘾采用心理治疗是目前国内外比较通用和富有成果的方法。目前国内外应用的比较多的心理治疗方法主要包括：认知行为疗法、焦点解决短期疗法、家庭治疗、精神分析疗法、厌恶疗法、系统脱敏疗法、团体心理辅导法、强化干预法（包括奖励和惩罚）、转移注意力法、替代延迟满足法等。

1. 认知行为疗法

认知行为疗法是心理治疗的常用方法。它包括认知治疗和行为治疗两部分，常使患者暴露于刺激之中，挑战上瘾者对网络的不适应性认知，并训练大脑以不同的方式进行思考。在治疗过程中，患者要接受心理医生教给他的观念和行为，并反复加以练习以使大脑得到新的学习，久而久之这种练习就变成患者自发性或习惯性的行为。认知行为疗法包括给患者布置家庭作业，并要严格执行治疗方案。近年来，认知行为疗法已被学者和临床医生用于网络过度使用障碍的治疗中，成为治疗网络过度使用的主要方法。对于这种疗法的研究，美国学者金伯利·扬和加拿大学者戴维斯分别提出了自己的认知行为疗法，这也是最为系统性和理论化的疗法。金伯利·扬认为，由于互联网的社会性功能，因而很难对网络过度使用采取传统的节制式干预模式。在借鉴相关成瘾症的研究和治疗方法的基础上，金伯利·扬提出了自己的认知行为治疗方法，主要分为 8 个步骤，分别是反向实践、外部阻止物、制定目标、节制、提醒卡、个人目标、支持小组和家庭治疗。他主要是从时间控制、认知重组和集体帮助的角度提出的一种方法，强调治疗应该帮助患者建立有效的应对策略，通过适当的帮助体系改变患者上网成瘾的行为。而戴维斯则根据他自己提出的“病态互联网使用的认知—行为模型”，提出了一套系统的治疗网络成瘾的认知行为疗法，他把治疗过程分为 7 个阶段，依次是定向、规则、等级、认知重组、离线社会化、整合和通告。戴维斯的整个治疗过程需要 11 周完成，从第 5 周开始给患者布置家庭作业。这种疗法强调弄清楚患者上网的认知因素，让患者暴露在他们最敏感的刺激面前，挑战他们的不适应认知，逐步训练他们上网的正确思考方式和行为。国内杜亚松报道以学校为基础的小组认知行为治疗对儿童和青少年的网络过度使用有效，尤其在改善成瘾者的情绪状态和行为的自我管理方面。

2. 团体心理辅导法

团体心理辅导法是心理咨询中常用的一种方法，它是由心理咨询者指导，借助团体的力量和各种个体心理咨询理论与技术，就团体成员面对的心理问题与他们共同商讨，提供行为训练的机会，为团体成员提供心理帮助与指导，使每一位团体成员学会自助，以此解决团体成员共同的发展问题或共有的心理障碍，最终实现改善行为和发展人格的目的。这种方法于 20 世纪 90 年代被介绍到我国，近年来，随着越来越多的青少年陷入网络而不能自拔，一些学者如樊富珉、杨彦平、乐国林等将这种方法推广到防治青少年的网络过度使用上来，取得了比较好的效果。网络成瘾的团体心理辅导有一套系统的咨询程序，它包括：团体咨询目标、求询者网络心理障碍的预处理、确定团体的规模与结构、确认团体心理咨询的咨询间隔时间和咨询方式、制订计划和确定团体活动内容、团体心理咨询过程或会面等。对网络成瘾者进行团体心理辅导的目的在于协助网络过度使用者从失序的上网行为与失序的生活中回归秩序与平衡。辅导的目标不是戒除上网，而是合理地上网，有节制地上网，合理安排上网与非上网的时间，可以将网络世界与真实世界加以统合并达到协调与平衡。

3. 其他心理治疗方法

杨放如等（2005）对 52 例 IADS 青少年以焦点解决短期疗法为主并与家庭治疗结合的心理社会综合干预进行治疗，疗程为 3 月，治疗显效率和总有效率分别为 61.54% 和 86.54%，其治疗后的 IADS 诊断问卷评分、上网时间较治疗前均明显下降，情绪和心理功能明显改善。

梁宁建等（2004）研究证明，运用评价性条件反射技术训练，促使网络成瘾者形成新的互联网信息—评价连接，这种新的连接具有较强的可接近性和易变性，使他们更容易从新的角度来提取互联网的相关信息，从而有可能改变成瘾性的网络心理和网络行为。

（二）药物治疗

目前医学界关于药物防治网络过度使用的实践情况看，用于治疗网络过度使用的药物主要为抗抑郁药和情绪稳定药这两大类。根据目前医学界的研究认为：人体内存在一个“奖赏系统”，这个系统的物质基础主要是多巴胺、乙酰胆碱等多种神经递质，它可以起到调控人情绪的作用，使人在短时间内高度兴奋。毒品，如海洛因，通过外源性的物质，提高体内多巴胺等神经递质的含量，使人产生快感；而网络、赌博等行为依赖者是通过内源性物质，导致机体内多巴胺等神经递质的含量增加。采用抗抑郁类药和稳定心情类药则是通过抑制多巴胺等神经递质的产生，减少人的兴奋度，从而起到戒除网瘾的目的。

药物治疗的原则是：先破后立。所谓“破”，就是先使用药物干预，用一定量的东莨菪碱，每天注射 1 次，或隔日注射 1 次，总共用 3~5 次。目的是抑制大脑皮层的过度兴奋，使其在睡眠、休息过程中恢复机体平衡系统，打断患者的强迫上网行为；之后就是“立”，主要应用心理疏导、中医耳针、中药理疗、外出参观旅游等手段。根据各位患者自身的具体情况，总疗程为 10~15 天。

（三）住院隔离治疗

对于网络成瘾较重者，已出现心理障碍、精神症状及人格改变的患者，可在他们的亲戚、朋友的帮助下将其与电脑完全隔离一段时间，必要时需要住院隔离治疗。住院治疗是以个体化、综合性为特点的多学科合作的治疗模式，是个体化、分阶段、全方位的治疗。个体化治疗主要是根据每个患者所处年龄阶段的心理特点、受教育程度、成长背景、家庭环境来制订个体化的治疗方案。分阶段主要是根据患者住院期间分别处于适应期、恢复期、巩固期的不同阶段逐步进行心理及药物的治疗。全方位治疗是指包括心理、药物及物理治疗在内，与学校、家庭、社会教育紧密结合，使患者重新树立正确的人生观、价值观和世界观的治疗。

六、防控对策

对大学生网络成瘾问题要未雨绸缪，贯彻预防为主的方针。要预防大学生网络成瘾综合症的发生，需要社会、学校、家庭多方面的努力和配合。主要包括如下方面：社会治理；学校教育；家庭关怀。

（一）社会治理

（1）建设大学生网站。可建立开发专门为大学生服务的网站，通过服务来吸引大学生。这种网站的特色应旗帜鲜明、积极向上。如果能很好地利用现有网站，就可以有效地整合网络资源，节约教育成本，增强教育成效。

(2) 在网络上宣传中华民族的优秀文化。继承和发扬中华民族上下五千年的优秀文化，取其精华，去其糟粕，是我们对青少年的要求。互联网是一个多种文化相互冲突与整合的世界，我们既要引导大学生正确利用人类社会的优秀文化成果，又要增强大学生的免疫力，消除网络上西方意识形态的无形渗透，这是网络时代学生工作者的一个重要任务。

(3) 构建网络伦理的理论和实践规范体系。网络伦理是在计算机信息网络专门领域调节人与人、人与社会特殊利益关系的道德价值观念和行为规范。大学生的网络道德源于社会生活中的道德体系，又有别于现实道德。我们应加强对网络伦理规范的研究和探讨，明确各种网络主体之间的权利、义务和责任，以及网络道德的基本原则，构建和规范网络伦理，为大学生进入网络社会创造一个良好的道德环境。

(4) 推动网络立法工作。应修改和完善现行法律中关于计算机犯罪的惩治条款，推动网络立法工作。同时必须加强大学生的网络法制教育，帮助大学生形成正确的价值判断能力。

(5) 构建家庭、学校、社会互动的教育网络系统。就家庭而言，家长应熟悉电脑和网络，了解孩子经常访问的网站和上网习惯，用成年人的经验帮助孩子离开网上垃圾；就学校而言，应建立一支能适应网络时代教育需要的教育者队伍；从社会来看，应加强对网络从业人员的管理和培训，建立完善的社会监督机制。只有三者共同努力，有机结合才能从根本上预防网络成瘾的发生。

(二) 学校教育

必须从根本入手，从培养大学生良好的心理素质和健全人格入手。以良好的思想素质、政治素质、道德素质和心理素质为总体目标要求的思想政治教育必须在这一问题上发挥作用。

(1) 调整教育目标。要努力建构建立在尊重学生个性发展要求之上的包括思想素质、政治素质、道德素质、心理素质和审美素质等在内的综合目标体系；其中尊重和满足学生的人格发展要求，培养健全人格是基础和核心。

(2) 改革教育内容。加大人生观教育力度；强化生命教育；填补挫折教育和悲伤教育的空白；加强责任意识教育。

(3) 优化心理环境。大力开展校园文化建设；努力建设和谐的人际关系；培养大学生社会交往能力；培养大学生的成功意识；教会大学生自我调节的方法和技巧。

(三) 家庭关怀

(1) 建立良好的亲子关系。父母在孩子的成长过程中始终处于一个非常重要的位置，亲子沟通质量的好坏，往往决定着孩子成长的道路。良好的亲子关系有助于培养孩子健全的人格和良好的社会适应能力。

(2) 建立科学的父母养育方式。研究表明大学生网络成瘾和家庭教育方式密切相关，父母养育方式影响孩子的人格形成。

(3) 完善家庭功能和社会支持。研究发现网络成瘾学生在成长过程中常常出现“父亲功能”缺失或不足的现象，网络成瘾大学生体验到的社会支持较低。所以，尽可能地改善家庭关系，完善家庭功能，提高其他社会角色（如学校、政府等）对这部分大学生的支持力度，对于预防大学生网络成瘾的发生是有益的。

网络是一个虚幻的世界，它可以是你学习的良师益友，帮你摆脱困扰，给你带来方便。但如果一味地沉溺于其中，甚至达到了废寝忘食的境界，必然会产生一定的负面影响。我们不能为网络所左右，而应做网络世界的主人，做自己的主人。相信在全社会及全体师生们的共同努力下，一种全新的、文明的网络文化将活跃在大学校园这片沃土上。

思考题

1. 什么是成瘾性行为？成瘾性行为的形成经历了哪几个阶段？
2. 吸烟有哪些危害？对吸烟有哪些防控措施？
3. 酗酒有哪些危害？对酗酒有哪些防控措施？
4. 吸毒有哪些危害？对吸毒有哪些防控措施？
5. 什么是网络成瘾？有哪些类型？怎样预防网络成瘾？

第八章　慢性非传染性疾病的防控

高血压病、糖尿病、冠心病、中风、恶性肿瘤、骨质疏松症、肥胖等已经成为我国常见的具有代表性的慢性非传染性疾病。高血压病是我国最常见的心血管疾病，它不仅患病率高，常引起严重的心、脑、肾的并发病，而且是脑卒中、冠心病的主要危险因素。糖尿病是常见的内分泌代谢性疾病，其病因和发病机理至今未完全明了。糖尿病的发病率正逐年上升。在我国，开展糖尿病健康教育非常重要，也很有必要。痛风这类长期代谢障碍引起的疾病，随着目前国内饮食结构的改变、人口老龄化的加速，发病率有逐年增高的趋势。冠心病和恶性肿瘤近年来发展的形势更加迅猛。

当然，以上疾病从发生、发展直到危及生命，有一个漫长的过程。根据现有研究证明，从患病因素来看，有些从青少年时代就已经开始。如果我们对以上疾病早有一定的认识，并且在日常生活中注意加强自我保健，那么以上疾病发生的可能性就会降低甚至为零。这将使你在整个人生历程中充满朝气，精神饱满地工作学习，生活得更加幸福快乐!

第一节　高血压病的危险因素及预防

高血压是一种特殊的疾病，它不同于心脏病、肾病等个别器官或呼吸、消化等系统的疾病，只是侵犯某一个器官或某一个系统；也不同于有明确的疾病过程的癌症或关节炎等疾病。高血压不论其来源如何，最终整个身体和几乎所有器官都会受到牵累。最初的反应有内分泌和神经系统的症状，而且，心、脑、肾迟早都会受到侵犯。所以说，高血压几乎和每个器官都有关系。近百年来，对高血压的研究使基础生物学、临床医学、流行病学和公共卫生计划的专家走到了一起。从分子生物学的角度，有关高血压和动脉粥样硬化的研究取得一些重大突破，但我们对于造成血管可逆性与不可逆性结构变化与重塑的原因还了解甚少，高血压病仍然在肆意威胁着人类健康。

一、高血压病的概念

高血压是最常见的慢性病，也是心脑血管病最主要的危险因素，脑卒中、心肌梗死、心力衰竭及慢性肾脏病是其主要并发症。国内外的实践证明，高血压是可以预防和控制的疾病。降低高血压患者的血压水平，可明显减少脑卒中及心脏病事件的发生，显著改善患者的生存质量，有效降低疾病负担。

高血压的危害性除与患者的血压水平相关外，还取决于同时存在的其他心血管病危险因素、靶器官损伤以及合并的其他疾病的情况。血压高的患者不能简单说为高血压病，因为高血压可分为两大类：

（1）原发性高血压（即高血压病）。原发性高血压病因不明，是以血压高为主要表现。多数患者无症状，少数有头昏、头痛、眼花及肢端麻木等症状，这类患者约占高血压的95%。

（2）继发性高血压。它是由某些疾病如肾脏疾病、内分泌病、嗜铬细胞瘤、主动脉狭窄等引起的血压增高的现象。血压增高，是这些疾病的症状之一。

一般说来，很难在正常血压和高血压之间划一明显界限。因此在高血压的定义与分类中，将高血压的诊断标准定在收缩压大于或等于140mmHg和（或）舒张压大于或等于90mmHg，根据血压水平分为正常、正常高值血压和1、2、3级高血压之外（见表8-1）。以上分类不分男女，适用于18岁以上任何年龄的成人。

表8-1　　血压水平分类

分类	收缩压（mmHg）	舒张压（mmHg）
正常血压	<120 和	<80
正常高值	120-139 和/或	80-89
高血压	≥140 和/或	≥90
1级高血压（轻度）	140-159 和/或	90-99
2级高血压（中度）	160-179 和/或	100-109
3级高血压（重度）	≥180 和/或	≥110
单纯收缩期高血压	≥140 和	<9

二、高血压病的危险因素及临床分型

继发性高血压有明确的病因，而原发性高血压的病因还不十分明确。研究证明，这是一种多因素疾病。它与遗传、职业、社会环境、生活变故、心理冲突、食盐摄入量较高、肥胖、摄入某些营养成分等有关。我国流行病的调查显示：高血压病发病率，城市高于农村，北方高于南方；女性在绝经期前低于男性，在绝经期后高于男性。在高血压的发生中，除上述受到广泛注意的因素外，还可能与饮酒过多、吸烟过多、低钾摄入、身体内镁减少以及有血管扩张作用激肽释放酶——激肽系统和前列腺素代谢异常等有关。此外，如果父母均有高血压病，其子女患高血压病的几率可能比父母均无高血压者高4~5倍，说明高血压病与遗传基因的缺陷有关。

高血压在我国是一种常见病。动脉血压会随年龄增加而升高，同时心血管病的死亡率和危险性也会随着血压水平的升高而逐渐增加。据调查，我国高血压患病率为3%~9%，主要出现在40岁以后的中老年人中。20~25岁的青年人的发病率为1%~3%。近年来各种杂志均有报导，青年人的高血压病患病率有明显增高的趋势。

高血压属于身心疾病，是一种慢性进行性疾病。未经治疗的高血压的自然进程平均为20年，前15年为无明显并发症，后5年常因并发症而死亡。高血压病根据症状进展缓急，可分为缓进型高血压病和高血压急症。

（一）缓进型高血压病

缓进型高血压病的病程进展缓慢，早期多数患者无症状，仅在体格检查时发现。随着病理的延长和发展，有些患者会出现头痛、头晕、耳鸣、眼花、健忘、失眠、心悸等症状，病程可达20~30年，甚至更长的时间。

（二）高血压急症

部分高血压患者，可在短期内（数小时至几天）发生血压急剧升高，并伴有心脑肾脏功能障碍。高血压急症根据临床表现可分为：

（1）恶性高血压。3%~4%的中度、重度高血压患者可发展为恶性高血压。恶性高血压主要表现为血压明显升高，舒张压大于130mmHg，眼底淤血、渗出，乳头水肿（Ⅳ级），肾功能不全，可有心、脑功能障碍。

（2）高血压危象。患者在短期内血压明显升高，并出现头痛、烦躁、心悸、多汗、恶心、呕吐、脸色苍白或潮红、视力模糊等症状；收缩压可高达260mmHg，舒张压达到120mmHg以上。

（3）高血压脑病。患者出现严重头痛、呕吐、神志改变。较轻者出现烦躁、意识模糊，严重者可发生抽搐、癫痫间隙性发作、昏迷等。

三、高血压病的预防

高血压病虽然是中老年人的常见病，但是在青少年时期就已潜伏着危机。对高血压病的预防，必须从青少年时期抓起，特别是肥胖、超重或有高血压家族病史者，应随时注意他们的心理卫生、生活习惯、膳食结构等。表8-2为防治高血压的生活干预表。

表8-2　　防治高血压的生活干预

措　施	目　标
减重	减少热量摄人，膳食平衡，增加运动，BMI保持在20~24。
膳食限盐	北方首先将每人每日平均食盐量降至8克，以后再降至6克；南方可控制在6克以下。
减少膳食脂肪	总脂肪小于总热量的30%，饱和脂肪少于10%。增加新鲜蔬菜，每日400~500克，水果100克，肉类50~100克，鱼虾类50克，蛋类每周3~4个，奶类每日250克，食油每日20~25克，少吃糖类和甜食。
增加及保持适当的体力活动	如运动后自我感觉良好，且保持理想体重，则表明运动量和运动方式合适。
保持乐观心态和提高应激能力	通过宣教和咨询，提高人群自我防病能力。提倡选择适合个体的体育、绘画等文化活动，增加老年人社交机会，提高生活质量。
戒烟、限酒	不吸烟，限酒，男性嗜酒者每日饮酒的酒精含量少于20~30克，女性少于15~20克，孕妇不饮酒。

（1）减少钠盐摄入。钠盐可显著升高血压以及高血压的发病风险，而钾盐则可对抗钠盐升高血压的作用。我国各地居民的钠盐摄入量均显著高于目前世界卫生组织推荐的每日应少于6克，而钾盐摄入则严重不足。因此，所有高血压患者均应采取各种措施，尽可能减少钠盐的摄入量，并增加食物中钾盐的摄入量。

（2）控制体重。超重和肥胖是导致血压升高的重要原因之一，而以腹部脂肪堆积为典型特征的中心性肥胖还会进一步增加高血压等心血管与代谢性疾病的风险，适当降低升高的体重，减少体内脂肪含量，可显著降低血压。

衡量超重和肥胖最简便和常用的生理测量指标是体质指数，成年人正常体质指数为18.5~23.9千克/平方米。最有效的减重措施是控制能量摄入和增加体力活动。

（3）不吸烟 。吸烟是一种不健康行为，是心血管病和癌症的主要诱因之一。被动吸烟也会显著增加心血管疾病危险。吸烟可导致血管内皮损害，显著增加高血压患者出现动脉粥样硬化性疾病的风险。戒烟的益处十分明显，而且任何年龄戒烟均能获益。

（4）限制饮酒。长期大量饮酒可导致血压升高，限制饮酒量则可显著降低高血压的发病风险。男性每日酒精摄入量不应超过25克；女性不应超过15克。不提倡高血压患者饮酒，如需饮酒，则应少量。白酒、葡萄酒（或米酒）与啤酒的量应分别少于50毫升、100毫升、300毫升。

（5）体育运动。一般的体力活动可增加能量消耗，对健康十分有益。而定期的体育锻炼则可产生重要的治疗作用，可降低血压、改善糖代谢等。因此，建议每天应进行30分钟左右的适当体力活动；每周应有1次以上的有氧体育锻炼，如步行、慢跑、骑车、游泳、做健美操、跳舞和非比赛性划船等。

（6）减轻精神压力，保持心理平衡。心理或精神压力会引起心理应激（反应），即人体对环境中心理和生理因素的刺激作出的反应。长期、过量的心理反应，尤其是负性的心理反应会显著增加心血管患病风险。应采取各种措施，帮助患者预防和缓解精神压力以及纠正和治疗病态心理，必要时建议患者寻求专业心理辅导或治疗。

四、高血压的药物治疗

1. 高血压药物治疗的目的

对高血压患者实施降压药物治疗包括：通过降低血压，有效预防或延迟脑卒中、心肌梗死、心力衰竭、肾功能不全等心脑血管并发症的发生；有效控制高血压的疾病进程，预防高血压急症、亚急症等重症高血压发生。

2. 降压达标的方式

将血压降低到目标水平（140/90 mmHg）以下；高风险患者的血压降到130/80 mmHg以下；将老年人的收缩压降到150 mmHg以下。这样可以显著降低心脑血管并发症的风险。

应及时将血压降低到目标血压水平，但并非越快越好。对于大多数高血压患者，应根据其病情在数周至数月内（而非数天）将血压逐渐降至目标水平。年轻、病程较短的高血压患者，降压速度可快一点；年老、病程较长、已有靶器官损害或并发症的患者，降压速度则应慢一点。

3. 降压药物治疗的时机

高危、很高危或3级高血压患者，应立即开始降压药物治疗。确诊的2级高血压患者，应考虑开始药物治疗；1级高血压患者，可在进行生活方式干预数周后，血压仍大于等于140/90 mmHg时，再开始降压药物治疗。

4. 降压药物应用的基本原则

降压治疗药物应用应遵循以下4项原则，即小剂量开始、优先选择长效制剂、联合用药及个体化。

(1) 小剂量开始。初始治疗时通常应采用较小的有效治疗剂量，并根据需要，逐步增加剂量。

(2) 优先选择长效制剂。尽可能使用一天一次给药而有持续24小时降压作用的长效药物，以有效控制夜间血压与晨峰血压，更能有效预防心脑血管并发症的发生。

(3) 联合用药。为增加降压效果而又不增加不良反应，在低剂量单药治疗疗效不佳时，可以采用两种或多种降压药物联合治疗的方法。事实上，对于2级以上高血压患者，为达到目标血压，常需联合治疗。对血压大于等于160/100mmHg或中危及以上患者，起始即可采用小剂量的两种药联合治疗，或用小剂量固定复方制剂。

(4) 个体化。根据患者具体情况和耐受性及个人意愿或长期承受能力，选择适合患者的降压药物。

第二节　糖尿病的危险因素及预防

随着人民生活水平的提高及饮食结构的改变，近年来糖尿病发病率逐年上升，成为继心血管、肿瘤之后排在第三位的严重危害人民健康的非传染性疾病。印度、中国、美国是糖尿病患者最多的三个国家。2008年，我国糖尿病患者已经超过了6 000万，而糖耐量异常者也接近6 000万，20岁以上成年人的糖尿病患病率约为9.7%。这与人口的老龄化、平均寿命的延长、城市化倾向以及患者自身遗传基因和生活方式等因素有关。

一、糖尿病的概念

糖尿病是一种由于胰岛素分泌缺陷或胰岛素作用障碍所致的以高血糖为特征的代谢性疾病。持续高血糖与长期代谢紊乱等可导致全身组织器官，特别是眼、肾、心血管及神经系统的损害及其功能障碍和衰竭。严重者可引起失水、电解质紊乱和酸碱平衡失调等急性并发症，以及酮症酸中毒和高渗昏迷。

1999年WHO提出了以空腹血糖大于等于7.0 mmol/L作为糖尿病新的诊断标准。空腹状态指至少8小时没有摄入热量。一些研究显示：等于或超过这个新的空腹血糖浓度的患者有伴发小血管和大血管疾病的危险性，而餐后2小时血糖大于等于11.1 mmol/L的人也有大血管病变增加的危险。

二、糖尿病的分型

（一）Ⅰ型糖尿病

Ⅰ型糖尿病主要是指因胰岛 B 细胞被破坏或功能丧失而使胰岛素生成减少所致的糖尿病，包括近年来描述的自身免疫过程导致的胰岛 B 细胞破坏（分为缓慢和急性发病）类型，也包括原因和发病机制不明的（特发的）类型。Ⅰ型糖尿病不包括那些已阐明特殊病因所致的胰岛 B 细胞破坏或衰竭（如囊性纤维化）的情况。

（二）Ⅱ型糖尿病

Ⅱ型糖尿病是指以胰岛素抵抗为主，伴有胰岛素分泌不足；或者以胰岛素分泌不足为主，伴有胰岛素抵抗所致的糖尿病。

（三）妊娠期糖尿病（特异型）

妊娠期糖尿病是指在怀孕期间发现或发病，由糖耐量异常引起的糖尿病。

三、临床表现

1. 典型症状

“三多一少”症状，即多尿、多饮、多食和消瘦（体重减少）。

2. 不典型症状

一些Ⅱ型糖尿病患者的症状不典型，仅有头昏、乏力等，甚至无症状。有的患者发病早期或糖尿病发病前阶段，可出现午餐或晚餐前低血糖症状。

3. 急性并发症的表现

在应激等情况下病情加重，可出现食欲减退、恶心、呕吐、腹痛、多尿加重，头晕、嗜睡、视物模糊、呼吸困难、昏迷等。

4. 慢性并发症的主要表现

（1）糖尿病视网膜病变。判断其方法为：有无视力下降以及下降的程度和时间；是否检查过眼底或眼底荧光造影；是否接受过视网膜光凝治疗。

（2）糖尿病性肾病。判断其方法为：有无浮肿、尿中泡沫增多或者蛋白尿。

（3）糖尿病神经病变。其表现为：四肢皮肤感觉异常，如麻木、针刺、蚁走感、足底踩棉花感；腹泻和便秘交替，尿潴留；半身出汗或时有大汗；性功能障碍。

（4）反复的感染。其表现为：反复的皮肤感染，长疖、痈，经久不愈的小腿和足部溃疡；反复发生的泌尿系感染；发展迅速的肺结核；女性外阴时常瘙痒。

四、糖尿病的危险因素

（1）生活方式的改变。由于经济的发展、物质的丰富，人们的饮食热量增加、糖类摄入增加、脂肪摄入量增加；交通工具的便利使体力活动减少，出现“上楼坐电梯，出门就打的，整天看电视，少动多休息”的不良生活习惯。

（2）遗传因素。胰岛 H 细胞功能基因异常，胰岛素受体基因异常；其他遗传病有时伴有糖尿病，如 Down 综合征、Friedreich 共济失调。

（3）胰岛素抵抗、胰腺外分泌疾病和内分泌疾病（柯兴氏病、肢端肥大症）。

（4）糖尿病的患病率随年龄的增长而上升，超重和肥胖者尤其明显。

（5）药物或化学制剂所致，如烟草。

（6）感染，如先天性风疹及巨细胞病毒感染等。

（7）非常见型免疫调节糖尿病，如胰岛素自身免疫综合征。

（8）糖耐量减低，脂肪代谢紊乱，尤其是高甘油三酯血症。

（9）糖尿病的防治教育工作深度和普及不够，人民群众自我防治糖尿病的意识和知识欠缺。

五、糖尿病的预防

糖尿病是一种可防可治之病，一般从餐后血糖升高到确诊为糖尿病需要 7 年左右的时间。最初的餐后血糖升高往往不用治疗，只要改变饮食习惯和生活方式就可使血糖恢复正常。虽然现代医学水平可使糖尿病患者不因糖尿病致残或早亡，但治愈还是很困难的。因此，预防仍然是最关键的。

（1）知识预防。接受健康教育，学习糖尿病知识。既要知晓家庭有无糖尿病史，又要知晓防治措施，还要经常检测自己的血糖水平。

（2）饮食预防。进食要留有余地，不可一味满足食欲，七八成饱即可。饮食尽量清淡、低脂、低糖，多吃鱼肉、瓜菜、黑木耳、蒜、茶等。减少脂肪的摄入量，增加膳食纤维，防止肥胖和高脂血症等诱发因素的形成。有肥胖危险因素者后注意体重、腰围、腰围与臀围比值的控制。

（3）运动预防。运动可以减少脂肪组织和增加细胞对胰岛素的敏感性，降低患非依赖胰岛素糖尿病的危险。适当锻炼还可增强心肺功能，降低血黏稠度。经常参加锻炼的人比不参加运动的人随年龄增长发生糖尿病的几率要低 20%。何谓“勤”？专家认为，那种一周爬一次山、两周游一次泳的间断式锻炼实际上起不到什么作用，年轻人应经常参加“出点汗、喘点气”的运动，最好每次半小时，每周至少 5 次。

（4）心理预防。避免精神创伤，提高心理应激能力，从而保证胰岛素的正常分泌。

（5）戒烟限酒，保证睡眠。血黏稠度增高者必须戒烟，因为吸烟可使血管收缩、血液黏稠度增加。

六、糖尿病的治疗

（1）掌握饮食治疗的具体措施。

（2）学会血糖和尿糖测定。

（3）明确使用降糖药的注意事项。

（4）学会胰岛素注射技术。

（5）讲究个人卫生，预防各种感染。

（6）饮食治疗。饮食总热量和营养成分必须适应生理需要，进餐定时定量，以利血糖水平的控制。

（7）口服降血糖药治疗。降血糖药包括：胰岛素，分为短效、中效和长效三类制剂；口服降血糖药，如磺脲类、双胍类药；新近临床应用的糖苷水解酶抑制剂，如被称为第三代口服降糖药的阿卡波糖；国内开发的降糖中成药。

第三节　冠心病的危险因素及预防

由于冠状动脉粥样硬化，使心肌的血液供应发生障碍而引起的心脏病，被称为冠状动脉粥样硬化性心脏病，简称冠心病。冠心病是威胁人类健康的最严重的疾病之一。有资料记载，全世界冠心病的发病率和死亡率最高的国家是美国和芬兰。美国每年死于冠心病的人约70万，其中约有35万为冠心病猝死者。在美国死亡总人口中，1/3是因冠心病而死。在芬兰，冠心病的发病率和死亡率居全世界之首，约1/3的死亡人口属冠心病猝死者。在日本，冠心病成倍地增长，20世纪50年代为1‰，60年代上升到2‰，70年代达到4‰，80年代高达7‰。我国20世纪70年代的冠心病死亡率约为3‰，80年代已达6‰。调查表明，冠心病患者中，男性多于女性，城镇居民多于农村人口，脑力劳动者明显多于体力劳动者。近年来，随着人们生活水平的提高，冠心病的发病率呈直线上升趋势。我国的冠心病平均患病率约为6.5%。冠心病越来越成为全世界的一大公害。

冠心病是由于供应心脏血液的血管——冠状动脉发生了粥样硬化改变而导致的疾病。动脉粥样硬化的原因至今尚未清楚。粥样硬化的斑块堆积在冠状动脉内膜上，并越积越多，会使冠状动脉管腔严重狭窄甚至闭塞，导致心肌的血流量减少，供氧不足，使心脏的正常活动受到不同程度的影响而产生一系列缺血性表现，如胸闷、憋气、心绞痛等。粥样斑块可发生软化、坏死，并在内膜表面形成溃疡，易致血栓形成，严重者可致血管完全闭塞，导致心肌梗死甚至猝死。

冠状动脉虽然发生了粥样硬化，但粥样斑块引起的管腔轻度及中度狭窄（<50%）还不足以使心肌缺血缺氧，患者也无症状，各种心脏负荷试验检查也未显示心肌有缺血缺氧表现，只能认为患者为冠状动脉硬化而并非冠心病。当冠状动脉血管管腔重度狭窄（50%~77%）时，对心肌供血的能力明显降低，造成心肌缺血缺氧，才能称为冠心病。

一、冠心病的分型

根据WHO的分型标准，冠心病可分为以下三种类型。

（一）心绞痛

心绞痛是心肌急剧的、暂时的缺血与缺氧所引起的临床综合征。有发作性胸骨后疼痛，多为压榨性、窒息性或闷胀感，每次发作1~5分钟，偶尔可持续15分钟之久，迫使患者立即停止活动。

（二）心肌梗死

心肌梗死是由于冠状动脉急性闭塞，使部分心肌因严重持久的缺血而发生局部坏死。心肌梗死大多数由冠状动脉粥样硬化引起，在动脉粥样硬化性狭窄的基础上，病变部位产生溃疡形成血栓，或动脉内膜下出血造成管腔阻塞。发生心肌梗死的患者，早期有剧烈的胸痛，性质与心绞痛相同但更严重，患者常有烦躁不安、恐惧和濒死感。发病后可迅速出现休克、急性心功能不全、发热、恶心、呕吐、意识障碍、严重心律失常等症状。

（三）猝死

猝死是指突然发生心脏骤停而死亡。长期心肌缺血、营养障碍，以致心肌萎缩，或大片或多次小灶心肌梗死后瘢痕形成，心肌细胞逐渐减少，纤维结缔组织增多，形成心肌纤维化是导致猝死的主要原因。但近半数患者生前无症状。猝死多为缺血心肌局部发生电生理紊乱、严重心律失常所致。

二、冠心病的危险因素

1. 高血压

冠心病的主要危险因素是高血压。流行病学资料说明：高血压合并冠心病患者较血压正常的冠心病患者高 2~4 倍，我国 70%以上冠心病患者合并高血压。高血压易于诱发冠心病主要有两方面的原因：一是血压与冠状动脉粥样硬化和血清胆固醇相关。高血压病时，血流对动脉壁的侧压加大，血中脂质易侵入动脉壁；血管张力增加、引起动脉内膜过度牵拉及弹力纤维断裂，造成内膜损伤，血栓形成；动脉壁内毛细血管破裂，造成内膜下出血，血栓形成引起内膜纤维组织减少，最终导致动脉粥样硬化。二是高血压病患者的高级神经中枢活动障碍，神经内分泌紊乱，心血管系统对肾上腺素、儿茶酚胺等的敏感性会增加。这既是高血压的发病因素，也是动脉粥样硬化的重要因素。

2. 高脂血症

正常人空腹时血脂及蛋白含量为：总胆固醇 3. 9mmol/L~5. 7mmol/L，其中胆固醇脂占 70%左右；甘油三酯 0. 6mmol/L~0. 7mmol/L。当空腹时血浆中胆固醇或甘油三酯浓度超过正常上限，即可诊断为高脂血症。此外，由于血脂是与血浆蛋白结合、以脂蛋白的形式运输的，所以，高脂蛋白血症也意味着高脂血症。高脂血症可最终导致粥样硬化斑块形成，并发展成冠心病。

3. 吸烟

吸烟与冠心病有明显联系。一支卷烟中含焦油 40 毫克、尼古丁 3 毫克、一氧化碳 30 毫克。尼古丁可反复过度刺激血管、心脏；一氧化碳会部分取代血液中的氧，从而妨碍心脏氧的供应。卷烟中的这些物质的危害性都极大，最终会损坏冠状动脉内壁，使之易为堆积胆固醇及其碎片，使血管通道变窄，导致冠心病。

4. 糖尿病

糖尿病患者由于血脂高、血糖高、血液浓度高，容易并发动脉粥样硬化。糖尿病患者患冠心病的概率是非糖尿病患者患冠心病概率的3倍左右。

5. 饮食习惯的改变

饮食与冠心病发生呈正相关。调查表明，总热量、总脂肪，特别是饱和脂肪酸、胆固醇、糖和盐的摄入量过多容易导致冠心病。美国、芬兰等国的国民饮食中有大量的脂肪且主要是动物脂肪，占供给总热量的45%~50%，导致血液中的脂质增高。

6. 水质硬度改变

水质硬度下降的城镇，冠心病患者的死亡率会随之上升。研究表明：微量元素铬、锰、锌、钒等有利于糖和脂质的代谢，而铝、镉、钴等可促使动脉粥样硬化形成。

7. 精神因素

精神因素通过神经内分泌系统作用于心血管。当人们精神紧张或激动、发怒时，会使肾上腺系统紧张度上升、血中的儿茶酚胺和皮质醇激素水平升高。儿茶酚胺作用于心脏，使心跳加快、收缩力加强、心肌耗氧量增加；当冠状动脉已出现狭窄时，可造成心肌缺血、缺氧加剧，引发心绞痛甚至心肌梗死。

反复长期的精神紧张可使小动脉持续收缩，造成动脉管壁变性增厚、管腔狭窄、血压持续升高；同时，可以导致高脂血症。

8. 性别、性格、种族，特别是遗传与冠心病也有密切关系

父母均患冠心病的后代比父母均无冠心病的后代发病率要高4倍以上。

三、冠心病的预防

冠心病患者多见于中老年人，但并不意味着青少年不发病。事实上，动脉粥样硬化起病隐袭，幼年即可发病。有的冠心病患者临床上无自觉症状，而在心电图中有心肌供血不足表现，特别是增加心脏负荷后做心电图表现明显。对没有冠心病的人群进行健康教育的主要内容为：

(1) 控制血压，采用高血压的预防措施。

(2) 合理饮食结构及热量摄入，避免超重；防治高脂血症，降低人体血脂水平。当然，合理饮食结构并不意味着减少进食的数量和降低进食的质量，而应联系热量的消耗情况，如果日常中热量消耗大，冠心病也不易形成。

(3) 戒烟和尽量少饮酒，特别是烈性酒。

(4) 注意饮水卫生，适量饮用硬水。

(5) 避免长期精神紧张、情绪激动。

(6) 避免突然受寒冷刺激和饱餐、过分劳累. 从事繁重的体力劳动等。

(7) 积极参加体育锻炼。生命在于运动，特别是长期坚持有氧运动。

(8) 积极治疗糖尿病。

四、冠心病的治疗

治疗原则是控制其发展和防止并发症，使身体更好地康复。

(一) 心绞痛的治疗

发作时立即休息，一般患者在停止活动后症状可消除。舌下含硝酸甘油0.3~0.6

毫克，1~2 分钟疼痛可消失；或用亚硝酸异戊酯 0.2 毫克吸入，作用短而快。这两种药可能产生头胀、头痛、头部搏动感等副作用。针刺对减轻心绞痛也有一定疗效。预防复发，避免各种诱发因素，服用作用时间较长的血管扩张剂或选用抑制甲状腺功能药物来减轻心脏负担。

（二）心肌梗死的治疗

一般治疗：立即送重症监护室。最初 2 周绝对卧床休息，第 3~4 周后开始在床上做四肢活动或室内活动。病情严重者卧床时间应延长。镇痛，解除疼痛能减少氧消耗及休克发生。轻者可给可待因 0.03~0.06 克，口服或口含冠心苏合丸；重者需用杜冷丁 50~100 毫克进行肌肉注射或吗啡 5~10 毫克进行皮下注射，必要时可每 4~6 小时重复使用。吸氧，最初 2~3 天内间断或持续吸氧，以后按情况决定。饮食宜少渣、易消化、低盐，适当限制液体摄入，大便要畅通，便秘可用缓泻剂。

补液与极化疗法：可以补充容量及通过静脉途径给药。复方丹参注射液 8~16 克加入低分子右旋糖酐 250~500 毫升，采取静脉滴注，可改善冠状动脉循环，缓解疼痛。此外可用极化疗法，促使心肌细胞膜极化状态恢复，以利心脏正常收缩。

（三）对症治疗

抗凝疗法：应用抗凝剂的目的在于防止冠状动脉内血栓进一步发展，并预防心室壁、下肢静脉及脑动脉血栓的形成。近年来，不少学者认为长期小剂量服用阿司匹林能有效地防止血小板凝聚状态，从而预防冠心病和急性心肌梗死的发生。

恢复期的处理：若无并发症，可逐渐增加活动量，逐步有规律地工作和生活。

（四）猝死的急救

猝死型冠心病以隆冬为好发季节，患者年龄多不太大，在家、工作单位或公共场所突然发病，心脏骤停而迅速死亡。由于猝死可能随时随地发生，因此普及心脏复苏抢救知识十分必要，一旦发现，立即抢救。对有可能演变为心脏骤停的心律失常要及时发现，及时选用抗心律失常药或用 β 受体阻滞剂等处理，对预防猝死的发生有帮助。

近 20 年来，冠心病的诊断和治疗取得了明显的进步，如冠脉造影的使用、冠脉搭桥、在狭窄部分安放支架、对于窦房病态综合征安装起搏器等，降低了死亡率，使许多冠心病患者存活时间大大延长，但是这些治疗方法的费用较高。

第四节　脑卒中的危险因素及预防

脑卒中又称中风，以突然晕倒、不省人事，伴口角歪斜、语言不利、半身不遂，或仅以口歪、半身不遂为临床主症的疾病。男性的脑卒中发病率高于女性。脑卒中发病率、患病率和死亡率随年龄增长而增加，75 岁以上者发病率是 45~54 岁组的 5~8 倍，寒冷季节发病率明显增高，我国北方高于南方、西部高于东部。脑卒中包括缺血性与出血性两大类，有脑梗死、脑出血、蛛网膜下腔出血等。

一、我国脑卒中的趋势

随着我国国民经济的快速发展、人们生活条件和生活方式的明显改变，加之迅速到来的人口老龄化，导致国民的疾病谱、死亡谱发生了很大的变化。目前脑血管病已成为危害我国中老年人身体健康和生命的主要疾病。据卫生部统计中心发布的人群监测资料显示，无论是城市或农村，脑血管病近年在全死因顺位中都呈现明显前移的趋势。城市居民脑血管病死亡已上升至第一、二位，农村地区在20世纪90年代初脑血管病死亡列第三位，90年代后期升至第二位。

与西方发达国家相比，我国脑血管病的发病率和死亡率大大高于心血管疾病，原因尚不十分明确。值得引起重视的是当前我国高血压患者的数量正在快速递增，且多数患者的血压控制不理想，这可能是导致脑血管病高发的最主要原因。此外，人口老龄化的进程加速也是一个重要的因素。预计到2030年，我国60岁以上的人口将达到3亿以上，而脑血管疾病首次发病者约有2/3是60岁以上的老年人口。另一个不容忽视的原因是很多人由于缺乏科学的防病保健知识，养成了不健康的生活方式。因此，预计脑血管疾病患者的数量近期在我国还会继续上升，脑血管疾病造成的危害也将日趋严重。所以，进一步加大防治力度，尽快降低脑卒中的发病率和死亡率，已成为一项刻不容缓的任务。

二、脑卒中的危害

脑血管病已成为危害我国中老年人身体健康和生命的主要疾病，是一种高发病率、高死亡率、高致残率、高复发率的“四高”疾病。据流行病学调查结果显示，我国脑血管病的年发病率平均约为180/10万人口，年死亡率约为120/10万人口。以此推算，全国每年新发病例至少在200万人以上，每年死亡最低也要超过150万人。脑血管病更为可怕的是它的高致残率，这一点要超过癌症、心脏病等任何疾病的危害。我国存活的脑卒中患者约有600万~700万，但其中3/4都留有不同程度的后遗症，重度致残者约占40%以上。患者一旦得病，或生命不保，或瘫痪在床，非但不能再工作，常常还要一个人护理，时间一长，患者本人感到痛苦，家属也被经济和精神上的双副重担压得不堪重负，痛苦难当。目前，全国每年因脑卒中支出的人民币近200亿元，给国家和众多家庭带来了沉重的经济负担。

三、脑卒中的主要危险因素

1. 高血压

高血压是脑卒中最重要的危险因素。脑卒中发病率、死亡率的上升与血压升高有着十分密切的关系，而且这种关系是直接的、持续的、独立的。老年人单纯收缩期高血压（收缩压大于等于160mmHg，舒张压小于90mmHg）是脑卒中的重要危险因素。国内有研究显示：在控制了其他危险因素后，收缩压每升高10mmHg，脑卒中发病的相对危险增加49%；舒张压每增加5mmHg，脑卒中发病的相对危险增加46%。东亚国家（中国、日本等）人群血压升高对脑卒中发病的作用强度约为西方国家人群的1.5倍。

控制高血压可明显减少脑卒中，同时也有助于预防或减少其他靶器官的损害，包括充血性心力衰竭。患者收缩压与舒张压的达标同等重要，且重点应放在收缩压的达标上。当血压水平小于140/90mmHg时，可明显减少脑卒中的发生。故应积极降低血压。提倡健康的生活方式对预防高血压非常重要，是防治高血压必不可少的部分。

2. 高脂血症

血清总胆固醇（TC）和低密度脂蛋白（LDL）升高，以及高密度脂蛋白（HDL）降低与心血管病有着密切关系，在心血管疾病中，应用他汀类降脂药物可降低脑卒中的发病率和死亡率。研究显示他汀类药物预防治疗可使缺血性卒中发生的危险减少19%~31%。但血清总胆固醇水平过低（小于160mg/dl）时可增加出血性脑卒中死亡的危险。所以完全素食也是错误的，不可取的。应根据患者有无脑卒中或冠心病的危险因素以及血脂水平决定治疗方式。

3. 糖尿病

糖尿病是脑血管病重要的危险因素。糖尿病患者发生脑卒中的危险性会增加2~3倍。脑血管病的病情轻重和预后与糖尿病患者的血糖水平以及病情控制程度有关，因此，有心脑血管病危险因素的人应定期检测血糖，重视对糖尿病的预防和控制。糖尿病患者应控制饮食、加强体育锻炼，积极控制血糖。

4. 心脏病

脑的血液也是由心脏和血管供应，并且人的大脑是一个非常精巧的器官，重量不足全身重量的1%，却占据了血流量的15%，耗氧量也占全身的20%，并且存储比较多的后备能量，必须完全依靠血液里的氧气和血糖来供应能量。当心脏有病的时候，大脑往往也会出问题，同时伴有血管的问题，尤其是动脉粥样硬化，所以心和脑之间的联系是非常密切的。心脏病患者发生脑卒中的危险要比无心脏病者高2倍以上。

5. 发病季节

脑卒中发作季节性明显。在天气变冷时特别是冬春季节，人的血管收缩明显、血压增高，在相关危险因素控制不佳的情况下，心脑血管疾病的发生会明显增加。所以冬季的时候要注意保暖，减少户外活动。夏季天气较热，血管相对处于扩张状态，一般人认为发生心脑血管疾病的几率会降低，其实也不尽然。当周围气温较高时，人体大量出汗以降低体温，此时体液大量丢失，血液浓缩相对黏稠，也容易诱发脑卒中。所以对有危险因素的老年人，夏天要避免大量出汗，并及时补水。

四、脑卒中的临床表现

脑卒中临床表现以猝然昏扑、不省人事或突然发生口眼歪斜、半身不遂、舌强言蹇、智力障碍为主要特征。脑卒中包括缺血性中风、出血性中风、高血压脑病和血管性痴呆四大类。脑卒中来势急骤，但在发病之前，也是有一个病理演变过程的。其中，有一个脑循环轻度失调但可以恢复的阶段，临床上表现为各种先兆症状，常在中风发生前数分钟至数天内出现，归纳起来大致有以下四种。

（1）头痛、头晕，可伴有视物旋转、恶心、呕吐。头痛的形式和感觉与往日不一样，程度加重并呈持续性，有时固定在某一部位。这是血压波动或脑血管痉挛的表现，往往是出血性脑卒中的先兆。

(2) 各种运动障碍。如四肢一侧无力，或活动不灵、持物不稳，有时伴肌肉痉挛；在走路时虽未遇路障，意识也清楚，却突然跌倒在地，或者自己想走在路中央，却不自主歪向路边，行走不稳、走路偏斜；吐字不清，说话错乱；吞咽困难、呛咳；口嘴歪斜、流涎；视物模糊、重影，可发现向某一侧不能转动眼球。

(3) 感觉障碍，包括口唇、面舌、肢体麻木，耳鸣、听力下降，一过性视力模糊或失明，声音嘶哑，吞咽困难。

(4) 性格、行为、智能方面突然一反常态，如变得孤僻寡言、抑郁焦虑或急躁多语，丧失正常的理解判断力，无故发笑或哭泣，且难以自制，做出一些反常的举动，有时突然见到熟人明知是谁，却喊不出名字，甚至连日常用品也叫不出，整天昏昏欲睡。

当怀疑患者脑卒中时，患者可以按照眼、口、手、脚的顺序进行如下观察：

(1) 头晕，特别是突然感到眩晕。

(2) 肢体麻木，突然感到一侧面部或手脚麻木，有的为舌麻、唇麻。

(3) 暂时性吐字不清或讲话不灵。

(4) 肢体无力或活动不灵。

(5) 与平时不同的头痛。

(6) 不明原因突然跌倒或晕倒。

(7) 短暂意识丧失或个性和智力的突然变化。

(8) 全身明显乏力，肢体软弱无力。

(9) 恶心呕吐或血压波动。

(10) 整天昏昏欲睡，处于嗜睡状态。

(11) 一侧或某一侧肢体不自主地抽动。

(12) 双眼突感一时看不清眼前出现的事物。

五、脑卒中的预防

控制脑卒中发病因素，是可以预防脑卒中的。知道脑卒中的严重性，早期预防和治疗脑卒中显得特别重要。了解脑卒中的危险因素，并给予一定的干预和治疗，可以预防和减少中风的发生，减少致残率和死亡率。

(一) 三级预防

(1) 一级预防。如果某个体只存在一种或几种上述危险因素，而没有脑血管病的先兆或表现，我们把其列为一级预防对象。对于他们，需要积极治疗存在的危险因素，同时定期监测其他危险因素的发生并采取针对性措施。

(2) 二级预防。个体已存在危险因素且已出现脑卒中先兆，如短暂性脑缺血，应给与早期诊断和早期治疗，防止严重脑血管病的发生，其为二级预防。

(3) 三级预防。对已患脑卒中的病人，应采取早期或超早期治疗，降低致残程度，清除或治疗危险因素，预防并发症，其为三级预防。所谓早期治疗，是指病人发病数小时后的急性期的治疗。所谓超早期治疗，是指发病后数小时以内即实施的治疗，如对缺血性脑卒中而言，发病后 6 小时以内即开始溶栓治疗。针对性治疗措施的介入愈早，治疗效果就愈好，病残程度就有可能愈低。

（二）具体措施

（1）预防脑卒中，就要把脑卒中的危险因素尽可能降到最低。控制高血压是预防脑卒中的重点。高血压病人要严格遵守医嘱，按时服用降压药物，有条件者最好每日测 1 次血压，以保持血压稳定。

（2）要保持情绪平稳，少做或不做易引起情绪激动的事，如打牌、搓麻将、看体育比赛转播等，要注意控制情绪，避免精神过度紧张和疲劳。因为不良刺激、精神过度紧张和疲劳可使血压突然升高，进而导致脑血管破裂出血。

（3）饮食须清淡有节制，建立健康的饮食习惯，多吃新鲜蔬菜和水果，做到定时定量，不要吃得太饱和过咸，少吃脂肪含量高的食物如肥肉和动物内脏，少吃辣椒、生葱、大蒜等肥甘厚味和辛辣刺激的食物，戒烟酒，保持大便通畅。应忌烟，少酒，每日饮酒不应超过 100 毫升（白酒）。

（4）防治动脉粥样硬化，关键在于防治高脂血症和肥胖。应控制饮食，适量活动，如散步、打太极拳等，服用降血脂药物，定期检查血糖和血脂。

（5）控制糖尿病与其他疾病，如心脏病、脉管炎等。及时治疗可能引起中风的疾病，如动脉硬化、糖尿病、冠心病、高血脂病、高黏滞血症、A 性行为、肥胖病、颈椎病等。

（6）注意季节变化。季节与气候变化会使高血压病人情绪不稳、血压波动，诱发脑卒中。故在气候变化时应当注意保暖，预防感冒。

（7）不要用脑过度；平时外出时多加小心，防止跌跤；起床、低头系鞋带等日常生活动作要缓慢；洗澡时间不宜太长；注意治疗原发病，防止再发脑血管病。

六、脑卒中治疗与康复

脑卒中发生后，需对其进行积极治疗，整个治疗应尽可能个体化。

1. 外科治疗

首选外科治疗，尽快控制出血、降低颅内压。

2. 抗血小板治疗

对有脑卒中危险因素的患者进行抗血小板治疗能有效预防中风。常用的抗血小板聚集药物有阿司匹林、双嘧达莫、噻氯匹定、氯吡格雷等，还有一些静脉注射的抗血小板药物，如奥扎格雷等。

3. 抗凝治疗

抗凝治疗已经有几十年的历史。患者经抗血小板治疗，症状仍频繁发作，可考虑选用抗凝治疗。

4. 降纤治疗

脑卒中患者有时存在血液成分的改变，如纤维蛋白原含量明显增高。对血液成分改变的患者或频繁发作患者可考虑选用巴曲酶或降纤酶治疗。

5. 调脂治疗

目前，调脂药物使用和降低脑血管事件之间存在明显关系，他汀类药物预防治疗可使缺血性脑卒中发生的危险减少19%~31%。目前临床上常用调脂药物包括他汀类和贝特类药物，但调脂药物对肝脏伤害较大，所以定期复查肝功能是必要的。

第五节　恶性肿瘤的危险因素及预防

人体在各种致瘤因素的作用下，某些部位易感细胞群发生异常增生而形成的新生物（新生细胞群），称为肿瘤。正常细胞转变成肿瘤细胞后，表现出不同程度地丧失了分化成熟细胞的能力而相对无限制地分化不成熟细胞，致使肿瘤细胞呈现异常的形态、功能和代谢。肿瘤细胞呈相对无限制地生长，与整个机体不协调，常压迫、破坏其邻近组织、器官，甚至发生转移，导致机体死亡。而且即使致瘤因素消失，肿瘤细胞的这种增生特性仍能继续存在。

肿瘤分恶性肿瘤（通称癌瘤）和良性瘤（非癌瘤），其鉴别的唯一方法是对肿瘤细胞作显微镜下的病理检查。细胞的各种特性，如细胞核内染色体的数量及分裂情况等因素，决定了其是否为恶性瘤。恶性肿瘤细胞显得与正常细胞不同的是：肿瘤细胞的细胞核比较大，形态和大小不一，常处于分裂状态，而且可以见到侵入正常组织。

恶性肿瘤对人类健康的威胁日益严重，已成为严重危害人类生命与健康的常见病和多发病。据WHO推算，全球每年死于癌症的人大约有430万，几乎每10个死者中就有1人死于癌症。据目前发病趋势推算，癌症死亡人数将升至每年800万。

一、恶性肿瘤对人体的危害

恶性肿瘤分化程度低、生长快，能侵入并破坏周围组织、器官，易发生转移，对人体危害极大。其具体影响表现为以下七个方面：

（1）引起局部压迫和阻塞，如食管癌引起吞咽困难、肺癌引起呼吸困难等。

（2）破坏正常器官的结构和功能，如骨肉瘤可引起病理性骨折、晚期肝癌可大量破坏肝组织引起肝功能损害等。

（3）恶性肿瘤生长迅速，往往因血液供应不足或血管受损等原因易发生坏死、破溃，形成溃疡，导致血管坏死破裂引起出血。如子宫颈癌往往有阴道不规则流血、肺癌常有咯血、膀胱癌常有血尿等。

（4）恶性肿痛组织发生坏死、破溃后往往合并感染，常因腐败而产生腐臭。如子宫颈癌表面坏死继发感染就有腐败恶臭。

（5）肿瘤一般不引起疼痛，但某些肿瘤由于局部压迫或侵犯神经会引起相应部位的疼痛。如肝癌累及肝包膜引起肝区疼痛，晚期肝癌在局部有顽固性剧痛，给患者造成极大痛苦。

（6）肿瘤代谢产物和坏死分解产物被吸收可引起发热，或合并严重感染而引起发热。

（7）晚期恶性肿瘤患者表现出极度消瘦、严重贫血和全身衰竭状态的综合征，称为恶病质。恶病质常发生于恶性肿瘤患者，其他慢性消耗性疾病也可发生，故恶病质并非恶性瘤所特有。其发病机理尚未完全明了，可能与出血感染或肿瘤坏死分解产物引起机体代谢紊乱有关，也可能与肿瘤生长特点以消耗人体大量营养物质，引起进食和消化吸收功能障碍，使营养物质摄入减少等因素有关。此时，由于机体抵抗力极度低下，易并发感染而促使患者死亡。

二、恶性肿瘤的主要危险因素

肿瘤的病因包括外因和内因两个方面。外因一般指来自环境的致癌因素，包括化学因素、物理因素和生物因素等方面；内因指机体抗肿瘤的能力降低或各种有利于外界致癌因素发挥作用的机体内在因素，如遗传因素、免疫反应和神经、体液因素等。

1. 外环境致癌因素

目前，一般认为化学致癌物在人类肿瘤发病原因中占首位，即90%左右的恶性肿瘤是由化学致癌物引起。化学致癌物质种类很多，如多环碳氢化合物、氰基偶氮染料、芳香胺类化合物、亚硝胺类化合物、霉菌毒素以及无机致癌物质等，均具有较强的致癌作用。有专家进行了测算，若大气中苯并芘污染增加，则肺癌死亡率也将增加。

2. 物理性致癌因素

由于α、β、γ射线的致癌作用，放射性矿或含有放射性物质矿山的工人的肺癌发病率较高。日本长崎、广岛受原子弹爆炸影响的居民，其白血病和甲状腺癌的发病率明显增高。长期深度照射X-射线可诱发白血病或其他恶性肿瘤。长期的、过量的紫外线照射可致皮肤癌。

慢性刺激与肿瘤的关系：慢性机械性刺激及炎症刺激与肿瘤发生有密切的相依关系。

3. 生物性致癌因素

淋巴瘤、鼻咽癌、子宫颈癌与疱疹类病毒有关；白血病、脂肪肉瘤、何杰金氏病与C病毒有关。华支睾吸虫在肝小胆管内寄生时可合并胆管型肝癌。日本血吸虫病可合并大肠癌。有人认为是血吸虫感染引起局部黏膜上皮增生而恶变。

4. 引起肿瘤发病的机体内在因素与行为因素

关于吸烟与癌症问题，人们已研究了40多年，目前已经确认了二者的联系，不吸烟已被视为全球性的防病策略。据统计调查，从肺癌的死亡率来看，每10万人中，不吸烟的人中有12.8人因肺癌死亡；每天吸烟10支以上的人中因肺癌死亡的人数是95.2人；每天吸烟20支以上的人中因肺癌死亡的人数高达235.4人。吸烟除引起肺癌外，还可引起舌癌、唇癌、口腔癌、喉癌、食管癌、肝癌、胰癌与膀胱癌等。

很多文献报告提出，饮酒与口腔癌、咽癌、喉癌、直肠癌有联系，继而与肝癌有联系。膳食不平衡或食物受亚硝胺污染或长期食用亚硝酸盐、硝酸盐含量较多的食物均可致癌。遗传因素、种族因素、内分泌因素均与恶性肿瘤有关。总之，恶性肿瘤的病因是错综复杂的，只要我们加强认识，是可以尽量控制其发病率的。

三、恶性肿瘤的预防措施

（一）一级预防

（1）加强劳动保护、环境保护及食品卫生的监督管理，减少或消除环境中的致癌因素。消除职业性致癌因素，对已经明确可以引起肿瘤的物质的检测、控制与消除是预防职业性肿瘤的重要措施。

（2）合理使用医药，切忌滥用药物及放射线，尤其是妊娠期的诊断性照射，以防止白血病、骨肉瘤、皮肤癌等癌症的发生。

（3）注意饮食卫生。

（4）改变不良的生活方式，如戒烟、节制饮酒等。

（5）加强肿瘤防治教育，增强个人的肿瘤防治意识和自我保健能力。

（二）二级预防

早期发现、早期诊断、早期治疗是肿瘤二级预防的策略核心。根据我国具体情况，肿瘤防治机构提出了十大症状，以提高人们对常见肿瘤的警惕。这些症状如下：

（1）身体任何部位，如乳腺、颈部或腹部有肿块，尤其是逐渐增大的。

（2）身体任何部位，如舌、颊、皮肤等处没有外伤而发生的溃疡，特别是久治不愈的。

（3）不正常的出血或分泌物异常，如中年以上妇女出现不规则阴道出血或分泌物过多。

（4）进食时胸骨后闷胀、灼痛，异物感或进行性加重的吞咽困难。

（5）久治不愈的干咳、声音嘶哑或痰中带血。

（6）长期消化不良，进行性食欲减退、消瘦。

（7）大便习惯改变或便血。

（8）鼻塞、单侧头痛或伴有复视。

（9）赘生物或黑痔的突然增大或有破溃出血。

（10）无痛性血尿。

有以上征象的不一定都是肿瘤，但应及早认真检查，查明引起症状的原因以利于肿瘤的早期发现。

第六节　骨质疏松症的危险因素及预防

骨质疏松症是一种常见病、多发病，它严重地威胁着中老年人，尤其是绝经后女性的身体健康。由此引起的骨折等并发症，除了给患者本人造成极大的痛苦外，也给社会和家庭带来了沉重的经济和生活负担。2006 年，中国有 9 000 万人患骨质疏松症，占全国人口的 7.01%，绝经后妇女的椎体骨折患病率达 15%。低骨量是引起骨折的危险因素之一，由于骨质减少，很容易发生骨折。研究表明，骨峰值的提高对降低骨折危险性至关重要。这就需要从儿童、青少年时期注意摄入足量的钙。

一、骨质疏松症的概念及分类

1993 年的第四届国际骨质疏松研讨会上，骨质疏松症被定义为：原发性骨质疏松症是以骨量减少、骨的微观结构退化为特征的，致使骨的脆性增加以及易于发生骨折的一种全身性骨骼疾病。2001 年，骨强度概念也被纳入骨质疏松的定义中。

骨质疏松症可分为三大类，第一类为原发性骨质疏松症。这是一种随着年龄的增长必然发生的生理性退行性病变，约占所有骨质疏松症的 90%以上。第二类为继发性骨质疏松症。它是由其他疾病或药物等因素所诱发的骨质疏松症。第三类为特发性骨质疏松症，多见于 8~14 岁的青少年或成人，患者多半有家庭遗传病史，女性多于男性。妊娠妇女及哺乳期女性所发生的骨质疏松也可列入特发性骨质疏松症，以便引起人们的重视。

二、骨质疏松症的危险因素

成年期前获得的峰值骨量的高低和成年后的骨量丢失的速度是骨质疏松症发病的两个重要因素。下列因素会影响峰值骨量和骨量流失速度。

（一）年龄、性别

女性在绝经后、男性在 55 岁后，常易发生骨质疏松症。女性的发病率数倍于男性，主要是性激素水平低下，骨骼合成性代谢刺激减少所致。

随着年龄的增加，活性维生素 D 出现代谢障碍，从而使人体内各种活性维生素 D 减少。

（二）内分泌因素

女性绝经后引发骨质疏松和老年性骨质疏松出现时，甲状旁腺激素的活性会增加，骨形成与骨销蚀的平衡会遭到破坏，长期下去会引起骨钙质的销蚀而易于骨折或骨畸形。

（三）遗传因素

遗传因素决定峰值骨量的 70%。维生素 D 受体基因发现 bb 型女性比 BB 型女性的 BMD 高 15%。另外一项研究证实 BB 型基因比 bb 型基因的 BMD 更低。中国人的 BB 型基因少。关于基因的多态性的报告不一，但已证实骨质疏松的发生率有如下规律：白种人>黄种人>黑种人，这与遗传因素有关。

（四）营养不良

蛋白质缺乏会导致有机质生成不良；维生素 C 缺乏可影响基质形成，并使组织的成熟发生障碍；饮食中长期缺钙（1 日摄入钙量不足 400 毫克）亦可致病。

（五）运动和失重（制动）

运动特别是负重运动能增加骨峰值，延缓骨量丢失。当人们因为各种原因而无法运动，如石膏固定、严重关节炎或瘫痪时，由于不活动、不负重，骨骼的机械应力减低，而甲状旁腺分泌的激素会促进骨质吸收，导致骨质疏松。老年骨折患者接受石膏固定后，骨质疏松的发生率可达70%左右。

（六）吸烟、嗜酒、过多的咖啡因摄入

吸烟者的骨吸收会加快而导致骨量丢失加快，肠钙吸收下降，可出现过早绝经。酒精作用于成骨细胞会抑制成骨作用。

三、骨质疏松症的预防

（一）食物疗法

1. 保持合适的体重

注重饮食的营养平衡，充分摄取钙和维生素等营养物质，对骨质疏松症的防治至关重要。补充营养和补钙可抑制骨密度的降低。

2. 充足的钙和活性维生素 D

人体对钙的吸收主要通过食物，外来钙质供应不足时，骨骼会释放钙质，以补充血液和细胞中的钙质，结果使骨骼密度下降，脆性增加。摄取高钙食物或钙制剂可达到促进儿童少年骨量增长、抑制老年人骨量丢失和减少骨折发生率的效果。此外，钙摄取的最大量，即对健康不产生坏影响的限度为每日 2 000 毫克。

维生素 D3 可以使进入体内的钙吸收提高 30%～80%。在日照充足的季节和地区，儿童和青少年常户外活动可以获得充足的维生素 D（每 1 平方厘米皮肤照射半小时约可产生 20 国际单位的维生素 D）。每日照射 1～2 个小时即可，日光照射皮肤产生的维生素 D 剂量也是安全的。最好到户外接受日光照射。夏季在树荫下可起到较好效果，不可暴晒。日光照射不足和冬天出生的婴儿更需要补充维生素 D。

3. 避免对骨代谢产生不良影响的因素

（1）钠的过量摄入。钠的过量摄入将使绝经后的妇女骨吸收增加，并促进骨密度降低。而大量摄取钙可抑制由于钠盐过量所致的骨密度降低。中国营养学会建议我国成年人每日钠盐摄入量应小于 6 克。

（2）维生素 A 的过量摄入。维生素 A 的过量摄入，将促进骨吸收，减少骨量，甚至可增加骨折的危险性。这可能是由于过量的维生素 A 阻碍了人体对钙的吸收的缘故。长期过量摄取维生素 A 对骨质疏松症的治疗、预防是不利的。维生素 A 允许摄入量的最高上限为日常需要量的 2. 5～2. 8 倍。

（3）过量的咖啡因、酒精。饮食中的咖啡因、酒精摄取过量的话，可导致骨量降低、骨折增多。

（4）吸烟。吸烟者发生脊椎压性骨折的频率会增高，并使峰值骨量降低。女性吸烟者在绝经后，骨量会明显减少。由此看来，吸烟与骨质疏松症有直接联系。据报道，香烟有抗雌激素、妨碍钙的吸收、促进尿钙的排泄等作用。

（二）运动疗法

骨质疏松症患者通过相应的运动训练能够提高骨含量，达到临床治疗的目的。运动的目的是改善全身肌肉的过度紧张状态，提高机体整体的可动性，同时增强四肢与腹肌、背肌的运动能力。运动疗法的特点是简单、实用、有效，尤其适合于绝大多数的未住院患者。

（三）物理学疗法

物理疗法的目的是恢复骨量、缓解症状。骨骼是一个新陈代谢的器官，并不是一成不变的，一直在不断地更新和替代。如果说成人的血液中白细胞寿命只有 6~7 天、红细胞一般在 120 天内全部更新一遍，那么绝大多数成人的全身骨骼在 10 年内就会全部更新一遍。

（1）人工紫外线疗法。采取紫外线照射治疗骨质疏松症时，可采用全身照射法。一般根据病人身体状况及对紫外线的敏感性等来决定使用何种方法。人工紫外线疗法目前虽然开展不多，但这是一种有理论根据的物理疗法。

（2）日光浴疗法。日光浴疗法对骨质疏松症的治疗作用及其机制等与人工紫外线疗法相同。日光浴可在山区、河岸、阳台、空旷地、海滨浴场或专门建筑的日光浴场中进行。日光浴最佳时间因不同地区日光照射强度和全年气象差异而有所不同。在炎热的季节，如大连、青岛的 7~9 月份，一般以上午 9 时至 11 时、下午 3 时至 4 时为宜。在春秋季节，以上午 11 时至 12 时较合适。冬季气温低于零下 20 度时，不宜在室外进行。

（3）其他物理疗法。应用电疗、水疗、磁疗、温热疗法等物理疗法进行对症治疗，可以减轻疼痛、解除肌痉挛、缓解其症状。

（四）延长绝经年龄

妇女绝经后骨质疏松的主要原因是雌激素水平迅速下降。月经初潮时间晚及绝经时间早的妇女的骨质疏松发生率高。生育次数多、哺乳时间长的妇女，骨密度也低于生育次数少、哺乳时间短的妇女。

四、骨质疏松症的治疗

骨质疏松症应采取综合措施，原则是阻止骨量减少的进程、增加骨量、改善骨质、除去或减轻疼痛、增加活动性、预防骨折的产生或促进骨折愈合。其方法如下：

（1）一般对症疗法。给予劳逸、营养等生活指导；给予消炎镇痛剂、肌弛缓剂；给予牵引、固定等器械疗法。

（2）物理疗法。物理疗法包括康复治疗及运动治疗；增加骨量、改善骨质的药物疗法；给予钙制剂；给予雌激素制剂；给予降钙素；给予活性维生素 D 制剂；给予磷酸盐制剂；给予蛋白同化激素；进行中医药治疗。

思考题

1. 高血压对人体有哪些危害？哪些因素易致高血压？
2. 简述糖尿病的分型及对人体的危害。
3. 冠心病有哪些危害？预防冠心病有哪些措施？
4. 哪些因素易导致脑卒中？怎样预防脑卒中？
5. 肥胖症对人体有哪些危害？运动减重有哪些误区？
6. 哪些因素易导致骨质疏松？怎样预防骨质疏松？

第九章　学习与起居卫生

大学生正处于人生中的生理和心理发育成熟时期，也是精力充沛、学习知识和掌握知识的黄金时期。因此，掌握科学用脑、用眼、口腔牙齿、皮肤、睡眠、衣着等的卫生要求和方法，养成良好的个人卫生习惯，对该时期的健康成长和学习，以及将来更好地为社会主义事业奋斗都具有重要的作用。

第一节　用脑卫生

脑是人生命以及人类聪明才智的物质基础和中枢，有着极为复杂的结构及机能，只有学习一些脑组织基本知识和科学用脑知识，才能保证脑健康及提高学习成绩、记忆力和思维效率。

一、人脑的结构和功能

人脑的平均重量为 1 360 克，从解剖学上可分为大脑（分左右半球和胼胝体三部分）、小脑、间脑（分丘脑、下丘脑等部分）、中脑、桥脑及延髓六个部分。其中，中脑、间脑、桥脑及延髓四部分合称为脑干。人脑由大约一千亿个神经元组成，其六部分的结构各不相同，极为复杂。各部位都有不同主要功能，各司其职，但又相互联系。

脑的主要功能为：①维持和调节人体机能，如体温、血压和消化等；②接受外界信息并发出指令，对环境做出反应；③选择性地利用积累的经验或创造新的方式对环境做出反应。

二、合理用脑

大学生一般都是在教室、图书馆或寝室里低头弯腰进行学习，长期处于这种学习姿势，往往会有头昏脑胀、腰酸背痛的感觉，严重的会造成神经衰弱。其原因是用脑过度，产生了脑力疲劳。这是由于颈部长时间向前弯，使流向脑部的血液受到限制，脑部供血不足，氧供应不上，从而引起头昏脑胀等症状。大脑长期处于兴奋状态，也容易引起类似神经衰弱等症状。因此，应科学、合理用脑，讲究用脑卫生。

（一）各种脑力思维活动交叉进行

大脑皮质各部分的功能是不相同的。当这部分脑组织兴奋工作时，其余部分就处于抑制休息状态。利用这一原理，各种脑力活动交叉进行，就可避免大脑疲劳。因此，在学习活动中把语言与操作活动交叉进行，不断变换看、听、读、写、做、背诵和讨论等学习方式，使各种脑力活动交替进行，每部分脑组织工作的时间就会相应缩短从而得到休息。这样既可减少大脑疲劳，又可提高大脑的工作效率。

（二）适当进行户外活动和充分休息

由于户外空气清新，加上适当的活动，可以改善脑部血液循环和供氧能力，使管理肌肉运动的神经细胞兴奋、学习思考的神经细胞处于抑制状态，得以休息。这样在继续脑力劳动时，才不至于疲劳。大学生还应保证充足的睡眠和充分的休息，使脑组织的活动有张有弛，这样才能使头脑清醒、精神饱满，发挥大脑的最大效能。

（三）不要过度用脑

大学生在学习过程中，用脑要符合大脑的特点和规律，合理用脑。如果大脑长期处于紧张状态下，思维就会迟钝、效率就会降低。因此，大学生学习时，一般一个小时左右后应该休息十分钟，参加一些文体活动，这样可以使大脑不同线路神经元通路网络轮流兴奋，从而使疲劳的那部分神经得到休息。通过这种积极性休息，保护大脑组织，使大脑保持高效率工作。

（四）适宜多动脑筋思考，挖掘大脑智力潜能

大脑活动神经细胞约有 140 亿个，在人一生中，脑内可贮存 1 000 万亿个信息单位。可是，通常人只利用了大脑能力的 1/3，特别是右脑。因此，大学生在学习过程中，适宜多动脑思考，积极使用和训练大脑。大脑越用越灵活，贮存的知识信息越多，记忆力越强，大脑的智力潜能就能充分发挥。

另外，大学生在平时应注重合理调配饮食，保证供给大脑足够的营养；还应积极参加体育锻炼，保持强壮的身体和充沛精力，才能承担学习任务。要克服和戒除吸烟、酗酒等不良生活习惯，还要纠正和避免“开夜车”式的学习、饭后学习、突击及疲劳作战式学习等不良学习习惯，养成良好生活习惯和学习习惯。

第二节 用眼卫生

学生由于学习的压力和对用眼卫生的不了解，导致其中近视眼者的比例较高。近视的危害较大，严重地影响他们的学习和健康成长，所以，了解和掌握用眼卫生方法十分必要，可为今后工作打下基础。

一、眼的结构和功能

（一）视觉

眼是视觉的外周器官，是以光波为适宜刺激的特殊感觉器官。光透过眼的透明组织发生折射，在眼底视网膜上成像，视网膜感受到光的刺激，并把光能转化为神经冲动，再通过神经将冲动传入视觉中枢，从而产生视觉。

（二）眼球结构

眼球近似球形，前后距离约为24毫米。眼球壁分三层，最外层是纤维膜。纤维膜的前1/6的透明部分称角膜。角膜布满神经末梢，感觉敏锐，无血管。纤维膜的后5/6为不透明的乳白色部分，称巩膜，并含有黑色素。中间层为血管膜，它分为虹膜、睫状体和脉络膜。虹膜在角膜下方，形如圆盘，中央有圆孔称为瞳孔，能在一定范围内收缩与扩大。眼球壁的最内层为视网膜，它是具有感光作用的神经组织。

眼球内空腔中有晶状体、玻璃体和房水，共同组成眼球透明的屈光间质。晶状体形似双凸透镜，没有血管和神经，无色透明，与睫状体共同执行眼的屈光调节作用；玻璃体是无色透明的胶状物质，充满在晶状体和视网膜之间。

（三）眼的生理功能

眼球具有屈光和调节作用，眼的角膜、前房房水、晶状体、玻璃体组成了眼的屈光系统。外界光线入眼后，通过眼的屈光系统，发生折射，在视网膜上成像。这就是眼的屈光或称为折光机能和眼的调节作用。眼的屈光力变化主要取决于睫状肌的收缩与松弛。当睫状肌收缩时，晶状体的悬韧带放松了，晶状体凸度增加了，对整个眼的屈光系统来说，就增加了屈光力，这种功能称为“调节”。

眼的屈光力通常以焦距的倒数来表示，称为屈光度。若眼的屈光系统形态异常，焦点不能落在视网膜上，称非正视眼，即屈光不正。屈光不正可分为三类，即近视、远视和散光。

二、近视眼与用眼卫生

眼球在无任何调节作用下，因眼球前后径过长，焦点落在了视网膜的前面，在视网膜上形成了一个模糊的光环。只有将物体移近，才能在视网膜上成像，使人看清物体，称为近视眼。近视眼在-6.00D（又称为近视600度）以下，一般不伴发其他眼部疾病。

学生在校时间长、课程及学习任务重、需记忆的内容多，经常长时间学习。有的学生不注意合理使用、保护眼睛，不注重眼睛的卫生保健，使眼睛经常处于过度疲劳；有的学生看书姿势不正确，如躺在床上看书、乘车时看书等，或者在学习时光线太强或不充足等，这些都易产生近视眼。

（一）近视眼的分类

根据近视程度，近视眼分真性近视和假性近视。真性近视指用阿托品液滴眼后近视屈光度未降低或降低度数小于0.5D。假性近视指使用阿托品液滴眼后，近视屈光度消失，呈正视或远视。

根据屈光度数，临床上可将近视分为以下几种：

（1）轻度近视：在-3.00D（300度）以下。

（2）中度近视：在-3.00D至-6.00D（300~600度）。

（3）高度近视：在-6.00D（600度）以上。

(二) 症状

患近视眼后可出现眼部和全身症状，而主要的症状是远视力不好，常需凝视才能看清目标，眼易疲劳。久用视力感到眼睛胀痛，甚至恶心欲吐。高度近视恶心欲吐感更加严重，眼前有黑影飘动和闪光的感觉等。

(三) 治疗

1. 镜片矫正

在配镜之前首先要通过检查确定近视的真实度数。对于青少年，配镜验光要在睫状肌麻痹下进行，以控制调节作用，排除假性近视。一般低于 6.00D 的近视眼，要充分矫正并经常配戴眼镜；高度近视者，既要完全矫正以获得较好视力，又往往不能耐受，因此，只好降低镜片度数（一般在 1.00D~3.00D 之间），争取能够保持舒适和双眼视觉功能。

2. 角膜接触眼镜

配戴接触镜可以增加视野，有较佳的美容效果，又可使两眼屈光参差明显减少，使之维持双眼视觉功能。但一定要注意清洁卫生，按要求消毒、保养并经常更换镜片。

3. 激光近视矫治手术

(1) 准分子激光近视矫治手术（PRK）。1985 年，PRK 应用于临床，多应用于治疗 700 度以下中低度近视的病人。由于手术破坏了角膜的正常解剖结构，术后几天内会有疼痛感，可出现角膜浑浊、眩光和屈光回退等并发症。

(2) 准分子激光手术（LASIK）。LASIK 于 1997 年在我国开展。它是一种透过激光改变眼角膜的弧度，以改善视力的准分子激光近视手术，可治疗近视、远视、散光等屈光不正。其最高可矫正的度数受制于患者的角膜厚度，一般最高可矫正的近视度数达-2D（1 200 度）。

(3) 宇航飞秒激光矫治手术（ITRALASE）。ITRALASE 是目前全球最安全的激光治疗近视技术，它采用精确度在±5μm 的飞秒激光，由电脑控制进行“全激光”制瓣，不仅把精确度提高了 100 多倍，而且使瓣更薄更均匀，手术可控，非常安全。

(四) 用眼卫生要求

大学生要养成良好的用眼习惯，如看书一定要姿势正确，眼离书本的距离在 35~40 厘米；看书学习 1 小时左右，休息十分钟，或向远眺望、做眼保健操；不在昏暗或光线晃动处看书报；不要躺在床上或乘车、行走时看书；不要长时间凝视一处；看电视时间不宜过长，距离不宜过近，眼与电视屏幕的距离约为屏幕对角线长度的 5~7 倍；不宜连续长时间进行计算机操作；平时要注意和观察视力变化，可定期检查，如发现视力异常应立即治疗。学校也要保证学生学习场所的采光符合用眼卫生要求。

三、远视与用眼卫生

眼的前后径过短，以致光线聚焦于视网膜的后方，视网膜上的物像不清，只有经过调节，或将物远移，才能看清，称为远视。由于远视眼要调节，所以眼易疲劳。引起远视的原因最常见的是眼球发育小，或由于角膜扁平等眼球结构异常。对于轻度远视的大学生，因眼的调节力强，不需配镜。

四、散光与用眼卫生

正常眼的折光面的每一个经纬线的曲率半径都是一致的，因而屈光焦点可集合成一点。如果眼球形态异常，角膜表面曲率光度不一致，光线经过眼球后，就不能集合在一个点上，而是聚集成一个锥形体，在视网膜上形成多个焦点，称为散光。造成散光的原因，最常见的是由于角膜表面不呈正球面，少数为晶状体的屈度异常。散光分规则散光和不规则散光。

散光大多数为先天性的，也有后天所患。导致后天患病的原因包括角膜或晶状体外伤、炎症、溃疡等。散光患者常感视力减退、两眼疲劳、视力模糊。若散光较大，应配镜矫正。

第三节　口腔卫生

口腔是否清洁和卫生，可反映人的精神面貌和文明程度。保持口腔卫生是预防口腔疾病和防止“病从口入”的最基本、最有效方法。因此，大学生讲究口腔卫生尤为重要。

一、口腔的结构和功能

口腔是由牙齿、颌骨、唇、颊、腭、舌、口底和涎腺等组织器官组成的。口腔以牙齿为界分为口腔前庭和固有口腔两部分。

口腔前庭是口腔的主要部分，它的前方及两侧以牙列为界，上为硬腭和软腭，下为舌和口腔，后界为舌腭弓所组成的咽门。牙齿排列于口腔前庭和固有口腔交界的牙槽骨上。牙齿覆盖釉质的部分叫牙冠，覆盖牙骨质的部分叫牙根，牙釉质和牙骨质叫牙本质。该三部分均为钙化的硬组织，它们构成了牙齿的主体。牙齿的中心软组织为牙髓。牙齿的周围组织叫牙周组织，包括牙槽骨、牙周膜和牙龈。口腔是消化道的起端，其主要功能包括咀嚼、吞咽、消化、味觉、感觉及语言的表达，有时还可以代替鼻腔呼吸。

食物进入口腔，经牙齿咀嚼将食物切成碎块，与口腔所分泌的唾液充分混合搅拌，吞入胃内进行消化。口腔还有感觉和语言功能，舌尖和唇是感觉最灵敏的地方，它们能够随意运动，对发音起着重要作用。

二、龋齿

龋齿是由于致龋细菌在致病的环境中，使糖类食物发酵产酸，从而造成牙体硬组织包括牙釉质、牙本质或牙骨质逐渐破坏崩解，形成实质性缺损的一种口腔常见病。龋齿不仅引起疼痛、影响咀嚼和消化功能，而且会导致牙髓炎、齿槽脓肿等破坏性损害，甚至引起全身性疾病，如风湿热、肾炎等。龋齿的发病率高，越是发达国家，龋患率越高，因此它也被称为“文明病”。如欧洲国家的小学生的龋患率高达98%。我国龋患率处于较低的水平，但是近年来呈现增高的趋势，而且大部分龋齿未得到治疗。

（一）病因

（1）细菌因素。致龋的主要细菌是变形链球菌，其次是放线菌和乳酸杆菌。这些细菌在牙菌斑深处产酸，腐蚀牙齿，使牙齿脱钙、软化，形成龋洞。

（2）食物因素。致龋的主要食物是碳水化合物，尤其是蔗糖，它们参与形成牙菌斑，并在细菌的作用下发酵产酸，诱发龋病。

（3）宿主因素。当宿主的牙齿形态、结构和排列不好，唾液分泌量减少时，容易患龋；还有宿主的全身情况、营养情况不佳如缺乏蛋白质、维生素、矿物质时，都可使牙齿的抗龋能力降低。

（4）时间因素。龋齿的发生时间具有重要的意义。因为从牙菌斑的形成到发展成龋洞，平均需要18个月的时间。如果我们能够在其发展过程中及时干预，如早晚刷牙，及时清除牙菌斑，就能起到防龋的作用。

（二）临床表现

龋齿早期可无症状；当病变侵犯到牙本质浅层时可表现为对冷热刺激过敏；侵犯到牙本质深层时可引起牙齿疼痛；继续发展可引起牙髓炎，表现为阵发性的剧烈疼痛；再继续发展引起根尖周炎时会出现持续性跳痛；甚至发展为牙槽脓肿、颌骨骨髓炎等。

龋齿按龋坏程度分为浅龋、中龋和深龋。

（1）浅龋：病变局限于牙釉质或牙骨质，局部可见墨浸斑或白垩斑。

（2）中龋：病变累及牙本质浅层，局部变黑，对冷、热、酸、甜等刺激敏感。

（3）深龋：病变深达牙本质深层接近牙髓腔，局部出现黑洞，食物嵌塞或冷、热、酸、甜等刺激均产生疼痛。

（三）治疗方法

不同阶段的龋齿的治疗方法不同。釉质龋和牙本质浅龋应及早充填治疗；对牙本质深层龋治疗要视情况而定，必要时需做根管治疗。

（四）健康教育处方

（1）注意口腔卫生，养成早晚刷牙、饭后漱口、睡觉前不吃零食的习惯，还要采取正确的刷牙方法。正确的刷牙方法应遵循“三三制”原则，即每天刷牙三次、三面都刷到、每次刷牙的时间不少于三分钟。一般常用竖刷与短横刷法。竖刷法：刷唇颊面和后牙的舌腭面时，刷毛与牙的长轴平行并紧贴牙面；刷上牙时，从上而下顺着牙间隙上下移动；刷下牙时，由下往上刷，动作要慢，在同一部位反复拂刷；刷前牙的舌腭面时，将牙刷前端的毛束部分压在牙龈上，顺着牙间隙向外拉刷；刷牙的合面时，刷毛紧压合面，来回刷。短横刷法：刷唇颊面和后牙的舌腭面时，刷毛紧贴牙面成45度，指向牙根尖方向，作前后方向短距离抖动；刷前牙舌腭面时，将牙刷垂直，使前端束毛压在牙龈上，对着牙长轴反复短距离抖动。选择使用牙刷的标准：牙刷的刷毛宜软；软毛柔韧易弯曲，能进入龈沟和齿间隙，洁齿效果好，对牙龈损伤小。

(2) 加强口腔保健，定期进行口腔检查，有条件者应每年进行一次口腔检查，以便早期发现、早期治疗。

(3) 合理营养，多吃含钙和维生素 D 丰富的食物，少吃甜食；加强体育锻炼，增强机体的抗龋能力。

(4) 用氟化物防龋。如用 0.2%氟化钠溶液漱口，每周漱口一次，每次含漱两分钟，含漱前后用清水漱口；或使用含氟牙膏等。

三、牙周病

牙周病是指牙齿周围的组织如牙龈、牙周膜、牙槽骨等发生的疾病，包括牙龈炎、牙周炎等。

(一) 病因

其病因比较复杂。

(1) 外部原因：细菌、牙菌斑、牙结石。

(2) 局部原因：食物的嵌塞、牙齿的排列不整齐、咬合关系不好以及不正确的刷牙方法等。

(3) 全身原因：营养不良、内分泌紊乱、遗传因素等。

(二) 临床表现与治疗

(1) 牙龈炎：一般无自觉症状，牙龈呈红色或暗红色，充血、水肿、松软或增生外翻，龈缘糜烂，挤压牙龈有脓性分泌物，有自发性出血或口臭。治疗多采用去除局部的刺激因素如食物嵌塞、牙结石等；洁治术后使用牙龈按摩剂。

(2) 牙周炎：多由牙龈炎发展而来，有牙龈炎症状和牙周袋存在，牙齿松动、移位甚至脱落，X 线检查有牙槽骨吸收。治疗宜彻底清除牙结石，控制炎症，手术清除牙周袋，拔除不能保留的病牙。

(三) 健康教育处方

(1) 掌握正确的刷牙方法，保持口腔卫生。

(2) 定期洁牙，有条件的每年洁牙一次。

(3) 不要剔牙，不要用牙齿咬硬东西。

(4) 加强牙齿的保健，按摩牙龈，经常叩齿，即上下牙彼此叩咬震动。

第四节　睡眠卫生

睡眠是人类生活中必不可少的一个重要生理过程，是维持机体正常生命活动的自然休息。人的一生约有 1/3 的时间是在睡眠中度过的。睡眠时，大脑皮质广泛抑制，许多生理功能如嗅、听、触等感觉功能暂时减退，骨骼肌反射活动和肌肉紧张减弱并伴有一系列的植物性神经功能改变，如血压下降、心率变缓、体温降低、呼吸减慢、发汗功能增强等。睡眠能保护人体大脑皮层细胞免于衰竭和破坏，并恢复其功能与体力，也是消除疲劳、为学习和各种活动积累精力的最好方法。如果大学生长期睡眠不足，就会出现头晕脑胀、眼花耳鸣、浑身乏力、精神不易集中、记忆力下降等症状，从而使学习和工作效率降低，甚至会发生神经衰弱等。所以，大学生应遵守以下睡眠卫生要求。

一、要有固定的睡眠规律

为了能很快入睡、睡熟和保持良好的睡眠，大学生应按时作息，定时上床，按时起床，并要保证8小时睡眠时间，逐渐形成固定的睡眠规律，这对恢复体力、清醒头脑等都具有重要意义。一旦形成了觉醒和睡眠的规律，一般不要轻易地打乱，而应当使人的作息时间与该节律同步协调。如果搅乱了生物钟的正常定律，则会造成疲劳和失眠，人就会感到昏沉乏困、头脑不清醒，轻则影响学习，重则可导致神经衰弱。

二、要有良好的睡眠姿势

良好的睡眠姿势是向右侧卧，将身体弯曲，即身体右肋在下，左肋在上，全身自然放松。这样心脏位置较高，有利于心脏排血及减轻其负担。肝脏位于右上腹部，右侧卧位能使血液较多地流经肝脏，有利于食物在胃肠里运行消化。而左侧卧位会使心脏受到压迫，也易导致噩梦。俯卧位会压迫心肺，妨碍呼吸，影响心肺功能。因此，大学生在睡眠时应按良好和正确的睡眠姿势睡眠，保证睡眠质量和身体健康。

三、创造良好的睡眠环境

睡眠时，要注意卧室的通风和空气流通，以及适宜的温度。室内空气新鲜、温度适宜利于睡眠时呼吸新鲜空气，利于肺部气体交换，使人入睡较快，睡眠深沉。但最好不要蒙头睡觉，这是最不好的习惯。因为被窝里的二氧化碳浓度会随着呼吸作用而不断升高、氧气浓度逐渐降低。被窝里通气不畅，人长期吸入缺氧的污浊空气，不但会引起多梦，也容易惊醒，使睡眠质量不高，醒后感到头昏脑胀、疲乏、胸闷、精神萎靡等。

四、养成良好的睡前习惯

睡前不要饱食，因为人在睡眠中进入胃肠的血流量会减少，消化功能会减弱。多食会加重消化系统的负担，从而影响睡眠；睡前不宜喝浓茶、咖啡等带刺激性的饮料，以免使中枢神经系统兴奋而引起失眠；睡前应避免剧烈运动和精神高度集中的脑力劳动。最好能养成睡前散步、刷牙、洗脸、洗脚等这些使神经和肌肉得到松弛、有助于健康、促进睡眠的习惯。不要养成入睡前躺在床上看书、看报等这些使大脑浮想联翩、情绪昂扬、干扰正常睡眠的不良习惯。

五、睡好午觉

午睡对夜间缺睡的大学生来说是一种睡眠补偿，可弥补夜间损失的1~2小时，对大学生下午和晚上的学习、活动有帮助，应提倡。但午饭后不要立即上床睡觉，因为这时胃内胀满，大脑正处于兴奋之中，不易入睡，最好休息10分钟后再睡。

六、选择合适的枕头

枕头对睡眠的人来说不可缺少，而枕头合适与否，直接影响头颈位置，从而对血液循环有一定影响。枕头过低，头部血管充血，醒后常感到头昏脑胀、面部浮肿；枕头太高，易产生鼾声或“落枕”。一般来说，合适的枕头的高度与肩部持平。

第五节　衣着卫生

衣着是一年四季气候变化的“晴雨表”，也是人类文明礼貌的表现。大学生的衣着是否合适和符合卫生要求，对他们的健康非常重要。所以，大学生的衣着应符合以下基本要求：

一、有利于身体健康

大学生平时的服装要符合季节冷暖的要求，如大小合适、保温避寒、遮体防暑。服装最好质地柔软、散热性好、吸水性和吸湿性强。利用衣服使身体周围的薄层空气与外界空气的温度、湿度保持动态平衡，使身体在寒冷季节时保留温暖体温、在炎热季节时散热降温。不宜穿着易引起过敏反应的化纤内衣裤。衣着不宜束缚太紧，以免影响血液循环或呼吸，从而妨碍身体健康。

鞋子可保护足部不受外界的机械损伤，避免扑打伤及地面凹凸所形成的挫伤。鉴于此，鞋子要大小适宜，不宜过短瘦，鞋头不宜过尖，以免使足趾变形和造成畸形。

二、整洁大方

大学生的衣着除了利于身体健康外，也应符合时代的发展和自己的性格、气质及体型等方面。按照构成服装美的三要素（色彩、线条、面料），可选择美观、整洁、大方、利于活动的服装。夏季的服装色彩应浅一些，而冬季的服装色彩应深一些。

三、利于体育活动

大学生上体育课和参加体育活动时，衣着要符合运动的特点，要有利于身体的自由活动，并能防止运动创伤。因此，可根据各个运动项目的要求，选择有利于各项运动的运动衣裤。每次运动后汗湿了的背心、短裤等衣服都应及时换掉，并及时清洗干净。运动时最好穿着大小适宜，并具有一定弹性和良好通透性的运动鞋。运动时穿的袜子最好柔软、吸水。切不能穿皮鞋、丝袜等不符合运动要求的鞋袜参加体育运动。

第六节　电脑与健康

一、长时间使用电脑的危害

随着电脑的普及，和电脑有关的疾病也日益增多，很多长期在电脑前工作的人常常会感觉眼睛干涩、视力模糊、腰酸背痛、记忆力下降等。

（一）引起干眼症

泪液主要有三大功能：一是湿润眼球；二是保持眼球的洁净；三是与眼屈光有关。如果泪液分泌太少或者蒸发过多，角膜表面和结膜表面得不到足够的滋润，看东西时，就会出现视物不清、眼睛酸涩等状况。眨眼是一种保护性的神经反射作用，使泪水均匀地涂在角膜和结膜表面，以保持其润湿。正常人每分钟眨眼为10~20次，倘若长时间凝视电脑屏幕，眨眼次数常减少至每分钟4~5次，眼睛便会感到干涩。

由于眼睛长时间注视电脑屏幕，眨眼的次数减少，使角膜不能得到充分的滋润，从而出现眼睛干涩的症状。

美国全国职业保健与安全研究所的调查显示，每天在电脑前工作3小时以上的人中，有90%的人眼睛有问题，表现症状是：眼睛干涩、头痛、烦躁、疲劳、注意力难以集中等，这种电脑视力综合征就是典型的干眼症。日本眼科医学会的一项调查结果也显示，长期面对电脑屏幕的工作人员中约有1/3患上干眼症。

（二）长期使用电脑导致年轻人记忆力减退

日本北海道大学医学院的研究人员近日在对150名年龄在20~35岁、经常使用计算机的受测者进行调查后指出，随着个人电脑的日益普及，二三十岁的年轻人正越来越多地受到记忆力减退的困扰，主要原因是他们对电脑的依赖过强，从而使得自己的脑功能反而减弱。

在上述接受调查的人中，很多人抱怨说他们有时无法记起同事的姓名、经常忘记约会的时间，一些病情严重者还不得不辞掉自己的工作。对此，研究人员指出，罪魁祸首就是方兴未艾的计算机技术、电子记事本以及自动汽车导航系统的问世和普及。他们认为这些设备导致人脑的使用率越来越低，因此而产生的海量信息还使得人们无法区别重要和次要的信息，致使人脑发生混乱。

北海道大学医学院一位神经学教授表示：“如今的年轻人正在变得越来越愚笨，他们过分依赖电脑，自己却失去了学习和记忆新东西的能力，这是一种典型的大脑退化症。”另外，美国亚特兰大市心理研究中心的戴维·坎特博士也表示：“知识时代出现的信息大爆炸使得很多人无法再吸收新的知识，他们的大脑因为充斥了过多的次要信息而达到了饱和状态，这些人往往会因此而忘记很多重要的信息。”

（三）笔记本电脑带来的健康问题

与台式机相比，笔记本由于存在难以克服的设计缺陷，更容易给使用者的健康造成损害。其中一个难以克服的缺陷是键盘和屏幕距离太近。美国人机工程学会的汤姆·艾尔宾说："当你使用一台笔记本电脑时，你希望你的头部和颈部能保持一种舒服的姿势或能使你的手臂感觉舒服，但在使用笔记本电脑时要同时做到这两点是不可能的。"

这是因为台式电脑使用者可以将电脑屏幕的高度调整到与眼睛处于同一水平位置，而且键盘可以置于屏幕下方大约20英寸（1英寸=2.54厘米）的地方，这样在使用电脑时就可以保持一个比较舒服的姿势。卡罗因·斯姆克说："很多台式电脑使用者抱怨肌肉和骨骼出现疼痛，但笔记本电脑在设计方面的缺陷更加突出，对健康的危害也更严重。"

二、合理使用电脑

如果由于工作学习需要，不得不长时间坐在电脑跟前，为了减轻疲劳，预防疾病的发生，应该做到以下几点：

（1）注意养成良好的卫生习惯。电脑操作者不宜一边操作电脑一边吃东西，也不宜在操作室内就餐，否则易造成消化不良或胃炎。电脑键盘接触者较多，工作完毕应洗手以防传染病。

（2）注意保持皮肤清洁。应经常保持脸部和手的皮肤清洁，因为电脑荧光屏表面存在着大量静电，其集聚的灰尘可转射到操作者脸部和手的皮肤裸露处，如不注意清洁，时间久了，易发生难看的斑疹、色素沉着，严重者甚至会引起皮肤病变，影响美容与身心健康。

（3）注意补充营养。电脑操作者在荧光屏前工作时间过长，视网膜上的视紫红质会消耗过多，而视紫红质主要由维生素A合成。因此，电脑操作者应多吃些胡萝卜、白菜、豆芽、豆腐、红枣、橘子以及牛奶、鸡蛋、动物肝脏、瘦肉等食物，以补充维生素A和蛋白质。平时可多饮些茶，茶叶中含有茶多酚等活性物质，有吸收与拮抗放射性物质的作用，对人体结构功能以及遗传基因有一定的保护作用。

（4）注意正确的姿势。操作时坐姿应正确舒适。应将电脑屏幕中心位置安装在与操作者胸部同一水平线上，眼睛与屏幕的距离应在40~50厘米，最好使用可以调节高低的椅子。在操作过程中，应经常眨眨眼睛或闭目休息一会儿，以调节和改善视力，预防视力减退。

（5）注意工作环境。电脑室内光线要适宜，不可过亮或过暗，避免光线直接照射在荧光屏上而产生干扰光线。定期清除室内的粉尘及微生物，清理卫生时最好用湿布，对空气过滤器进行消毒处理，合理调节风量，吸收新鲜空气。使用防护屏，以最大可能地减少电磁辐射对人体的危害。

（6）注意劳逸结合。一般来说，电脑操作人员在连续工作1小时后应该休息10分钟左右，并且最好到操作室以外活动活动手脚与躯干、散散步、做做广播操，进行积极的休息；或者在室内做眼睛保健操和活动头部（颈部保健操）。

（7）注意保护视力。为了保护好视力，除了定时休息、注意补充含维生素A类丰富的食物之外，还要经常远眺、经常做眼睛保健操、保证充足的睡眠时间。

思考题

1. 学生怎样做到合理用脑？
2. 近视眼怎样分类，大学生怎样讲究用脑卫生？
3. 口腔、牙齿有哪些卫生要求？
4. 皮肤、毛发有哪些卫生要求？
5. 大学生应遵守什么样的睡眠卫生要求？
6. 长时间使用电脑时，应该注意些什么？

第十章　大学生常见疾病的防治

第一节　常见症状及临床意义

一、发热

（一）病因与机理

正常人的体温是相对恒定的，而体温的相对恒定是在体温调节中枢的控制下，机体产热和散热过程保持动态平衡的结果。我国正常人体口腔（舌下）温度在36.7℃~37.3℃之间，腋窝温度较口腔温度略低，为0.2℃~0.5℃。在一昼夜之中，人体体温可呈现周期性波动，清晨2~6时体温最低，午后1~6时最高，但波动幅度一般不超过1℃。各种原因引起体温中枢功能紊乱，产热与散热不平衡，致使体温超过正常范围，称为发热。发热属全身性反应，按照发热温度的高低可分为低热（37.4℃~38.9℃）、中等度热（38℃~39℃）、高热（39℃~41℃）和超高热（41℃以上）。大多数情况下，发热是人体防御疾病的反应。

（二）临床意义

发热的病因大致分为感染性与非感染性两大类，其中以感染性发热多见。各种病原体（如病毒、细菌、支原体等）引起急性或慢性感染。其原因是由于病原体的代谢产物或其毒素作用于白细胞而产生致热源，从而导致发热。非感染性发热主要由以下原因引起：无菌性坏死物质吸收，如组织机械外伤、内出血、手术后、癌、白血病等；变态反应，如风湿热、结缔组织疾病等；体温调节中枢功能失常，如中暑、机械性脑损伤等。

二、头痛

（一）病因及机理

头痛是许多疾病常见症状之一。病变部位可以在颅内，如脑肿瘤、脑膜炎刺激硬脑膜及神经。病变也可在颅外，如皮肤、筋膜、肌肉等有痛觉神经，在受到扩张、牵拉、挤压及遭受动脉扩张、炎症等时，均可产生头痛。

（二）临床意义

各种不同病因引起的头痛特点各有不同。

（1）动脉血管扩张引起头痛的特点是跳动性疼痛，即与脉搏跳动相一致。

（2）偏头痛多见于年轻女性，在先兆期有全身不适、眼冒火星、头晕、手足发麻等症状。发作期限于一侧眼眶、额部、颞部的剧烈跳痛，有时弥散到整个头部，可伴有恶心呕吐，一般睡眠后缓解，每次发作持续数小时或数天。

（3）感染发热后头痛，常集中在前额和后枕部，也可弥散于整个头部。如病毒性感冒。

（4）高血压头痛为持续性、紧张感的跳痛或胀痛，常位于前额、后枕部，当摇头、用力时加重，常有头晕。

（5）刺激神经末梢产生的头痛是头部各器官及组织有病变时，由于病灶、细菌和毒素常可刺激局部痛觉感受器，而引起的头痛。如中耳炎、鼻窦炎、眼屈光不正引起的头部隐痛和钝痛。

三、胸痛

（一）病因和机理

胸痛可由胸内、胸外疾病引起。如胸壁组织病变，包括皮肤、神经、肌肉、骨骼等病变；浆膜壁层受刺激；心肌缺血缺氧；肌肉张力增加；内脏器官的牵涉痛。引起胸痛的病因主要是：外伤，各种胸部创伤引起胸壁或胸内脏器的损害；胸壁的炎症，如皮炎、肋骨软骨炎、胸膜炎、肌纤维炎、心包炎等；心脏缺血缺氧，如心绞痛、心肌梗死；胸腔内肿瘤，如肺癌、食管癌；神经病变，如肋间神经炎、带状疱疹。

（二）临床意义

胸痛伴发热，可见于大叶性肺炎、结核性胸膜炎。胸痛伴咳嗽、咳痰、咯血，可见于肺结核、肺癌。胸痛主要表现为心前区闷痛，并有紧压感，可放射到左肩、左臂及手指，见于心绞痛、心肌梗死。胸痛伴有胸闷、呼吸困难，如气胸、支气管哮喘、肺气肿等。肋骨软骨炎时，疼痛在肋软骨与肋骨交界处，并有隆起。食管炎的疼痛常局限于胸骨后，且在吞咽时加重。胃、十二指肠疾病时，疼痛可在胸骨下端。胆囊炎、胆石症的疼痛可在右胸和右肩处。

四、腹痛

（一）病因和机理

腹痛可由腹腔内脏器功能性失常或器质性病变引起，也可由腹膜外器官和病变引起。如腹腔内空腔脏器的平滑肌强烈收缩或腔内压力增高，或其壁膨胀或伸张；实体脏器肿大，如肝肿大，致使包膜受到牵张或周围组织发生炎症；化学性或其他物质刺激腹膜壁层；脏器血管痉挛或阻塞，使局部缺血；腹壁软组织病变引起的疼痛；腹腔外其他内脏器官病变发生的牵涉痛；一些内分泌疾病及过敏等，也常引起不同程度的腹痛。

（二）临床意义

腹痛分为急性腹痛和慢性腹痛。

（1）急性炎症引起急性腹痛，起病急，有发热。如急性胃炎疼痛在上腹部，胆囊为疼痛在右上腹，阑尾炎疼痛在右下腹。另外，急性胃肠穿孔、空腔脏器阻塞或扭转、内脏破裂等，均可引起急性腹痛。

（2）慢性腹痛胃、十二指肠溃疡和慢性炎症是最常见的原因。溃疡病时，疼痛在上腹部，呈节律性和周期性；慢性胃炎的疼痛伴有食欲减退、恶心、呕吐。慢性肝炎可有右上腹部或右肋缘下部隐痛。妇科疾病如慢性盆腔炎、输卵管炎等，多有下腹部痛。

（3）腹痛伴发热可能是腹腔脏器急性炎症，如阑尾炎、胆囊炎等。腹痛伴呕吐，可见于急性胃肠炎、胆囊炎。腹痛伴腹泻，见于食物中毒、肠炎、肠结核等。腹痛伴血便，见于急慢性痢疾、肠肿瘤、结肠炎；如解黑便，可能是胃、十二指肠溃疡出血。尿路结石时，腹痛可伴血尿。腹痛伴黄疸，可见于肝炎、胆囊炎、胆石症。

五、肌肉关节痛

（一）急性肌肉痛

引起急性肌肉痛的原因主要有：肌肉挫伤、拉伤、肌肉劳损，急性发热，如流行性感冒、疟疾、风湿热等。

（二）慢性肌肉痛

引起慢性肌肉痛的原因主要有：可由外伤、慢性劳损；关节病，如类风湿性关节炎、骨关节炎等。

（三）关节痛

根据病因，关节痛可分为以下几类：

（1）关节内骨折、脱位、关节周围软组织挫伤拉伤，特点是活动时疼痛加重并有活动受限。

（2）感染化脓性关节炎，常有急性化脓性感染史，伴发热，有关节积脓。结核性关节炎，多见于青少年，有结核病史，关节有酸痛肿胀，活动受限。

（3）结缔组织病风湿热所致的关节炎多累及大关节，如肩、肘、髋、膝关节，有红肿热痛，并可引起心脏炎症。类风湿性关节炎多侵犯指、足趾、踝等小关节，常两侧对称，有低热，严重者手足关节可发生畸形、强直。

六、皮肤黏膜出血

（一）病因和机理

皮肤黏膜出血是因机体止血或凝血功能障碍所引起，通常以全身性或局限性皮肤黏膜自发性出血或损伤后难以止血为临床特征。直径在 3 毫米内为出血点，3~5 毫米为紫癜，大于5毫米为淤斑，局部隆起为血肿。引起皮肤黏膜出血的基本病因有三个因素，即血管壁异常、血小板异常及凝血功能障碍。

（1）血管壁异常。正常在血管破损时，局部小血管即发生反射性收缩，使血流变慢，以利于初期止血，继之，在血小板释放的血管收缩素等作用下，使毛细血管较持久收缩，发挥止血作用。当毛细血管存在先天性缺陷或受损伤时则不能正常地收缩发挥止血作用，而致皮肤黏膜出血。

（2）血小板异常。血小板在止血过程中起重要作用，在血管损伤处血小板相互黏附，聚集成白色血栓阻塞伤口。血小板膜磷脂在磷脂酶作用下释放花生四烯酸，随后转化为血栓烷，进一步促进血小板聚集，并有强烈的血管收缩作用，促进局部止血。当血小板数量或功能异常时，均可引起皮肤黏膜出血。

（3）凝血功能障碍。凝血过程较复杂，有许多凝血因子参与，任何一个凝血因子缺乏或功能不足均可引起凝血障碍，导致皮肤黏膜出血。

（二）临床意义

血小板减少性出血的特点是皮下出血，压之不退色，常伴有出血点、紫癜、瘀斑、鼻出血、牙龈出血、血尿及黑便、月经过多等症状。化验检查主要是血小板计数减少。血小板功能异常者血小板计数正常，但有多发性皮下出血点、瘀斑、鼻出血、月经过多。

血管性疾病最常见的是过敏性紫癜，表现为四肢或臀部有对称性、高起皮肤的紫斑，多有轻度痒感。常伴有关节痛、腹痛和黑便。

凝血因子缺乏，如血友病，特点为创伤后血流不止、关节及肌肉血肿；肝胆疾病引起的获得性凝血因子缺乏时表现为紫癜、鼻出血、牙龈出血。

七、咳嗽与咳痰

（一）病因和机理

咳嗽是一种保护性反射动作，呼吸道内的分泌物和从外界吸入的异物，可借咳嗽反射而排出体外。引起咳嗽的原因很多，从咽部至小支气管受到刺激时，均可引起咳嗽。如咽、喉、气管、支气管和肺部刺激性气体吸入、异物、炎症、肿瘤、出血等，均可引起咳嗽，其中最常见的是炎症和刺激性气体引起的咳嗽。

咳痰是因为呼吸道内有分泌物，借助于支气管黏膜纤毛上皮细胞的纤毛运动、支气管肌肉的收缩以及咳嗽时气流从肺内快速冲出，将呼吸道内的分泌物排向口腔。正常情况下支气管内会分泌少量黏液，使支气管黏膜保持湿润。当咽、喉、气管、支气管或肺发生炎症时，分泌物增多，分泌物与从毛细血管内渗出的浆液混合而成痰。痰中常含有细菌、病毒等微生物。

（二）临床意义

咳嗽而无痰或少痰，称为干性咳嗽，常见于急性咽喉炎、支气管炎的初期；咳嗽伴有痰液，称为湿性咳嗽，常见于肺炎、慢性咽炎、慢性支气管炎、严重肺结核。

急性骤然发生的咳嗽，多由于急性上呼吸道炎症及气管或支气管内异物吸入引起；长期慢性咳嗽，多见于呼吸道的慢性病，如慢性支气管炎、支气管哮喘和肺结核。

咳嗽伴发热，常表示呼吸器官有急性或活动性感染，如肺炎、流行性感冒、活动性肺结核、支气管炎等。咳嗽伴胸痛，可见于胸膜炎、大叶性肺炎、肺癌等。

咳出的痰如呈无色或灰白色黏液样，表示是正常人或呼吸道有轻微炎症者。如痰为黄绿色脓性痰，表示呼吸道有化脓性感染。痰为红色或棕红色，表示痰内有血液或血红蛋白，见于肺结核、支气管炎、肺癌等。

八、心悸

（一）病因和机理

心悸是指病人自觉心跳或心慌，伴有心前区不适感，体格检查时可发现心率加快或减慢、心律规则或不规则，或心搏增强等。

（二）临床意义

心肌收缩力量加强，可引起心悸。属于生理性的心悸发生于剧烈体力活动或精神激动之后。有些心肌收缩力量加强引起的心悸属病理性的，如高血压病、风湿热、贫血、高热、甲状腺功能亢进等。

部分心悸是由于心律失常引起，如心动过速、心动过缓、室性早搏、房性早搏等。在早搏时，有时可出现心脏停搏的感觉。心律失常可以是生理性的，也可以是病理性的，如心肌炎、风湿热、心肌缺血等引起的心律失常属病理性的。

心脏神经官能症是由于植物神经功能失调而引起心血管功能紊乱的一种综合症，常见于年轻人。除有心悸感觉外，常有安静状态时心率加快、胸部刺痛或隐痛、呼吸不畅，并伴有头痛、头晕、失眠、多梦、易疲劳、注意力不集中等症状。发作常与精神因素有关。

心悸伴胸痛，可见于冠心病、心肌炎、心脏神经官能症。心悸伴发热，可见于风湿热、重症贫血、甲状腺功能亢进、心肌炎等。心悸伴呼吸困难，可见于心肌梗塞、心包炎、心肌炎、心功能不全、重症贫血、心脏神经官能症。心悸伴昏厥、抽搐，可见于心律失常引起的脑缺氧综合症。

九、恶心与呕吐

（一）病因与机理

恶心常为呕吐的前驱感觉，但也可单独出现，主要表现为心窝部的特殊不适感，常有头晕、流口水、脉缓慢、血压降低。呕吐可将有害物质从胃排出，从而起保护作用，但持久而剧烈的呕吐，可引起失水、电解质紊乱、碱中毒和营养障碍。

引起呕吐的病因有中枢性和周围性两类。中枢性呕吐可由中枢神经病变引起的颅内压升高引起，如脑膜炎、脑炎、脑肿瘤等；也可由前庭功能障碍引起，如晕动病（晕车、晕船等）、内耳眩晕病。精神性呕吐是一种神经官能症，也属于中枢性呕吐。

周围性呕吐可由胃受刺激或胃病变引起，如各种原因引起的急、慢性胃炎以及由于炎症、溃疡、肿瘤等引起的胃幽门梗阻；也可由腹腔内其他脏器炎症而引起反射性呕吐，如胆囊炎、阑尾炎。咽部受刺激也可引起反射性呕吐。

（二）临床意义

呕吐伴有剧烈头痛，常见恶心先兆，呕吐呈喷射状，吐后不感轻松，一般是由中枢神经系统病变引起的颅内压增高所致。

前庭功能障碍所致的呕吐，与头部位置改变有密切的关系，常伴有眩晕、恶心、血压下降、皮肤苍白、出汗、心悸。

精神性呕吐与精神因素有密切关系，无恶心，食后立即发生，吐完后可再进食，营养状态无变化，也不伴有其他症状。

急、慢性胃炎引起的呕吐，常伴有上腹部疼痛不适。急性肠胃炎引起的呕吐，伴有腹部尤其是脐周疼痛，常伴有腹泻。

腹腔内脏器炎症，如阑尾炎、胆囊炎、胰腺炎等引起的反射性呕吐，特点是有恶心的先兆、吐后不感到轻松、胃已无食物仍干呕不止，常伴有发热和腹痛。在急性肝炎、胆囊炎、胆石症时还可伴有黄疸。

十、腹泻

（一）病因和机理

引起腹泻的病因主要有：细菌性食物中毒；急性胃肠道传染病，如霍乱、菌痢等；慢性肠道感染性疾病，如慢性菌痢、肠结核、慢性阿米巴病等；肠道变态反应性病变，如进食鱼、虾、菠萝等引起的过敏反应；饮食不当，进食过多生冷或油腻的食品；慢性胃炎、慢性胰腺炎、非特异性肠炎等。

腹泻的机理主要是各种致病原因引起肠管运动增加和分泌功能亢进，以及消化与吸收功能障碍，致使肠内容物迅速通过肠管，水分及营养物质不能充分吸收，粪便稀薄，大便频繁。

（二）临床意义

腹泻时肠内的病原菌、毒素或刺激性物质可随粪便排出体外，对机体起保护性作用。但持续的剧烈腹泻可使机体丧失大量水分、电解质、营养物质等，从而造成脱水、电解质紊乱、酸碱平衡失调，甚至营养不良。

腹泻的病因不同，大便性状也可不同。如大便稀薄或水样，伴有未消化的食物残渣，多见于食物中毒、小肠炎症等；大便带脓血、黏液，则以细菌性或阿米巴性痢疾为多见；大便呈血水或洗肉水样，可能为嗜盐菌感染或急性坏死性肠炎；大便呈米泔水样，常见于霍乱或副霍乱等。

腹泻伴腹痛是较常见的临床表现，见于菌痢、肠炎、食物中毒、肠道变态反应等。腹泻伴呕吐，常见于食物中毒、急性肠胃炎。腹泻伴发热，常见于菌痢。腹泻先急后重，常见于菌痢、结肠癌等。

十一、便血

（一）病因及发病机理

消化道的血经肛门排出体外，称为便血。引起便血的原因可以是肠道的各种炎症、肠道传染病、肠癌或息肉、痔疮或肛裂等。不同病因、不同部位出血引起的便血性质不同。便血可为大便带血或全血便，其颜色可呈鲜红色、暗红色或柏油样黑色。一般出血部位越高，在肠道内停留时间越长，则便色越黑，而且常与粪便均匀混合。

（二）临床意义

（1）鲜血便。鲜血便，一般来自回肠下端、结肠、直肠和肛门，其色呈鲜红或暗红，可混有脓或黏液。如果是痔疮或肛裂，常在大便后滴出少量新鲜血液，也可呈血丝附在粪便表面，同时可伴有肛门异物感或疼痛。如果是菌痢，可有少量鲜血与粪便混合，呈脓血样或脓血黏液样粪便；同时大便次数增加、先急后重，下腹部有疼痛。患有直肠癌或息肉时，便血量不多，呈鲜红色，不与粪便混合，可有脓或黏液；患有结肠癌或息肉时，便血多呈暗红或鲜红色，有时混有脓或黏液，常与粪便混合排出。

（2）柏油样黑便。当上消化道出血时，红细胞中的血红蛋白在肠内与硫化物结合成硫化铁，致使便色黑而发亮，外观似柏油。一般见于胃溃疡、十二指肠溃疡病、胃炎、肝硬化、胃癌等引起的出血。此外，食入大量动物血，或服用大量铁剂、某些中药等，大便也可呈黑色。

（3）隐血便。消化道少量出血可不引起大便颜色改变，只有靠大便隐血试验才能确定。凡是消化道疾病引起少量出血的，均可有隐血便。常见于溃疡病、消化道恶性肿瘤。

第二节　急性上呼吸道感染

急性上呼吸道感染简称上感，是由病毒或细菌引起的鼻、鼻咽或咽喉部的急性炎症的总称。全年皆可发病，冬春季多发，常在受凉、淋雨和过度劳累等诱因存在时，由于全身或呼吸道局部防御功能降低而发病。普通感冒症状轻、病程短、传染性小，可自行痊愈。但是，上感可能是某些急性传染病的前驱症状，所以，在传染病流行季节，对感冒不应掉以轻心，应根据情况及时就医。

一、病因

普通感冒大多数由病毒引起，少部分由细菌引起。病毒或细菌主要寄存在病人或隐性感染者的呼吸道分泌物中，通过说话、咳嗽、打喷嚏等方式散播到空气中，健康人吸入后，在某些诱因影响下，就会引起感染而发病。

二、临床表现

根据病因的不同，上感在临床上可表现为不同类型。

（1）普通感冒，俗称“伤风”，又称急性鼻炎，多由鼻病毒引起。起病较急，初期有咽干、咽痒或灼热感，进而出现打喷嚏、鼻塞、流清水样鼻涕，2~3天后变稠。有时伴有耳咽管炎，也可出现流泪、声嘶、少许咳嗽等。一般无发热和全身症状，或只有低热、不适、头痛。如没有合并症，5~7天痊愈。

（2）病毒性咽炎和喉炎，由鼻病毒、腺病毒、流感病毒等引起。可表现为咽部发痒、灼热感、疼痛不突出；也可表现为声音嘶哑、讲话困难、咳嗽时疼痛等急性喉炎的症状。

（3）疱疹性咽峡炎，常由柯萨奇病毒引起。表现为明显咽痛、发热，检查咽部充血，咽部和扁桃体表面有灰白色疱疹及浅表溃疡。

（4）咽结合膜热，主要由腺病毒、柯萨奇病毒引起。表现为发热、咽痛、畏光、流泪、咽部和结合膜明显充血。

（5）细菌性咽、扁桃体炎，多由溶血性链球菌引起。起病急，畏寒、发热、体温可达39℃以上。咽部充血明显，扁桃体肿大、充血。表面有黄色点状渗出物，颌下淋巴结肿大、压痛。

三、治疗

（1）感冒药：西药有感康、泰诺、新康泰克、白加黑、快克、必理通、康必得等；中成药有维生素C银翘片、感冒清热颗粒、九味羌活丸、银柴冲剂、桑菊感冒片等。

（2）抗菌药：西药常选阿莫西林、氨必仙、头孢拉定、利君沙、氧氟沙星、克拉霉素等（注：奎诺酮类，如氧氟沙星等，16岁以下禁用，青霉素、磺胺类有过敏史者禁用）。

（3）中成药：清开灵软胶囊、莲花清瘟胶囊、板蓝根冲剂、双黄连口服液、复方穿心莲片、黄连上清片、清火栀麦片、复方鱼腥草合剂等。

（4）抗病毒药：抗病毒颗粒、抗病毒胶囊、利巴韦林、阿昔洛韦等。

（5）祛痰止咳药：西药有咳必清（枸橼酸喷托维林）、沐舒坦（盐酸氨溴素）、氢溴酸右美沙芬、复方甘草片、羧甲司坦（羧甲基半胱氨酸）等；中成药有复方鲜竹沥水、罗汉果止咳糖浆、止咳丸、川贝枇杷露、急支糖浆、复方鱼腥草合剂、橘红片等。

（6）退热药：布洛芬、复方阿司匹林、对乙酰胺基酸（扑热息痛）等。

（7）含片：金嗓子喉宝、华素片、草珊瑚、西瓜霜等。

（8）外用：冰袋，退热贴（多为儿童发热保护大脑用）。

四、健康教育

（1）积极参加体育锻炼，增强体质，提高机体抵抗力，尤其应进行耐寒能力的锻炼，如冷水洗脸、冷水擦浴等。

（2）根据天气变化，随时增减衣服，避免着凉；合理作息，避免过度劳累等。

(3) 讲究卫生，室内经常通风换气，保持空气的流通；勤晒被褥等。

(4) 在感冒多发季节，少到商场、影剧院等人多的公共场所去，以免被传染。

(5) 已患感冒应注意休息，多喝开水；根据情况及时服药或就诊治疗。

第三节 支气管炎

支气管炎是由感染，物理、化学刺激或过敏引起的炎症。临床主要症状有咳嗽、咳痰，常见于寒冷季节或气候突变时节。可分为急性支气管炎和慢性支气管炎。病因多由细菌病毒直接感染，也可因急性上呼吸道感染的病毒和细菌蔓延引起本病。常见致病细菌为流感嗜血杆菌、肺炎球菌、链球菌、葡萄球菌及一些病毒，还可因冷空气、粉尘、刺激性气体或烟雾吸入刺激气管、支气管黏膜等引起。花粉、真菌孢子吸入，钩虫、蛔虫的幼虫在肺移行或细菌蛋白质致过敏炎症反应也可导致本病。

一、急性支气管炎

急性支气管炎起病较急，常常先有急性上呼吸道感染症状，当炎症累及气管支气管黏膜，即出现咳嗽、咳痰，先为干咳或少量黏液性痰，后转为黏液脓性痰，痰量增多，咳嗽加剧，偶可见痰中带血。可出现不同程度的气促，胸骨后发紧感，体检两肺呼吸音粗糙，有时可有散在干湿啰音。全身症状一般较轻，可有发热、咳嗽、咳痰延续2~3周才消失，如迁延不愈，日久可转化为慢性支气管炎。

二、慢性支气管炎

患急性支气管炎反复多次则可形成慢性支气管炎（简称慢支炎）。慢支炎的诊断标准：①每年反复咳嗽3个月以上；②连续出现两年以上；③应排除其他呼吸道疾病。

感染因素是慢支炎发病和病情加剧的一个重要因素，主要为细菌和病毒感染，偶见支原体感染，特别是在病毒或病毒合并支原体混合感染损伤气道黏膜的基础上可继发细菌感染。感染虽与慢支炎的发生发展有密切关系，但目前尚无足够的证据说明为首发病因。理化因素如刺激性烟雾、粉尘、大气污染、吸烟等慢性刺激，使支气管黏膜清除功能受损，局部的抵抗力降低，故理化因素常为慢支炎的诱发病因。喘息型支气管炎往往有花粉、尘埃、尘螨、真菌、寄生虫等成为过敏因素致病。气候变化时空气的刺激也是诱发慢支炎的病因之一。

慢支炎多缓慢起病，病程较长，反复急性发作而加重。主要症状有慢性咳嗽、咳痰、喘息气促，一年四季均可发病，秋冬季节易发且加重。发病年龄多为中年以上，发病率随年龄增长而增高。由于慢支炎反复发作，迁延不愈，使肺部的通气、换气功能均受损。随着病情加重，患者的气道狭窄，阻力增加，日久可并发肺气肿、肺源性心脏病，晚期发生心功能衰竭，反复发作直至死亡。早期患者的X线照片可无异常，病情反复发作后，X线照片可见两肺纹理增粗、紊乱，呈网状和条索状，下肺野较明显。

三、治疗

（1）应针对病因、病程和反复发作的特点，采取防治结合的综合措施。

（2）急性发作期和慢性迁延期均应以抗感染、祛痰、镇咳为主，伴发喘息时，使用平喘药物。抗生素可用青霉素、红霉素、氨苄青霉素、庆大霉素、头孢类、病毒唑等。祛痰止咳可用氯化铵、甘草合剂等。平喘可用氨茶碱，也可用喘乐宁气雾剂气雾疗法。

四、健康教育

（1）临床缓解期病人宜加强锻炼，增强体质，提高机体抵抗力，防止复发。

（2）根据天气变化，注意保暖、避免受凉、预防感冒。

（3）劳逸结合，避免过度疲劳。

（4）减少理化因素的刺激，如戒烟。

总之，应以预防、减少复发为主，这样可以延缓并发肺气肿、肺源性心脏病的发生。

第四节　肺炎

肺炎是肺实质的炎症，可由多种病原体引起，如细菌、病毒、真菌、寄生虫等，其他如放射线、化学过敏因素等亦能引起肺炎。我国每年约有 250 万例肺炎发生，12.5 万人因肺炎死亡。肺炎按感染的病原体的种类可分为细菌性肺炎和非细菌性肺炎。前者以肺炎球菌肺炎多见，后者以肺炎支原体肺炎多见。

一、分类及临床表现

（一）肺炎球菌肺炎

它由肺炎球菌引起，以冬季和初春发病为多。患者常有受凉、淋雨、疲劳等诱因。半数病例有数日的上呼吸道感染的先驱症状，起病急，常有寒颤、高热、呼吸困难、咳嗽、黏痰、脓痰或铁锈色痰、食欲不振、呕吐、腹泻、烦躁不安、嗜睡、谵语等症状。口角和鼻周可出现单纯性疱疹，心率（脉搏）增快，有时心律不齐。重症感染可伴有败血症，皮肤和黏膜可有出血点，巩膜黄染，颈部抵抗，更严重者可伴发休克，须积极抢救。化验检查时周围血象中仅白细胞计数和中性粒细胞明显增高，线检查可见肺纹理增粗或受累的肺段肺叶模糊。

（二）肺炎支原体肺炎

它由肺炎支原体引起，青壮年较易罹患。以感冒样症状而缓慢发病，全身症状通常较轻。发热呈中等度，多持续 1~2 周。咽痛与咳嗽是常见的症状，发病初期以阵发性、干呛性咳嗽为主，以后约半数病例可咯少量黏液或痰中带血丝或小量咯血，而无锈色痰。这种呛咳和痰的特征在肺炎球菌肺炎患者中比较少见。化验检查时，患者的血象白细胞计数正常或稍高，以中性粒细胞为主。X 线检查符合间质性肺炎所见。

二、治疗

（1）抗感染：首选抗生素类药物，疗程一般为 5~7 天或在退热后 3 天停药。

（2）支持：病人应卧床休息，注意足够蛋白质、热量和维生素等的摄入，食用易消化食物或半流食，不能进食者应接受静脉补液和补充维生素。高热、胸痛等患者要及时给予对症处理。

及时处理并发症：用适当抗生药物后，高热一般在 24 小时内消退或数日内逐渐下降。体温再升高 3 天后仍不退者，应注意是否肺外感染，如脓胸、心包炎或关节炎等。10%~20% 的肺炎球菌可伴发胸腔积液；肺炎治疗不当时，有 5% 并发脓胸，均须及时处理，并发感染性休克时应积极抢救。

三、健康教育

（1）加强耐寒锻炼，预防上呼吸道感染。

（2）避免过量饮酒和吸烟，防止受凉和过劳。

（3）体质衰弱及免疫功能减退者，可注射肺炎免疫疫苗。

第五节　自发性气胸

自发性气胸是指因肺部疾病使肺组织和脏层胸膜破裂，或靠近肺表面的细微气肿泡破裂，肺和支气管内空气逸入胸膜腔。多见于男性青壮年或患有慢性支气管炎、肺气肿、肺结核者等症状的患者，在大学生群体中多见于瘦高体形的男生。本病属肺科急症之一，严重者可危及生命，及时处理可治愈。

一、临床表现

气胸发作时病人均呼吸困难，其严重程度与发作的过程、肺被压缩的程度和原有的肺功能状态有关。呼吸功能正常的年轻病人，无明显的呼吸困难，即使肺被压缩面积大于 80%，亦仅会在活动时稍感胸闷；而患有慢性阻塞性肺气肿的老年病人，肺被轻度压缩就有明显的呼吸困难。急性发作的气胸，症状可能更明显；而慢性发作的气胸，健侧肺脏可以代偿性膨胀，临床症状可能会较轻。

发生气胸当时常出现突然尖锐性刺痛和刀割痛，与肺大疱突然破裂和肺被压缩的程度无关，可能与胸膜腔内压力增高、壁层胸膜受牵张有关。疼痛部位不统一，可局限在胸部，亦可向肩、背、上腹部放射。明显纵隔气肿存在时，可出现持续的胸骨后疼痛。疼痛是气胸病人最常见的主诉，而且在轻度气胸时，可能是唯一症状。

自发性气胸时偶有刺激性咳嗽；气胸合并血气胸时，如出血量多，病人会出现心悸、血压低、四肢发凉等症状。

二、治疗原则

尽快排气，使肺脏复张，解除胸腔积气对呼吸、循环系统所造成的障碍，同时治疗并发症和原发病。

（1）保持患者于平静的半卧位或坐位，勿过多移动，若呼吸急促或有发绀，立即给予吸氧；如有休克要立即进行抗休克治疗。

（2）胸腔排气是根本有效的治疗方法：若积气量小于 20%，可于 2~3 周内自行吸收，不需排气；气量较多时，可每日或隔日抽 7 次，每次不超过 1 升，直至肺大部分复张。为了持续有效地排气，可进行胸腔闭式引流手术。

（3）多次复发者可行胸膜黏连术，即胸腔内注射药物使胸膜产生无菌性变态反应性炎症，从而使脏、壁两层黏连，使胸膜腔闭锁，还可剖胸行胸膜修补术或经胸腔镜行粘连烙断术。

（4）针对原发病行抗感染、抗结核治疗并应用支气管扩张剂。

三、健康教育

（1）加强体育锻炼，提高呼吸系统抗病能力。

（2）气胸预防的关键是积极防治原发疾病，特别是慢性阻塞性肺疾病和呼吸道感染。对于有肺大疱的老人、尤其是有气胸病史者应保持大便通畅，避免接触呼吸道刺激物，避免劳累和负重。

第六节　急性胃肠炎

急性胃肠炎是急性胃炎合并急性肠炎的总称。急性胃炎是胃黏膜受到化学、物理的刺激或由于细菌及其毒素等的作用而引起的炎症，有时同时合并肠炎。多发生在暴饮暴食后，夏秋季节多见。

一、病因

（1）大量进食生冷、腐蚀、带有刺激性的食物或暴饮暴食等。

（2）香烟、烈酒、浓茶、咖啡、调味品等的刺激。

（3）某些药物如水杨酸盐类、肾上腺糖皮质激素类、消炎痛等药物的刺激。

二、临床表现

大多起病急，恶心、呕吐和（或）腹痛、腹泻。呕吐物多为胃内发酵食物或残渣。腹泻每日数次或十几次，大便为黄色稀便或水样便。常伴有发热、腹部不适、腹部持续隐痛或阵发性绞痛，肠鸣音亢进。若吐泻严重者可出现脱水的表现，还可有水电解质紊乱，酸碱平衡失调，上消化道出血（呕吐咖啡样物或黑便），甚至休克。

三、治疗

（1）去除病因，禁食各种刺激性的东西，暂时禁食，多饮开水。

（2）由细菌引起者可口服黄连素100~200毫克/次，3次/日；或氟哌酸0.2克/次，3次/日。

（3）腹痛明显者可皮下注射阿托品0.5毫克或口服颠茄合剂10毫升；胃痛明显者可口服普鲁苯辛15~30毫克/次，3次/日。

（4）脱水严重者应进行静脉补液。

（5）中医治疗可服用保济丸等，也可针刺足三里、中腕等穴位。

四、健康教育处方

（1）注意饮食卫生，不要暴饮暴食，不吃腐烂变质的食物，不过食生冷的食物，不过食有刺激性的食物，如辣椒等。

（2）养成良好的生活习惯，不要吸烟，少饮酒。

（3）慎用对胃有刺激的药物，必须服用时宜饭后服用。

第七节　急性阑尾炎

急性阑尾炎是外科常见病，占各种急腹症的首位，目前统计发病率约千分之一，10~40岁人群发病率占总数的85%，老幼均不例外；通常男多于女，学生期发病率最高。

一、解剖生理特点

由于阑尾是一个细长的管状结构，腔隙迂曲、细而窄，开口狭小，远端是盲端，所以当食物残渣、粪石、异物、寄生虫等以及物理因素使其阻塞或受胃肠道疾病的直接影响，如细菌的入侵（包括直接侵入、经血运而来和邻近器官感染的直接蔓延），胃肠道功能障碍时阑尾的血管和肌层反射性痉挛等，均可出现血运障碍、壁损害、炎症等症状发生。

二、自然转归

（1）炎症消退。病理损害较轻，病情好转可治愈。

（2）炎症消减，慢性复发。急性炎症消退、阑尾腔管更狭窄、更细，伴随有粘连、扭曲，腔内排出引流更为不畅等症状，炎症极易复发，即常见的经常反复发作。

（3）穿孔。急性炎症没能及时治疗，炎症加剧造成穿孔形成阑尾周围脓肿，后果严重。

（4）感染扩散。化脓性门静脉炎，即炎症栓子→回结肠静脉→肠系膜上静脉→门静脉→肝脓疡、脓毒败血症，脓栓→髂静脉→下腔静脉→肺静脉→肺脓疡→全身感染。

三、临床表现与诊断

典型的症状为转移性右下腹痛，即早期上腹或脐周围疼痛，多数约6~12小时后才定位到右下腹，同时伴有恶心、呕吐，有的有腹胀、便秘等消化道功能紊乱症状；乏力、纳差、头痛、畏寒或发热等症状；右下腹压痛，血象中白细胞升高等。最具有确诊意义的依据是转移性右下腹痛和右下腹（麦氏点）定位性压痛。

四、治疗原则

（1）明确诊断，早期手术切除，手术是安全最有效的方法。

（2）由于诊断不明或不可抗拒的原因，可试行有限时间的保守治疗。

（3）阑尾周围脓肿形成原则上暂缓手术。

（4）一旦感染扩散，全身中毒症状加剧，需行脓肿引流术。若出现严重的并发症或合并症，应进行相关治疗。

（5）慢性阑尾炎可在其他开腹手术时切除阑尾。

（6）边远地区工作或特殊行业可进行预防性切除，如边防战士、海员等。

五、健康教育

（1）加强锻炼，增强体质，减少诱发因素。

（2）及时正确地治疗全身性感染、消化道疾病等，防止并发阑尾炎症。

（3）由于多种原因，此病的并发症、手术后合并症仍占有相当高的比例，必须正规就诊处理。

第八节　消化性溃疡

消化性溃疡是消化道黏膜发生溃疡而引起的疾病。它是一种常见病，约20%的男性和10%的女性在一生中患过此病。消化性溃疡约98%发生在十二指肠和胃，故也称胃十二指肠溃疡。而十二指肠溃疡比胃溃疡更常见。胃和十二指肠溃疡以青壮年多发，男性更为多见。由于该病会经常反复发作，并可发生严重的并发症，故对人体健康的危害很大。

一、病因

（1）饮食因素如暴饮暴食，进食不规律，常喝浓茶、咖啡、烈酒等。

（2）不良饮食习惯如偏食、饮食过快、过冷、过热等。

（3）精神因素如长期紧张、焦虑、忧伤、怨恨等。

（4）遗传因素，本病有些人常有家族史。

（5）其他因素如长期大量吸烟、幽门螺旋杆菌感染等。

二、临床表现

（1）起病缓慢，长期反复发作，病程平均6~7年，有的甚至长达一二十年。

（2）以上腹部疼痛为主要表现，常伴有反酸、嗳气、恶心、呕吐等症状，部分病人可有失眠、多汗、消瘦等全身症状。腹痛呈长期性、周期性和节律性的特点。上腹痛呈周期性反复发作，上腹痛可持续几天、几周，而后缓解较长时间再次发作，以春秋季节发作较多。

（3）疼痛有节律性，胃溃疡疼痛多在餐后1小时内发生，1~2小时后逐渐缓解，直到下餐进食后再重复出现；十二指肠溃疡疼痛则发生在两餐之间，即饥饿时疼痛，进食后缓解，有的病人可在半夜疼痛。

（4）疼痛多呈隐痛、胀痛、灼痛或饥饿样痛，疼痛部位胃溃疡多在剑突下或偏左，十二指肠溃疡多在剑突下偏右。

（5）疼痛常因精神刺激、过度劳累、饮食不当、气候变化等因素诱发或加重，亦可因休息、进食、服用制酸药物或用手按压而减轻。

三、并发症

消化性溃疡很容易并发大出血、穿孔、幽门梗阻以及发生癌变。

（1）大出血表现为呕血或黑便（柏油便）。

（2）穿孔表现为突然上腹部剧痛，进而出现急性腹膜炎的征象，腹痛、拒按，甚至呈休克状态。

（3）幽门梗阻是由十二指肠球部或幽门处的溃疡引起局部组织充血、水肿、痉挛以及瘢痕所致。表现为餐后腹痛、大量呕吐宿食，呕吐后症状缓解，腹部可见蠕动波，严重者可伴有脱水、酸中毒等。

（4）癌变。部分胃溃疡可发生癌变，表现为内科治疗效果不佳，食欲减退，体重减轻，大便潜血检查长期持续阳性等则考虑癌变的可能，应及时做进一步的检查确诊。

四、治疗

1. 一般治疗

消除顾虑，树立战胜疾病的信心；劳逸结合，避免精神紧张；生活规律，按时进餐；避免进食刺激性的食物，戒烟酒等。

2. 药物治疗

（1）制酸剂如胃舒平2~4片/次，3~4次/日，嚼服；氢氧化铝凝胶15~20毫升/次，3~4次/日，口服等。

（2）抗胆碱药如阿托品0.3~0.6毫克/次，口服或0.5毫克/次，肌注；普鲁苯辛15~30毫克/次，口服。

（3）组织胺H_2-受体阻断剂如雷尼替丁0.15克/次，2次/日，口服；法莫替丁20毫克/次，2次/日，口服，4~6周为一疗程。

（4）抗幽门螺旋杆菌药物如灭滴灵0.2克/次，3~4次/日，口服；庆大霉素4~8

万u/次，3次/日，口服；黄连素0.2克/次，3次/日，口服。

（5）胃动力药如吗丁啉10毫克/次，3次/日，饭前半小时服。

（6）中医中药，辨证论治。

3. 并发症治疗

（1）大出血——止血、输血、手术治疗等。

（2）穿孔——禁食、胃肠减压、抗感染、抗休克、手术治疗等。

（3）幽门梗阻——禁食、胃肠减压、输液纠正脱水和酸中毒等。

（4）癌变——尽早手术治疗。

五、健康教育处方

（1）养成良好的生活方式，按时作息，生活规律；劳逸结合，情绪乐观。

（2）养成良好的饮食习惯，定时定量，少吃刺激性的食物，少饮酒。

（3）讲究心理卫生，注意调节自己的情绪。

（4）有此病家族史者，注意尽早预防。

（5）治疗时注意调节饮食和生活习惯与药物治疗相结合；发作期治疗和缓解期治疗相结合；多种药物配合治疗，以增加疗效。

第九节　心律失常

心脏传导系统接受迷走神经与交感神经支配。迷走神经兴奋性增高，能抑制窦房结的自律性和传导性，减慢传导，交感神经则发挥与迷走神经相反的作用。

正常时，窦房结能自动地、有节律地按60~100次/分钟的频率发放兴奋波，兴奋波沿心脏传导系统（包括窦房结、结间束、房室结、希斯束、左右束支以及浦肯野纤维网）传到心房肌，引起心房收缩，继而传至房室结，再经房室束而达心室肌，引起心室收缩。当窦房结的自律性受神经影响发生异常时，可引起窦性心动过速、过缓或窦性心律不齐等症状；如果窦房结的自律性降低或在窦房结以外的地方有另外的兴奋点（异位起搏点），这个点的兴奋性异常增强时，则可发生异位心律引起传导速度减慢，甚至中断的现象，叫做传导阻滞，如房室传导阻滞可引起心动过缓或心律不齐。

心律失常是指心脏冲动的频率，节律、起源部位、传导速度与激动次序的异常。按照心律失常发生时心率的快慢，分为快速性心律失常和缓慢性心律失常。在大学生群体中，单纯功能失调引起的心律失常甚为多见，少数是由于心脏病所致，以下主要介绍心动过速和早搏。

一、心动过速

（1）窦性心动过速（频率100次/分钟），多见于剧烈运动、情绪激动或吸烟、饮茶、咖啡等后。若在发生甲状腺机能亢进、贫血等病理情况下发生窦性心动过速时，应针对原发疾病本身进行治疗。β_1-受体阻滞剂可用于减慢心率。

（2）阵发性室上性心动过速简称“室上速”，其主要表现为：突然心悸发作，可持续数分钟至数天，时间长短不一，患者感胸闷头晕、软弱，严重者发生晕厥、心衰与休克。

症状轻重取决于发作时心室率快速程度及持续时间的长短，有基础心脏病者与原有病变的严重程度有关。

（3）治疗原则：提高迷走神经张力，尽快终止心动过速发作。

①刺激迷走神经：刺激咽喉部，诱发恶心呕吐；深吸气后屏息，再用力作呼气动作；按摩颈动脉窦；压迫眼球。

②用药：可选用维拉帕米或三磷酸腺苷等。

二、早搏

早搏又称期前收缩，根据引起早搏的异搏点的部位，可分为房性、房室交界性和室性。房早多无症状，正常成人中约60%查动态心电图后发现房早。这里主要介绍频发房早及室早，因为在这两种情况下病人可感心悸、焦虑，若有频发性室早或短阵房速，还可发生晕厥。早搏治疗原则为：

（1）房早一般不需治疗，若症状明显或因房早触发室上速者，首先应去除诱因，如戒烟、酒，勿劳累，保持精神情绪稳定。无诱因者可应用镇静剂或β_1-受体阻滞剂。

（2）室早若发生在无器质性心脏病者身上，不会增加此类病人心脏性死亡的危险性，无明显症状者，可不必用药。若病人症状较明显，治疗则以消除症状为目的，减轻病人顾虑与不安，避免诱因。药物宜使用β_1-受体阻滞剂或美西律。

（3）室早若发生在急性心肌缺血（如心肌梗死）或慢性心脏病（如心肌病）发作时，必须及时治疗。防止室速、室颤所致的心性猝死。一般应用利多卡因静注并针对心脏基础病变进行治疗。

（4）青年学生中发生早搏的患者多无器质性心脏病，称功能性早搏。少数大学生患者因β_1-受体功能反应亢进症所致，用β_1-受体阻滞剂（如心得安、氨酰心安）即可改善症状。

（5）在大学生中心律失常的器质性心脏病主要由病毒性心肌炎、甲状腺机能亢进等引起，须对原发病进行系统、正规治疗。

三、健康教育处方

（1）遵守作息时间，学习中要劳逸结合，有张有弛。

（2）禁烟、节制饮酒和其他刺激性饮料。

（3）伴有植物神经功能紊乱者，可用镇静剂。

第十节　缺铁性贫血

贫血是指外周血液在单位体积中的血红蛋白浓度、红细胞计数和（或）红细胞压积降低的一组临床综合征。缺铁性贫血是其中常见的类型。

一、病因及临床表现

缺铁性贫血是由于各种不同原因引起体内储存铁缺乏，影响细胞的血红素合成而发生的一种小细胞低色素贫血。在生育期妇女和婴幼儿中发生率最高。病因有慢性失血，如消化道出血、女性月经量过多、痔出血、咯血、血尿、鼻出血、钩虫病所致慢性消化道出血，慢性肾功能不全接受血透等均可导致缺铁性贫血；胃肠功能障碍致铁吸收障碍，如慢性萎缩性胃炎、慢性腹泻等影响铁的吸收；铁摄入不足，如长期节食或素食等。

临床上突出的症状为脸色苍白，以颜面皮肤、结膜、牙龈、甲床、耳垂等为明显症状。患者易疲劳、头昏，体力活动后即心慌气短。易发生舌炎、口角皲裂等，身体抵抗力下降，易患感染性疾病。化验血常规可见血红蛋白女性低于 105g/L，男性低于 120g/L，红细胞计数女性低于 3.5×10^{12}/L，男性低于 4.0×10^{12}/L。

二、治疗原则

（1）治疗原发病，如治疗慢性胃炎、慢性肠炎，治疗功能性子宫出血、子宫肌瘤，治疗痔疮等。

（2）补充铁剂，如右旋糖酐铁肌肉注射或口服硫酸亚铁等，一般用药后 3~5 天后网织红细胞开始上升，7 天达高值，血红蛋白一般于 2 周后明显上升。口服铁剂后患者症状可很快改善，血红蛋白达正常值后，仍需继续服药 3~6 个月，以补充体内储存铁。

三、健康教育

（1）注意饮食卫生，生食瓜果、蔬菜要冲洗干净，防止寄生虫病。

（2）合理膳食，纠正偏食，加强营养。

第十一节　神经衰弱

神经衰弱是指由于长期的精神活动过度和精神紧张，使大脑皮层的兴奋和抑制过程失调，从而精神活动能力减低的一组症候群。主要特征是精神易于兴奋，又易于疲劳，头痛、失眠、健忘，伴有各种躯体不适。据统计，神经衰弱病人约占内科门诊病人的 10%，约占神经精神科发病人数的 40%。青年学生中患此病较为常见。

一、病因

神经衰弱的发生与长期的工作学习过度紧张，生活无规律，长期的情绪矛盾等社会心理因素有关；同时与人格特征有关，如敏感、多疑、胆怯、依赖性强等。青年学生由于生理心理发育尚不成熟，对外界环境的适应能力差，容易产生心理矛盾和冲突而难以解决。加之青年正处于从家庭走向社会的过渡阶段，需要独立适应和应对各种变化的环境，如果个人意志不够坚强，先天素质又存在某些弱点，就容易引起情绪障碍而导致神经衰弱的发生。

二、临床表现

神经衰弱的表现多种多样，症状各异，但经各种检查没有任何器质性病变。病人有自知力，能主动求医。常见的表现为：

(1) 兴奋性增高。病人容易激动，一些微不足道的小事情可引起剧烈的情绪反应。对周围的事情和自身的不适都非常敏感，如怕声、怕光、怕冷、怕热、烦躁，常感头痛、头昏、心慌、心跳、肌肉酸痛等。

(2) 睡眠障碍。主要是入睡困难，卧床后辗转反侧，久久不能入睡；睡着后多梦、易醒或早醒；有的甚至彻夜不眠。

(3) 疲乏无力。病人常感疲乏无力、萎靡不振、睡觉后不能解乏，注意力不集中，记忆力减退，学习工作效率明显降低。

(4) 植物神经功能障碍。心慌、多汗、面部潮红、皮肤灼热、四肢发冷或发热、食欲不振、腹胀腹泻或便秘等。男性可有阳痿、遗精、早泄等症状；女性可有月经紊乱等症状。

病程通常在3个月以上，症状反复、迁延，且与精神因素有关。

三、治疗方法

神经衰弱通常须采取综合性治疗的措施。

(1) 精神治疗。了解病人的病史，针对情况进行解释和引导，使病人树立信心。病人自己应解除紧张焦虑的情绪，合理安排学习和工作，积极参加文体活动，自觉克服自己个性上的弱点。

(2) 对症治疗。适当使用药物，解除症状。如催眠可使用硝基安定5~10毫克或舒乐安定2毫克，睡前服；植物神经紊乱者可使用谷维素1~3片/次，3次/日，口服。

(3) 中医中药治疗，通过辨证论治后，服用中成药或使用针灸疗法等。

(4) 其他治疗，如理疗、体疗等。

四、健康教育处方

(1) 学习心理卫生知识，学会心理社会应激的方法，通过自我调节，维护心理健康。

(2) 培养自己良好的人格特征，不断提高自己的抗挫折能力。

（3）在出现心理矛盾与冲突而自己解决不了时，主动求助，寻求心理咨询。

（4）注意劳逸结合，学会科学用脑；按时作息，讲究睡眠质量与卫生。

（5）积极参加体力劳动和体育锻炼。

第十二节　常见眼病

一、流行性出血性结膜炎

流行性出血性结膜炎俗称“红眼病”，是由病毒引起的急性传染性结膜炎，多发生在夏秋季。它通常由一种新型肠道病毒等引起，主要通过被患病眼睛污染的水或物（包括手）传染，其中水源性传染更为常见，如游泳等。

（一）临床表现

潜伏期短，多于24小时内双眼同时发病，也有一眼发病后数小时另一眼发病的。主要表现为眼睛异物感重，刺痛、怕光、流泪和有水样分泌物。体征为眼睑红肿；结膜明显充血，睑结膜有滤泡增生，球结膜呈点、片状出血；角膜上皮有点状剥脱，但愈后不流痕迹。通常1~2周消退。

（二）治疗方法

一旦发病应及早到医院诊治，通常用0.1%疱疹净或4%吗啉胍眼药水滴眼；或者用氯霉素眼药水等滴眼防止继发细菌感染。

（三）健康教育处方

（1）发现病人，立即隔离治疗；其所用物品如脸盆、毛巾等与他人的立即分开，同时消毒。

（2）平时注意个人卫生，勤洗手、不用手揉眼，不使用公共毛巾、脸盆等。

（3）眼病流行期间不到游泳池游泳。

（4）理发室、美容室要一人一巾，使用后消毒。

二、沙眼

沙眼是由沙眼衣原体感染引起的一种慢性传染性结膜角膜炎。沙眼发病率高，可反复发作，严重者可致盲。它由一种大小介于细菌和病毒之间的衣原体引起。

（一）临床表现

轻者没有自觉症状，或只有轻微的刺痒、异物感和少量分泌物。重者可有明显异物感、干燥感、怕光、流泪、刺痛等以及不同程度的视力障碍，甚至失明。

体征为早期睑结膜和穹隆部血管模糊充血、乳头增生和（或）滤泡形成，可有角膜血管翳（角膜缘外正常的毛细血管网出现灰白色点状浸润超过角膜缘进入透明的角膜）。晚期睑结膜可发生瘢痕，引起睑内翻、倒睫、角膜溃疡等。

临床上通常分为三期。Ⅰ期：睑结膜和穹隆部血管模糊；乳头增生；滤泡形成。Ⅱ期：有上述活动性病变，同时出现瘢痕。Ⅲ期：仅有瘢痕而无活动性病变。

（二）治疗方法

（1）药物治疗：用0.1%利福平或10%~30%磺胺醋酰钠或0.25%氯霉素等眼药水滴眼。

（2）手术治疗：乳头较多可用海螵蛸棒摩擦；滤泡较多可用滤泡挤压术等以缩短病程，但要配合药物治疗。

（三）健康教育处方

（1）养成良好的个人卫生习惯，做到一人一巾，不共用脸盆，毛巾勤洗晒；勤洗手，不用手揉眼睛等。

（2）理发室、浴室、旅馆、游泳池加强卫生管理，严格落实消毒制度；学校等集体生活单位应用流动水洗手洗脸。

（3）患上沙眼应及时彻底治疗。

三、角膜结膜异物

角膜结膜异物是指外来物质如铁屑、木屑、沙石、玻璃碎片、尘埃等进入角膜或结膜囊。多见于日常生活中异物飞入；劳动作业时异物飞入；意外伤害等。

（一）临床表现

结膜异物多较小，常有明显异物感，睁眼困难，多能被泪水排至内眦部。角膜异物多位于睑裂部角膜，表现为畏光、流泪、疼痛、异物感、结膜充血等。

（二）治疗方法

（1）应先闭上眼睛，然后轻轻眨眼，一般异物可随眼泪排出；如仍不能排出，可用生理盐水冲洗，或用消毒棉签蘸生理盐水轻轻擦拭，将异物取出。

（2）经上述方法仍不能取出时，应立即去医院；需用1%地卡因表面麻醉后用湿棉签或注射针头取出，取出后涂抗菌素眼膏，包封。

（三）健康教育处方

（1）劳动作业时，注意保护眼睛。

（2）发现异物入眼时，不要紧张，不要用手揉眼，立即按上述方法处理。

四、化学性眼外伤

化学性眼外伤是比较常见的眼外伤，通常发生在化工厂或实验室，由强酸、强碱等腐蚀性化学物质所致。

（一）病因

（1）酸性灼伤最为常见的是硫酸、盐酸、硝酸、冰醋酸等，主要发生于工业意外或电池爆炸。

（2）碱性灼伤常见的是氢氧化钾、氢氧化钠、石灰和氨水等，常发生于药厂、实验室、化验室、建筑工地等处。

（二）临床表现

轻者表现为刺痛、畏光、流泪等刺激症状，结膜轻度充血，角膜透明或仅有上皮脱落；重者除上述症状加重外，视力明显下降，结膜高度充血或苍白坏死。角膜浑浊，继而出现角膜坏死脱落甚至穿孔等现象。碱性灼伤程度往往比酸性灼伤程度严重。

（三）治疗方法

（1）急救处理：最重要和最关键的是现场急救，必须争分夺秒，就地取材。眼受伤后立即用大量生理盐水或自来水冲洗，冲洗时间应持续15分钟以上。

（2）送至医院后应再次用生理盐水反复彻底冲洗，必要时尽早进行手术治疗。

（3）应用抗菌素和肾上腺皮质激素，防止感染和降低炎症反应等。

（四）健康教育处方

（1）做好预防工作，加强劳动安全和实验室安全的教育。

（2）严格化学药品的管理和使用制度。

（3）做好个人的防护工作，学习化学性眼外伤的紧急处理措施。

第十三节　常见皮肤病

一、痤疮

痤疮又称“粉刺”，俗称“青春痘”，是青春期男女常见的一种毛囊、皮脂腺的慢性炎症。好发于青年人，男性多于女性，青春期过后大多自然痊愈或减轻。其病因主要是青春期性腺的发育成熟，雄激素分泌增多，皮脂腺分泌旺盛，阻塞皮脂腺管口，加上毛囊口角化及痤疮棒状杆菌的滋生等阻塞毛囊口，引起毛囊周围发炎形成粉刺。

（一）临床表现

皮疹主要发生于面颊、额部、颏部及鼻唇沟，其次为上胸、背部肩胛间等皮脂腺丰富的部位；皮疹初起为细小的白头或黑头粉刺，在发展过程中可出现丘疹、脓疱、结节，甚至脓肿、囊肿，愈后常留有点状凹陷性瘢痕或增生性瘢痕；挤压时可见黑头白色的皮脂栓；多无自觉症状，炎症明显时可有疼痛或触痛。

（二）治疗方法

1. 西医治疗

（1）全身疗法：①维生素类药物——维生素 B_2 20 毫克/次，3 次/日，口服，连服2个月；维生素 A 2.5 万 U/次，3 次/日，连服 4~8 周；维生素 E 0.3~0.6 克/日，连服 4~8 周。②锌盐制剂——硫酸锌片 1 片/次，2~3 次/日，口服，12 周为 1 个疗程；或葡萄糖酸锌片 35 毫克/次，3 次/日，饭后服，连服 1 个月。③内分泌制剂——由于易引起内分泌紊乱，故应慎用。④抗生素类药物——四环素、红霉素等，有中、重度感染者才考虑应用。

（2）局部疗法：①复方硫磺洗剂，或5%硫磺霜，或2%雷锁锌酊剂外搽，每日2次。②复方氯霉素酒精，或1%红霉素酒精等外搽，每日2次。③5%~10%的过氧化苯酰乳剂外搽，连用1~2月。④0.05%~0.1%维生素A酸霜，每日2次，开始5~12天症状常恶化，以后逐渐减轻、消失。

2. 中医治疗

（1）中成药如连翘败毒丸，每次服6克，每日2次。

（2）中药方剂辨证论治。

（3）中药外治法如痤灵酊外搽等。

（三）健康教育处方

（1）注意卫生，用温水中性肥皂洗脸。

（2）调整饮食，少吃脂肪和甜食，多吃蔬菜和水果，不吃辛辣等刺激性食物。

（3）严禁挤捏患处，不用油脂性化妆品。

（4）保持大便通畅，情绪愉快。

二、疥疮

疥疮是由疥螨（疥虫）引起的一种接触传染性皮肤病。常在集体生活和家庭中流行。疥螨如针尖大小，寄生在皮肤的表层，在表皮上挖掘隧道并产卵。其通过直接接触和间接接触的方式传播，如与患者同卧、握手等，或穿用患者的衣服、鞋子、床铺、被褥等。

（一）临床表现

它有接触传染的病史。冬季多见，主要症状是剧烈瘙痒，尤其是夜间更甚。好发于指缝、腕部屈面、肘窝、腋窝、女性乳房下、下腹和大腿内侧等皮肤薄嫩处。初时皮肤上可见针头大小的红色丘疹或疱疹，在丘疹附近仔细检查可发现隧道，一条灰白色或浅黑色弯曲的线状隆起。日久可形成绿豆大紫红色结节称为疥疮结节。可伴有抓痕，皮肤粗糙，色素加深，继发感染可有附近淋巴结肿痛。

（二）治疗方法

（1）10%硫磺软膏外搽，此药疗效好、安全。方法：先洗澡，然后自颈部以下全身搽药，每日1~2次，连续3~4日为一疗程。搽药期间不洗澡、不更衣，以保持疗效。1个疗程结束后，洗澡换衣。2周后若新皮疹出现，可重复第2疗程。亦可用40%硫代硫酸钠或25%苯甲酸苄酯乳剂等。

（2）衣服和床上用品消毒。治疗后换下的衣服，连同其他衣物、被褥一起烫洗或煮沸；或将被褥等连续暴晒3~4天。

（三）健康教育处方

（1）平时注意清洁卫生，勤洗澡、勤换衣，被褥勤洗晒。

（2）不随便穿用别人的衣服、鞋子和被褥等。

（3）接触患者后用肥皂洗手，注意与患者隔离。

三、癣

（一）体癣和股癣

体癣是指除头皮、胡须、掌跖、腹股沟等处外，人体其他平滑皮肤浅层真菌感染，俗称“金钱癣”。体癣发生于腹股沟、会阴和臀部称为股癣。致病菌主要是红色毛癣菌，可由患癣的患者或猫、狗等直接传染，也可通过污染的衣物、用具等间接传染或由自身原患有的手足癣、甲癣、头癣感染而来。

1. 临床表现

（1）初发时为红丘疹及丘疱疹，逐渐向四周扩大形成环形，边界清楚略高起皮肤，有丘疹和鳞屑，皮损中心的损害较轻；好发于面部、躯干和四肢近端。

（2）股癣好发于股内侧上部、阴部皱襞处，呈环形、半环形或弧形，可一侧或双侧，边界清楚，常伴有色素沉着。

（3）自觉瘙痒，常因搔抓继发湿疹化或苔癣化。

2. 治疗方法

（1）以外用药物为主如1%克霉唑霜、1%益康唑霜或达克宁霜等，外涂患处，每日2~3次；也可用复方苯甲酸酊等外涂，但这类刺激性强的药物不宜用于股部和面部等皮肤薄嫩处；还可用中药如苦参汤等搽洗患处。

（2）治疗期间勤烫洗内衣、内裤。

3. 健康教育处方

（1）注意个人卫生，避免接触患者的衣物、毛巾、浴盆等。

（2）积极治疗自身的手足癣。

（3）治疗时注意规范用药，用够疗程，避免反复。

（4）避免过度搔抓，以免引起感染。

（二）手足癣和甲癣

指（趾）间及掌跖皮肤的真菌感染称为手癣或足癣；指（趾）甲的真菌感染称为甲癣。手癣又称“鹅掌风”，足癣又称“香港脚”“脚气”，甲癣又称“灰指甲”。致病菌主要是红色毛癣菌。足癣主要是由于局部温暖潮湿，易于真菌感染；手癣多由足癣感染而来；甲癣又多由手足癣蔓延而来。

1. 临床表现

手足癣根据皮疹形态通常分为三型：①水疱型——常为针头大小水疱，有时可融合成大疱，自觉瘙痒，数日干燥脱屑；②擦烂型——常见于指（趾）间皮肤，表皮浸渍发白、糜烂、奇痒，易继发细菌感染；③鳞屑角化型——掌跖、足跟等处皮肤增厚、干燥、粗糙脱屑，冬季常发生皲裂。

甲癣多由甲缘侵入，使甲变色、变形、失去光泽，逐渐增厚，翘起与甲床分离，呈灰白色或黄褐色。

2. 治疗方法

以外用药物治疗为主，根据不同类型选用不同剂型药物：①水疱型——选用复方苯甲酸酊、复方土槿皮酊、复方雷锁辛擦剂等外搽，每日 2 次。②擦烂型——外用足粉或咪康唑霜，每日 1~2 次，待收干脱皮后，涂克霉唑霜或达克宁霜。有感染者用 1/5 000 高锰酸钾溶液浸泡。③鳞屑角化型——用复方苯甲酸软膏、克霉唑霜或达克宁霜等。

甲癣可先用 40%尿素霜包扎患甲部位，使其软化后加以清除，或用刀刮，或手术拔除，然后涂搽复方苯甲酸酊或 2%碘酒，或用 10%冰醋酸浸泡，直至长出新甲。

3. 健康教育处方

（1）经常洗脚，保持足部清洁干燥。

（2）不用公用拖鞋、毛巾、浴巾。

（3）对使用过的鞋袜、脚巾等煮沸消毒或用 40%福尔马林灭菌。

（4）不要随便乱抓足，抓后应立即洗手。

第十四节　常见外科疾病

一、皮肤、软组织感染

（一）特点及表现

皮肤、软组织感染是临床上最常见的疾病，其特点包括以下几点：①多种病菌混合感染；②有明显而突出的局部症状；③比较集中在一些潮湿、多汗、易受摩擦的区域；④发展过程多为：红肿→化脓→坏死→破溃→愈合→形成瘢痕。

疖是一个毛囊及其所属的皮脂腺的急性化脓性感染，常见于颈、头面部、背部、腋窝、腹股沟区及会阴区等，多为金黄色葡萄球菌和表皮葡萄球菌感染。

痈是多个相邻的毛囊及其所属皮脂腺或汗腺的急性化脓性感染，或由多个疖融合而成。常见于颈、背部，尤糖尿病患者易患。多个脓头成“火山口”状；唇痈比较危险，因其位于“危险三角区”（指以鼻为中心的上唇至鼻根的三角形区域）。

丹毒是皮肤及其网状淋巴管的急性炎症。常见于面部和下肢，由 β-溶血性链球菌自皮肤、黏膜的小伤口入侵所致。蔓延很快，但很少出现化脓或坏死。常有片状红疹、皮肤烧灼样痛，附近淋巴结肿大、疼痛。足癣或灰指甲多为反复发作的病原。

急性淋巴管炎是管状淋巴管的急性炎症，致病菌由损伤、破裂的皮肤或黏膜侵入，也可从疖、痈、足癣等处侵入；继续扩散到局部淋巴结或所属区域淋巴结，即急性淋巴结炎。常见致病菌，如金黄色葡萄球和溶血性链球菌。常见于下肢，最主要的特点是延伤口出现一条或多条“红线”。急性淋巴结炎扩散至周围，粘连成团则形成脓肿。

急性蜂窝织炎是指皮下、筋膜下、肌间隙或深部蜂窝组织的一种急性弥漫性的化脓性感染。特点是病变不易限制、扩散迅速，与正常组织无界限。常由溶血性链球菌、金黄色葡萄球及厌氧性细菌引起。常有发热、寒战、头痛及全身不适等严重情况，局部明显红肿、剧痛并迅速向四周扩散等，与正常组织无界限，也可形成脓肿、皮肤坏死、自溃流出恶臭脓汁等。急性蜂窝织炎全身各处都可出现。

（二）治疗原则

（1）疖或痈的早期可用热敷，超短波理疗，外用鱼石脂膏等。

（2）当出现脓头及局部出现波动者要及早切开引流，而且切口应足够大。注意唇痈不能早期切开。

（3）丹毒和淋巴管炎，应抬高患肢，局部外敷50%硫酸镁湿热敷；中药膏外敷。淋巴结炎形成脓肿也应切开。

（4）口服抗生素，严重者静脉联合应用抗生素，如青霉素、头孢霉素加甲硝唑等。

（5）治疗原发病，如糖尿病、脚气、甲癣等。

（三）健康教育

（1）加强营养，合理膳食，少食辛辣刺激性饮食，补充维生素。

（2）锻炼身体，增强自身抵抗力，保证休息时间及生活规律。

（3）注意皮肤清洁，特别是在易出汗的夏季，勤洗头、勤换内衣、勤剪指甲，养成良好的个人卫生习惯。

（4）不能随便地挤压小疖肿，以免引起感染扩散，尤其是“危险三角区”。

（5）避免与他人混穿衣物、鞋子，在公共场所防止接触性传染。

（6）盛夏多饮水，可用金银花、野菊花煎汤代茶喝。

二、常见体表肿瘤与肿块

体表肿瘤指来源于人体皮肤，皮肤附件、皮下组织等浅表软组织的肿瘤。多数是良性，部分有潜在恶性，少数为恶性癌症，而且恶性程度很高。

（一）常见类型及特点

1. 囊肿及囊性肿瘤

（1）皮脂腺囊肿：俗称“粉瘤”，非真性肿瘤，很常见。其为皮脂腺排泄受阻所形成的潴留性囊肿，多见于皮脂腺密集的头面部、背部。囊内为皮脂及角化物的油脂样豆渣物，继发感染伴红肿，化脓破溃有奇臭脓汁，极易复发。有时皮脂腺开口受阻塞后皮肤可见小黑点，即“黑头”；偶见发生癌变。

（2）腱鞘或滑液囊肿：非真性肿瘤，较常见。由浅表滑囊经慢性劳损诱发所致，多见于手腕、足背肌腱或关节附近。特点是坚硬感、单个、无痛，不影响功能，很少伴发感染。

（3）皮样囊肿：属先天性囊性畸胎瘤，多为良性，好发于眉梢或颅骨骨缝处，甚至与颅内交通呈哑铃状。

（4）表皮样囊肿：有外伤史，有时是不明显的外伤使表皮碎粒物植入皮下组织间生长而成的囊肿，属良性。囊肿壁由表皮组成，囊内为角化鳞屑。多见于易受伤或磨损部位，如手部、背部、臀部或注射部位。多为无痛、无红肿的单独包块。

2. 脂肪瘤

脂肪瘤是由正常脂肪细胞集积而成的瘤状物，是一种常见的良性瘤。好发于 四肢躯干。大小不一、分布清楚，呈扁平团块或分叶状，质软无痛，生长缓慢但有时可达巨大体积，多无症状。深部者可恶变，有时可和血管瘤并发称为脂肪血管瘤。另有一种多发性脂肪瘤，又称痛性脂肪瘤，呈多个小圆形或卵圆形结节，有轻压痛。

3 血管瘤

血管瘤属于良性肿瘤，按其结构分为三类。

（1）毛细血管瘤：有草莓样和葡萄酒斑两种类型。前者外形似草莓，好发于面、颈部；后者由无数扩张的毛细血管组成，面积可小可大到半边面部或躯干。

（2）海绵状血管瘤：呈单个球状突起，可表浅或深在。表浅者皮肤正常，其下隆起或呈青紫色，质地软而境界不大清楚；肢体的海绵状血管瘤可深达肌层，常并发先天性动静脉瘘，患肢往往发育异常、畸形等。另外常见于肝脏即肝血管瘤，也可以与淋巴瘤并存，称为淋巴血管瘤，破坏性很大。

（3）蔓状血管瘤：由较粗的、迂曲的动、静脉构成，两者之间有瘘相通，多发生于皮下，逐渐扩大并侵犯深入整个肌层，甚至骨髓腔内，造成肢体巨大的海绵状肿块，常造成严重后果，如致残等。

4. 痣与黑色素瘤

正常人体表面平均每人有15颗左右的痣，可发生于全身各处，以面颈部为多，有良恶性之分。色素痣有许多种类型，如雀斑、色素斑、皮内痣，均无恶变倾向，属良性痣；而交界痣、混合痣、蓝痣、幼年型黑痣均有恶变倾向。黑色素瘤为高度恶性肿瘤，发展迅速，若受到外伤，包括剃须、梳头发，妊娠、感染、接受放射线时发展更快，可迅速出现卫星结节及转移。

5. 皮肤癌

皮肤癌恶性程度很高，男性患病多于女性，多发于50岁以上年龄者的裸露部分，如头面部及下肢，其发生与人种、肤色和地域常有密切关系：白种人>黄种人>黑种人。发病与日光、理化因素及遗传有关。常见的有基底细胞癌和鳞状细胞癌。

（二）治疗

（1）只要发现有“包块”，最积极、最有效的治疗是手术切除；早期切除损伤小，对外观影响不大，潜在恶变能得到彻底治愈；恶性癌肿越早切除，效果越好。

（2）切除物必须送病检，以确定下一步治疗方案。

（3）面部肿块手术切除应慎重。

（4）点状以及面部草莓状血管瘤一般2岁以上才考虑手术或进行冷冻、放射线照射等处理。

（5）恶变或癌肿用手术切除是最基本的治疗，同时还要积极配合进行放疗、化疗以及激光、电灼、冷冻、强化学药物的局部烧灼等理化方式。

（6）晚期病人出现伤残，甚至毁容、影响功能等，只能做整形修复手术。

（三）健康教育

（1）不要轻信非医疗机构广告宣传上的承诺，如激光美容、祛斑、祛痘，以免造成严重后果。

（2）不能自行挤、掐凸出皮面的小凸块，以免出血、感染，甚至恶变。

（3）对色素斑痣、血管瘤等的慢性刺激和不恰当治疗均可导致恶变，应予以重视。

（4）或采取措施进行日光浴，以免人体表面过度或直接受紫外线的破坏而引发皮肤癌。

（5）认真执行劳动保护条例，避免放射线照射、与有毒化学物质的接触等，防止诱发癌变。

（6）长期不愈的溃疡、肉芽肿、瘤样增生、狼疮类、苔藓样、麻风样改变等均要积极治疗，以防恶变。

（7）正确使用化妆品，避免过度的增白、祛斑，以及使用含砷的化合物。

（8）口腔及上唇的斑痣，在吸烟及剃须的刺激下引起恶变的可能性较大，要少刺激，早治疗。

思考题

1. 如何预防呼吸系统疾病？
2. 什么是非典型肺炎？如何预防非典型肺炎？
3. 大学生应该如何防治胃溃疡和十二指肠溃疡？
4. 你知道如何判断自己是否贫血吗？
5. 急性阑尾炎有哪些临床表现？
6. 大学生如何预防神经衰弱？
7. 你是如何保护牙齿的？
8. 你如果患有近视眼，该怎么办？
9. 你是如何保护自己的视力的？

第十一章　用药常识

药物是一种特殊商品，与人的生命息息相关。药品是一把双刃剑，用得合理，可以防治疾病；反之，轻则增加病人痛苦，重则致残致畸甚至死亡。因此，了解药物的作用，掌握临床用药的一般常识，学会合理用药，对于增强在校大学生的自我保健意识，提高人们的健康水平，具有重要意义。

第一节　药物的分类及剂型

药物（drug）是指能影响机体器官功能及（或）细胞代谢活动的化学物质，有适应症、用法和用量等明确规定，其应用范围包括预防、治疗、诊断疾病及计划生育等方面。其具有质量要求高、专业知识强，消费者的选择程度低和需求迫切等特点。

一、药品的分类

（一）按药品来源分类

（1）动物性药。利用动物的全体或脏器或其分泌物、排泄物直接制成的药物，如中药的全蝎、全虫等。

（2）植物性药。利用植物的各部分如皮、花、根、茎、叶、果实等制成的药品或提取植物的药用部位中的有效成分的药品，如人参、芦丁、吗啡等。

（3）矿物药。直接利用矿物或经过加工而制成的药物如硫磺、硼砂及一些无机盐如硫酸钠等。

（4）抗生素。利用生物（包括微生物、植物和动物）在其生命活动过程中所产生的（或由其他方法获得的）有机物质制成的药品如青霉素、链霉素、庆大霉素等。或利用上述有机物质进行人工合成制得的半合成抗生素，如利福平等。

（5）生物制品。根据免疫学原理用微生物（细菌、病毒、立克次体等）、微生物和动物的毒素、人和动物的血液及组织等制成的药品，如菌苗、疫苗类毒素、免疫血清、血浆、人体白蛋白等。如重组牛碱性成纤维细胞生长因子外用溶液、人破伤风免疫球蛋白注射用鼠神经生长因子。

（6）人工合成药。利用化学方法合成的药品如扑热息痛、阿司匹林等。

（二）按药物剂型分类

按剂型分类能在一定程度上反映出药品的外观形态、给药途径、制备方法及储存养护要求等。药品剂型主要有：片剂、注射剂、胶囊剂、丸剂和滴丸剂、膜剂、液体制剂、软膏剂、颗粒剂、栓剂、气雾剂、控释剂等。

（三）按处方药与非处方药分类

这是一种国际通用的药品分类管理方法。世界上发达国家及部分发展中国家先后实行了这种以推动和鼓励自我治疗为目的药品管理制度。处方药简称 Rx 药，是为了保证用药安全，由国家卫生行政部门规定或审定的，需凭医师或其他有处方权的医疗专业人员开写处方出售，并在医师、药师或其他医疗专业人员监督或指导下方可使用的药品。非处方药简称 OTC 药，是指为方便公众用药，在保证用药安全的前提下，经国家卫生行政部门规定或审定后，不需要医师或其他医疗专业人员开写处方即可购买的药品，一般公众凭自我判断，按照药品标签及使用说明就可以自行使用。

（四）按药物用途分

抗感染药、解热镇痛药、抗肿瘤药、营养治疗药、调节免疫药、调节水电解质药等。

二、药物的剂型及特点

（一）注射剂

注射剂系指药物与适宜的溶剂或分散介质制成的供注入人体内的溶液、乳状液或混悬液及供临用前配制或稀释成溶液或混悬液的粉末或浓溶液的无菌制剂。注射剂可分为注射液、注射用无菌粉末与注射用浓溶液。

水溶液型注射剂，易溶于水或增加其溶解度后易溶于水，且在水溶液中稳定或经用稳定化措施后稳定的药物，可制成水溶液型注射剂，如氯化钠、维生素 C 等注射剂。

油溶液型或非水溶液型注射剂，油溶性药物可制成油或其他非水溶液型注射剂，如维生素 E、黄体酮等注射剂。

混悬型注射剂，在水中微溶、极微溶解或几乎不溶的药物，在一般注射容量内其溶液浓度达不到治疗要求的剂量时，可制成水性或油性的混悬液，如醋酸氢化可的松注射液；乳浊型注射剂，油类或油溶性药物，可制成乳浊型注射剂；如静脉注射用脂肪乳注射剂。

（二）片剂

片剂是指药物与适宜的辅料混匀压制而成的片状或异形片状的固体制剂。片剂以口服普通片剂为主，另有含片、舌下片、口腔贴片、咀嚼片、分散片、可溶片、泡腾片、阴道片、阴道泡腾片、缓释片、控释片与肠溶片等。

片剂可供内服和外用。其优点包括以下几点：①剂量准确，应用方便；②生产机械化、自动化程度高，产量大，成本较低；③质量稳定，携带、运输和贮存方便；④能适应治疗、预防用药的多种要求；⑤片面可以压上主药名称和药量的标记，也可用不同颜色着色使其便于识别或增加美观。

片剂也有不少缺点：①婴、幼儿和昏迷病人等不易吞服；②因片剂需加入若干种辅料并且经过压缩成型，故易出现溶出度和生物利用度方面的问题。

（三）胶囊剂

胶囊剂是指药物或加有辅料充填于空心胶囊或密封于软质囊材中的固体制剂。胶囊剂分为硬胶囊剂、软胶囊剂、缓释胶囊、控释胶囊和肠溶胶囊。一般供口服用，也可供其他部位如直肠、阴道植入等使用。

胶囊剂不仅整洁、美观、容易吞服，还有以下特点：①可掩盖药物的不良臭味和减少药物的刺激性；②与片剂、丸剂等相比，制备时不需加粘合剂，在胃肠液中分散快、吸收好、生物利用度高；③可提高药物的稳定性，胶囊壳可保护药物免受湿气和空气中氧、光线的作用；④可弥补其他剂型的不足，如含油量高或液态的药物难以制成丸、片剂时，可制成胶囊剂，又如对服用剂量小、难溶于水、胃肠道不易吸收的药物，可使其溶于适当的油中，再制成胶囊剂，以利吸收；⑤可制成缓释、控释制剂，如可先将药物制成颗粒，然后用不同释放速率的高分子材料包衣，按需要的比例混匀后装入胶囊中，可制成缓释、肠溶等多种类型的胶囊剂；⑥可使胶囊具有各种颜色或印字，便于识别。

（四）颗粒剂

颗粒剂是指药物与适宜的辅料制成具有一定粒度的干燥颗粒状制剂。供口服用，颗粒既可吞服，又可混悬或溶解在水中服用。

与散剂相比，颗粒剂有许多特点：①分散性、附着性、聚集性、吸湿性等均较小；②服用方便，适当加入芳香剂、矫味剂、着色剂等可制成色、香、味俱全的药剂；③必要时可以包衣或制成缓释制剂；但颗粒剂由于粒子大小不一，在用容量法分剂量时不易准确，且几种密度不同，数量不同的颗粒相混合时容易发生分层观象。

（五）散剂

散剂是指药物或与适宜的辅料经粉碎、均匀混合制成的干燥粉末状制剂。分为口服散剂和局部用散剂，可供内服或外用。散剂可分为三类，按组成药味多少分为单散剂与复散剂；按剂量分为分剂量散与不分剂量散；按用途分为内服散、溶液散、外用散、吹散等。

散剂为我国传统古老剂型之一，虽然西药散剂应用日趋减少，但中药散剂在临床上仍广为应用。这是因为散剂有以下特点：①表面积大、易分散、奏效快；②外用覆盖面大，有保护、收敛作用；③制作单位剂量易控制，便于小儿服用；④贮存、运输、携带方便。

（六）丸剂

丸剂是指饮片细粉或提取物加适宜的黏合剂或者其他辅料制成的球形或类球形制剂。分为蜜丸、水蜜丸、水丸、糊丸、蜡丸和浓缩丸等。

（七）气雾剂和喷雾剂

气雾剂是指含药溶液与适宜的抛射剂共同装封于具有特制阀门系统的耐压容器中，

使用时借助抛射剂的压力将内容物呈雾状物喷出，用于肺部吸入或者直接喷于腔道黏膜、皮肤及空间消毒的制剂。如硫酸沙丁胺醇气雾剂。喷雾剂系指药液填充于特制阀的装置中，使用时借助手动泵的压力等，将内容物呈雾状物释出。如布地奈德鼻喷雾剂。

气雾剂和喷雾剂是可用于肺部吸入或者直接喷于腔道黏膜、皮肤及空间消毒的制剂。主要特点有：①具有速效和定位作用，气雾剂可直接喷于作用部位，药物分布均匀，起效快；②药物密闭于容器内能保持药物清洁无菌，且由于容器不透明，避光且不与空气中的氧或水分直接接触，所以稳定性好；③无局部用药的刺激性；④可避免肝脏首过效应和对胃肠道的破坏；⑤需要耐压容器、阀门系统和特殊的生产设备，成本高。

（八）栓剂

栓剂是指药物与适宜基质制成的有一定形状供人体腔道给药的固体制剂。其分为直肠栓、阴道栓和尿道栓。栓剂在常温下为固体，塞入腔道后，在体温下能迅速软化熔融或溶解于分泌液，逐渐释放药物而产生局部或全身作用。如硝呋太尔-制霉菌素阴道栓。

（九）缓释制剂和控释制剂

缓释制剂是指用药后能在较长时间内持续释放药物以达到延长药效目的的制剂。控释制剂是指药物能在设定的时间内自动以设定速度释放，使血药浓度长时间恒定地维持在有效浓度范围内的制剂。

缓释、控释制剂的主要有以下特点：①对半衰期短的或需要频繁给药的药物，可以减少服药次数，使用方便。这样可以大大提高病人对服药的顺应性，特别适用于需要长期服药的慢性疾病患者。②使血药浓度平稳，避免或减少峰谷现象，有利于降低药物的毒副作用。③可减少用药的总剂量，因此可用最小剂量达到最大药效。如硝酸异山梨酯缓释片（长效消心痛）、头孢克洛缓释片。

第二节 药物的作用及影响因素

一、药品的作用

药物作用是指药物与机体组织间的作用，引起机体在功能或形态上的效应。药物的效应是机体器官原有功能水平的改变。功能的提高称为兴奋，功能的降低称为抑制。药物对机体发挥作用，都是干扰或参与机体内在的各种生理和生化过程的结果。药物的起效取决于药物的吸收和分布，作用的中止则取决于药品的消除。药物的生物转化要靠酶的促进，主要是肝脏微粒体混合功能酶系统。药物在体内的最后过程是排泄，肾脏则是最重要的排泄器官。因此，在许多药物的说明书上都注有肝、肾功能不全者慎用或忌用。

药物的治疗效果包括对因治疗和对症治疗：对因治疗是指药物作用在于消除原发致病因子，或称治本。例如细菌性感染的病人需要抗生素杀灭体内致病菌；胃酸分泌过多的病人用抑制胃酸分泌过量的药物或制酸剂来治疗；治疗高血压病则用降低动脉血管紧张，减少阻力的药物，如血管紧张素转换酶抑制剂，或者用钙离子拮抗剂来治疗，能得到较满意的效果。对症治疗是指药物作用在于改善疾病症状的，或称治标。例如急性上呼吸道感染的病人，就需要针对致病微生物进行治疗。

二、不良反应

用药的目的在于防治疾病。凡符合用药目的或能达到防治效果的，叫做治疗作用；不符合用药目的，甚至给病人带来痛苦反应的，则统称为不良反应。常见不良反应包括下列几种情况。

（1）副作用，是药物固有的作用，是药物在治疗剂量下出现与治疗目的无关的作用，给病人带来轻微的不适或痛苦，多是可以恢复的功能性变化。

（2）毒性反应，一般是药物起永久性器质性损害。例如大剂量速尿、链霉素等可以引起永久性耳聋或平衡失调。由于用药剂量过大、时间过长，药物在体内蓄积过多引起严重不良反应；有时用药剂量不大，由于病人对药物过于敏感也可出现毒性反应。

（3）变态反应，常称过敏反应，例如青霉素过敏者一旦注射了青霉素，轻者可出现药疹，皮肤发痒，心里感到难受等症状，重者可引起过敏性休克，甚至有生命危险。对于常致过敏的药物，用药前应进行过敏试验，阳性反应者应禁用该药。

三、影响药物作用的因素

每一种药物都是有其固有的药理作用。如果疾病诊断准确，给药剂量、给药次数、给药途径恰当，就大多数人来说，可以产生预期的治疗效果，但对具体病人来说，存在着个体差异。要保证每个病人都能达到最大疗效、最小不良反应的治疗目的，就必须了解影响药物作用的因素及病人的个体情况。

（一）机体方面的因素

1. 年龄

年龄是影响药物作用的一个重要因素。小儿、老人对药物的反应与成年人不同。小儿肝肾功能、中枢神经系统、内分泌系统尚未发育完全，因此，当应用某些在肝、肾代谢的药物时，由于药物消除速度较成人低，就容易引起积蓄中毒。因此，用药剂量应按年龄、体重折算。老年人的生理功能逐渐减退，机体的生物转化和排泄能力亦减弱，对药物的敏感性增加。老年人代偿适应能力差，对药物的耐受性也差，用药剂量应减少。

2. 性别

性别的不同，也会影响药物的作用。在生理方面，妇女有月经、妊娠、哺乳等特殊时期，用药时应注意。月经期和妊娠期禁用泻药和抗凝血药，以免月经过多和流产、早产或出血不止。临产前禁用吗啡类药物，以免引起胎儿呼吸抑制。哺乳期用药应注意某些药物可以从乳汁排出，影响乳儿。还有一些药物可致胎儿畸形或影响胎儿发育，如某些激素和抗代谢药物，故妊娠妇女不可滥用药物。

3. 精神因素

病人的心理状态，可影响药物的疗效。病人如能以乐观的态度正确对待疾病，不但能减轻对疾病痛苦的感受，而且能增强病人对疾病的抵抗力，有利于疾病的治愈。相反如果病人有很重的思想压力，悲观失望，往往就会降低治疗效果。

4. 病理状态

许多药物对病态的机体有作用，对正常机体无作用。如强心苷可使慢性心功能不全的心肌收缩力加强，而对正常心肌无作用。解热药对发热病人有效，但对正常人并无降低体温作用。

5. 感应性（个体差异）

不同病人对同一药物的感应性是不同的，对药物的反应也不完全一样，这种现象称为个体差异。其表现有以下几种情况：

（1）高敏性。有些人对某些药物特别敏感，使用小剂量药物就能产生明显的药理作用，用量稍大就可出现中毒反应，这种状态称高敏性。对高敏性病人用药时，必须相应地减少用药剂量。

（2）耐受性。有些人对某些药物的敏感性较低，使用一般常用量对药理作用极不明显，甚至到了中毒量也能耐受，这种反应叫耐受性。有些人的耐受性是生后即有，叫先天耐受性，有些人的耐受性是长时间反复用某种药物诱发出来的叫后天耐受性。以喝酒作比喻，有的人一喝酒，酒量就很大，这就是先天耐受性；而一个酒量不大的人，多次喝酒后，酒量就逐渐加大，这就是后天耐受性。

对药物具有先天耐受性的病人，用药量可适当加大。对某药已产生后天耐受性的病人，必须避免耐受性的继续发展，应及时停药或换另一种药物使用。因为发生了后天耐受性，不仅该药疗效降低，而且有些药物还能进一步发展成为习惯性和成瘾性用药，给病人带来精神和肉体上的痛苦。后天耐受性只要经过充足的停药时间，都能消退而恢复原有的敏感性。

（3）特异质。特异质的病人大多属于过敏体质，如青霉素过敏、磺胺类药过敏。特异质病人还会出现一些过敏症状，对机体造成损害。这些与用药剂量关系不大，对于一般人来说，应用大剂量也不会发生过敏反应。对于特异质体质，即使小量也会发生不良反应。所以特异质体质的病人，用药时要特别慎重，有过敏史的药物禁用。

（二）药物方面的因素

1. 剂量和剂型

药物剂量不同，产生的作用也就不同。一般来说，在一定范围内，剂量愈大，药物在体内的浓度愈高，作用也就愈强烈。但用药的剂量应限制在常用量与极量之间，超过极量就可能引起中毒。有些药物在不同剂量下会产生不同性质的作用，例如，苯巴比妥在逐渐增加剂量时依次会出现镇静、催眠、抗惊厥、抗癫痫等作用。大多数药物的常用量对一般病人是能够达到治疗效果的，只有少数病人需要加大或减少剂量，这是由于不同的个体对相同剂量药物的反应存在着差异。药物剂型可影响药物的吸收和消除，如水溶液药物吸收较油剂和混悬剂快，作用时间短。一般常用口服剂型的生物利用度顺序是：溶液剂>混悬剂>胶囊剂>片剂>包衣片剂。近几年生产的缓释制剂，可使药物缓慢释放药性，延长药效，如芬必得缓释制剂等。

2. 给药途径

有口服、注射、舌下、吸入、局部表面给药法。不同给药途径可以影响药物吸收的分量与速度，影响药物作用的强度与速度，对某些药物还影响药物作用性质。给药途径中静脉注射一般可视为完全吸收，药物的利用度为百分之百，因能迅速达到高的血药浓度，但也可能较快出现副作用。

3. 联合用药

两种或两种以上药同时应用或先后应用，是临床药物治疗中常见的方法。合用的结果，使药物的疗效加强，称为协同作用；若使药效减弱或消除，则为拮抗作用。两种或两种以上药物配伍在一起，引起药理上或物理化学上的变化，影响治疗效果，甚至影响病人用药安全，这种情况称为配伍禁忌。

第三节　用药方法

一、给药的途径

给药的途径有多种。不同的给药途径，可影响药物作用的快慢和强弱。有时一种药因给药的途径不同，可产生完全不同的作用。

（一）口服法

将药物通过口服，通过胃肠黏膜所吸收，而发挥治疗作用。特点是：简便安全、经济，不需要医务人员协助，没有什么痛苦，是最常用的给药途径。但也有许多不足之处：药物要经过胃的排空，进入小肠后才能被吸收，同时受到食物的影响，因此发挥作用较慢，不适用危重病人；有些药物，如青霉素、胰岛素等口服后，能被消化酶破坏；有些药物，如卡那霉素等口服不易吸收；还有些药物刺激性太大，易造成恶心、呕吐。以上情况都不能采用口服法。

（二）注射法

注射法是将药物直接注入体内的方法。其特点是：起效快、剂量准确，不受消化液的影响，应用的剂量一般比口服小。但注射剂的制备及使用都有严格的要求。按照注射部位和深度的不同，可分为以下几种：

1. 皮下注射

将药液注射在皮下组织，注射部位一般多位于上臂外侧三角肌处，如注射预防针一般采用皮下注射。刺激性药物不宜进行皮下注射。

2. 肌肉注射

将药液注入肌肉组织，注射部位一般多位于臀大肌的上部外处或上臂三角肌。由于肌肉组织感觉神经末梢少，故痛觉较轻。肌肉组织的血管丰富，所以吸收较皮下注射快。

3. 静脉注射和静脉滴注

静脉注射和静脉滴注就是将药液直接注入或滴注于静脉血管中。注射部位一般常在上肢静脉进行。此种方法药液起效最快，而且某些有刺激性药物可用此方法注射，如钙剂。较大容量的药液宜用静脉滴注，就是通常所称的静脉输液。

4. 鞘内注射

鞘内注射又称椎管注射，将药液注入脊柱的椎管内，阻断神经冲动的传导，多用于手术麻醉。

（三）直肠给药

将药液注入直肠或将栓剂塞入肛门，药物可在局部发生作用，也可通过直肠黏膜吸收而发挥全身作用。如灌肠治疗肠炎、痢疾，是在局部发挥作用；退热栓塞入肛门，起到退烧作用，是吸收作用。直肠给药特点：吸收比口服给药快，不受消化液和食物的影响。缺点是吸收面积小，使用不够简便。

（四）舌下给药

将药物置于舌下，使药物经口腔膜吸收。舌下黏膜吸收面积有限，此法仅限于剂量小、作用较强的药物。如心绞痛时含服硝酸甘油 2~5 分钟后，就可获得缓解疼痛的效果。

（五）吸入给药

许多气体或易挥发性药物经过呼吸道用药发生作用，快而短暂，如治疗哮喘的舒喘灵气雾剂等。

（六）皮肤及黏膜给药

将药物用于皮肤黏膜表面，如滴眼剂、滴鼻剂、滴耳剂。皮肤的外用药膏、药水的涂、擦、洗、外敷等，药物主要在局部发挥作用。

二、给药的时间和次数

给药除了有剂量要求外，还应规定给药的次数和时间。多数药物都是每日 3 次，中药汤剂一般为一副每日两煎，还有一些药物根据血液浓度需要，有不同的给药时间。给药时间所依据的原则概括介绍如下：

1. 根据药物在体内存留时间的长短

不同药物的吸收速度和消除速度不同，药物在体内停留时间的长短也不一致。凡吸收和消除速度快的药物，在体内停留时间短，给药次数多；反之，则给药次数少。如土霉素，停留时间较短，每 6 小时服药 1 次，每日 4 次；而复方新诺明在体内消除慢，每 12 小时服药 1 次，每日 2 次。对大多数药物来说，每日 3 次为宜。

2. 根据用药的目的和要求

各种抗菌药都要求药物在血中保持较稳定的血药浓度，因此，不分昼夜，每 6~8

小时给药一次最好；催眠药必须在睡前 15~30 分钟给药；驱虫药每日应在空腹或半空腹时，一次服用才能更好发挥作用，一般也是在睡前服。

3. 根据胃肠道的机能状态

口服给药的时间与胃肠道的机能状态关系密切。苦味健胃药必须在饭前 30 分钟左右服用，才能起到增进食欲和促进胃液分泌的作用；胃蛋白酶合剂、多酶片等助消化药，它们的作用是消化食物，因此最好是在进食同时，也就是紧接在饭后服用；氢氧化铝、胃舒平等抗酸胃药，通常在饭前胃酸分泌多时服用；大黄、果导片、双醋酚汀等泻下药只刺激结肠，一般服药后会进行排便，因此应安排在睡前服，清晨排便；利尿药作用较快，服药后很快排尿，应在白天服，晚间服用影响睡眠。

4. 食物因素

胃中食物对服后进入肠道的药物影响很大。日常所吃的混合性食物大约在胃中的排空时间为 4 小时左右。饭后服药，药物随食物缓慢进入肠道，因此，凡需要在胃肠道局部发挥作用的药物，如抗酸药（胃舒平）、胃肠解痉药（如阿托品、颠茄片）、胃肠道抗感染药（如黄连素）、止泻药、利胆药都不宜饭后服，应在饭前服。饭前服不受食物影响，在胃肠道达到高浓度，胃中排空快，很快发挥治疗作用。

其他的多数药物应在饭后服，因为药物靠肠道（主要是小肠）细胞膜上的载体蛋白转运吸收。载体蛋白是有一定数量的，转运需要一定的时间，因此药物在吸收部位浓度愈低，吸收得愈完全。并且药物和食物混合后，在胃肠道停留的时间较长，使药物广泛地和胃肠黏膜接触，让其有充分的时间来完成转运吸收。所以一般药物，多数在饭后服用。有些对胃肠黏膜有刺激的药物，更应在饭后服用，因为食物能缓和它们对胃肠黏膜的刺激。如阿司匹林、消炎痛等药物，应在饭后服用。

以上介绍的是给药的一般原则，至于每种药物的给药的时间和次数，应根据各药的性质和病人情况而定，并参阅与该药物相关说明书。

三、药物的用量

凡能产生药物治疗作用所需的量称为“剂量”或“药用量”。药物剂量能够决定药物和人体组织相互接触和相互作用的强度，剂量愈大和组织接触浓度愈高，作用强度就愈大。但剂量是有一定范围和限度的。最低限度的剂量叫“最小有效量”，最小有效量以下的药量没有治疗效果。在最小有效量以上而不引起任何中毒症状的剂量叫做“常用量”，也就是平时使用的药物剂量。常用量的最大限度叫“极量”，是允许使用的最大剂量。超过极量时就会引起中毒现象的量叫“中毒量”，严重中毒引起死亡的量叫“致死量”。除特殊情况外，药物的用量应控制在常用量与极量之间。

药物的用量因病人具体情况不同而异。老人、小孩用量小，称为老幼剂量。老幼剂量可根据成人剂量折算。60 岁以上老人，一般可用成人剂量的 3/4。给小儿用药除按公式计算外，还应考虑小儿和成人对药物的反应差异，不单纯是年龄和体重不同。小儿本身的解剖生理特点，对不同药物的反应和成人是不完全一致的。例如小儿对镇静药、催眠药、维生素等耐受性比较大，用药剂量与成人差不多。因此，小儿剂量应根据具体情况，区别对待。

第四节　合理用药及注意事项

一、合理用药

近年来，药品的研发和生产日新月异，新药、特效药层出不穷，形成了多、乱、杂的局面。再加上药物知识的专业性较强，老百姓医治疾病的要求迫切，导致不合理用药的现象越来越严重，应该引起高度重视，提倡合理用药。合理用药是指安全、有效、经济地使用药物。安全在于使患者承受最小的治疗风险，获得最大的治疗效果；有效可表现在根除病源治愈疾病、缓解疾病进程、缓解临床症状、预防疾病发生和调节人体生理机能等；经济是指以尽可能低的医疗费用达到尽可能好的治疗效果。

（一）抗生素的滥用与合理应用

很早以前，人们就发现了一些微生物对另外一些微生物的生长繁殖有抑制作用，把这种现象称为抗生。随着科学的发展和人们与微生物斗争的实践，终于揭示出抗生现象的本质。抗生素是细菌、霉菌等微生物在生活繁殖过程中所产生的具有抗菌性能的一类化学物质。例如青霉菌产生的青霉素、链丝菌产生的链霉素。抗生素的应用，已经使过去对人类危害性较大的微生物感染性疾病得到了一定的控制。随着抗生素科学的发展，人们对抗生素的了解越来越深入，不仅微生物，甚至一些植物和动物也能产生抗生素。抗生素的生产突飞猛进，品种也日益增多，随之抗生素的滥用现象也越为严重。

有些人把抗生素作为万能药，只要发烧感冒，不管什么原因，首先盲目服用抗生素。还有些人对抗生素的预防效果寄予过高的期望，总认为不用不放心，因而对流感、病毒性感冒等一些其他疾病，也使用抗生素。医院的大小手术，几乎无例外都采用静脉点滴或肌肉注射抗生素，以防止并发症和术后感染，他们认为只要用上抗生素就很安全了。大量使用抗生素，不但可能使一些疾病的治疗造成失败，而且可能会带来许多严重后果。

1. 滥用抗生素造成的不良后果

（1）过敏反应。过敏反应是应用抗生素后常见的不良反应。很多抗生素都有这种缺点。

（2）毒性反应。许多抗生素具有毒性反应。如链霉素损伤听神经，引起耳聋眩晕，氯霉素可引起再生障碍性贫血，四环素引起小儿四环素牙（黄牙）。许多抗生素还对肝、肾功能有损害或有局部性刺激。现在发现的抗生素不下千种，但用于临床的仅有几十种，因为大多数抗生素具有相当的毒性。

（3）引起菌群失调、二重感染。在人体表面及与外界相通的腔道中（如消化道、呼吸道）寄居有多种无害的微生物，成为人体的“正常菌群”。正常菌群是机体与微生物，微生物与微生物在进化过程中互相适应而形成特定的微生物组合。在一般情况下，正常菌群中各种微生物彼此之间相互依存、互相制约，在种类和数量上维持相对平衡的状态。通常，正常菌群对机体是有益的，它们可以抑制某些病原微生物的繁殖，有利于抵抗疾病。

长期应用抗生素，使人体正常菌群中许多对抗生素比较敏感的细菌受到抑制，而不敏感的细菌则大量繁殖，使细菌之间相依存、相互制约的关系遭到破坏，原来不致病的细菌则大量繁殖引起疾病，造成胃肠道、呼吸道、泌尿道等处新的感染。此种现象称为菌群失调、二重感染。这种现象在临床上常见，如长期应用广谱抗生素后，出现的消化不良、小儿腹泻、小儿鹅口疮、霉菌性肺炎，厌氧菌感染引起的脓胸，都是二重感染所致。

（4）耐药菌株的产生。随着抗生素的广泛应用，尤其是用药时间过长，许多病原菌逐渐对抗生素产生了适应性，增加了抵抗力，对原来敏感的药物，敏感性降低，甚至不敏感。一些抗生素用量不断加大，而疗效却逐渐降低，细菌这种耐药特性就是细菌的耐药性，具有耐药性的细菌就是耐药菌株。抗生素的使用阻碍了某些不发生突变细菌的生长，而有些细菌能够产生新的变异来抵抗药物的作用，这些突变菌就被保留下来，成为耐药菌株。目前耐药菌的数目越来越多，威胁着广大人民群众的身体健康，阻碍着一些疾病的防治效果。这是值得注意的一个重要问题。

2. 合理使用抗生素

（1）严格掌握适应症，发热原因不明不宜用（除病情严重外），以免贻误诊断的治疗。病毒性疾病或估计为病毒感染的疾病不宜用，因为抗生素对病毒无作用。

（2）预防使用抗生素应严加控制，尽量避免长期服用抗生素，不能把抗生素作为万能药。可用窄谱抗生素，就不用广谱生素；可用一种就不用两种。适当选用其他类抗菌药，如中草药、磺胺类药物。

（3）抗生素的用量必须适当，开始剂量大，叫突击量，以后避免剂量过大。抗生素在体内达到一定剂量时，即使加大用量作用也并不增加，而毒副作用却增加。剂量应给足，剂量不足反而锻炼细菌产生耐药性。疗程应充足，疗程过短易使疾病复发，转为慢性。要在医生的指导下掌握用量的适度。

（4）正确联合应用抗生素。在治疗病原微生物所致的感染性疾病时，为了增加抗菌效果或减低不良反应，有时把两种以上的抗生素合并使用，称为抗生素联合用药。这种方法只适合那些病情严重、致病菌一时无法确定或考虑为多种细菌感染的患者，估计用一种抗生素难以控制，才考虑联合应用抗生素。

在联合用药时注意：杀菌药和抑菌药不能联用，如青霉素和四环素。青霉素是杀菌剂，主要作用于繁殖期的细菌，四环素是抑菌剂，抑制细菌的繁殖。两个药同时服用，四环素降低了青霉素的杀菌作用，出现了拮抗。另外同类抗生素不能联用，如链霉素与庆大霉素，因为同类联用，抗菌效果并不增加，而毒性作用增加。

（5）尽量避免皮肤黏膜等局部使用抗生素，因为不适当的局部用药，往往容易使细菌产生耐药性。

（6）在使用抗生素治疗的过程中，要观察病情。如果经过一段治疗，效果不好，应考虑下列几种可能：①细菌已产生耐药性或选用抗生素不当，应及时更换；②无效的预防；③抗生素不能抵达病变部位；④致病菌的变迁和二重感染；⑤剂量不足或给药途径不对。

(二) 合理应用补药、新药

随着我国的改革开放，特别是进入市场经济后，经济高速发展，人民生活水平有了很大的提高，人们的生活标准不再是解决温饱，而是怎样提高生活质量，人们的自我保健意识开始建立。商家也抓住时机，利用人们的心理，大力宣传补药、新药、保健品等。药品广告如雨后春笋，并开始左右人们的用药意愿。有些药品广告言过其实，夸大药物的效果，而对副作用尽量淡化，甚至不提。因此在用药时，不能轻信广告，不能迷信补药、新药等。

1. 合理应用补药

补药现在很多，必须合理应用，否则既造成浪费，又会带来不良后果。就拿维生素来讲，维生素是人类维持正常生理活动所必需的一种有机物质，是重要的营养物质。但不能误认为用得越多越好，或者滥用。人们对这类物质的需要是有一定量的。在一般情况下，维生素不容易缺乏，从日常膳食中就可得到充分的供应，满足机体需要，不必多补充。只有在以下情况时可适当补充；儿童、孕妇、哺乳妇女需要量增大时；吸收功能障碍的病人，如慢性腹泻；发烧病人和某些慢性疾病患者，消耗量增多时；饮食单调、缺乏蔬菜、偏食等，使维生素摄入量不够时。并且缺什么补什么，不能滥补。用视力较多的人可补充适量维生素 A，重体力劳动者可增大维生素 B 类的用量，口腔溃疡可补充维生素 B_2，牙龈经常出血可补充些维生素 C 等。滥用维生素不仅造成浪费，还能引起维生素之间的不平衡，影响机体的正常机能，用量过大甚至可造成中毒。

2. 正确看待新药

近年来新药不断出现，价格也相对较贵。有些人认为产品越新、价格越贵的药就是好药。新药似乎成了好药的代名词。一些患者一听说是新药就设法赶紧用上。其实，新药并不一定都是好药。新药对某些疾病可能有着良好的疗效，或者比同类药物更胜一筹。但是，新药毕竟用药时间短，试用病例也有限，某些副作用在短期内还未能被发现，所以使用新药比使用老药承担的风险更大 。20 世纪 50 年代，美国研制的药物“反应停”，对治疗妊娠反应可谓是药到病除。当时，很多孕妇都使用此药，可悲的是，这些妇女中后来有相当的人生下了貌似海豹、四肢短小的“海豹婴儿”，成为震惊世界的“反应停事件”。所以说，新药并不等于好药，应根据病情选择用药。

(三) 治病用药的基本原则

凡是药物都有一定的副作用和不良反应。药物是治病的重要武器，但不是万能的。我国的传统中医一直认为“病是三分治，七分养”。这是实践中总结出来的一条经验，说明了治病过程中药物与人体的辩证关系。所说的“治”，包括药物和一些其他治疗方法；所说的“养”，包括休息、营养、活动、锻炼、生活规律、乐观情绪在内的一系列加强机体抵抗力，促进恢复健康的积极措施。“治”是通过“养”来发挥作用。治疗的目的，在于调动人体的能动性消除病因，战胜疾病，恢复健康。

可是，往往有人只强调“治”，不注意“养”。把希望都寄托于药物，认为药物是万能的。所以不管什么病，不考虑有无必要，抗生素、维生素、激素等齐上阵。有点病就要输液打吊针。这些做法是不对的，对身体没有益处，有时还能造成对身体的损害。

在治病过程中，用药的基本原则是：能用小量，不用大量；能用一种，不用多种；能口服不注射；能肌肉注射，不静脉注射。选择药物，从三方面考虑：疗效、不良反应、价格。应选择疗效确切，不良反应少，价格便宜的药物。在疗效和不良反应相类似的情况下，应选择价格低的药物。不能把着眼点放在新药、进口药、营养药、贵重药上，而要放在如何提高人体抗病能力上。选择安全有效，经济实用的药物。做到合理用药，真正发挥药物在防病、治病上应有的作用。

二、注意事项

（一）注意避免滥用，防止不良反应

大多数药物都或多或少地都有一些副作用，特别是长期使用或用药量较大，容易出现毒副作用。还有些新药，由于临床经验不够，对其毒副作用观察及了解不够，也应慎用，过去曾发生过不良后果。所以药物一定不能滥用。滥用不仅可以造成物质的浪费，而且会给病人带来种种痛苦，造成伤害。

（二）选择最适应的给药方法

给药方法要根据病情缓急、用药目的及药物本身的性质等来决定。如危重病人，宜用静脉或静滴。慢性病人宜用口服。药物口服不能吸收或易被胃肠破坏的药物，可采用肌肉注射、皮下注射等。

（三）防止蓄积中毒

有一些排泄较慢而毒性较大的药物，如洋地黄等，为了防止蓄积中毒，等用到一定量后应停药或给以小剂量。这类药物容易引起蓄积中毒，故应尽量避免用于肝、肾功能不全的病人。并规定一定的连续给药次数或一定时间作为一个疗程。一个疗程完结后，如需重复给药，则应停药一定时间后再开始下一个疗程。

（四）注意年龄、性别、个体的差异性

儿童正处于生长发育阶段，机体尚未发育成熟，对药物的反应和耐受性与成人有所不同。因此，儿童用药的选择从品种、剂型、和剂量都需考虑不同年龄段人体发育的特点，不能随意参照成人用药，把儿童当作“小大人”对待。处方药必须遵医嘱使用，非处方药使用前，家长要认真阅读药品说明书的各项内容，必要时咨询医师或药师。

老年人各组织器官功能都有不同程度的退化，从而影响了药物在体内的吸收、分布、代谢和排泄；同时老年人往往有多种疾病，用药品种多。因此，要针对病情优化治疗方案（包括品种的选择和剂量的调整），联合用药时要注意规避药物之间的不良相互作用。老年人用药期间应注意观察用药后的反应，及时和家人沟通，让家人了解自己的用药情况，以确保安全有效。

女性由于生理情况不同，如月经期、妊娠期、哺乳期等特殊情况，用药须慎重。妊娠期服用有些药物可通过胎盘影响胎儿，原则上，孕妇妊娠期间不用或少用药物为好；哺乳期用药，某些药物可以通过乳汁进入婴儿体内。因此，在用药前一定要征求医师或药师的意见。

另外，过敏体质的人用药更须慎重。

（五）注意药物的相互作用及配伍禁忌

多种药物合并应用时，由于它们的相互作用，有时可使药效降低或出现不应有的毒副作用。配伍禁忌要注意两方面：

避免药理性配伍禁忌，即配伍药的疗效互相抵消或降低，或毒性增加。如中枢兴奋药与中枢抑制药；升压药与降压药；缩瞳剂与散瞳剂；泻药与止泻药；止血药与抗凝血药等。

避免理化性配伍禁忌：主要是酸性药物与碱性药物。如维生素 C（酸性）与苯巴比妥钠（碱性）配位能使苯巴比妥析出，同时维生素 C 部分溶解；四环素族（盐酸盐）与青霉素钠、钾配伍，可使后者分解，生成青霉素酸析出；阿司匹林（酸性）与碱类药物配伍，易引起分解。类似这样的注意事项还很多。

第五节 有效安全用药的一些常识

一、假药和劣药的识别

（一）从说明书上识别

按药品管理法规定，药品包装应有标签并附有详细的说明书。内容包括：药物的名称、规格、生产厂家、生产批号和有效期限、批准文号、主要成分、适应症、用法用量、禁忌症、不良反应和注意事项。假药的说明书一般书写不完全或不正确。

（二）从商标上识别

合格药品包装上应印有商标图案及“注册商标”字样，有的还有防伪标识物或防伪激光图案。假药一般都缺少此项。

（三）从批准文号上识别

合格药品在包装上都印有国家医药管理部门批准生产而授予的“批准文号”。未取得批准文号生产的药品或未在药品包装上注明批准文号的药品可视为假药。

（四）从外观上识别

从印刷质量上识别：假劣药品在外包装上一般不太讲究质量，比较低劣和粗糙。从药品外观质量上识别：假劣药品的生产都不规范，因此外观上表现出质量低劣。无论哪种剂型，凡是发现有霉变、潮解、变色、结块、裂纹、粘连、混浊或有异味异臭等，均应视为伪劣药品。标签上一般印有有效期限，凡超过有效期的药品，视为劣药。

二、药品的有效期

有些药物由于本身的物理、化学和生物性质不稳定，在储存的过程中受到外界温度、湿度、光线以及其他因素的影响，随着存放时间的延长，药效便逐渐减弱或消失。为了确保药品的质量和用药安全，医药卫生部门把这部分药物规定了在限定的储存条件下可使用的期限，这就是药品的有效期。

在常用药中，规定了有效期限的药品，包括抗生素类、洋地黄类、内分泌制剂、生化制剂和微生物制剂以及一些容易变质的药品。

药品的有效期都从制造日算起，也有从检验合格日算起。有效期时间长短的规定，各药有所不同，详见说明。

有效期是一种相对的时间规定，其长短随药品的质量和保存条件而异。如果药品因某种原因已发生变色、混浊、沉淀等外观的变化，虽然没有超过有效期也不得使用。如果有效期已满，经过检验合格的药品，也可适当延长使用时间。我国已强制规定，从 2002 年起生产的药品，都必须标明失效期。

三、药物的耐受性、习惯性、成瘾性

（一）耐受性

连续用药后机体对药的反应强度递减，增加剂量才可保持药效不减，这种现象叫做“耐受性”。如催眠药苯巴比妥等长期使用，可以使其作用逐渐减弱，睡眠时间也随之缩短，需要不断增加剂量，才能获得原有疗效。防止药物耐受性产生方法：应注意用药时间宜短不宜长，或者间断使用，或者选用其他同类药物相互交替作用，并及时停药。若病情需要长期服用某种药物，则应间隔一定时间使用。

（二）习惯性

有些药物在产生耐受性后，如果停药病人会产生主观不适感觉，产生连续用药欲望。如果只是精神上想再用，就称为“习惯性”。就是停药也不至于对机体形成危害。如吸烟、饮酒的人对烟、酒产生了一种需要欲望，俗称“上瘾了”。实际上这只不过是一种习惯而已。因为这些人吸烟、饮酒停止后，身体不会出现什么危害，只是精神上的不舒服。习惯性也称为“精神依赖性”。

（三）成瘾性

某些药物反复大量使用后，人体会产生一种舒适的感觉，称欣快症。一旦停药会出现严重的生理机能紊乱，如疼痛、全身不适、失眠、心悸、精神不振、打哈欠、流鼻涕、流眼泪、呕吐、腹泻，严重者出现痉挛、休克等，这些称为“戒断症状”。病人非常痛苦，因此病人会强烈要求连续使用这些药物，如再给予这些药物，症状立即消失。这就是“成瘾性”，也称“身体依赖性”。吸毒会成瘾就是这个道理。易成瘾的药物主要是麻醉药品（如吗啡、杜冷丁、可待因）和部分精神药品（如强痛定等），所以这类药物卫生部门管理的非常严格，控制使用。使用这类药物时，应慎之又慎，一旦成瘾应积极进行戒断治疗。

四、药物的慎用、忌用、禁用的区别

为了安全使用药物，药品说明书上常标有慎用、忌用或禁用等字样。

（一）慎用

慎用指该药可以使用，但必须密切注意病人用药后可能发生的不良反应，一旦出现不良反应须立即停药。慎用不等于不能使用，为了安全起见，慎用药品最好在医生正确诊断及指导下使用，以免造成不良后果。

（二）忌用

忌用指不适宜使用或应避免使用该药，因用药后发生不良反应的可能性大。如肾功能减退应忌用对肾功能有影响的药物，如氨基甙类抗生素，对肾功能有影响应忌用。肝功能不良者应忌用雷米封。凡属忌用药品应尽量避免使用。若病情需要则在医生指导下，选择药理作用类同、不良反应较少的其他药物代替。家庭用药时，凡忌用药品最好不用。

（三）禁用

禁用是禁止使用之意，是关于用药的最严厉警告，指某些病人使用该药后会发生严重的不良反应，必须严禁使用。如青光眼禁用阿托品，青霉素过敏者禁用青霉素。

五、药品保管要得当

药品保管不当会变质失效，甚至增加毒性，所以应严格按照药品说明书的要求妥善存放。一般要注意：空气中易变质的药品应装在干燥密闭容器中保存；易受氧化的药品应密闭在棕色玻璃瓶中置阴凉避光处；易吸潮的药品应装在密闭容器中处于干燥处；易风化的药品应装在封口的容器内置阴凉处；外用药与内服药分开储存。家中药品要防止儿童及精神异常者接触，以免发生误服中毒事故。

六、送服药物常识

有些人对用什么送服药很随便，不管什么只要是能喝的都用来服药。有的用茶水，有的用牛奶或饮料之类，这些都是不科学的。

茶水中含有鞣酸、咖啡因和氨茶硷等多种化学物质，其中部分可与药物发生相互作用，从而使药物的疗效降低或失效，甚至发生不良反应。茶叶中的鞣酸可与各种酶制剂结合而使酶失去活性，达不到治疗作用，如胃蛋白酶、多酶片、乳酶生等；鞣酸与金属盐类药物的金属离子形成难溶性络合物，影响药物的吸收，降低疗效，如铁剂、钙剂、铋剂、铝剂、钴剂等；鞣酸与某些抗生素可以结合，影响其吸收和疗效，如四环素类、红霉素、螺旋霉素等。故使用这些抗生素时，不宜饮茶。鞣酸碱也可与含生物碱的药物结合，生成不溶性沉淀，而使药效降低，如盐酸麻黄素、硫酸阿托品、可待因、黄连素等，与人参、黄芪、地高辛、洋地黄等也能结合生成不溶性沉淀。

茶叶中的咖啡因和茶碱具有中枢兴奋作用，服镇静、催眠药时不宜用茶水，两者在药理上的作用是相反的。茶叶中的茶碱还可以降低阿司匹林的解热、镇痛作用。

牛奶含有较多的钙及铁、磷等无机盐类，它们可以与某些中药中的黄酮、有机酸等化学成分发生作用而影响药物吸收，降低药物疗效。它们与西药也存在相似情况，如四环素等可与钙、铁形成络合物，影响吸收及疗效。另外，牛奶中的蛋白质、脂肪，对某些药物的吸收也有一定的影响。

饮料（包括汽水、果汁、果茶等）的主要成分是糖、有机酸、碳酸氢钠、鞣酸、香精等。这些成分与药物混合在一起，不仅影响药物的吸收和疗效，而且使许多药物提前分解和溶化，对胃肠黏膜产生刺激作用，加重药物的不良反应。如磺胺类药不宜用酸性饮料送服，因为酸性饮料能使尿液酸化，磺胺药在酸性尿液中溶解度降低，易析出结晶，引起血尿、尿闭等不良反应。又如呋喃咀啶不宜用碱性饮料送服，呋喃咀啶在酸性环境中有很强的抗菌力，如果用碱性饮料送服，可使呋喃咀啶的抗菌效率大为下降。

由此可见，送服药物最好用白开水。吃药时应多饮水，水是药物的溶媒，在一定程度上，水量越多，药物分子与胃肠黏膜的接触面越大，吸收就越好。服用磺胺类药物，若不多喝水，磺胺易在尿中析出结晶，出现血尿、蛋白尿，损害肾脏。发烧病人服用阿司匹林等解热镇痛药时，更应多饮水，以加强机体的散热，通过大量出汗而降温。足量饮水还可避免因出汗过多而发生虚脱。值得注意的是，有些药物不宜用热水送服，如各种酶制剂、维生素、青霉素干糖浆、小儿麻痹糖丸等。因为热水可使这些药物变性，降低或失去疗效，所以这些药物宜用凉开水送服。一般服药应用温开水。

第六节　常用药物的简介

一、解热镇痛抗炎药

解热镇痛抗炎药是同一类药物，具有解热、镇痛的功效，而且大多数还有抗炎、抗风湿的作用。这一类药物品种繁多，应用广泛。治疗常见病如感冒发热、头痛、牙痛、肌肉痛、月经痛、风湿痛等，都可以使用这些药物，但对创伤性剧痛，平滑肌痉挛所引起的疼痛无效。此类药有一些不良反应，不能盲目滥用。有的可引起较严重的胃肠道反应，如恶心、呕吐，甚至胃出血；有的可引起紫绀和肾损害（这些不良反应较少见）；有些容易引起白细胞减少，甚至导致粒细胞缺乏症；有的还引起过敏等。如因病需较长期的服用这类药，应在医生指导下使用，且要定期检查血象，这样比较安全。

这类药物常用的有：乙酰水杨酸（阿司匹林）、去痛片、复方阿斯匹林、克感敏、贝诺酯（扑炎痛）、布洛芬、芬必得、消炎痛、感冒通等。

二、镇静催眠药

这类药物使用小剂量时可以抗焦虑，能改善患者紧张、忧虑、恐惧不安等症状。

随着剂量增大，就可起到折颈、催眠作用。本类药物长期连续服用，可引起依赖性和耐受性，可采用多种催眠药交替轮换使用的治疗方法，并于睡眠好转后停服。常用的有：安定、舒乐安定、氯硝安定、阿普唑伦等。另外，褪黑素（眠纳多宁、又译美通宁）为一种新的保健品，是用天然物质，通过诱导，促进生理性睡眠。服用后可快速入睡，改善睡眠质量，且无服用安眠药的一些毒副作用。

三、消化系统用药

抗酸药：常用胃舒平、碳酸氢钠（小苏打）等中和药。H2 受体阻断剂：雷尼替丁、法莫替丁、泰胃美（西咪替丁）、奥美拉（洛赛克），也还常用丽珠得乐、胃必治、硫糖铝等，这些药都有较好的效果。值得指出的是，现在对溃疡病的治疗，在使用制酸剂时，应同时服用抗生素，（消灭幽门螺杆菌）可获良好疗效。

助消化药：常用多酶片（含有胃酶和胰酶）、乳酶生、酵母片、维生素 B_1 片。胃肠动力药：吗丁啉、胃复安、普瑞博思（西沙必利）。另外，山楂、麦芽、鸡内金、健脾膏也有很好的助消化作用。

泻药：常用液状石蜡、甘油、蜂蜜、酚酞、大黄、番泻叶，还有肛门给药的开塞露等。另外，麻仁丸、苁蓉通便口服液、通泰胶囊也都有较好的治疗便秘的效果，对中、老年人效果较好。

止泻药：肠道细菌性感染应当首先用抗菌药物治疗。常用痢特灵、黄连素、土霉素、庆大霉素、灭滴灵、氟哌酸。其他原因的腹泻可用收敛药和吸附药，例如鞣酸蛋白、次碳酸铋、药用炭、易蒙停等。另外，消化道黏膜保护剂思密达，以及治疗因肠道菌群失调而引起腹泻的丽珠肠乐，亦有良好疗效。

胃肠解痉药：常用阿托品、颠茄、普鲁苯辛、山莨菪碱、东莨菪碱，可解除平滑肌痉挛，适用于各种内脏绞痛如胃痛、腹痛等。

四、抗心绞痛和抗高血压药

抗心绞痛药：主要通过改善心肌血液供给，降低耗氧量而发挥治疗作用。常用硝碱甘油、消心痛、心痛定、心得安、速效救心丸、中成药有丹参片、地奥心血康等，其中心得安和心痛定（硝苯吡啶）也有良好地抗高血压效应。

抗高血压药：选用钙离子拮抗剂，如尼群地平、心痛定、非洛地平等，或用血管紧张素转换酶抑制剂：如开博通（疏甲丙脯酸）、洛汀新、雅施达等。其他还有倍它罗克、利血平、降压灵、利尿剂、罗布麻叶等。

五、抗喘药、镇咳药和祛痰药

抗喘药：常用氨茶碱、舒喘灵、博利康尼，用以扩张支气管和解除支气管痉挛，治疗哮喘病。此外，必可酮气雾剂、喘乐宁气雾剂、喘康素气雾剂、色甘酸钠气雾剂等因接触面积大，发挥药物作用迅速，已成为抗哮喘病的必备药品。

镇咳药：常用咳必清、咳平片、咳快好、复方甘草片、岩白菜片、痰咳净、咳特灵、可待因（久用能成瘾，应控制使用）以及一些止咳糖浆，如急支糖浆、伤风止咳糖浆等。

祛痰药：常用必嗽平、痰易净、化痰片、桔梗和远志等。

六、抗过敏药

抗过敏常用苯海拉明、扑尔敏、非拉根（异丙嗪）、酮替芬，另外息斯敏、特非拉丁，因无中枢抑制、镇静作用（即无镇静、嗜睡作用）而得到广泛应用。

七、抗菌药

抗菌药是发展最快、应用最广的一类药物，具有抑制、杀灭体内病原菌或其他微生物的作用，常用于防治感染性疾病。抗癌抗菌素则用于防治肿瘤。

1. 青霉素类

常用青霉素钠、氨苄青霉素，具体用法根据病情需要，肌肉或静脉注射；口服青霉素常用羟氨苄青霉素、安比西林（氨苄青霉素口服剂型），抗细菌性感染都有较好疗效。青霉素类药可能发生严重过敏反应，应用前一定要做过敏试验。

2. 头孢菌素类

头孢菌素抗菌作用强，抗菌谱广，其临床应用价值第一代头孢菌素与青霉素相似。第二代、第三代头孢菌素对革兰氏阴性菌作用更强。常用头孢氨苄（先锋号）、头孢拉定。因是口服，使用方便，应用较广泛。另外，常用的还有注射用头孢唑林钠，注射用头孢哌酮钠等。

使用头孢菌素，尤其是第三代头孢菌素，因杀菌作用强，易致肠菌群失调，有益微生物被杀死，造成维生素缺乏症，甚至引起二重感染，应予注意。对头孢菌素类过敏者禁用。

3. 碘胺类药物

碘胺类的抗菌谱都相似，对多种革兰氏阳性菌和阴性菌有抑制作用。现在常用复方剂型的复方新诺明，由于价廉，且有一定疗效，因而应用也较广泛。磺胺类药物的不良反应：损害泌尿系统，可同时服用小苏打碱化尿液，或者多饮水两项措施预防；抑制造血系统，长期使用磺胺药，应注意检查血象。另外，对磺胺过敏者不能使用。

4. 氨基甙类

氨基甙类药物影响细菌蛋白合成的全过程，因而具有较强的杀菌作用。氨基甙类药物品种很多，较常用的有链霉素、庆大霉素、卡那霉素、妥布霉素、丁胺卡那霉素、小诺霉素、核糖霉素。这一类药物，抗菌谱相似。不良反应也相似。不良反应主要有三点：

（1）损害第八对脑神经（前庭神经、听神经），可影响耳蜗结构使听觉减退乃至失聪，也可损害前庭器官使人体失去平衡能力。

（2）阻滞神经肌肉接头，可使骨骼肌松弛甚至引起呼吸停止。

（3）损害肾脏，可引起蛋白尿，基于此，许多氨基甙类药物儿童不宜使用，其中小诺霉素、核糖梅素相对而言不良反应要小得多，因此常用于儿童。

5. 喹诺酮类药物

现在常用喹诺酮第三代药物，例如氟哌酸、环丙氟哌酸、氟嗪酸，这类药物抗菌谱广，抗菌作用强，注射用乳酸环丙氟哌酸临床上使用有良好的疗效。本类药物儿童不宜使用。

6. 大环内酯类

大环内酯类常用的有红霉素、螺旋霉素、交沙霉素、麦迪霉素。它们对革兰氏阳性球菌有很好的抗菌效果，临床上主要用于治疗耐青霉素的金色葡萄球菌感染和对青霉素过敏的病人。其不良反应则是，可能引起消化道不适，如恶心、食欲减退。红霉素此类反应较明显，近年来制成乙酰红霉素（即琥乙红霉素，又称利菌沙），胃肠道反应就比较小。

7. 其他抗菌药

其他抗菌药有林可霉素、氯林可霉素，抗菌谱类似红霉素。其主要用于金色葡萄球菌性骨髓炎和青霉素无效或病人对青霉素过敏的革兰氏阳性球菌感染。不良反应是易引起恶心、呕吐，腹泻发生率较高，还有发生胃膜性肠炎的可能。

四环素、土霉素，属于广谱抗菌药。因其副作用明显，现在除一些特殊疾病外，应用不多。

八、抗结核药

结核病是危害人类健康的慢性传染病，较难控制，需长期服药治疗。

链霉素：抗结核作用强，在一定浓度下可杀死结核菌，疗效好，适用于各种类型的结核病，是首选的抗结核药之一。此药长期应用，耳毒症发生率高。为了减慢耐药菌的产生和降低毒性反应，常与别的抗结核药合用，同时可减少剂量，每日肌肉注射 0.75 克，连用 20 日后，可改为间隙给药，每 3~6 日一次。

异烟肼（雷米封）：疗效高，在一定浓度下可杀死结核菌，毒性小，为最常用的抗结核病首选药。它需与其他抗结核药联用，以增强疗效，克服细菌耐药性。口服每次 0.3 克，每日一次。使用中应定期检查肝功能。较常见的不良反应有周围神经炎、眩晕、失眠等。肝功能不良、癫痫和精神病患者慎用。

利福平（甲哌力复霉素）：抗菌谱广，对结核杆菌的作用特强，在一定浓度下也可杀死结核菌。国内主要用于治疗结核病。空腹口服吸收快而完全，应于早晨空腹时服用。口服每日 0.45~0.6 克。较严重的不良反应是对肝脏的损害，少数病人可出现过敏反应，严重肝病和孕妇应禁用。

吡嗪酰胺：本品为治疗结核病的有效药物，其疗效与异烟肼、利福平、链霉素相当，一定浓度下亦可杀死结核病。其特点是对细胞内结核杆菌也有较强的作用，与异烟肼等无交叉耐药性。一般应与链霉素合并使用，效果更好，目前本品已成为抗结核病短程化疗的基本药物之一。口服，一日 1.5~2 克，一次服用。不良反应是对肝功能可造成损害，应定期检查肝功，孕妇禁用。

乙胺丁醇：只对结核杆菌有作用，作用强度近似链霉素。口服，开始时每日 25 毫克，一般服药 8 周改为 15 毫克，一次顿服。不良反应是用量过大可引起严重的球后神经炎，治疗期间应注意检查视力，如出现视觉异常，应立即停药，肾脏功能不良者慎用。

九、治疗性病的药

性病是在世界范围流行的、以性行为为主要传播方式的传染性疾病。它主要由病毒、病菌、霉菌、寄生虫等引起。现在治疗性病的药物比较多，有些药具有良好的疗效。治疗性病的药常用的有：①青霉素，对梅毒螺旋体、淋球菌效果好；②氨苄青霉素、羟氨苄青霉素对淋球菌有效；③头孢菌素类，头孢呋肟、头孢肟三嗪（菌必治）对淋菌效果好；④氨基甙类的大观霉素（淋必治）对淋病奈瑟菌有良好的抗菌作用；⑤四环素类，米诺环素（二甲胺四环素）对淋球菌、梅毒螺旋体有疗效。另外，“洁尤平”外用乳膏擦剂对尖锐湿疣有显著效果。本类药物的具体用法，视性病的类型和疾病的程度而定。

十、戒毒药品

美沙酮：目前国际上公认最好的方法是美沙酮递减疗法。

二氢埃托啡：其药理作用为替代海洛因，有速效、高效等特点。

纳洛酮：一种长效的阿片受体拮抗剂，可防复吸毒品。

福康片：中药戒毒新药。该药能改善或提高毒品依赖者的免疫功能。

十一、中成药的作用

中成药，是指以中药材为原料，在中医药理论指导下，按规定处方和标准制成一定剂型的现成药物。它既可供医生治疗使用，也可由有一定医药知识的病人自行购用。中成药具有疗效好，服用方便，不良反应少的优点，因此，很受欢迎。尽管中成药的不良反应一般比西药少得多，但是临床上也能见到少数病人出现过敏反应，因此使用时应注意这些问题，最好征求中医师意见后再服用。

思考题

1. 什么是药品？药品有哪些来源与剂型？
2. 药品是如何对人体产生作用的？
3. 药品对人体有哪些不良反应？
4. 药品作用于人体，受哪些因素的影响？
5. 常见的给药途径有哪些？各有什么优缺点？
6. 怎样才能做到合理用药？应该注意些什么？
7. 常用药物有哪些？

第十二章　常见急症的现场救护

第一节　现代救护新概念

随着人类的交往日趋频繁，活动空间不断扩大，寿命日益增长，交通事故、严重创伤、急性中毒等突发事件逐年增多，各种疾病尤其是心脑血管疾病的发生率也日趋升高，且往往表现为危、重、急症形式，从而危及人类的生命。面对现代社会各种急、危、重症及意外伤害的频繁发生，人们对突发公共卫生事件的应急处理和现场救护的需求愈来愈大，传统的救护概念及由此概念派生的急救服务运作方式已显得苍白无力。在 1993 年 4 月 7 日的世界卫生日上，WHO 提出了“善待生命——预防意外伤亡和暴力”的口号，还提出了医学救援新概念——现代救护仅仅依靠医疗部门是不够的，还需要各相关部门的配合支持，要有一个“大救援”的观念。此外，有关部门及时向广大人群，尤其是大学生普及现代急救护理观念和技能，显得更为重要。只有具备一定的自救和救护能力的人，才能成为热心于社会公益事业和无偿服务于社会的志愿者队伍中的一分子，这也是当今社会进步与发展的需要。

一、现代救护的特点与第一目击者

传统观念中人们将抢救急、危、重症，意外伤害病人的希望完全寄托在医院和医生身上，缺乏对急、危、重伤病员现场救护重要性的认识。这种传统的观念，往往就使处在生死之际的病人丧失了几分钟、十几分钟最宝贵的抢救时间。

现代救护强调的是立足于事发现场，在现场对病人实施及时、有效、先进的初步救护。在发病的现场如家庭、马路、工作场所及其他医院外的各种环境中，几分钟、十几分钟，往往是抢救危重病人最重要的时刻，医学上称之为“救命的黄金时刻”。在此时间内，若抢救及时、正确，生命就有可能被挽救；反之，则有可能病情加重乃至丧失生命。现场及时、正确的救护可为医院救治创造条件，从而最大限度地挽救病人的生命和减轻伤残的程度。

第一目击者（First Responder）指的是在现场为突发伤害、危重疾病的病人提供紧急救护的人。第一目击者包括现场伤病员身边的亲属、同事、医疗机构救援人员、警察、消防员、保安人员、公共场合服务人员等。现代救护是立足于现场的抢救。在医院外的环境下，第一目击者对伤病员实施有效的初步紧急救护措施，可以挽救生命，减轻伤残程度和伤病员的痛苦。然后，由医疗救护人员将伤病人迅速送到就近的医疗机构，继续进行救治。发达国家的社区急救服务，侧重于对“第一目击者”群体的培训。

紧急医疗服务系统（Emergency Medical Service，EMS）是指具有受理应答呼救的专业通讯指挥、承担院外救护、院内急诊救护及危重病监护救治的医疗机构。EMS 的要求：有通信灵敏、反应迅速的专业急救机构；急救机构能 24 小时全天候接受呼救电话等各种信息；急救机构能及时、迅速地派出救护力量，到达现场进行处理；急救援助应在最快的反应时间内到达事发现场或病人家中；现代化城市应具有完善的急救网络，星罗棋布的急救站点及巡回救护车，缩短需要紧急救助的病人等待的时间。

二、现场评估

我们面对的危重病人，大都是处在医院外的各种环境中，有些意外伤害、突发事件甚至发生在复杂或动荡不安的现场。因此，作为“第一目击者”首先要对现场情况进行评估，对病人所处的状态进行判断，注意现场安全，分清病情和轻重缓急。在紧急情况下，通过实地感受、眼睛观察、耳听鼻闻等来对异常情况迅速做出判断，遵循救护行动的程序，并利用现场的人力和物力实施救护。急救者一般应在数秒钟内完成评估，进一步寻求医疗救护。

1. 评估情况

评估时必须迅速，急救者应控制自身情绪，尽快了解情况。检查现场包括：现场的安全、引起病情的原因、受伤的人数，以及自身、伤病员及旁观者是否都身处险境，伤病员是否仍有生命危险存在。然后，判断现场可以应用的资源及需要何种支援、可能采取的救护行动等。

2. 保障安全

在进行现场救护时，造成意外的原因可能会对参与救护的人产生危险，所以，首先应确保救护人自身安全。如对于触电者的现场救护，首先必须切断电源，然后才能采取救护措施等以保障安全。在救护中，不要试图兼顾太多工作，要清楚自己能力的极限。在不能消除存在的危险的情况下，应尽量确保伤病员与自身的距离，实施安全救护。

3. 个人防护设备

第一目击者在现场救护当中，应采用必要的个人防护用品，以阻止病原体进入自身体内。在尽可能的情况下，救护人使用呼吸面罩或呼吸膜等实施人工呼吸，有条件时还应戴上医用手套、眼罩、口罩等个人防护用品。个人防护设备必须放在容易获取的地方，以便现场急用。个人防护设备的使用，必须经过相关知识的培训或按照使用说明正确地使用。

三、紧急呼救

当发现了危重伤病员，经过现场评估和病情判断后需要立即救护的，第一目击者应及时向专业急救机构（EMS）或附近担负院外急救任务的医疗部门、社区卫生单位报告。可使用电话呼救，让该处立即派出专业救护人员和救护车到现场抢救。

为了提高在院外抢救的成功率，美国心脏学会在1992年提出生命链概念，其基本内容是四个早期，即早期通路（第一目击者立即就近向专业急救机构报告）、早期CPR（心肺复苏术）、早期心脏除颤、早期高级生命支持（专业人员在现场对危重病员进行的一系列专业救护）。紧急呼救即为生命链的第一环。

（一）呼救电话须知

使用呼救电话，必须要用简练、准确、清楚的语言说明病人目前的情况及严重程度，伤病员的人数及存在的危险，需要何类急救。如果不清楚身处位置的话，不要惊慌，因为救援医疗服务系统控制室可以通过地球卫星定位系统追踪其正确位置。一般应简要清楚地说明以下几点：

（1）你（报告人）的电话号码与姓名，病人的姓名、性别、年龄和联系电话。

（2）病人所在的确切地点，尽可能指出附近街道的交会处或其他相关的显著标志。

（3）病人目前危重的情况，如昏倒、呼吸困难、大出血等。

（4）发生灾害事故、突发事件时，说明其伤害性质、严重程度及伤病员的人数。

（5）现场所采取的救护措施。

注意，要等救援医疗服务系统调度人员先挂断电话再放下话筒，必要时让对方复述你的重要信息。电话号码美国是911，法国是15，香港特区是999，日本是119，我国将120定为医疗急救电话。近年来红十字会系统建立了“999”急救电话。

（二）单人及多人急救

在专业急救人员尚未到达时，如果有多个人在现场，可一边安排部分救护人员留在病人身边开展救护，同时安排通知EMS机构。在发生意外伤害事故时，救护人员要分配好各自的工作，分秒必争，有序地组织并实施伤病员的寻找、脱险、医疗救援等工作。为挽救生命，抓住“救命的黄金时刻”，救护人员可立即进行心肺复苏，然后迅速拨打求助电话。如有手机在身，则进行1~2分钟心肺复苏后，在抢救间隙中拨打求助电话。

如溺水者被救出水面时意识已丧失，必须先进行1分钟的基础心肺复苏，然后给当地的EMS机构打电话。大量资料表明，任何年龄的外伤、药物过量或呼吸暂停者病情的遏制，都会与在通知EMS机构前接受的1分钟的基础心肺复苏密不可分。

如果面对的是一个孩子，客观判断其已无反应，且只有一个救护人员在场时，在给EMS机构打电话之前，应准备好在必要时提供大约1分钟的基础心肺复苏。一旦确定孩子没有反应，应立刻大声呼救。如果孩子很小又没有外伤，可以考虑把孩子抱到电话旁，这样便于更快地与EMS机构联系。

四、现场急救原则与步骤

现场救护目的是挽救生命，减少痛苦，减轻伤残。第一目击者对伤病人的救护原则和步骤必须十分明确清楚，才能做到临场不乱。

（一）救护原则

（1）保持镇定，沉着大胆，细心观察，科学判断。

(2) 评估现场，确保自身与伤病人的安全。

(3) 分清轻重缓急，先救命，后治伤，果断地实施救护措施。

(4) 尽量采取减轻病人痛苦和伤残的措施。

(5) 充分利用现场可支配的人力、物力协助救护。

(二) 救护步骤

1. 判断意识

判断伤病员是否有意识的方法是轻拍重喊。即先在病人耳边大声呼唤“喂！您怎么啦?”，再轻轻拍打病人的面颊或肩部，婴儿可拍击其足底或掐捏上臂。如病人对呼唤及拍打无反应，婴儿不能哭泣，可判断其无意识。

2. 立即呼救

当判断伤病员意识丧失，应该求助他人，在原地高声呼救：“快来人！救命啊!”，并拨打急救电话。如还有他人，可请他人帮助打急救电话或轮换对伤病员实施救护。

3. 摆放体位

对于意识不清者，取仰卧位或侧卧位，或翻转为仰卧位（心肺复苏体位）放在坚硬的平面上；若伤病员没有意识，但有呼吸和循环，为了防止窒息，应将伤病员摆放为侧卧体位。病人体位应保持稳定，并易于翻转其他体位；病人应保持便于观察和畅通的气道体位；超过 30 分钟，救护人员可酌情翻转病人到另一侧。在摆放时不要随意移动、用力拖、拉病人，不要搬动和摇动已确定有头颈部外伤者。有颈部外伤者在翻身时，施救人应保持病人头颈部与身体在同一轴线翻转，并做好头颈部的固定。

4. 开放气道

病人呼吸心跳停止后，全身肌肉松弛，口腔内的舌肌也松弛后坠而阻塞呼吸道。救护人员采用开放气道的方法，可使阻塞呼吸道的舌根上提，使呼吸道畅通，并用最短的时间，将病人衣领口、领带、围巾等解开，再戴上手套或用手绢包缠手指，用手指迅速清除病人口鼻内的污泥、土块、痰、呕吐物等异物，以利于呼吸道畅通。打开气道方法有以下三种：

(1) 仰头举颏法。救护人用一手的小鱼际部位置于病人的前额并稍加用力使头后仰，另一手的食指、中指置于下颏将下颌骨上提。注意：救护人手指不要深压颏下软组织，以免阻塞气道。

(2) 仰头抬颈法。救护人用一只手的小鱼际部位放在病人前额，向下稍加用力使头后仰，另一只手置于颈部并将颈部上托。无颈部外伤可用此法。

(3) 双下颌上提法。救护人双手手指放在病人两侧下颌角，向上方提起下颌。头保持正中位，不能使头后仰，不可左右扭动。这适用于怀疑颈椎外伤的病人。

5. 呼吸支持

检查呼吸，救护人将病人气道打开，利用眼视、耳听、皮肤感觉在 5 秒钟内，判断病人有无呼吸。方法是：一听、二看、三感觉。如果胸廓没有起伏，并且没有气体呼出，病人即不存在呼吸，这一评估过程不超过 10 秒钟。

经检查判断病人呼吸停止后，应在现场立即给予人工呼吸。人工呼吸可酌情采用口对口、口对鼻、口对口鼻、口对呼吸面罩等方法进行救护。

6. 循环支持

判断心跳应选择大动脉，触摸脉搏有无搏动。成人及儿童可触摸颈动脉，婴儿触摸肱动脉，在5~10秒钟内尽快判断病人有无心跳。

当判断病人已无脉搏搏动，或在危急中不能判明心跳是否停止，脉搏也摸不清，不要反复检查耽误时间，要在现场立即进行胸外心脏挤压。

7. 紧急止血

要注意检查病人有无严重出血的伤口，如有出血，还要立即采取紧急止血措施，避免因大出血造成休克而死亡。

8. 局部检查

注意首先要处理危及生命的全身症状，然后，再注意处理局部。要从头部、颈部、胸部、腹部、背部、骨盆、四肢各部位按顺序进行检查，检查外伤出血的部位和程度、骨折部位和程度、有无脏器脱出、渗血、皮肤感觉丧失等。

第二节　现场急救四项基本技能

一、止血

创伤性出血是一种危重的病症，它可导致人体很多部位出血，甚至急性大出血，也可导致人体因失血过多，发生失血性休克，这是创伤导致死亡的重要因素之一。因此，创伤人员要立即进行止血，同时伤员如能了解和掌握有关创伤止血的包扎知识，就能在创伤发生后的自救互救中运用指压、止血带、手帕、布块等进行止血，或采用加压包扎、屈肢等方法进行有效的止血，以缩短出血时间，减少出血量，避免伤员因大量出血而休克，危及生命与健康。

（一）概述

1. 失血量估计

血液是维持生命的重要物质。成人的血液占自身体重的7%~8%，每千克体重拥有60~80毫升血液。严重创伤，常伴有不同程度的出血，从而造成人体失血，并给人体健康带来损害。若失血量达全血量的10%（相当于400~500毫升），伤员除了心脏跳动略快外，没有其他特殊症状；如果失血量达到15%~25%，伤员就会出现心慌、手足发凉、呼吸浅快、尿量减少，发生轻度休克；如果失血量达全血量的25%~50%时，伤员则出现心动过速、呼吸紧张、全身冷汗、面色苍白、烦躁不安、四肢发凉、尿量少，并发生中度休克；如果失血达到50%（相当于2 000~2 500毫升），伤员就会出现呼吸急促、神志不清、肤色惨白、肢体发凉、脉细无力，发生重度休克。

2. 出血类型

（1）根据损伤血管分为以下三类：①动脉出血。动脉血管压力较高，出血时血液自伤处向外喷射。血液为鲜红色、速度快、量多，人在短时间内大量失血，危及生命。

②静脉出血。血液暗红色，出血时血液呈涌出状或徐徐外流，速度稍缓慢，量中等。③毛细血管出血。微小的血管出血，血液像水珠样流出或渗出，血液由鲜红变为暗红色、量少、多能自行凝固止血。

(2) 根据出血方向分为以下两类：①内出血。内出血是深部组织和内脏损伤，血液流入组织内或体内，形成脏器血肿或积血。内出血从外表看不见，只能根据伤员的全身或局部症状，如面色苍白、吐血、腹部疼痛、便血、脉搏快而弱等来判断胃肠道等重要脏器有无出血。内出血对伤员的健康和生命威胁很大，必须密切注意。②外出血。人体受到外伤后血管破裂，血液从伤口流出体外。内出血的处理较复杂，须尽快去最近的有抢救条件的医院诊治，这里只介绍外出血的急救法。

(二) 常用的止血方法

止血的方法有包扎止血、加压包扎止血、指压止血、加垫屈肢止血、填塞止血、止血带止血。一般的出血可以使用包扎、加压包扎法止血；四肢的动、静脉出血，如使用其他的止血法能止血的，就不用止血带止血。

1. 指压止血法

指压止血法是一种最方便、及时的临时止血方法。在紧急情况下，来不及用其他方法止血时，用此方法止血往往可立竿见影，非常迅速，特别是四肢大出血用此法尤为适宜。动脉出血时用手指压住血管近心端，用力把它压住在骨头上即可止血。紧急时可先隔衣压迫止血，然后再换上其他止血法，就可达到救急止血目的。不同的出血部位，压迫的方法不同。

(1) 颞浅动脉。一手固定头部，一手拇指在耳屏前上方一指宽处摸到颞浅动脉搏动后，将该动脉压在颞骨上（见图 12-1），可止住同侧额颞部出血。

(2) 面动脉。用拇指或食指在下颌角前约 1.5 厘米的凹陷处，用拇指摸到面动脉搏动后，将该动脉压在下颌骨上（见图 12-2），可止住同侧眼睛以下面部出血。

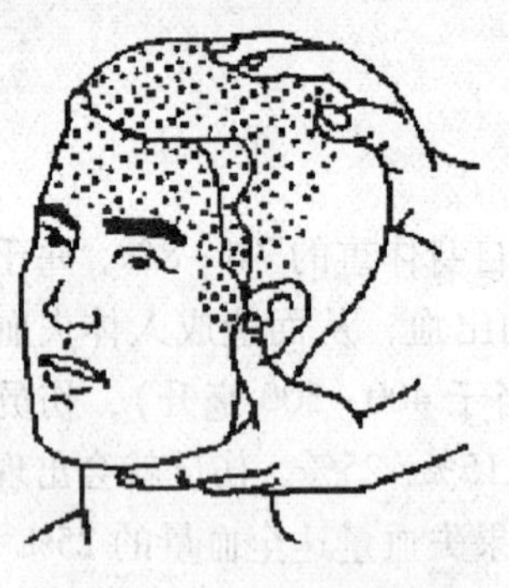

图 12-1　颞浅动脉压迫部位

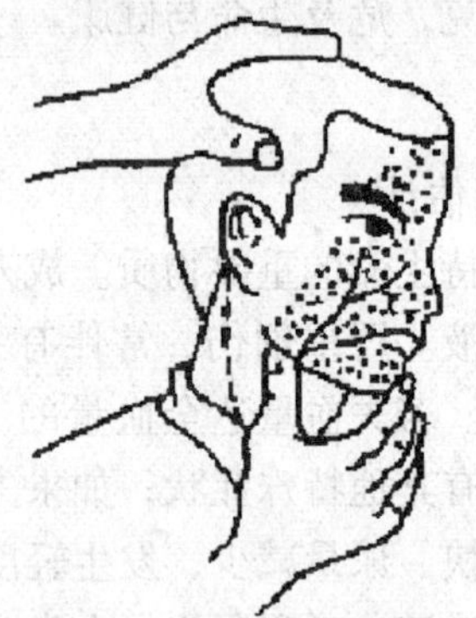

图 12-2　面动脉压迫部位

(3) 锁骨下动脉。患者头转向健侧，在锁骨上窝平齐于锁骨上缘中点，用拇指摸到锁骨下动脉搏动后，将该动脉压于第一肋骨上（见图 12-3），可止住肩部和上臂出血。

(4) 肱动脉。使患肢外展外旋，在肱二头肌内侧沟处摸到肱动脉搏动后，用拇指将肱动脉压于肱骨上（见图 12-4），可止住前臂和手部出血。手指出血可压迫指动脉，压迫点在第一指节根部两侧，用拇指和食指相对加压。

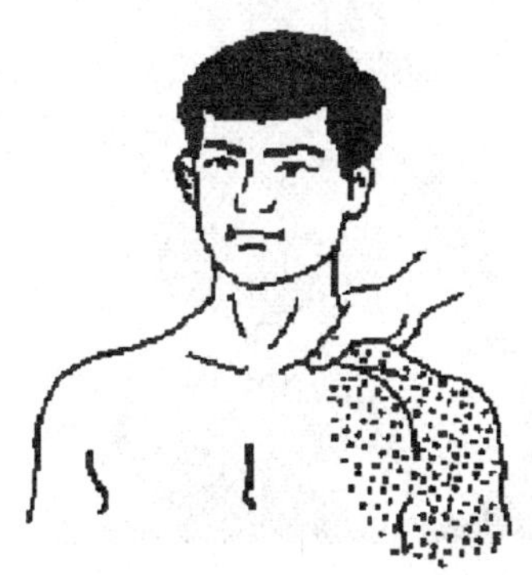

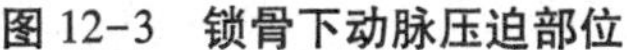

图 12-3 锁骨下动脉压迫部位

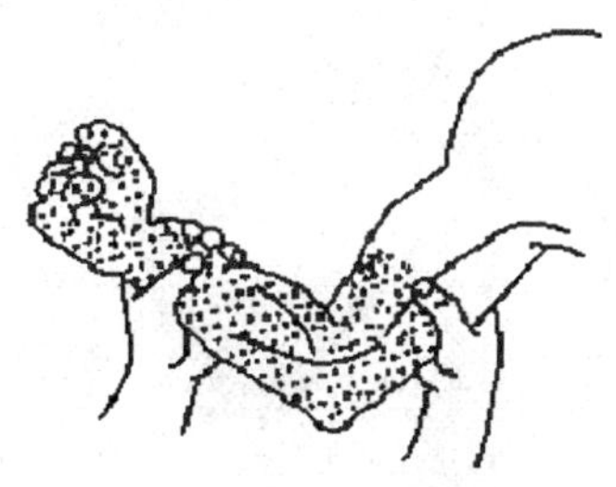

图 12-4 肱动脉压迫部位

（5）股动脉。患者仰卧，大腿微外旋，在腹股沟中点摸到股动脉搏动后，将两拇指重叠压迫该动脉于股骨上（见图 12-5），可止住大腿和小腿出血。

（6）胫前和胫后动脉。用两手的食指和拇指分别压于内踝和跟腱之间和足背横纹的中点（见图 12-6），可止住胫前和胫后动脉出血。

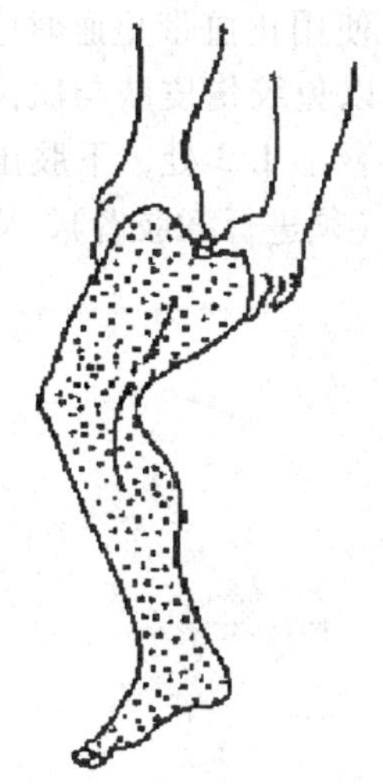

图 12-5 股动脉压迫部位

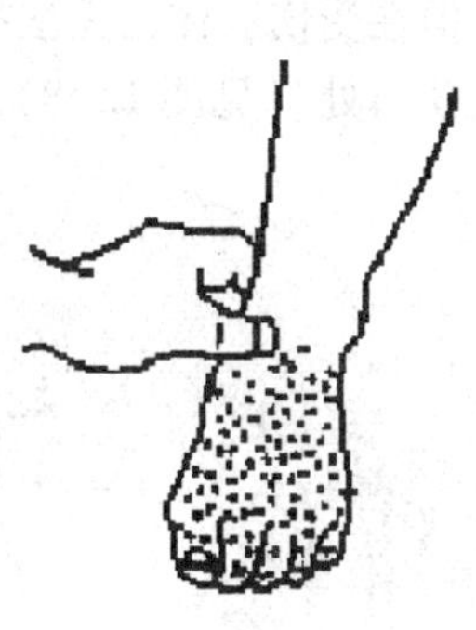

图 12-6 胫前和胫后动脉

2. 加压包扎止血法

加压包扎止血法适用于小动脉、静脉及毛细血管出血。用消毒过的纱布块或干净的毛巾、手帕等放置在伤口上，用绷带、三角巾或布条加压紧紧地缠绕包扎伤口，即能达到止血的目的。加压包扎止血法操作时压力不可过大，但又不可过小，以能止住血而又不影响包扎肢体的血液循环为宜。

3. 加垫屈肢止血法

在四肢、膝、肘以下部位出血时，如没有骨折或关节损伤时，可将厚棉垫、泡沫或绷带卷塞在窝或肘窝部，屈腿或屈臂，再用三角巾、宽布条、手帕或绷带等紧紧缠住（见图 12-7）。

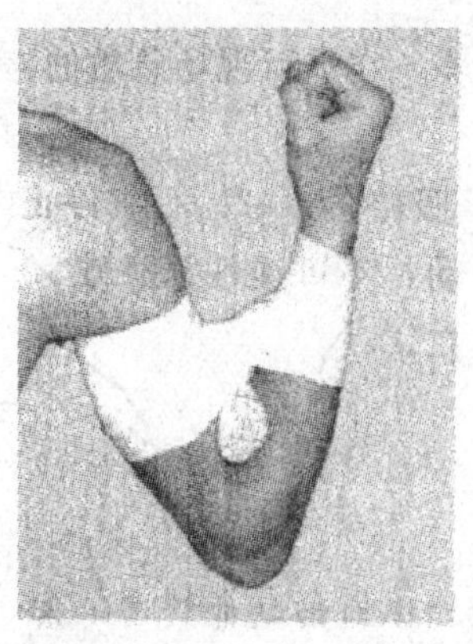
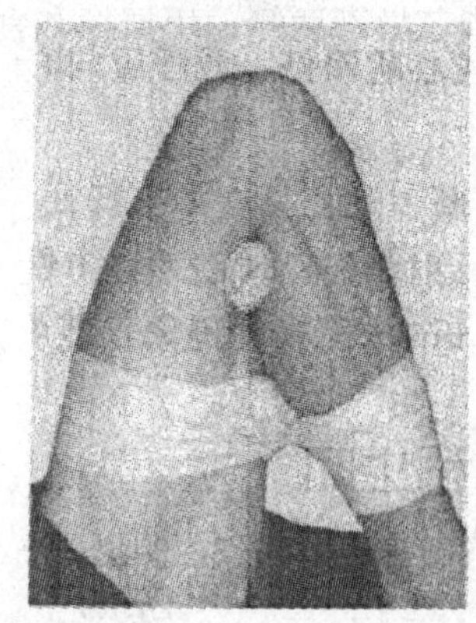

图 12-7　加垫屈肢止血法

4. 止血带止血法

若上述方法无效，或遇到四肢大动脉出血时，可采用止血带止血。使用止血带适当，止血效果较好，往往能挽救伤员生命；但如使用不当，则可造成组织缺血坏死，甚至使伤病员失去肢体，严重者可引起急性肾功能衰竭而导致死亡。

常用的止血带有橡胶止血带和临时止血带等。具体方法是：在紧靠动脉出血部位的上方将伤肢扎紧，把血管压瘪而达到止血的目的。使用止血带止血时应注意：在上止血带前，局部应用毛巾、衣服等软织物加以衬垫，以免绞伤皮肤与肌肉；止血带放置部位尽量靠近伤口，一般情况下，上肢出血扎在上臂上 1/3 处，下肢出血扎在大腿中上 1/3 交界处。但在受伤肢体已无法挽救的情况下（须进行截肢者），则止血带应尽量扎在近心端靠近伤口处（见图 12-8）。

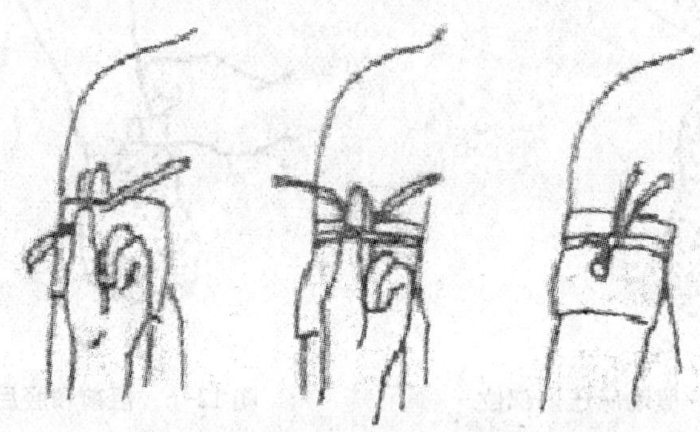

图 12-8　止血带止血法

上止血带要松紧适度，以能止住出血为度，扎松了不能止血，扎得过紧则损伤皮肤与神经。上止血带过久，容易引起肢体坏死，因此，相隔半小时或一小时左右要松开一次，每次放松 2~3 分钟。但必须注意，放松止血带时要在伤口处用手指加压，以防止血带突然放松后引起猛烈出血。运送伤病员时，止血带要有明显标志，并注明上止血带与放松止血带的时间。

二、包扎

外伤造成的伤口，很容易被污染，不仅在局部可引起感染化脓，而且可以引起全身性感染。因此，必须及时包扎好伤口。包扎好伤口不仅可以保护伤口，避免感染，而且还可以固定敷料或药品、伤骨，并起到加压止血的作用。

包扎前，先把伤病员衣裤解开或剪开，充分暴露伤口，如需脱掉衣裤，应先脱没有受伤的一侧，后脱受伤的一侧；如果伤情严重（如大出血、骨折、大面积烧伤等）和情况紧急时，可连同衣裤一起包扎，也可在伤口相应部位把衣裤剪开一个洞，再盖上敷料进行包扎。

常用的包扎材料有绷带、三角巾和四头带等。如果没有这些材料，也可用伤员或急救者的毛巾、手帕、衣、帽等包扎伤口。总之，包扎材料应利用一切可以利用的已消毒或清洁的软性材料，以达到及时包扎的目的。

（一）绷带包扎法

（1）环形包扎法：常用于肢体粗细比较一致的部位。用绷带作环形缠绕，第一圈要拿出一角，反折回来压在第二圈下面，最后一圈的带尾用胶布固定，或剪成两条，分左右绕回打结，如图 12-9 所示。

（2）螺旋包扎法：绷带卷斜行缠绕，每卷压着前面的一半或三分之一。此法多用于肢体粗细差别不大的部位，如图 12-10 所示。

（3）反折螺旋包扎法：做螺旋包扎时，用一拇指压住绷带上方，将其反折向下，压住前一圈的一半或三分之一，多用于肢体粗细相关较大的部位，如图 12-11 所示。

（4）“8”字包扎法：多用于关节部位的包扎。在关节上方开始做环形包扎数圈，然后将绷带斜行缠绕，一圈在关节下缠绕，两圈在关节凹面交，反复进行，每圈压过前一圈一半或三分之一，如图 12-12、图 12-13 所示。

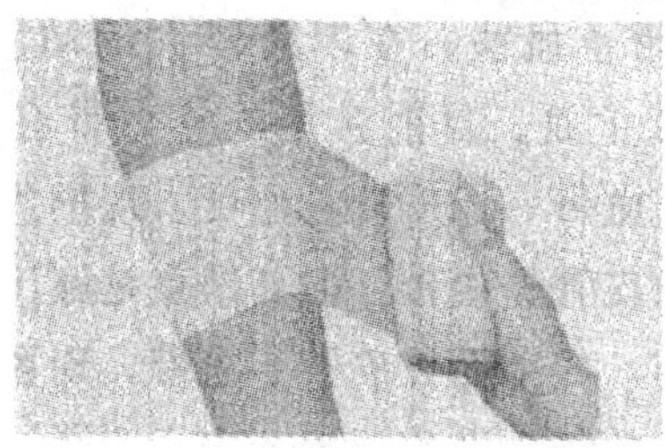

图 12-9　环形包扎法

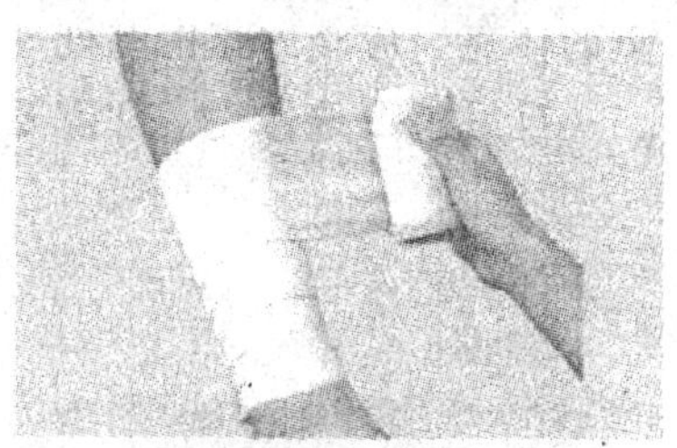

图 12-10　螺旋形包扎法

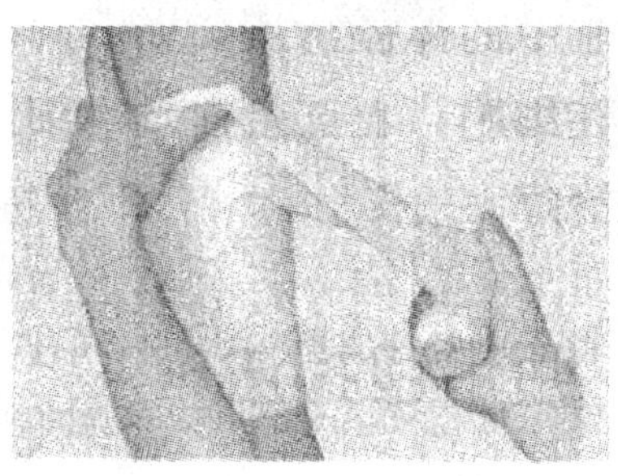

图 12-11　反折包扎法

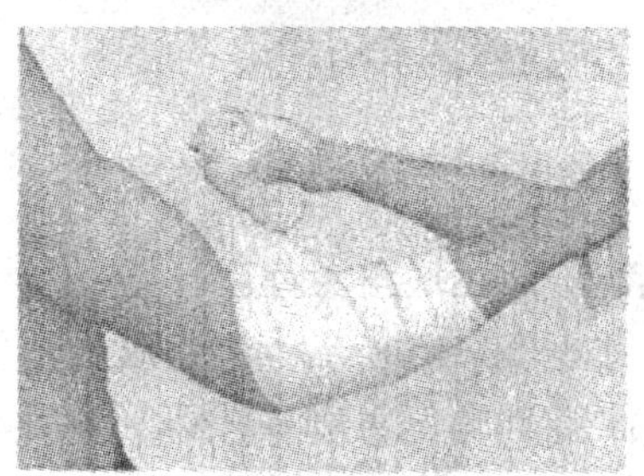

图 12-12　“8”字包扎法(1)

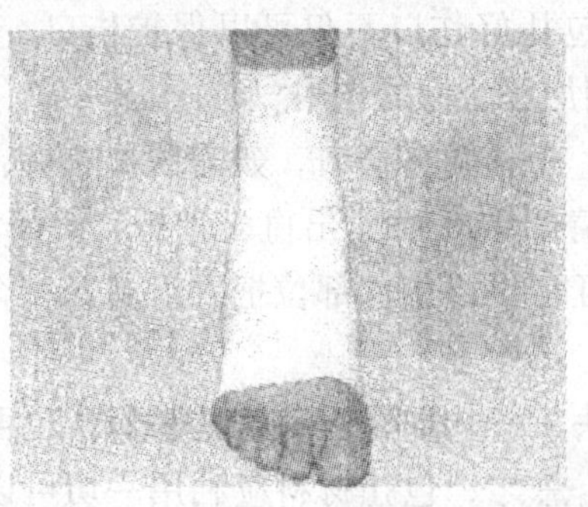

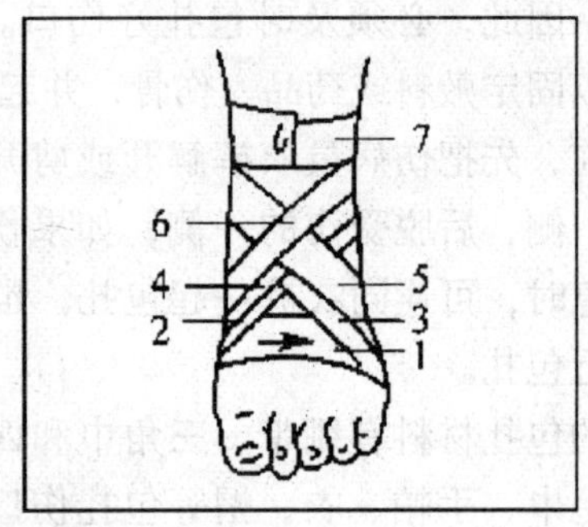

图 12-13 "8"字包扎法（2）

（二）三角巾包扎法

（1）头顶包扎法：将三角巾底边折叠约 2~3 厘米宽，放于前额眉上，顶角拉至后脑，左右两底角沿两耳上方往后，拉至后脑交叉，并压紧顶角然后再绕到前额打结。顶角拉紧，并向上反折，将顶角塞进两底角交叉处。此方法主要用于头部受伤，有止血、避免伤口感染的作用，如图 12-14 所示。

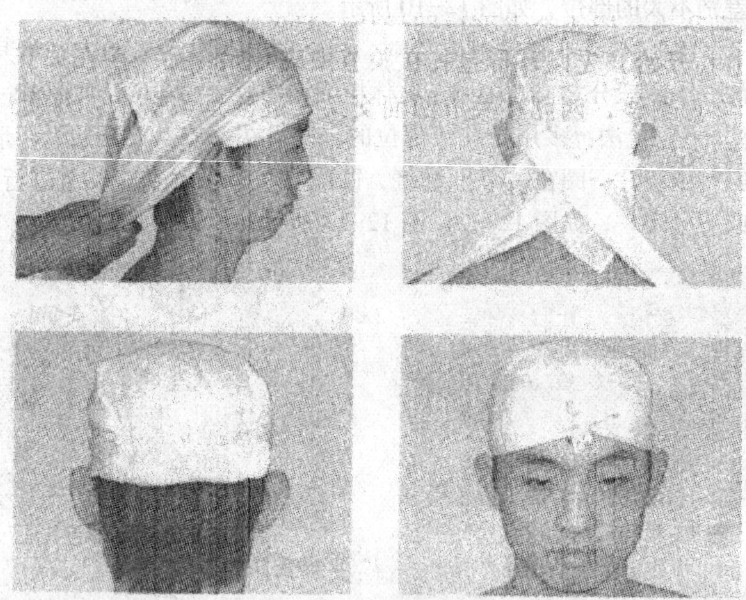

图 12-14 头顶包扎法

（2）胸部包扎法：一是单胸包扎法，将三角巾底边横放在胸部，顶角超过伤肩，并垂向背部，将两底角在背后打结，再将顶角带子与之相接，此法如包扎背部时在胸部打结，如图 12-15 所示；二是双胸包扎法，将三角巾打成燕尾状，两燕尾向上，平放于胸部，将两燕尾在颈前打结，将顶角带子拉向对侧腋下打结，此法用于背部包扎时，将两燕尾拉向颈前打结，如图 12-16 所示。

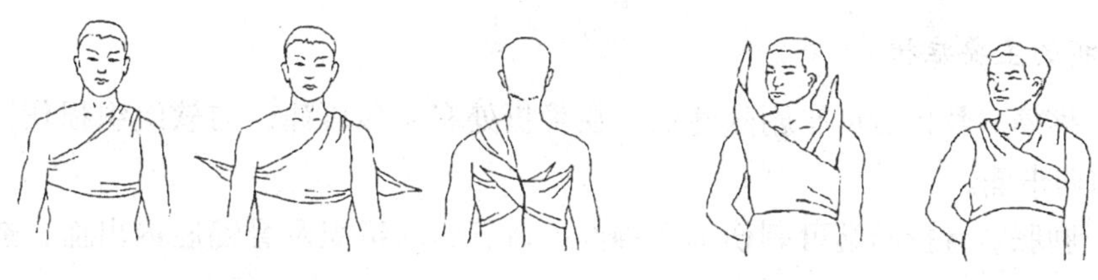

图 12-15　单胸包扎法　　　　图 12-16　双胸包扎法

（3）腹部包扎法：将三角巾底边向上，放于腹部。将两底角在后腰打结，将顶角从腿间拉向后，并与上结相接。此法适用于腹部、臀部受伤的伤员。图 13-17 为肠脱出包扎法。

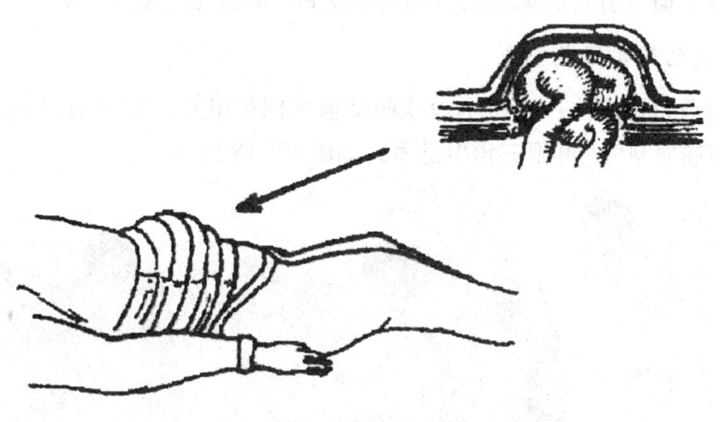

图 12-17　肠脱出包扎法

（4）伤口包扎时要注意：包扎动作要轻柔、迅速，以免增加损伤；敷料接触伤口的一面须保持干净或尽量减少感染；用毛巾包扎时，边要固定，角要拉紧，中心伸展，敷料要贴住；包扎不可过紧，以免妨碍血液循环，也不可过松，以免搬运时滑脱。包扎四肢时，最好将指（趾）露在外边，以便随时观察血液循环的情况。

三、固定

骨折指在直接或间接暴力作用下，导致骨或骨小梁的连续性或完整性受到破坏，即外伤性骨折。骨折固定的目的是避免骨折断端刺伤皮肤、血管和神经，固定肢体使伤员安静以减轻疼痛，便于运送，避免在搬运与运送中增加受伤者的痛苦。

（一）骨折的原因与类型

骨折的原因有：①直接暴力（受暴力直接打击发生的骨折，如交通事故引起的骨折多属此类）；②间接暴力（如从高处跌下，足先着地，引起的脊椎骨折）；③肌肉拉力（如骤然跪倒时，发生的髌骨骨折，投掷物体不当时引起的肱骨骨折）。

骨折一般分为闭合性骨折和开放性骨折两种类型。骨折处没有皮肤或黏膜破裂，骨折断端与外界不相通称为闭合性骨折。骨折处有皮肤或黏膜破裂，与外界相通称为开放性骨折。根据骨折的程度又可分为：①骨质完全断裂，称为完全骨折；②骨质未完全断裂，称为不完全骨折。

（二）骨折的主要症状

（1）疼痛。骨折后可有剧烈疼痛，在骨折处有明显压痛，与软组织损伤比，有明显的轴向叩击痛。

（2）肿胀。骨折断端可刺伤周围神经、血管、软组织及骨髓腔内出血，造成局部血肿。

（3）畸形。骨折局部畸形，造成受伤部位的形状改变，如肢体短缩、成角、旋转等。

（4）骨摩擦音。骨折断端互相摩擦所发生的声音，但不要为了听骨摩擦音而去反复移动骨折断端。

（5）功能障碍。骨折后原有的运动功能受到影响甚至完全丧失。

（三）几种骨折的简易固定方法

（1）前臂骨折固定法：先将木板或厚纸板用棉花垫好，放在前臂前后侧，用布带包扎，肘关节屈曲 90°，再用三角巾悬吊，如图 12-18 所示。

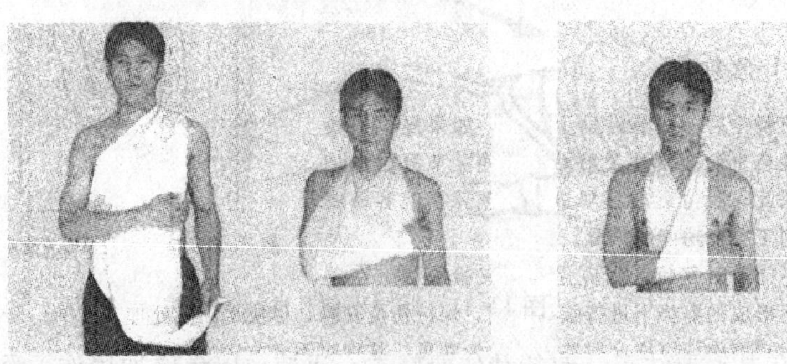

图 12-18　前臂骨折三角巾悬吊法

（2）下肢骨折固定法：将伤肢拉直，夹板放在内外侧，外侧夹板长度上至腋窝，下至脚跟，内侧夹板较短，放至大腿根部，关节处垫好棉花，然后用绷带或三角巾固定。如现场无夹板可用，可将伤肢与好腿并排摆正，用三角巾缠绕固定。小腿骨折固定法与大腿骨折固定类似。在没有固定材料的情况下，可将患肢固定在健肢上。如图 12-19、图 12-20、图 12-21、图 12-22 所示。

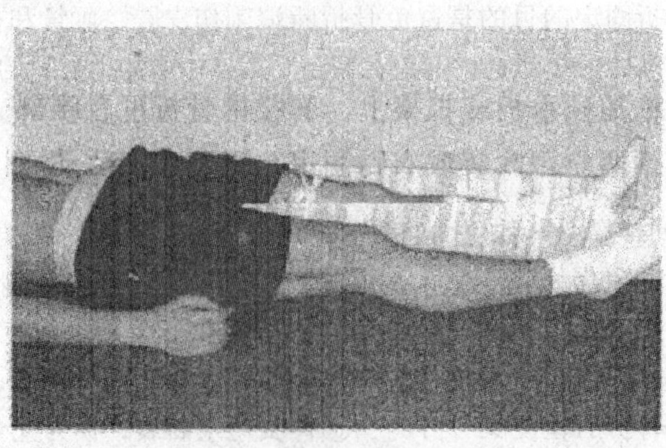

图 12-19　股骨骨折固定法（1）

图 12-20　髌骨骨折固定法（2）

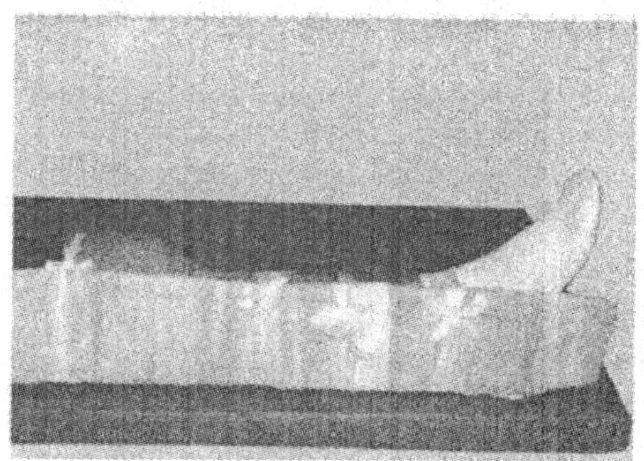

图 12-21　髌骨骨折固定法（3）

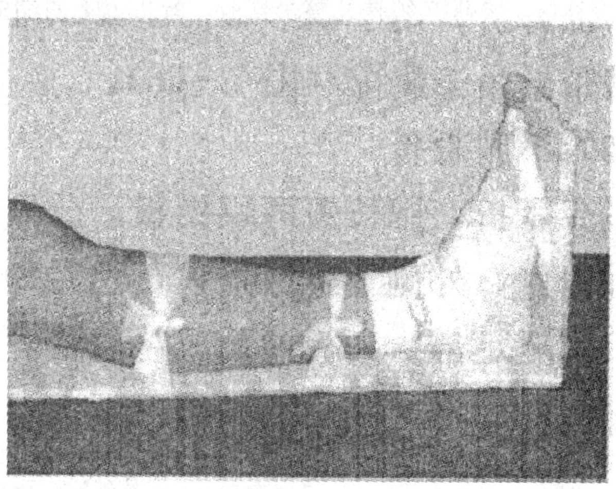

图 12-22　髌骨骨折固定法（4）

（3）脊椎骨折固定法：脊椎骨折往往病情严重，严禁不经固定而乱搬动。应在保持脊柱稳定的情况下，将病人轻巧平稳地移至硬板担架，用三角巾固定。切忌扶持伤者走动或躺在软担架上。颈椎骨折最好用颈托固定头、颈部，防止骨折移位压迫中枢神经造成终生截瘫，如图 12-23 所示。

图 12-23　颈椎骨折固定法

（四）骨折临时固定的注意事项

（1）如为开放性骨折，骨折伴有开放伤口和出血时，应先止血、消毒和包扎伤口，最后再进行骨折固定，此顺序绝不可颠倒。

（2）如果合并其他危及生命的病症，如颅脑损伤、胸外伤、血气胸、内出血等，先进行抢救，病情稳定后再处理骨折，千万不可因小失大。

（3）下肢或脊柱骨折，应就地固定，尽量不要移动伤员。

（4）四肢骨折固定时，应先固定骨折的近端，后固定骨折的远端。如固定顺序相反，可导致骨折再度移位。夹板必须扶托整个伤肢，骨折上下两端的关节均必须固定住。绷带、三角巾不要绑扎在骨折处。

（5）固定骨折所用的夹板可因地制宜，选用替代物，如书刊、纸板、木棍、树枝等。固定夹板的绷带可用破旧衣服、床单撕成条状代替。夹板等固定材料不能与皮肤直接接触，要用棉垫、衣物等柔软物垫好，尤其骨突部位及夹板两端更要垫好。

（6）固定四肢骨折时应露出指（趾）端，以随时观察血液循环情况，如有苍白、紫绀、发冷、麻木等表现，应立即松开重新固定，以免造成肢体缺血、坏死。

四、搬运

伤病员在现场进行初步急救处理后和在随后送往医院的过程中，必须经过搬运这一重要环节。规范、科学的搬运术对伤病员的抢救、治疗和预后都是至关重要的。从整个急救过程看，搬运是急救医疗不可分割的重要组成部分，仅仅将搬运视作简单体力劳动是一种错误的观念。搬运方法有徒手搬运和工具搬运两种方法。现代各种灵巧、实用的搬运工具的问世，住房和道路交通条件的改善，为正确、规范和科学的院前急救搬运创造了良好的条件。

（一）徒手搬运

徒手搬运是指在搬运伤员过程中凭人力和技巧，不使用任何器具的一种搬运方法。该方法常适用于狭窄的阁楼和通道等担架或其他简易搬运工具无法通过的地方。此法虽实用，但因其对搬运者来说比较劳累，有时容易给伤病员带来不利影响。

（1）搀扶。由一位或两位救护人员托住伤病员的腋下，也可由伤病员一手搭在救护人员肩上，救护人员用一手拉住，另一手扶伤病员的腰部，然后与伤病员一起缓慢移步。搀扶法适用于病情较轻、能够站立行走的伤病员。作用是不仅给伤病员一些支持，更主要能体现对伤病员的关心。

（2）背驮。救护人员先蹲下，然后将伤病员上肢拉向自己胸前，使伤病员前胸紧贴自己后背，再用双手反扣伤病员的大腿中部，使其大腿向前弯曲，然后救护人员站立后上身略向前倾斜行走。呼吸困难的伤病员，如心脏病、哮喘、急性呼吸窘迫综合征等，以及胸部创伤者不宜用此法。

（3）手托肩掮。有两种方法，第一是将伤病员的一上肢搭在自己肩上，然后一手抱住伤病员的腰，另一手起大腿，手掌托其臀部；第二是将伤病员掮上，伤病员的躯干绕颈背部，其上肢垂于胸前，搬运者一手压其上肢，另一手托其臀部。

（4）双人搭椅。由两个救护人员对立于伤病员两侧，然后两人弯腰，各以一手伸入伤病员大腿下方而相互十字交叉紧握，另一手彼此交替支持伤病员背部；或者救护人员右手紧握自己的左手手腕，左手紧握另一救护人员的右手手腕，以形成口字形。这两种不同的握手方法，都形成类似于椅状而命名。此法要点是两人的手必须握紧，移动步子必须协调一致，且伤病员的双臂都必须搭在两个救护人员的肩上，如图 12-24 所示。

（5）拉车式。由一个救护人员站在伤病员的头部旁边，两手从伤病员腋下抬起，将其头背抱在自己怀内，另一救护员蹲在伤病员两腿中间，同时夹住伤病员的两腿面向前，然后两人步调一致慢慢将伤病员抬起。如图 12-24 所示。

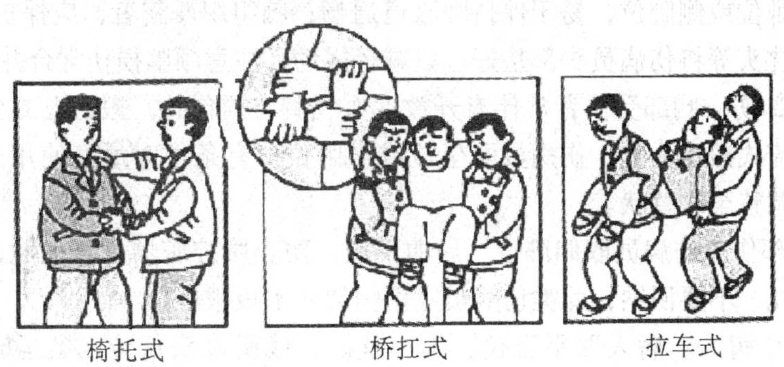

图 12-24　双人搭椅搬运法

（二）工具搬运

工具搬运指用担架（包括软担架、移动床轮式担架）等现代搬运器械或者因陋就简利用床单、被褥、竹木椅、木板等作为搬运工具的一种搬运方法。担架搬运是目前急救最常用的方法。目前最经常使用的担架有普通担架和轮式担架等。床单、被褥搬运，主要是在遇有窄梯、狭道，担架或其他搬运工具难以搬运，且天气寒冷，徒手搬运会使伤病员受凉的情况下所采用的一种方法。椅子搬运，楼梯比较狭窄和陡直时，可用牢固的竹木椅作为工具搬运伤病员。一般来说，失去知觉的伤病员不宜用此法。

（三）危重伤病员的搬运

（1）脊柱、脊髓损伤。遇有脊柱、脊髓损伤或疑似损伤的伤病员，不可任意搬运或扭曲其脊柱部。在确定性诊断治疗前，按脊柱损伤原则处理。搬运时，顺应伤病员脊柱或躯干轴线，滚身移至硬担架上，一般为仰卧位。搬运时，原则上应有 2~4 人同时进行，动作一致多人平卧托运，如图 12-25 所示。切忌一人抱胸另一人搬腿双人拉车式的搬运法，因它会造成脊柱的前屈，使脊椎骨进一步压缩而加重损伤。遇有颈椎受伤的伤病员，首先应注意不轻易改变其原有体位，应用颈托固定其颈部。如无颈托，则头部的左右两侧可用软枕衣服等物固定，然后一人托住其头部，其余人协调一致用力将伤病员平直地抬到担架上。搬运时注意用力一致，以防止因头部扭动和前屈而加重伤情。

图 12-25　脊椎骨折搬运法

（2）颅脑损伤。颅脑损伤者常有脑组织暴露和呼吸道不畅等表现。搬运时应使伤病员取半仰卧位或侧卧位，易于保持呼吸道通畅；脑组织暴露者，应保护好其脑组织，并用衣物、枕头等将伤病员头部垫好，以减轻震动，注意颅脑损伤常合并颈椎损伤。

（3）胸部伤。胸部受伤者常伴有开放性血气胸，须包扎。搬运已封闭的气胸伤病员时，以坐椅式搬运为宜，伤病员取坐位或半卧位。有条件时最好使用坐式担架、折叠椅或担架调整至靠背状。

（4）腹部伤。伤病员取仰卧位，屈曲下肢，防止腹腔脏器受压而脱出。注意脱出的肠段要包扎，不要回纳，此类伤病员宜用担架或木板搬运。

（5）休克病人。病人取平卧位，不用枕头，或脚高头低位，搬运时用普通担架即可。

（6）呼吸困难病人。病人取坐位，不能背驮。用软担架（床单、被褥）搬运时注意不能使病人躯干屈曲。如有条件，最好用折叠担架（或椅）搬运。

（7）昏迷病人。昏迷病人咽喉部肌肉松弛，仰卧位易引起呼吸道阻塞，此类病人宜采用平卧头转向一侧或侧卧位。搬运时用普通担架或活动床。

第三节 心肺复苏术

心肺复苏术（Cardio Pulmonary Resuscitation，CPR）是一种基本的急救技能，是指在患者呼吸停止、心脏停跳的情况下，对患者所采用的胸外心脏按压与人工呼吸。心肺复苏术是当今世界各国大力普及的重要急救技能。因为心肺复苏术是在生命垂危时采取的行之有效的急救措施，它使即将或刚刚停止的呼吸、心跳恢复，是一种"救命技术"。现场心肺复苏术是在没有任何设备的情况下，徒手对猝死者所实施的最基本的初步心肺复苏术。

心肺复苏术主要包括三个步骤，为便于记忆，按照英文字母的顺序，分为 A、B、C 三步：A（Assessment+Airway）表示判断意识与开放气道；B（Breathing）表示人工呼吸（口对口吹气）；C（Circulation）表示胸外心脏按压。

在进行复苏之前，必须先对病人的情况和昏迷原因进行初步检查。一方面，心肺复苏具有一定的侵犯性，盲目操作会对病人造成不必要的伤害；另一方面，抢救者在实施抢救前必须详细检查昏迷的原因，排除对抢救者可能有危险的因素，如为触电，则在抢救前首先切断电源，如为外伤导致的昏迷，不应随意搬动病人，以免因不正确的搬动而加重颈部损伤造成高位截瘫。当确定现场情况和心肺复苏术对抢救者与病人都没有危险后，再按照 A、B、C 的顺序进行抢救。

一、A（Assessment+Airway）判断意识与开放气道

（一）判定病人有无意识

检查负伤者或病人意识的有无，是判断生命有无危险的标志。抢救者到达现场后，必须迅速判断伤病者外伤和意识是否丧失。判断方法是：抢救者应轻轻摇动病人肩部或轻拍病人面部，并大声问："喂，你怎么啦?"如认识，也可直呼其名。这样可防止对并非意识丧失者进行复苏操作而造成不必要的损伤。如对轻拍、呼唤无反应，立即用手指甲掐人中穴或合谷穴约 5 秒钟，如还无反应，说明病人意识已经消失，应立即在原地进行抢救。

（二）呼救

一旦确定病人意识消失，应立即招呼周围的同学或其他人前来协助抢救，如大叫："来人啊！救命啊！"切不可丢下病人不管前去找人或拨打 120 急救电话。若病人仍未苏醒，在抢救的同时，立即拨打 120 急救电话启动急救系统，打电话的人要保持平静，不要慌张，回答一些必要的问题，如急救患者所在位置、发生什么事件、患者一般情况等。

（三）将病人放置成适当的体位

为实施心肺复苏术，判断复苏效果，在呼救的同时，须将病人置于复苏位（即仰

卧位），如病人摔倒时面向下，在转动病人时一定要小心，防止不恰当地转动体位而进一步加重病人损伤。正确的方法是：使病人全身成一个整体转动，即头、肩、躯干同时转动，避免扭曲，头、颈部应与躯干始终保持在同一个轴面上。如为软床，病人身下应垫一块硬板，没有硬板可直接将病人放在地板上，不要为了找硬板而延误抢救。病人如心跳呼吸未停止，只是昏迷，应将病人置于昏迷体位（侧卧，头偏向一侧，便于呕吐物排除，防止误吸）。若病人同一体位超过 30 分钟，要把病人转到另一侧，以免造成肢体压伤。

（四）开放呼吸道（畅通呼吸道）

病人意识消失后，肌肉的张力也完全消失，舌肌松弛，舌根向后下坠，正好堵住气道，造成上呼吸道梗阻。在口对口吹气前，必须打开气道，使舌根抬起离开咽后壁。如不这样，即使进行人工呼吸，空气也进不了肺部，人工呼吸也是无效的。

开放气道的方法是：让病人的头部后仰，比如，一手压额头使头部后仰，另一手放在伤者的下颌骨下方，将颏部向上抬起，达到成人头部后仰的程度。要使下颌骨与耳垂的连线同地面垂直，让咽喉部、气道等在同一水平线上，使病人的气道保持在开放位置，有助于病人自主呼吸，也便于心肺复苏术式的口对口呼吸（见图 12-26）。

如患者口鼻内有呕吐物、泥沙、血块、假牙等异物时，用纱布包住食指伸入口腔进行清除。如患者出现舌后坠，应用纱布或手巾包住拉出舌头。如果病人假牙松动，应取下，以防其脱落阻塞气道。要松开病人的衣领、裤带、内衣等，以免阻碍胸廓运动。

开放气道后要立即判断是否有呼吸。方法是：先将手掌心或耳朵贴在病人的鼻腔或口腔前，体察是否有气流进出，或者用一薄纸片、棉花丝或一丝餐巾纸放在病人的鼻腔或口腔前，看看是否随呼吸来回摆动，或观察其胸部有无起伏动作，仔细听有无气流呼出的声音。根据以上方法检查病人，如无呼吸迹象的话，可以初步判定呼吸已经停止。判断及评价时间不得超过 10 秒钟。

二、B（Breathing）人工呼吸

当呼吸停止，心脏仍然跳动或刚停止跳动时，可用人工的方法使空气出入肺脏，以供组织所需要的氧气，这种方法称人工呼吸术。人工呼吸术常用于外伤、触电、溺水、窒息、中暑或中毒等意外事故引起的呼吸骤停。

人的心脏和大脑需要不断地供给氧气。如果中断供氧 3~4 分钟就会造成不可逆性损害。所以呼吸停止，首要的抢救措施就是迅速进行人工呼吸，以保持有效通气，保证重要脏器的氧气供应。实践表明，伤病员呼吸停止后，若能及时采用人工呼吸术，往往会收到起死回生的效果。现场急救人工呼吸可采用口对口（鼻）方法。

（一）口对口（鼻）人工呼吸

现场急救人工呼吸可采用口对口（鼻）方法。首先，在进行口对口人工呼吸时，要将病人仰卧平地或硬板上，两臂在身旁紧贴身躯，用手帕擦去口腔内异物。然后，

抢救者用按于病人前额手的拇指和食指夹住鼻翼，口对鼻吹气时（见图 12-26 右），则可将上抬下颏手掌代替中、食指，以拇指、食指封闭口唇。接着，抢救者作深吸气后，俯身以口唇包围病人口（鼻）部，用力缓慢呼气，将气压入肺脏。吹气时应见到胸廓扩张抬起，这是有效人工呼吸的指标。每次吹气时间 1~1.5 秒，气量以 500~600 毫升为宜，开始第 1~2 次量可多些，吹气时避免快速、用力。每次吹气后，移开口唇，将急救者的头稍抬起并侧转换气，松开捏鼻孔的手，让病人肺内气随胸廓回缩排尽，再重复吹气，频率每分钟 10~12 次，每次吹气务求用深吸气的前部分呼气，以保证最高含氧浓度。为了卫生，口对口吹气时可先垫上一层薄的织物，厚度以不妨碍气流通过为宜。

口对鼻的人工呼吸法操作方法与口对口操作的方法相同，差别在于不对伤员的口里吹气，而是将口唇紧闭，对住鼻孔吹气。此种方法主要适用于牙关紧闭者或幼儿。

（二）口对口人工呼吸停止抢救的标志

一是病人的呼吸、心跳已恢复后可以停止；二是有经验的大夫检查证实病人脑死亡可以停止。因为脑组织各部分对缺氧的耐受力不一样，大脑只能支持 4 分钟左右，小脑可以维持 10~15 分钟，管辖呼吸、心跳中枢的延髓能坚持 20~30 分钟。这就提醒急救者分秒必争，越早越好，抢救持续的时间尽可能延长些，才有救活病人的希望。

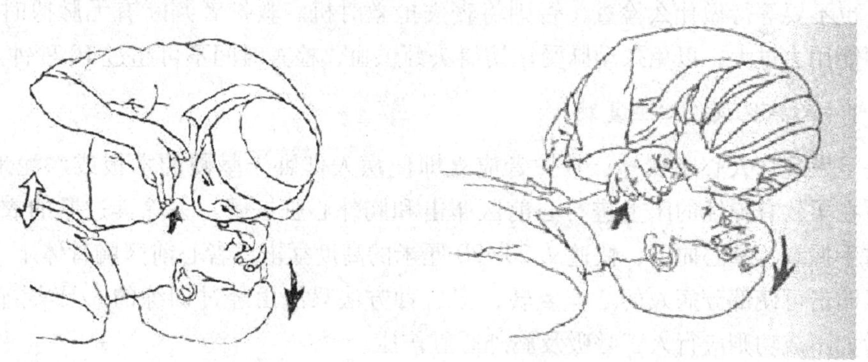

图 12-26　口对口（鼻）人工呼吸

（三）口对口人工呼吸注意事项

救护者要准确判断、迅速实施，因为脑部缺氧超过 3 分钟，大脑皮质即可破坏致死，难以康复；救护者每次吹气时，若吹气量过大（大于 1 200 毫升）可造成胃大量充气，引起食物反流；救护者的口必须包紧伤员的口，并捏紧鼻孔，以免气体从旁漏出；救护者一边吹气，一边要注意观察伤员胸廓起伏运动，轻轻隆起时为吹气合适；如身边有急救器材，亦可用口对口呼吸专用面罩或简易呼吸器代替口对口吹气；牙关紧闭，应当机立断施行口对鼻吹气。

口对口人工呼吸法以其优良的效果普及于世界各地，但是救助者易于疲劳是其最大的缺点，并且由于疲劳导致救护者自身耗氧量增加，救助者呼出气体中氧含量将逐渐降低，使急救效果难以保证，因此长时间实施急救时，应争取有人交替操作。

三、C（Circulation）胸外心脏按压

胸外心脏按压是指发生心跳骤停时，通过人工的方法促使血液在血管内流动，以形成暂时的人工循环的方法。这样使人工呼吸后带有充足氧气的血液从肺部血管流向心脏，经动脉输送到全身，维持重要生命器官的血、氧供应。

胸外心脏按压是抢救心脏骤停的首要措施。特别是对那些原来从事正常活动，突然发生意外的循环呼吸骤停的患者，及时、正确的胸外心脏按压及人工呼吸，可暂时维持有效的循环呼吸，使周身组织特别是主要器官组织免于过久缺氧，在相当长的时间内不致发生不可逆性改变。然后尽快设法建立患者的有效循环呼吸功能，纠正酸中毒，保护脑组织及主要内脏功能，如此，赢得这一段时间，便有可能为患者争取到更完善的复苏条件，显著提高患者成活的可能性。

（一）心跳呼吸骤停的判断

患者表现为神志不清，胸部起伏的呼吸运动消失，严重者出现面色苍白或青紫，口唇发绀。救助者检查时发现病人对摇动和简单询问无反应，触摸颈总动脉搏动消失，即可明确呼吸、心跳已停止。一旦发现患者心跳停止、意识丧失、瞳孔散大、眼球固定、脸色苍白或发绀等，应立即开始心肺复苏，切记不要等待医务人员或其他人员的到来，也不要等待做什么检查，否则将丧失抢救时机。救护者判断有无脉搏时触摸颈动脉不能用力过大，以免颈动脉受压妨碍头部供血，检查时间不可超过 10 秒钟。

（二）叩击心前区促使心脏复跳

一旦发现病人心跳骤停，救护者应立即使病人仰卧于坚硬的木板或水泥地面上，绝不可在柔软有弹性的床上进行心前区叩击和胸外心脏按摩。去除其过厚的衣物，救护者右手握拳，拳心向下，快速从 20~30 厘米的高度猛击患者心前区胸骨体下 1/3 处。心前区叩击可使部分病人的心律复转，但这种方法只能由经过训练的人员实施。叩击一次后如不成功则应行人工呼吸及胸外心脏按压。

（三）胸外心脏按压

使病人仰卧于硬木板上，救助者跪在患者身旁。首先以食指、中指并拢沿病人肋弓处由外向中间滑移，在两侧肋弓交点处寻找胸骨下切迹（剑突处），以此作为定位标志。然后将食指和中指的两指横放在胸骨下切迹上方，食指上方的胸骨正中部位即为按压区（见图 12-27）。胸外心脏按压步骤如下：用一手掌根部放在患者胸骨体的中下 1/3 交界处（剑突上 2 横指），另一手重叠于前一手的手背上，两手指缝合拢，交叠压紧，指尖朝上翘起。两肘伸直，借助抢救者的体重、肘及臂力，快速、有节奏地垂直向下按压病人胸骨，施压的力量应足以使胸骨下沉 4~5 厘米，然后迅速解除重压，使其胸骨靠弹性自行复位，如此反复进行，每分钟 80~100 次。

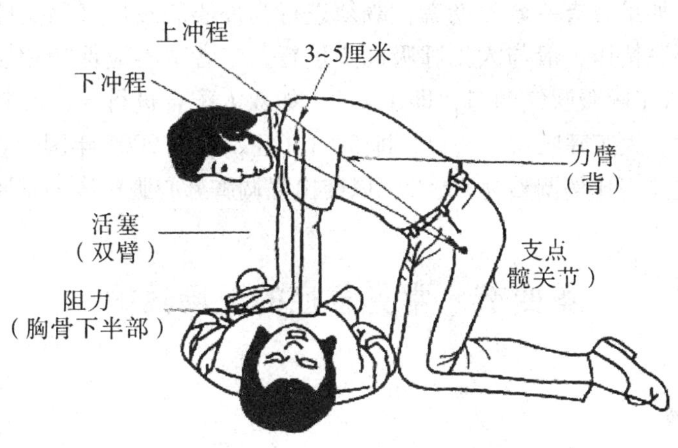

图 12-27　心脏胸外按压

（四）判断抢救是否有效

进行心肺复苏时，救护者要随时观察抢救效果。心肺复苏的有效标志是，可触摸到大动脉（颈、股动脉）搏动。有效时每次按压后就可触到一次搏动，若停止按压后搏动停止，表明应继续进行按压；如停止按压后搏动继续存在，只要能触到一点搏动，说明病人自主心搏已恢复，此时应立即停止胸外心脏按压。同时也应出现下列脑复苏的征象：自主呼吸恢复；可见病人有眼球活动，瞳孔由大变小或出现对光反射；出现睫毛反射；有吞咽反射；肢体有小动作出现甚至脚可动，患者手足温度略有回升；伤病员的面色转红润，口唇、甲床颜色转红。如果心肺复苏持续 30 分钟以上，不见伤病员心跳、呼吸恢复；同时，瞳孔散大固定、角膜反射消失，将病人头向两侧转动，眼球原来位置不变；而且面色灰黄，手与皮肤冰凉，全身僵直，肌肉变硬或已见皮肤出现紫青斑块状等，则表明伤病员已死亡，可考虑停止复苏。

（五）胸外心脏按压的注意事项

胸外心脏按压的位置必须准确。按压位置不准确容易损伤其他脏器。手掌不能离开病人胸壁，以保证动作的连贯性和弹性。每次向下按压时间较短，只占一个按压周期的 1/3，放松时间应占 2/3。按压的力度要适宜，过大过猛容易使胸骨骨折，引起气胸、血胸；按压的力度过轻，胸腔压力小，不足以推动血液循环。按压的力度应依伤员的身体、胸廓情况而定。

按压时，只限手掌根部紧贴胸骨，不要将手平放，手指应向上抬，与胸壁保持一定距离。按压时用力要垂直，方向不能有偏斜，压迫胸骨对准脊柱。

为避免在心脏按压时伤病员呕吐物倒流或吸入气管，在做胸外按压前，救护员应将伤病员的头部放低些，并使其面部偏向一侧。

施行心脏按压要有耐心，不间断地坚持进行，直到心跳恢复。必要时可以两人交替施行。

由于呼吸停止与心跳骤停互相影响，互为因果的关系，人工呼吸和胸外心脏按压常应同时进行。如果只有一名救助者，既须进行胸外心脏按压又须实施人工呼吸。其操作要领是：心脏按压一般与人工呼吸同步进行，二者节奏应保持相应。每进行心脏按压 15 次后，人工呼吸吹气两口，即 15∶2。如双人配合进行人工心肺复苏时，每进行心脏按压 5 次，人工呼吸吹气一口，即 5∶1（注：根据 2005 年国际心肺复苏指南会议的意见，现在这一比例调整为 30∶2，以突出强调胸外心脏按压的重要性）。

第四节　常见急症的现场救护

一、呼吸道异物

气管和食道位于颈前部，上端都与咽喉连接，通常由于有会厌等保护，吞咽时食物不会误吸入气管。但如果在进食时大笑、哭闹或讲话，因常伴有短时间吸气，食物就很容易呛入气管。昏迷或醉酒的人亦可将假牙误吸入气管。此外，处于昏迷、麻醉状态下的患者也可能将呕吐物呛入气管。食物或其他异物呛入气管后，病人可突然出现刺激性呛咳、气喘、胸闷，甚至面色青紫。急救处理方法如下：

（1）自救法。如果患者意识清醒，可以采取自救方法，即自己一手紧握拳头，拇指藏在拳内，将拳眼面紧按在肚脐上，然后用另一手握住拳头，快速而猛烈地挤压，压后随即放松。也可将自己的肚脐对着椅背或台边，然后猛然向上一压，压后随即放松。

（2）站位急救法。若患者无法自救，救护者可以从背后抱起患者，用右手握拳压在患者的上腹部，左手按在右拳上用力向上向后猛烈挤压病人的上腹部，挤压速度要快，压后随即放松；连续几次，以促使异物排出。一些小异物，如米粒，呛入气管后经过咳嗽多能排出，患者咳嗽时头部适当低一些，另一人帮助拍击其背部以促使异物受震动后随气流排出。如果异物较大，不易咳出，出现面色发青时，应火速送往医院救治。

（3）卧位急救法。病人仰卧，救护者两腿分开跪在病人大腿外侧的地面上稍上方，向下向前快速挤压，压后即放松，连续几次即可排出异物。

（4）儿童急救法。救护者取坐位，让小儿背靠救护者，坐在救护者的腿上，然后救护者用两手食指和中指用力向后上方挤压患儿的上腹部，压后随即放松。也可让小儿仰卧平放，救护者以食指和中指用相同的方法挤压。

二、高处跌下

人从高处跌下后，由于跌下的高度、身体落地的部位及姿势的不同，症状表现各异。轻者安然无恙或只受些皮肉之苦；重者皮开肉绽、流血不止或昏迷不省人事。当发现有人从高处跌下时，救护者应首先仔细观察伤员的神态是否清醒，是否昏迷、休克，并尽可能了解伤员落地时身体的着地部位。

如果伤员是头部先着地，同时伴有呕吐、昏迷等症状，很可能是颅脑损伤，应迅速送医院抢救。如果发现伤员的耳朵、鼻子有血液流出，千万不可用手帕、棉花或纱布堵塞，因为这样可能造成颅内高压或诱发细菌感染，会影响伤员的生命安全。如果伤员是腰背部先着地，可能造成脊柱骨折、下肢瘫痪，这时不能随意翻动，搬动时要三人同时同一方向将伤员平直抬于木板床上，不能扭转脊柱。运送时要平稳，否则会加重伤情。如果四肢先触地，要着重检查四肢的骨折情况，更不能漏查因传导暴力所致的骨折。

三、触电

触电可发生在有电线、电器、用电设备的任何场所。由于人体是一种导电体，当遭受强烈电流通过时，可感到局部或全身发麻、肌肉抽搐，严重者造成呼吸肌麻痹，心室纤颤及神经中枢麻痹，呼吸、心跳停止，因此必须争分夺秒地进行抢救。

（一）立即切断电源

抢救者应立即关闭电源开关或拔掉电源插头，若一时拉不开电源开关的，就立刻用带绝缘的钳子、刀斧等刃具将电线截断，同时要注意割断后的带电导线不要再触到旁人身上。

若触电者是被漏电电线或被刮断、割断的电线击倒，抢救者可用木棍、竹竿或带木柄的铁器将电线挑开，或手戴绝缘橡皮手套，站在木板（凳）上将触电者拖开。

（二）处理

如果触电者脱离电源后，自己还能呼吸，但因触电时间较长，或曾经一度昏厥，救护者可将其抬到温暖的地方安静地卧着，并速请医生诊治或送往医院诊治。

若触电者呼吸、心跳微弱且不规则甚至停止，在脱离电源后救护者应立即进行口对口人工呼吸、胸外心脏按压等心肺复苏抢救。

触电紧急救护，不宜注射强心针，不宜长时间的人工呼吸和心脏按压。使假死状态的受害者的呼吸和心跳恢复正常才是行之有效的办法。只有判断患者确已死亡，才能放弃救护。对已恢复心跳者，千万不要随意搬动，以防室颤再次发生，应等待医生到达，或等伤员完全清醒后再搬动。

如果触电者有皮肤灼伤，就应该将灼伤或起泡的皮肤表面保护好，切勿碰到生水或不洁的东西，也不要涂抹任何药膏，可用干净的纱布或手帕等包扎好，以防感染。

四、溺水

溺水往往是由于游泳者水性不熟或过于疲劳发生小腿抽筋而造成，也见于投水自尽或谋杀。人在水中被淹死的主要原因是水进入呼吸道，使人窒息而死。另一种情况是由于溺水者昏迷或因冷水刺激而引起喉头痉挛、声带关闭从而导致呼吸、心跳停止。因此现场急救刻不容缓。

（一）脱离水源

（1）首先利用工具将落水者拉出水面。溺水者往往惊慌失措，拼命抓住够得着的一切东西，包括拯救者。因此，只要有其他办法，尽量不要下水去救。例如将长竹竿递给溺水者，或向水中抛投木板、竹竿等救护器材，让溺水者抓住这些器具游上岸（船）；或从船上拉起溺水者。

（2）下水救人。如决定下水救人，最好不要从正面接近，以免被溺水者抱住而无法施救，甚至被拖入水底。接近溺水者时，救护者最好先将一根木棍、一条毛巾或一个救生圈递过去，让溺水者抓住一头，拖到岸上。如果必须用手去救，救护者应从背面接近溺水者，从侧面托住溺水者的腋窝部或下颌，把溺水者牢牢抓住，托出水面，并设法让溺水者镇定下来，然后，将溺水者拖带出水面，并采用仰泳法将溺水者拖上岸或船。

救助时，救护者若被慌乱的溺水者抓住，要马上设法挣脱。如被抓住一只脚，要用另一只脚把溺水者蹬开；如头颈从后面被搂住，要低下头，注意保护自己的咽喉，然后抓住其上面一只手腕往下拉，用另一只手托起其肘部；如无法脱身，要深吸一口气，沉到水里，溺水者自然松手。

（二）岸上急救

把溺水者救上岸后，切不可急于送医院，若抢救不及时，溺水者 4~6 分钟内就可能死亡。在现场可采取如下急救措施：

用手帕等物品包住手指，清除溺水者口、鼻腔内的污泥、杂物、杂草，脱下假牙，把舌头拉出口外，解开其衣服领口，以保持呼吸道畅通。

迅速进行控水。控水的方法有多种，如在斜坡地，可把溺水者放到坡地上，使其头向低处仰卧，压其腹部，将水控出。如无斜坡，救护者可一腿跪地，另一腿屈膝，将溺水者的腹部横置于屈膝的大腿上，使其头部下垂，按压其背部，把呼吸道及胃中的水从口中倾倒出来，以保持呼吸道通畅。

如果溺水者肺、胃内的水，在平躺或俯卧时难以倒出，可将其双脚朝天提起，使其肩部、头部、双上肢下垂，就可将水倒出。

如果溺水者呼吸、心跳微弱或已停止，应立即进行心肺复苏术。积极抢救，抓紧时间进行心肺复苏比将胃中的水吐出来更重要，因此不要为吐水而耽误了急救的时间。总之，以既能倾倒出呼吸道内积水又能便于心肺复苏为最好。

如果在寒冷的季节或较长时间浸在水中，而导致溺水者体温下降，救护者应采取措施，给身体保温，以减少并发症的发生，并尽快将溺水者送医院继续抢救治疗。

五、中暑

（一）中暑的类型

中暑是由于在高温环境下引起的体温调节中枢功能障碍，汗腺功能衰竭，水、电解质丧失过多等而发生的以中枢神经系统和心血管系统等障碍为主的疾病。通常，根据发病的机制和表现，可将中暑分为热射病、热痉挛、热衰竭三种类型。

（1）热射病。此病是由于人在高温环境中所获得的热及机体内的产热远远大于机体的散热而引起的蓄热所致。患者体温升高可达 42℃以上，导致下丘脑体温调节中枢功能障碍，以高热、无汗和意识障碍为主要特征。现多数学者主张将日射病也归入此类。

（2）热痉挛。由于高温环境引起人体大量出汗，体内的钠、钾、氯等过量丢失所导致的肌肉痉挛，称为热痉挛。

（3）热衰竭。其原理尚不很清楚，可能是在高温或高湿环境中，皮肤血管扩张，内脏血管代偿失调，又大量失水，使血循环量减少等，致使循环衰竭。

（二）中暑的急救处理预防

在现场识别中暑和急救时，应做好如下几点：

（1）当在高温、高湿环境下劳动、旅游、生活一定时间后，患者感到有头昏眼花、胸闷、心悸、恶心、出汗、乏力、四肢酸麻等，就应考虑为中暑的先兆。患者应迅速脱离高温环境，转到阴凉通风处，饮用含盐的清凉饮料，脱去鞋袜和外衣，松解内衣，以利散热。

（2）当患者出现上述症状，体温在38℃以上，并出现面色潮红或苍白、恶心呕吐、大汗、烦躁或表情淡漠、心率增速而脉搏细弱、皮肤湿冷等，表示已是轻度中暑。此时的处理除按先兆中暑基本要求进行外，还应采用物理降温，如冷毛巾头部湿敷、用50%酒精擦浴等。如果现场距医院不远，可先观察，若未见改善，再送医院。若离医院较远，可初步处理后，即护送患者到有条件输液处治疗。

（3）重症中暑病人除有上述的病症外，还伴有高热、皮肤无汗、干燥、手足抽搐、呼吸急促、昏迷等症状，常是由于在高温环境下劳动、生活过久所致。年老体弱者代偿能力差，在夏季第一个热浪来临时最易发生重症中暑。以热痉挛为主要特征者，病人尚有腹痛、肢体（特别是排肠肌痉挛等）瘸、神志不清、体温不高，疼痛呈对称性等症状，且疼痛常时轻时重，时而缓解。重症中暑者，必须立即进行抢救。

（4）在准备送治时和护送途中，常用救治措施不可中断。除前述针对先兆中暑、轻度中暑措施外，还包括：①保持呼吸道通畅，备有氧气包时，应供氧。②用95%酒精掺等量冰水（无条件时可选用井水等），做全身皮肤擦浴，同时按摩皮肤使血管扩张；同时用冰袋置于颈部、腹股沟、两腋下，无冰块可用棒冰、井水代替，无冰袋可用塑料袋代用，使皮肤散热加快而降温。③如有条件输液时，以输冰5%葡萄糖生理盐水（4℃）为好，开始30~40滴/分，5~10分钟后再稍增加，如无冰盐水，可用常温葡萄糖生理盐水。④若无输液条件，有冰葡萄糖盐水时，可以保留灌肠。⑤选择适当药物，如地塞米松10毫克静脉滴注、非那根肌肉注射25毫克等。

（5）中暑重在预防。我国在工农业生产方面已制定了一套综合预防的有效措施，包括改善生产及居住条件，以及定期体检、加强营养、饮用清凉饮料、合理安排作息时间和加强通风等。对于非生产性中暑，各人要根据体质情况选择适当的户外活动项目，控制好活动时间。年老体弱者就算高温期在家居住，也不能用常人对热的耐受度及调节适应能力来衡量，应特别注意房间的通风、降温。各类人员在出现中暑先兆时，应及时脱离高温环境，不可疏忽。大学生更不能自以为代偿能力强，而致中暑加重。

六、烧伤

烧伤是指高温（热水、热气、热物）、电力、放射线、化学因素（强酸、强碱等）等作用于人体所造成的损伤。烧伤处理的目的主要是为了减轻疼痛、预防感染、促进伤口愈合。

（一）烧伤的分类与处理

（1）轻度烧伤（Ⅰ度）。小面积烧伤，仅伤及表皮，可于伤后立即将受伤部分浸入冷水中，以减轻疼痛和降低损伤程度，不必作特殊处理。

（2）中度烧伤（Ⅱ度）。受伤处皮肤有水泡，此时应注意保护水泡，若水泡破裂，可用冷开水冲洗，在伤口上敷少量烫伤药，用无菌敷料覆盖伤口，再加以包扎固定。

（3）重度烧伤（Ⅲ度）。为严重烫伤，应脱去或剪除已经粘在创面的衣服，用无菌敷料遮盖伤口，保护创面，及早送医院治疗。

（4）化学烧伤。应立即脱去被污染的衣物，用大量清水冲洗，送医院治疗，用中和剂中和，以免加重损伤。

（二）烧伤处理应注意事项

（1）若无适当药品处理伤口，也不要涂抹其他油剂或不清洁的物品或药品，应尽量保持伤口清洁，防止伤口感染。

（2）伤口较大或发现伤口感染时应立即就医。

七、异物入眼

在日常生活中，经常会发生异物入眼的事。异物入眼后，可引起不同程度的眼内异物感、疼痛及反射性流泪，严重的会造成角膜损伤。

异物入眼后，切勿用手揉擦眼睛，以免异物擦伤眼球，甚至使异物陷入组织内。正确的方法应当是：先冷静地闭眼休息片刻，等到眼泪大量分泌，不断夺眶而出时，再慢慢地睁开眼睛，眨几下，多数情况下，大量的泪水可将异物自动地冲洗出来。

如果泪水不能把异物冲出，可把眼轻轻闭上。准备好干净的水装在脸盆里，将头、眼浸入水内，在水中眨几下眼，这样也会把眼内异物冲出。也可请旁人将患眼翻开，用装满干净水的杯子冲洗眼睛。

如果各种冲洗法均不能把异物冲出，则可自己或请旁人翻开眼皮，用棉签或干净的手帕蘸点干净的水轻轻将异物擦掉。如果异物是嵌在眼组织内，则应尽快到医院请眼科医生取出。切勿用针挑或其他不洁物挑剔，以免损伤眼组织，导致眼化脓感染。异物取出后，可适当滴入一些消炎眼药水或涂抹眼药膏，以防感染。

八、煤气中毒

煤气中毒通常指的是一氧化碳中毒。一氧化碳无色无味，比空气轻，易于燃烧，燃烧时为蓝色火焰。空气中一氧化碳含量如果达到0.04%~0.06%时就可使人中毒，与空气混合达12.5%时还可能产生爆炸。

（一）常见的煤气中毒原因

（1）在密闭居室中使用煤炉取暖、做饭，由于通风不良，供氧不充分，可致使大量一氧化碳积蓄在室内。如门窗紧闭，又无通风措施，未安装或不正确安装通风设备；烟囱安装不合理，筒口正对风口，使煤气内流；气候条件不好，如遇刮风、下雨、阴天、气压低，煤气难以排出。

（2）城区居民使用管道煤气，其一氧化碳含量为25%~30%。如果管道漏气、开关不紧，或烧煮中火焰被扑灭后，煤气大量溢出，可造成煤气中毒。

（3）使用燃气热水器，通风不良，洗浴时间过长。

（4）冬季在车库内发动汽车或开动车内空调后在车内睡眠，都可能引起煤气中毒。因为汽车尾气中含一氧化碳4%~8%，一台14.7千瓦的汽车发动机1分钟内可产生28升一氧化碳。

（5）其他。如矿井下爆破产生的炮烟；化肥厂使用煤气为原料，其设备故障导致管道漏气等均可造成煤气中毒。

（二）煤气中毒的主要表现

（1）轻度中毒。轻度中毒患者会出现头晕、头痛、恶心、呕吐、心悸、乏力、嗜睡等，此时如能及时脱离中毒环境，吸入新鲜空气，症状可迅速缓解。

（2）中度中毒。中度中毒患者除出现反应迟钝、头晕、头痛、恶心、呕吐、心悸、乏力、嗜睡外，可出现面色猩红，口唇呈樱红色，脉搏增快，昏迷，瞳孔对光反射、角膜反射及腱反射反应迟钝，呼吸、血压发生改变。此时如能及时抢救，亦可恢复。

（3）重度中毒。重度中毒患者出现深昏迷，各种反射减弱或消失，肌张力增强，大小便失禁等症状。此时可发生脑水肿、肺水肿、休克、应激性溃疡、大脑局灶性损害，受压部位可出现类似烫伤的红肿、水疱，甚至坏死。

（三）煤气中毒的现场急救原则

（1）病人应尽快离开中毒环境，并立即打开门窗，流通空气。

（2）患者应安静休息，以避免活动后加重心、肺负担及增加氧气消耗量。

（3）有自主呼吸的患者，充分给以氧气吸入。

（4）对于神志不清的中毒病人，必须尽快将其抬出中毒环境，在最短的时间内，检查病人呼吸、脉搏、血压情况，根据这些情况进行紧急处理。

（5）若病人呼吸、心跳停止，应立即进行人工呼吸和心脏按压。

（6）呼叫救护服务，让急救医生到现场救治病人。

（7）病情稳定后，将病人护送到医院进一步检查治疗。

（8）争取尽早进行高压氧舱治疗，减少后遗症。即使是轻度、中度煤气中毒，也应进行高压氧舱治疗。

第五节　野外旅游意外事故应急处理

一、蜂蜇

在野外行走时，游客应尽可能离草丛和灌木丛远些，那里往往是蜂类的家园；发现蜂巢应绕行，最好穿戴浅色光滑的衣物，因为蜂类的视觉系统对深色物体在浅色背景下的移动非常敏感。如果有人误惹了蜂群而招致攻击，唯一的办法是用衣物保护好自己的头颈，反向逃跑或原地趴下。千万不要试图反击，否则只会招致更多的攻击。如果不幸已被蜂蜇，应立即用冰水或凉水冷敷伤处，减轻肿痛；用针或镊子挑出毒刺，不要挤压，以免剩余的毒素进入体内；然后用氨水、苏打水、肥皂水甚至自己的尿液涂抹被蜇伤处，以中和毒性。如果病情严重，应尽快送到附近医院救治。

二、蛇咬伤

蛇类大都栖息在草丛、石缝、枯木、竹林、溪畔或其他比较阴暗潮湿的地方。如果不慎被蛇咬伤，不要惊慌失措，首先应判断是否为毒蛇咬伤。通过观察伤口上有两个较大和较深的牙痕，可判断是否为毒蛇咬伤。若无牙痕，并在20分钟内没有局部疼痛、肿胀、麻木和无力等症状，则为无毒蛇咬伤，只需对伤口进行清洗、止血、包扎，若有条件再送医院注射破伤风针即可。

（一）主要表现

（1）出血性蛇毒。病人伤口灼痛、局部肿胀并扩散，伤口周围有紫斑、淤斑、起水疱，有浆状血由伤口渗出，皮肤或皮下组织坏死，发烧、恶心、呕吐、七窍出血。病人出现血痰、血尿、血压降低，瞳孔缩小、抽筋等症状。如无有效救治，被咬后6~48小时内可能导致伤者死亡。

（2）神经性蛇毒。病人伤口疼痛、伤口局部肿胀、嗜睡、运动失调、眼睑下垂、瞳孔散大、局部无力、吞咽麻痹、口吃、流口水、恶心、呕吐、昏迷、呼吸困难，甚至呼吸衰竭。如无有效救治，伤者可能在8~72小时内死亡。一般被毒蛇咬伤后10~20分钟后，其症状才会逐渐表现出来。

（二）处理

被毒蛇咬伤后，争取时间是最重要的。首先需要找一根布带或长鞋带在伤口靠近心端进行5~10分钟的紧扎，缓解毒素扩散。但为防止肢体坏死，每隔10分钟左右，放松2~3分钟。应用冷水反复冲洗伤口表面的蛇毒。然后以牙痕为中心，用消过毒的小刀将伤口的皮肤切成十字形，再用两手用力挤压、拔火罐，或在伤口上覆盖4~5层纱布，用嘴隔纱布用力吸吮（如口内没有伤口，其消化液可起到中和作用，所以不必担心中毒），尽量将伤口内的毒液吸出。病人立即服用解蛇毒药，并将解蛇毒药粉涂抹在伤口周围。尽量减缓伤者的行动，并将其迅速送往附近的医院救治。（如不能确定是哪种蛇毒应将蛇活捉或打死，一并带到医院）。

三、迷路

团队进行野外活动时，考虑到队员们体力的不同，应安排体力中等的队员走前面，体力较弱者走中间，体力强者分散其中，以防队员因体力不支而掉队。所有的行动，都应以全队或小组行动为宜。行动中，队员应随时留心观察周围的景观及地形、地貌以及前面的人所留下的脚印，同时应注意向导员留下的记号或足以指引正确路径的任何标志。遇岔路时尤应仔细辨认、观察，可用对讲机等联络，或等候队伍确定正确路径再继续前进。学会看地图、使用指南针及高度计是预防迷路的重要条件。

在出发前应做好充分的准备，如先把地图看熟，最好把应走路线上的起伏量、距离、山头、鞍部，都先从地形图上计算出数字，标上记号，写在笔记本上。进入山区以后，不论在何种气候下，都要知道自己的位置，养成使用地图、指南针及随时定位的习惯。若气候恶劣，如浓雾时，最好先暂停活动，在浓雾中保持正确的位置。除了计算走过的山头外，主要的溪谷、断崖和特殊地形、地貌等，都有助于对自身所处位置的判断。此外，可依步行的时间与速度，估算在一定的时间内所走的距离。对于没有到过的山区或草原、竹林，队员都应沿途留下记号，以便走错路时可原路折回。并且对一些容易误认的兽径、猎径、林道、保线路、取水径等，都应加以辨认。迷路时，队员常会因体力消耗及饥渴而引发休克，须谨慎、注意，及时加以急救。

四、落石

陡坡、断崖、陷落的地段、碎石坡、溪谷或刚发生坍塌的地点，是较易发生落石的地方，特别是下雨天。行经这些路段，应提高警觉，最好能绕道而行，若必须行走以上路段，应戴头盔，并有人指挥，随时注意落石的发生，并且应保持5~10米的适当距离，以防有落石发生时躲避不及。若遇到落石发生，应利用地形物躲到崖壁下、大树后，或以手臂、背包遮挡，以保护头部；若听见落石的距离尚远，应注意落石滚动的方向，再依其相反方向闪避。若有伙伴遭落石击中，应等落石完全停止后，将伤者移到安全的地方，再施行急救。

五、野外衣着简介

（一）衣着选择

（1）风衣。无论春夏秋冬，队员们都应该带上一件专业的野外用风衣。野外用风衣特有的基层和涂层使它具有防风、防水和透气功能，而且特别耐用，天冷时可挡风，夏季则可叠在包里当雨衣备用。作为外衣，它是最好的选择，尤其在恶劣环境里。

（2）保暖衣。保暖衣最好的选择是羽绒服，但在选择时要注意，用手捏一下看是否柔软。羽绒服一般穿在风衣里面，所以羽绒服的面料越轻薄越好，并且在折叠时能叠得越小越好（在背包里占的体积小）。毛绒衫也是不错的保暖衣物，并且它可与风衣合用，非常方便。带一件防风背心（一面是防风层，一面是毛绒），可增强保暖效果。

（3）内衣。请不要选择棉质的内衣，在高寒的地方活动，棉质内衣简直就是杀手。所以一定要选择专业的排汗内衣，即使是在气候温暖的季节里也应尽量选用排汗功能好的贴身衣物。夏天旅游可以穿网球衫，它的排汗功能很好。

（4）裤子。在外面穿一款防风、防水、透气的训练裤（防风裤也可），两条裤腿外侧最好是全开拉链，在很热时可以不脱鞋，也不用坐下，甚至连背包都不用卸下就能脱下这条裤子。在夏天旅行时尽量不穿短裤，特别是去有水的地方。

（5）帽子。去高寒的地方一定要戴帽子，因为人体50%以上的热量是从头部和颈部散失的。在寒冷和风大的地方，鸭舌帽是不好用的，最好是用毛绒的、带护耳的帽子。在较温暖的地方戴鸭舌帽倒是不错的选择。

（6）手套。手套不一定越贵越好，但一定要具备保暖、防风防水、耐磨三个要素。如果要上雪山，还得准备鸭绒手套。

（7）鞋。根据所去地方的路面、季节以及徒步的时间情况，选择合适的鞋子。走的地方越崎岖不平所需要鞋的鞋底越要硬，而且一定得是高帮，这样才能保护好双脚；穿低帮的软底运动鞋走崎岖的山径，能让你的脚一天下来酸软无力而且容易扭伤踝关节。软底运动鞋穿起来轻巧灵活，可以获得很好的爆发力并能更好地做出很多技术性动作，但它们通常只适合一两个小时的运动；硬底鞋相比之下显得笨重，没有好的爆发力，但却能有效地保护双脚，穿其走一天的山路脚也不会感觉酸软。只要天气不是太热，一般都穿登山鞋。为了防止湿脚穿鞋难受，还要多带两双袜子和鞋垫。夏天应穿徒步鞋（也是高帮，只是鞋底的硬度比登山鞋稍次）。徒步鞋的保暖性不好，有气孔，透气性不错。

（8）袜子。冬天带羊毛袜，夏天带棉袜，应选择脚跟和脚掌有增厚设计的袜子。

（二）衣着选择禁忌

每个人可以根据自己的喜好和经济能力来购置合适的户外服装，但一定记住以下的着装大忌。这不是耸人听闻，有些时候在野外着装不当，的确会危及生命。

（1）外衣不能防风防水，不耐磨。

（2）到寒冷的地方带很多件毛衣。因为在野外，毛衣不挡风又占地方，打湿了重得像块铁，而且特别容易吸附灰尘。

（3）穿棉质或其他排汗性不好的内衣。

（4）在高寒的地方不戴帽子或不戴保暖的帽子。

（5）穿软底低帮的鞋。

（6）过热带丛林和沙漠时穿短衣短裤。

思考题

1. 现代救护与传统救护相比，发生了哪些变化？
2. 如何进行现场评估，具体做些什么？
3. 简述现场救护的原则与步骤。
4. 在急救现场如何进行止血、包扎？
5. 在急救现场如何进行固定、搬运？
6. 什么是心肺复苏术？简述其操作步骤？
7. 简述各种常见急症的现场救护特点。
8. 野外旅游发生意外事故如何应急处理？

第十三章　突发事件现场应急处理

突发公共事件简称突发事件。广义上，这可被理解为突然发生的事情：第一层的含义是事件发生、发展的速度很快，出乎意料；第二层的含义是事件难以应对，必须采取非常规方法来处理。狭义上，突发事件就是意外的突然发生的重大或敏感事件，简言之，就是“天灾人祸”。根据中国2007年11月1日起施行的《中华人民共和国突发事件应对法》的规定，突发事件是指突然发生，造成或者可能造成严重社会危害，需要采取应急处置措施予以应对的自然灾害、事故灾难、公共卫生事件和社会安全事件，并强调上述各类事件往往是相互交叉和关联的。

第一节　概述

众所周知，突发公共事件中对社会影响最大、危害最为严重的后果是人员伤亡。所以，尽管突发事件发生的原因各不相同，灾害严重程度也轻重不等，涉及范围大小不一，但如果能及时、正确、科学、有效地应对处置，就能大大减轻突发事件造成的严重后果，保护公众的生命安全、身体健康。

一、突发事件的现场特点

（1）突然性。突发事件的发生带有很强的随机性，暴发突然，蔓延迅速，始终处于急速变化之中，容易引发连锁反应。

（2）不确定性。突发事件各有各的情况，很难对某一个事件的形成、发展、演变给出一个明确的客观判断。

（3）社会性。突发事件一旦发生，势必会给事发地人民的生命财产安全带来损失，并很快成为人们关注的中心。

（4）决策的非程序化。对突发事件的处置必须打破常规，省略很多程序，由现场指挥员直接决策，负责指挥处置，而不能按部就班地层层召开会议研究。

二、现场医疗救护的特点

（1）现场混乱。由于事件突然发生，现场混乱、车辆拥挤、道路堵塞、人员惊恐、整个现场处于无序状态。

（2）医疗救护条件艰苦。事发现场往往会出现公用设施瘫痪、缺电、少水、通信受阻等情况，生态环境也会遭到严重破坏，食物、药品不足，生活条件十分艰苦。现场还可能有火、气、毒、水、震、滑坡、泥石流、爆炸、疫情等危险隐患，给医疗救治带来很大困难。

(3) 瞬间出现大量伤员，需要同时救护。突发事件中，伤员常常批量出现，且情况复杂。通常多发性损伤较多见，例如发生地震时，伤员往往出现同时损伤。常因救护不及时，造成伤员伤口感染，伤情恶化；此外，还会出现不同损伤类型的复合伤。由于现场混乱，有些伤容易被忽视，需仔细辨别判断。在特殊情况下还有可能出现一些特发病症，如挤压综合症、急性肾功能衰竭等。应对不同的情况采取相应的救护措施。

三、医疗救护的三个阶段

对突发事件现场的伤病员实施医疗救护，通常分为三个阶段：

(1) 现场抢救。突发事故现场一般很混乱，组织指挥特别重要，应快速组成临时现场救护小组，统一指挥，这是保证抢救成功的关键措施之一。避免惊慌，尽可能缩短伤病员等待抢救的时间，应用先进科技手段，充分体现“立体救护，快速反应”的救护理念，提高救护的成功率。现场救护的基本原则是先救命后治伤，先重伤后轻伤，先抢后救，抢中有救。

(2) 后送伤员。应对伤员及时检伤分类，做好后送前的医疗处置，救护人员可协助医护人员后送，使伤病员在最短时间内获得及时有效的治疗。在后送途中，对危重伤病员要不间断的观察与治疗。

(3) 医院救护。对危重伤病员尽快送到医院救治，对某些特殊伤的伤病员，应尽快送往有条件的专科医院进一步治疗。

四、现场救护要点

(一) 自救与互救

(1) 紧急呼救。当突发事件发生时，应尽快拨打120（北京地区还有999）或当地担负急救医疗任务的部门电话，启动EMS系统。同时，根据事件性质拨打相关紧急电话（如110、119、122等）。

(2) 先救命后治伤。在事故现场的抢救中，应首先抢救那些危及生命的重伤员。因为处于奄奄一息状态的重伤员往往无力呼救，而轻伤员的反应可能较强烈，救护人员应头脑冷静、准确判断，以免贻误了最佳抢救时机。

(3) 先抢后救，抢中有救。事故现场情况复杂，如火灾、煤气泄漏等易引起爆炸，地震后易出现余震，所以应尽快使伤病员脱离事故现场，再进一步救治。但对于危及生命的损伤，应尽快做简单处理后，再使伤病员脱离现场。

(4) 先分类再后送。当出现大批量伤病员时，不论伤情轻重，现场必须先作伤情分类，把同类伤病员集中到同一种标志的救护区，进行初步救护后急送医院。有的损伤需待伤情基本稳定后方能后送。

(5) 医护人员以救为主，其他人员以抢为主。施救人员要各负其责，又要互相配合，以免延误抢救的最佳时机。通常先到现场的医护人员应该担任现场抢救的组织指挥者。

（6）抚慰伤病员，做好心理支持。突发事件的强烈刺激会使人产生心理恐惧，据统计约有3/4的人可出现轻重不同的灾害综合症，表现为失去常态、轻信谣言等。突发事件给伤病员所造成的精神创伤是非常明显的，有的会留下终生的心理阴影。在施救过程中，对伤病员给予充分的心理安抚，并及时后送伤病员，使他们尽早脱离灾害环境。

（7）做好自我防护，保护好事故现场。施救者在实施抢救过程中，首先，要对施救现场做出评估，如事故原因、伤亡人数、事故性质危险性（坠岩、火灾、溺水等）、现场可利用资源等。然后，迅速做出判断，排除潜在危险，做好个人防护（如戴好防毒面具、呼吸面罩、口罩等设备），实施安全救护，同时保护好现场。

（二）现场伤情分类和设立救护区标志

（1）重视伤病员分类及伤票的填写。伤病员分类和伤票填写，可以减少抢救的盲目性，节省时间，较准确地按伤情分别进行有组织的救护，快速进入“生命安全的绿色通道”，最大限度地发挥医护人员的作用，把有限的救护力量投入到最需要救护的伤病员身上。

（2）救护区标志的设置。用彩旗显示救护区的位置，在混乱的现场尤为重要。将伤病员依照伤情分别送往不同的救护区，以利于医护人员的救治。Ⅰ类伤救护区插红色旗显示；Ⅱ类伤救护区插黄色旗显示；Ⅲ类伤救护区插绿色旗显示；0类伤救护区插黑色旗显示。救护区彩旗的颜色与伤病员的分类一致，具体如表13-1所示。

表13-1　伤病员的分类及处理原则

类别	程度	标志	伤情	处理原则
Ⅰ	危重伤	红色	严重颅脑损伤、大出血、昏迷、各类休克、严重挤压伤、内脏伤、张力性气胸、颌面部伤、颈部伤、呼吸道烧伤、大面积烧伤（30%以上）。	第一优先
Ⅱ	重伤	黄色	胸部伤、开放性骨折、小面积烧伤（30%以下）、长骨闭合性骨折。	第二优先
Ⅲ	轻伤	绿色	无昏迷、休克的头颅损伤和软组织损伤。	第三优先
0	致命伤	黑色	死亡或已无抢救意义。	按有关规定对死者进行处理。

第二节　地震的特点、自救与互救

地震是一种自然现象，全球每年发生约500万次地震，其中能感觉到的有5万多次，5级以上的地震能造成破坏的约1 000次，而7级以上有可能造成巨大灾害的约十几次。地震的大小通常用震级表示：小于2.5级的地震，人们一般不易感觉到，称为小震或微震；2.5~5.0级的地震，震中附近的人会有不同程度的感觉，称为有感地震；大于5.0级的地震，会造成建筑物不同程度的损坏，称为破坏性地震。

地震一般可分为人工地震和天然地震两大类。由人类活动（如开山、开矿、爆破等）引起的叫人工地震，除此之外便统称为天然地震。地震发生时产生的地震波引起对地面建筑物的破坏，导致人员伤亡，造成了地震灾害。地震对建筑物的破坏，主要是由地震力通过地震波起作用的，即纵波地震力使建筑物上下颠簸，引起建筑物的纵向结构松动，随后横波地震力再使建筑物发生水平晃动，引起横向结构损坏。当先颠后晃的地震力超过建筑物的承受力时，在几秒钟内就能使建筑物遭受破坏。另外，地震力引起的断层错动开裂、地基不均匀沉降以及沙土液化等地基失效问题，也间接造成建筑物的倾倒和损坏。

一、地震灾害的特点

（一）突发性

地震一般是在平静的情况下突然发生的自然现象。强烈的地震可以在几秒或几十秒的短暂时间内造成巨大的破坏，严重的顷刻之间可使一座城市变成废墟。尤其发生在夜间的地震，后果更为严重。如唐山大地震发生在凌晨3点42分，当时人们正在酣睡，事先毫无警觉，结果伤亡惨重，造成经济损失上百亿元以上。

（二）成纵性

在一个区域一次强烈地震发生后，为调整区域应力场，或由于岩石破裂的延续活动，往往在某一时间内地震活动呈成纵性出现，造成连续性灾害。

（三）续发性

强烈的地震不仅可以直接造成建筑物、工程设施的破坏和人员的伤亡，而且往往引发一系列次生灾害和衍生灾害，造成更大的破坏。如由地震灾害诱发的火灾、水灾、毒气和化学药品的泄漏污染、泥石流、海啸等次生灾害。除此之外，上述灾害还会造成社会的各种损失。

地震发生前是有预兆的，尤其是大地震发生之前，人们不仅可以借助于仪器的观测，发现地球内部和表面的物理、化学等微观的异常变化，而且还能直接观察到自然界的大量宏观异常现象。当地震越大、越是临近地震发生的时候，动物异常的反应就越明显。距离较近的大地震发生前常常伴有来自地底下低沉的轰鸣声。它与平时城市噪音完全不同，或天空中出现强烈闪光，因此要提防其后可能出现大地的颤抖和房屋的晃动。如有这些现象，应及早采取家庭应急防御措施。

二、地震的危害

地震的危害居各种自然灾害之首，破坏性地震会给国家经济建设和人民生命财产安全造成直接和间接的危害和损失，尤其是强烈的地震会给人类带来巨大的灾难。目前，每年全世界由地震灾害造成的平均死亡人数达 8 000～10 000，平均经济损失每次达几十亿美元。据联合国统计，21 世纪以来，全世界因地震死亡人数达 260 万，占全球自然灾害所造成的死亡人数总和的 58%。

大地震如果发生在渺无人烟的地方是不会造成伤害的，如果发生在城市或农村，就会造成房倒屋塌，甚至建筑物与重要工程也会遭到破坏并危及人员的生命安全，给人们造成严重灾害。1976 年唐山发生大地震，在几十秒的时间内，一座百万人口的工业城市变成了废墟，造成 242 769 人死亡、435 556 人受伤，直接经济损失达 100 亿元以上。之后，救灾花了 6 亿多元，重建用了 50 亿元，而且在这之后的较长时间内，造成全国人民的恐震心理。2008 年四川汶川县发生 8. 0 级地震，地震造成 69 227 人遇难、374 643 人受伤、17 923 人失踪，直接经济损失达 8 452 亿元。从某种意义上来说，地震是群灾之首。

三、地震中的自救与互救

（一）沉着应付突发地震

1. 室内应急

俗语说："小震不用跑，大震跑不了。"地震发生时，至关重要的是要有清醒的头脑、镇静自若的态度。只有镇静，才有可能运用平时学到的地震知识来判断地震的大小和远近。近震常以上下颠簸开始，然后才左右摇摆，远震很少有上下颠簸感觉，都以左右摇摆为主，而且地声脆、震动小。一般有感地震和远震不必外逃，因为这种情况震害都比较轻，对人身安全不会造成威胁。

如果遇到强烈破坏性的地震时，跳楼逃跑好不好呢？事实表明这不是上策。原因是地震强烈振动时间只有一分钟左右，相当短促，从打开门窗到跳楼往往需要一段时间，特别是人站立行走困难，如果门窗被震歪变形开不动，那耗费时间就更多。有的人慌了手脚，急不可待，用手砸玻璃，结果把手也砸坏了。另外，楼房如果很高，跳楼可能会摔死或摔伤，即使安全着地，也有可能被倒塌下来的东西砸死或砸伤。

根据唐山地震震害调查结果表明，因跳楼或逃跑而伤亡的人数在六种主要伤亡形式（直接伤亡、闷压致死、跳楼或逃跑、躲避地点不当、重返危房、抢救或护理不正当）中占第三位。地震时造成钢筋混凝土大楼一塌到底的情况毕竟较少，完全倒塌一般是主震后的强余震所致。因为钢筋混凝土的建筑物，除了具有一定的刚性外，还有相当的韧性。这就是主震往往不可能一下子彻底摧毁混凝土建筑物的原因。所以，地震时暂时躲避在坚实的家具下或墙角处，是较为安全的。另外也可转移到承重墙较多、开间较小的厨房、卫生间等处去暂避一时。因为这些地方跨度小而刚度大，加之有些管道支撑，抗震性能较好。室内避震不管躲在哪里，一定要注意避开墙体的薄弱部位，如门窗附近等。躲过主震后，应迅速撤至户外。撤离时注意保护头部，最好用枕头、被子等柔软物体护住头部。万一大楼倒塌，就近躲避也会造成一定的伤亡，但这个伤亡的数字必定远远低于盲目外逃时在门口挤成一团所造成的死伤人数。其原因在于大楼倒塌总会存在一些死角或空隙，而这些生存空间在坚实家具和小跨度房间等处形成的可能性较多。所以，相对来说，就近躲避可以把伤亡人数减少到最低限度。

如果地震时，你正在公共场所，如电影院或高层楼房的教室上课或宿舍学习、休息等，当你感到地震时，要注意避免接近玻璃窗，最好把被子、挎包或枕头顶在头上，选择落下物、倒塌物少的场所，屈身蹲在排椅、课桌或坚实的家具下，等待地震平息后，再有秩序地撤离到空旷处，若房屋受损造成危房，不要急于返回取东西，以免因接着可能发生的余震造成的房屋倒塌被压埋。撤离时，最好不使用电梯，以防因停电困于电梯内或发生其他意外事故。1970 年我国通海发生大地震，救援人员在抢救时发现，大部分死亡者都在屋门口附近，表明地震时人们在外逃，来不及到达安全地点就被倒塌的房屋掩埋，无法凭自己的力量挣扎出来。其他震例也基本如此。当然，地震发生时如果是位于大门或窗户附近，而屋外又无高楼或危房倒塌覆压之险，还是应该立即跑出屋外的。唐山地震时，部分位于门窗附近，且行动敏捷的人适时逃出建筑物避震都获得成功。如铁路搬道房的一位工人，地震时正在工作间距门只有 2～3 米的地方休息，当地面晃动时他立即外逃，到门口时已站立不住，他挣扎着爬向了 5 米外的铁轨，之后回头一看，工作间已成为废墟。这种因地制宜，从室内逃到室外的应急方法，与人们倡导的就近躲避原则并不矛盾。

2. 室外应急

假若地震时你正在室外空旷的地方，这是最幸运的情况了。这时不要冒着大地颤动的危险往室内取物或救人。经统计，在地震发生的那十几秒至一分钟时间内，人们进入建筑物被砸伤的几率最大。如 1979 年在江苏傈阳的 6.0 级地震中，有 80%的重伤员和 90%的死者是刚逃到门口或要进门时被砸或被压所致。要等地震危险期（约一分钟）过后，再设法去抢救，这时即使家人、邻里、同学被压埋在废墟下，你还是可以抢救他们的。

当地震发生时，高层建筑物的窗玻璃碎片和大楼外侧混凝土碎块等，会飞落下来。在商店密集的闹市区，落下物更是多种多样，如广告招牌、马口铁板、霓虹灯架等，对人体的威胁相当大。住宅区的防护墙、石壁、土墙等往往崩裂倒塌，屋顶上的瓦片也会飞落，烟囱也可能腰折倒塌。这些情况都要充分估计到。如果在街上行走时地震，最好将身边的皮包或柔软的物品顶在头上，无物品时也可用手护在头上，尽可能做好自我防御的准备。应该迅速离开变压器、电线杆和围墙、狭窄巷道等，跑向比较开阔的空旷地区躲避。如果地震时你在山坡上或悬崖下，这时要注意山崩和滚石，千万不能跟着滚石往山下跑，而应沿着垂直滚石流方向奔跑，来不及时也可寻找山坡隆岗，暂躲在它的背后。地震时如果你处在有毒气体的化工厂厂区，这时要朝污染源的上风处奔跑，如果伤员是氯气中毒，这时不要进行人工呼吸。

地震时，室外发生的事故相当多，桥梁可能垮塌，城市人行天桥和高层建筑都可能倒塌，地基可能下陷，油库可能燃起熊熊烈火，水库可能决堤，河水、湖水、海水可能淹没房屋。每次地震都有层出不穷的次生灾害并发，因此每个人都应根据不同情况，审时度势，采取灵活的应急对策。

（二）发生险情时，如何自救互救

强烈地震往往造成大量房屋倒塌，严重威胁人们的生命安全。唐山大地震时，唐山市区约80%的人员被压埋在废墟里，其中大部分都是受灾群众通过自救互救活动而脱险的。

1. 自救

地震中被埋在废墟下的人员，即使身体不受伤，也有可能被烟尘呛闷窒息的危险，因此这时应注意用手中衣服或衣袖等捂住口鼻，避免意外事故的发生。另外，还应想法将手与脚挣脱开来，并利用双手和可以活动的其他部位清除压在身上的各种物体。用砖块、木头等支撑住可能塌落的重物，尽量将“安全空间”扩大些，保持足够的空气呼吸。若环境和体力许可，应尽量想法逃离险境，如果床、窗户、椅子等旁边还有空间的话，可以从下面爬过去，或者仰面蹭过去。倒退时，要把上衣脱掉，把带有皮带扣的皮带解下来，以免中途被阻碍物挂住，最好朝着有光线和空气的地方移动。当几个人被压在一起，而周围又很容易倒塌时，应该由一人先出来，到了安全地带后，再一个接一个地脱险。如果周围比较稳定的话，最好像排队似的一起出来。还有一种方法是，先脱险的人把一头打了结的绳索或者表面粗糙容易抓住的皮带丢给待脱险者，等脱险者把它系在身上后，拉他迅速脱险。

无力脱险自救时，应尽量减少气力的消耗，坚持的时间越长，得救的可能性越大。比如1985年墨西哥大地震后一个星期，救援人员在某医院的废墟里挖出40多个仍然活着的婴儿。其原因可能是多方面的，但适应新的环境、避免不必要的恐惧和惊慌、尽量减少体力消耗是很有意义的。

地震中，在被压埋的期间里，要想方设法寻找代用食物。俗话说，饥不择食。此时，若要生存，只能这样做。唐山大地震时，这类例子相当多。例如，有个小孩抱着枕头被压在废墟里，饿极了的时候，就用枕头里的高粱花充饥，坚持到获救为止。有一位居民被压埋后，靠饮用床下一盆未倒的洗脚水而生存下来。还有一位中年妇女，渴极了的时候饮自己排出的尿，一直坚持了十多天时间，终于得救。

一般情况下，被压在废墟里的人听外面的人声音比较清楚，而外面的人对里面发出的声音则不容易听见。因此，要静卧，保持体力，只有听到外面有人时再呼喊，或采用敲击管道、墙壁等一切能使外界听到的方法，才能收到良好的效果。

2. 互救

地震后救人，时间就是生命。在1983年的山东菏泽地震中，人们曾做过统计，震后20分钟内可以救出37.55%的遇灾人员，救活率可达98.3%以上；1小时内，可救出85.8%的人员，但救活率下降到63.7%以下；若2小时内还救不出被砸压的人员，因窒息而死的人数上升到砸死人员的58.6%以上。所以，救人应当先从最近处救起，只要是在最近处有人被埋压，就要先抢救他们。此种做法可以节约时间，减少伤亡。

近处救人要先救青壮年和医务人员。救出一个青壮年，就等于增多一份救援力量；救出一个医生，就可以尽快医治和护理好一批伤病员。另外还要注意先救有呼声的人，先救容易救的人。救人时要先呼唤，确知人还活着再下力去救，其目的与先救容易救的人一样，以便在最短时间形成一支强大的救人队伍。

营救他人时应先确定伤员的头部位置，使其头部暴露，迅速清除口鼻内的尘土，再使其胸腹部暴露。如有窒息，应及时施以人工呼吸。有些伤势不重者，可帮他暴露头部和胸腹部后，让其自救脱离险境，这样可以争取时间抢救更多的人。凡伤者不能自行出来的，不要强拉硬拖，应尽量充分暴露其全身后才可扒出。从废墟中扒出来的人，即使无病无伤，如果埋压过久，也有必要进行特殊的护理。流血者要及时止血，骨折者要进行简单的包扎。长时间待在黑暗处的人，出来后要避免强光的刺激。长时间处于饥饿的人，不能一下子喂给其过多食物。

震后初期的抢救工作，大多采取手挖肩扛。若利用工具，如铲、铁杆、齿扒、锤子、凿子、斧、木棍等，一定要注意安全。在挖到人时更要小心，不可用利器刨挖，最好用手一点点地抠。在一些梁柱相互叠压的情况下，挖掘时要特别注意仔细分清哪些是支撑物、哪些是压埋的阻挡物，对上方的重物需进行必要的支撑，绝不能鲁莽行事。挖掘过程中，要特别注意不要造成粉尘碎物飞扬，以致误伤和窒息被营救者，必要时可采取洒水息尘的办法。现场抢救中，力争及早除去伤员身上或伤肢上的重物，立即固定伤肢，不要拉扯被压埋者，以免造成新的损伤；抬伤员不能一人抬手、一人抬腿、扭曲身体，以免造成伤员瘫痪，应用竹木床板、担架运送伤员。

四、识别地震谣传

一个人具备了一定的防震减灾常识和科学分析能力，就能识别地震谣传，从而避免盲目行动，以免造成不必要的损失。主要从以下三个方面识别地震谣传：

（一）地震消息违反科学原理

那些明显违反科学原理，且带有浓厚的迷信色彩的“地震消息”必为地震谣传。例如，“某月某日将在某地发生某级地震”的说法肯定是地震谣传，因为当前地震预报水平不可能对地震进行如此准确的临震预报。又如，“地牛翻身”、闰年、闰月等说法因带有明显的迷信色彩，也必为地震谣传。

（二）是否符合我国地震预报规定和国际惯例

例如，“某某著名专家或研究机构预报的”，这种消息必为地震谣传，因为按我国有关规定，任何个人和机构都无权发布地震预报。又如，“某某之音”或其他外国报刊报道中国某地将发生大地震之类的消息也肯定是谣传，因为联合国曾规定任何国家都无权进行跨国地震预报。

（三）是否属牵强附会或盲目猜疑

例如，有人将天气变化或自然界其他异常现象说成是将要发生大地震的前兆，这类传言也不可信。另外，当你听到地震谣传后，可以立即报告当地政府或地震部门，做到谣言止于智者。

第三节　火灾的特点、自救与救助

近年来，全国发生了多起重大火灾，群死群伤屡见不鲜，而且在商场、市场、宾馆、饭店、歌舞厅等公共场所尤为突出。火场中几乎都涉及人员逃生与自救。一场火灾突然发生，人们很有可能在瞬间被高温、烈火、烟雾和毒气所包围，这时人们看到周围环境在烈火和烟雾中变得面目全非，一片火海，就会丧失环境的认同感和依赖感，从而晕头转向、不知所措，又由于燃烧不断进行，场所含氧量降低使受困者呼吸困难，反应迟钝；火场中大量毒气的产生会使人体中毒，神经系统受到麻痹作用而失去应有的逃生能力；尤其是那些平时心理调节能力差的人，及火场逃生知识一无所知的人更是如此。这时人们能否逃生，不仅与火场大小、起火时间、楼层高度、建筑物内有无自动报警装置、排烟、灭火设施以及外部救援等因素相关，更主要的是与受灾者的自救能力有关。

一、火场逃生基本知识

（一）火场逃生的原则

火场逃生的原则是：安全撤离，救助结合。安全撤离是指火场中的人员抓住有利时机，就近、就便，利用一切可以利用的地形、工具，迅速撤离危险区域。救助结合，一是自救与互救相结合。在火灾现场，我们不仅要尽快撤离现场，还要积极帮助老、弱、病、残、妇女、儿童等疏散，切忌乱作一团，否则会堵塞通道，酿成大祸。二是逃生与抢险相结合。有时候火灾千变万化，如不及时消除险情，就可能造成更多人员伤亡。因此在条件许可时要千方百计地消除险情，延缓火灾发生的时间，减轻灾害发生的规模。三是救人与救物相结合。在所有情况下救人始终是第一位的，绝不要因为抢救个人贵重物品而贻误逃生良机。

（二）火场逃生的技巧

1. 加强消防战备

消防部门在平时要加强火场逃生知识的普及训练。一是要抓好火灾逃生知识的宣传普及，提高全社会、全民的自我保护意识，使其掌握火场逃生知识；二是在消防部队中进行逃生技能项目上的应用性训练，使消防人员成为火灾等灾难中逃生的有力组织者，如我们可以针对大型灾难，分设专门的指导逃生组、报警引导组，专门负责打开安全通道，保持通道畅通；同时设立疏散抢救组，主要负责被恶劣环境围困的人员或老、弱、病、残者的疏导和抢救。再设安全救护组，主要负责对严重伤员进行急救，并配合医务人员进行检伤分类，迅速转送等。

2. 选择逃生路径

首先，有必要了解人们在火场中逃生时容易选择的路径，其大致有以下倾向：

（1）归宿性：朝自己最熟悉的、最依恋的地方或朝原路逃生。

(2) 日常习惯性：从日常最常用的楼梯或出口逃生。

(3) 向光性：向有光亮的方向逃生。

(4) 敞开性：向开阔或空间较大的方向逃生。

(5) 就近性：向最先进入视线或最近的方向逃生。

(6) 本能回避危险性：本能地远离火和烟的方向。

(7) 盲从性：追随大多数人逃生的方向。

(8) 自认安全方向性：朝着自己认为安全的路径逃生，如跳楼等。

(9) 理智分析：能够冷静分析险情，进退有度，上下有据，安全撤离。

以上各种逃生倾向，当然最可取的是理智分析，但如何能够做到临灾不惧，处惊不乱，除了高素质的心理承受能力外，还需做到对下列各项熟悉掌握。

3. 熟悉周围环境

无论对于熟悉或陌生的环境，我们都应养成对其结构了如指掌的习惯。例如对久居房屋、工作单位、所住的宾馆和饭店、所去的商场和剧院，特别是大型公共场所等，必须弄清其出口所在位置，同时对门窗、天窗、阳台等，要弄清其位置。其次要留心看一看太平门、避难间、安全出口的位置，报警器、灭火器的位置，有可能充做逃生器材的物品，如床单、毛巾、被罩、窗帘等。只有这样才能做到有备无患，一旦发生火灾就可能顺利逃出火灾现场，保住性命。

4. 采取防烟措施

当感到烟、火刺激时，无论附近有无烟雾，均要采取防烟措施。常用的防烟措施是用干、湿毛巾捂住口鼻，若用干毛巾则折叠层数越多，除烟效果越好。用湿毛巾除烟效果更佳，毛巾越湿效果越好。但若毛巾过湿，易造成呼吸困难。当毛巾含水量为本身重量的1.5~2.5倍时，由于毛巾的编织线因湿变细，空隙增大，除烟效果反而差于干毛巾。

使用毛巾捂口鼻时，一定要使毛巾过滤烟的面积尽量增大，确实将口鼻捂严，在穿过烟雾区时，即使感到呼吸阻力增大，也不能拿开毛巾，因为一旦拿开就可能导致中毒。

5. 熟记逃生要点

逃离火场时，一定要沉着、冷静，克服慌乱心理，自我暗示，消除紧张心理。可先用毛巾捂住口鼻，选择一条切实可行的逃生路线。如经常使用的门、窗、走廊、楼梯、太平门、出口等，在打开门、窗之前，必须首先摸摸门、窗是否发热，如果已经发热，就不能打开，应立即选择其他路径。如果不热，也只能小心地打开少许并迅速通过，然后快速关闭。

当实在无法辨别方向时，应该先向远离烟火的方向疏散，尽量不向楼上撤离，在疏散时，要树立“时间就是生命，逃生第一”的思想。逃生要迅速，动作越快越好，切不要由于寻找、搬运某种物品而延误时间。

逃生时勿向狭窄的角落退避，如床下、墙角、桌子底下、大衣柜里等。在通过浓烟区时，要尽可能以最低姿势或匍匐姿势快速前进，并用湿毛巾捂住口鼻。要注意随手关闭通道上的门窗，以阻止和延缓烟雾向逃离的通道跟踪流窜。如果身上衣服着火，应迅速将衣服脱下，就地翻滚，将火扑灭。应注意不要翻滚过快，更不要身穿着火服装跑动，如附近有水池等，可迅速跳入水中。

火场上不要轻易乘坐普通电梯。因为第一，火灾中常常会断电而造成电梯卡住，给救援工作增加难度；第二，电梯口直通大楼各层，烟气流入电梯通道极易形成“烟囱效应”，人在电梯内随时会被浓烟毒气熏呛而窒息。

6. 积极进行自救

自救的方法主要有以下几种：

（1）利用缓降器自救。缓降器由挂钩、吊带、绳索以及速度控制器组成，是一种供人靠自重缓慢滑降的安全救生装置。它可以由专用安装器具安装在建筑窗口、阳台或平屋顶等处，被用于营救高层建筑的单个被困人员。常见的缓降器有往返式和自救式两种。其救生高度一般大于 20 米。

（2）利用救生袋自救。救生袋是两端开口供逃生者从高处进入其内部缓慢滑降的长条形袋状物。被困人员跳入袋内后，依靠自重和改换姿势来控制降落速度，缓慢降至地面。

（3）利用自救绳自救。也可用布匹、床单、窗帘代替，系在一起作为自救绳，顺利滑下，而脱离危险。

（4）善于利用建筑本身的疏散设施进行自救。如室内疏散楼梯、室外疏散楼梯、救生滑梯、消防电梯等。

（5）利用自然条件灵活自救。充分利用建筑物本身及邻近的自然条件，进行自救。如阳台、窗台、屋顶、落水管、避雷线，以及靠近建筑物的物体。

此外，自救时还要注意下列问题：一忌因恋物而延误撤离时间；二忌因躲向狭窄的角落而坐以待毙；三忌因乘坐普通电梯而滞留其中；四忌因重入火场引火烧身。

还应提倡互救，互救是在火灾中使他人免于受害的崇高行为。例如年轻力壮者帮助老人、儿童，神志清醒者帮助惊慌失措者，熟悉路径者帮助地形生疏者，等等。

7. 冷静选择避难

暂时性的避难可能度过危险。等待外援，是火场中的一种常见行为。可利用避难间避难，也可快速创造避难间避难。

避难间多设置于电梯、楼梯、卫生间附近，以及袋型走廊末端。发生火灾时，可将短时间无法撤离出去的人员，暂时疏散到其中。对于没有避难间的建筑物，或通路被烟火阻断者，应迅速寻找一间烟雾不大的房间，关闭门窗，堵死靠近燃烧一侧的门窗，向地面充分洒水降温，并淋湿房间中的一切可燃物，同时用棉被封堵门窗并不停地向上洒水，这样一间临时避难场所就造成了。避难间最好选择在有水源又利于同外界联系的房间，如果没有水源，避难间就可能变成一座蒸笼。人们躲进避难间后，还应想方设法与外界取得联系，如白天可在窗上放置悬挂明显标志，夜晚要打开电灯、手电筒等向外界发出救援信号，等待救护。

二、公共娱乐场所火灾的防范与自救

（一）公共娱乐场所发生火灾的特点

1. 燃烧猛、蔓延快，隔墙吊顶易倒塌

公共娱乐场所使用大量易燃可燃材料进行装饰装修，它们分布匀称，有的处于垂直和悬吊状态，加之各部相连，火势发展速度快，燃烧猛烈。由于高温燃烧产物的升腾与流动，以及内部空间压力的增大，当吊顶、隔断等烧穿后，很快形成上下燃烧的立体火灾，公共娱乐场所在短时间内会发生倒塌。

2. 火势蔓延途径多

一旦公共娱乐场所着火，火势会沿着装修的墙面管道、地毯走道等迅速蔓延。

3. 易造成人员伤亡

公共娱乐场所往往人员集中，若发生火灾，易造成人员伤亡：第一，人们往往对火灾发生没有精神准备，在求生本能下，惊慌失措，行动不能自控，从而发生相互拥挤和践踏；第二，人们对环境情况不熟，在烟火和高温的威胁下，极易迷途，误入死角，而后因缺氧或烟气中毒而倒下；第三，公共娱乐场所缺乏火灾情况下的人员疏散预案，不能有效地组织被困人员疏散，致使混乱的人流把出口堵塞，造成进退两难的局面；第四，正常出口违章封锁，减少了人流的疏散途径，延长了正常的疏散时间；第五，未能及时疏散出来的人员，导致人员由于墙倒顶落，被砸、被烧而遇难。

4. 扑救效果差

由于燃烧猛烈、蔓延快、人员多，既要灭火，又要疏散，再加上灭火器材不足，单位员工缺乏消防知识，有的连灭火器都不会使用，更不知道如何使用消火栓、如何组织、引导被困人员疏散，往往丧失灭火的有利时机，致使火越烧越大，酿成重、特大火灾的发生。

（二）公共娱乐场所的火灾自救

火灾初起时，火势小、燃烧面积不大、火势蔓延速度慢、烟雾不太浓、能见度较高、毒气很少，是灭火的重要良机。一旦失去这一良机，火势将难以控制，必然导致大火灾。

1. 报警

单位员工一旦发现着火，应迅速向本单位报警，向公安消防队报警，同时打开或拆破所有的安全出口和疏散通道，确保人员安全疏散。

2. 控制火势

利用灭火器控制蔓延火势，若找不到灭火器，则关闭着火房间（包房）的门窗，掀卷门口的地毯，把火势控制在一定的空间内，不让其扩大蔓延。用固定消防设施控制火势，如启用自动喷水系统灭火，启用防排烟系统排烟，启用防火卷帘阻止烟火蔓延，使用室内消火栓出枪射水，阻击蔓延火势。

3. 疏散人员

公共娱乐场所的员工，一旦发现火起，一定要履行消防法规所规定的引导人们安全疏散的义务，组织引导人员疏散，积极抢救人员，不能只顾逃命，不履行法定职责。

4. 被困人员的自救与逃生

处在烟火区的人员，应及时关闭着火面的门窗，用布条、湿毛巾等扎好口鼻，搞好个人防护后，低姿爬向安全出口、楼梯口或卫生间，冲出火焰区时，应身裹湿毛毯、湿棉被等，滚向无火区。若安全出口封堵，应逃向无火房间、卫生间、楼梯间；若关门，则爬窗口避难。

当被困人员发现室内消防火栓时，应扎好口鼻，利用室内消火栓的水枪喷水，驱散烟雾，阻止火势向其他房间蔓延，边灭火边向自身喷水。当自身力量难以支持时，被困人员可将水枪固定在火势蔓延方向，继续喷水，然后寻找阳台、卫生间等避难。

三、高层建筑的火灾特点与自救措施

（一）高层建筑的火灾特点

1. 烟雾火焰扩散快、火势蔓延迅速

高层建筑内有许多贯通各个楼层的孔洞、管道和竖井，如楼梯竖井、电梯井、垃圾道、空调通风系统的风道、吊顶内空间、电细线管道等，发生火灾时它们好像一座座高耸的烟囱，成为火势迅速蔓延的途径。而且建筑越高，蔓延的速度越快。

2. 易发生爆燃，火势发展迅猛

现代高层建筑由于采用集中空调系统，比较封闭。楼内可燃物燃烧时热量不易散出，空气中氧气迅速减少，易产生大量不完全燃烧产物，且聚积在建筑物内的不同高度上，如楼梯竖井、电梯井、吊顶下部等处。如果不及时采取通风排烟措施，当不完全燃烧产物（主要是一氧化碳）与空气混合，达到爆炸浓度极限时，遇着火源，便会瞬间着火燃烧，发生爆燃。

3. 人员疏散困难，易造成重大伤亡

高层建筑层数多，建筑面积大，功能多，聚集的人员多。这些因素在火灾条件下客观地制约着人们安全疏散。

4. 扑救难度大

扑救高层建筑火灾，消防人员到场后首先面临的困难是登楼。目前，绝大多数城市都有高层建筑，而配备的举高车则很少，有的城市甚至没有配备。因此，消防人员往往选择内部进攻，通过疏散楼梯登高，这需要很长的时间，耗费相当多的体力。

5. 中性层作用加速火势向上蔓延

高层建筑存在着一个既不进风又不排气的中性层。在火灾条件下，中性层作用会加速火势向上蔓延；同时，中性层以上新鲜空气少，充满烟气。中性层以上人员难以生存。

6. 火势卷叠

高层建筑火灾一旦突破外壳（如窗玻璃破碎），烟火就会窜出窗外，并沿窗口向外墙、向上升腾，然后再从外面窜入上面楼层内，出现火势卷叠现象。

（二）高层建筑火灾的自救措施

高层建筑火灾自救的基本思路，就是依据高层建筑火灾的特点与火势发展的规律，充分利用其固定消防设施，及时控制与扑灭火灾，积极抢救生命，努力减少火灾损失和人员伤亡。

1. 报警

楼层服务员发现火情后，要立即向大楼消防控制室报警，及时向公安消防队报警。消防控制室值班人员，应立即将火情向值班经理报告；利用事故广播通报火情，并指明疏散方向和路线；向整个楼层或某一区域发出警报；通知值班人员、服务人员、保安人员等前往着火层；向公安消防队报告火势发展情况。

2. 疏散

当被困人员被烟火封锁无法逃出时，可关闭房间门窗，用湿棉被、湿布条等堵住门缝，设法在室内封闭防烟。用室内电话向控制室告知被困情况。也可利用房间内的床单、被面、窗帘等自制救生绳，把一头固定好，沿窗滑下至下一层室内或阳台上，或爬出窗外，躲在外墙突出部位等待救援。在疏散人员过程中，应及时清理路障，保证通道畅通；准备湿毛巾，捂好口鼻；防止人员拥挤践踏，造成堵塞。

3. 灭火

大楼服务员或值班人员，一旦发现某房间着火，应快速跑向灭火器设置点，手提灭火器，冲向起火点，将火扑灭。若来不及把火彻底扑灭，则把起火点周围的物品如窗帘、地毯、沙发等物品移开，断绝火势蔓延通路，把火控制在一定范围内，不使其发展扩大。待灭火力量增大时，再一举扑灭。

4. 防烟

高层建筑一旦发生火灾，烟雾向上蔓延的速度极快，一幢100米高的建筑物约30秒即可蹿到顶部。600~700摄氏度的高温热烟可引燃一般可燃物，甚至使整幢建筑起火。如何处理烟雾危害是扑救高层建筑火灾的关键之一。对高层建筑火灾应在充分利用建筑物内的防排烟设施前提下，根据火势及烟雾蔓延情况，采取措施排烟。

四、家庭火灾的救助

（一）家庭火灾的特点

随着居民生活水平的不断提高，现代家庭陈设、装修日趋增多，用电、用火、用气不断改善，发生火灾的几率也相应地增大。居民家庭起火，往往具有燃烧猛烈、蔓延迅速、烟雾弥漫、易造成人员伤亡的火灾特点。此外，城市居民使用煤气、液化气，起火后易发生燃烧爆炸。一些城乡居民住在平房里，其屋顶有些是用可燃材料建造的，起火后，火势极易烧到顶棚，沿屋顶蔓延，导致建筑物倒塌。

（二）家庭火灾的自救措施

居民家庭发生火灾后，往往因缺少灭火工具、缺乏自救能力致使小火酿成大灾，造成严重经济损失和人员伤亡。因此，了解和掌握家庭火灾的扑救常识，意义十分重要。

1. 立即报警

无论自家或邻居起火，都应立即报警并积极进行扑救，及时准确地向消防队讲清着火地点、着火物品，向周围大声呼救，这样可以使群众和消防队迅速赶到，及时扑灭火灾。根据火情，也可以采取边扑救、边报警的方法。但决不能只顾灭火或抢救物品而忘记报警，贻误灭火时机，使本来能及时扑灭的小火酿成大灾。

2. 首先救人

在有人被围困的情况下，要首先救人。救人对象，要重点抢救老人、儿童和受火势威胁最大的人。如果不能确定火场内是否有人，应尽快查明，切不可掉以轻心。自己家起火或火从外部烧来时，也要根据火势情况，组织家庭成员迅速疏散到安全地点。

3. 打开门窗要慎重

发现封闭的房间内起火，不要随便打开门窗，防止新鲜空气进入而致使燃烧扩大。要先在外部察看火势情况。如果火势很小或只见烟雾不见火光，可以用脸盆、铝锅等准备好灭火用水，然后迅速进入室内将火扑灭。如果火已烧大，就要呼喊邻居，共同做好灭火准备工作后，再打开门窗，进入室内灭火。

4. 控制火势

室内起火后，如果火势一时难以扑灭，要先将室内的液化气钢瓶等抢出。同时把受火势威胁的物品，如桌子、沙发、床、被子等，迅速疏散，控制火势仅在一定范围内燃烧，防止其蔓延扩大。

如果火势仅在一个房间内，且已蔓延到装修的吊顶上，此时，应关闭该房间门，用铝锅、脸盆等盛满水，站在房间门一侧，向门泼水，一旦火苗蹿出，要及时将其泼灭。灭火人在灭火过程中，要注意利用湿毛巾扎好口鼻。

5. 切断电源

家用电器发生火灾时，要立即切断电源，然后用湿棉被、湿毛毯、湿床单等将火熄灭。切忌在未断电的情况下用水进行扑救，一定要防止因水导电而造成的触电伤亡事故。

6. 切断气源

厨房液化气钢瓶着火时，灭火的关键是切断气源。无论是钢瓶的胶管还是角阀口漏气着火，只要将角阀关闭，火焰就会很快熄灭。如果阀口火焰较大，可用湿毛巾、湿抹布捂住阀口，然后关紧阀门。阀门过热时，可用湿毛巾垫着并关紧阀门断气。扑救液化气钢瓶火灾时，一定要在做好堵漏的准备工作后，将火扑灭。火焰扑灭后，迅速堵住漏气。否则，气体继续泄漏，遇明火发生爆炸，会造成更严重的后果。对室内的残气要打开门窗通风排除，切勿开关电器，切勿使用明火。

7. 厨房灭火

厨房油锅着火，要立即用锅盖、湿棉被、湿床单等盖住油锅，将火窒息。千万不可用水扑救或用手去端油锅，以防止热油溅出、将人烧伤和扩大火势。如果油火洒在灶具上或地面上，应用湿床单、湿棉被等将其捂盖灭火。

五、液化气的火灾特点与自救

（一）液化气的火灾特点

1. 燃烧特点

（1）均相燃烧时，呈明亮的黄色火焰。当压力高、气流量大时，火焰高度可达 50 米以上，并发出喷燃的哨声。

（2）非均相燃烧时，呈鲜艳的橙黄色火焰，烟雾较浓。

（3）液相混合燃烧时，火焰高度呈周期性变化，颜色呈黄、橙黄交替变化。火焰低时，是灭火的良好时机。

（4）散液化气燃烧时，火焰高度比燃烧面积直径大 2~2.5 倍。

2. 爆炸特点

（1）液化气的爆炸极限范围较大，约为 2%~10%。1 千克液化气全部汽化后，体积近 500 升，若以 2%浓度计算，可组成 25 立方米的爆炸性气体。液化气的爆炸威力大，爆速达每秒 2 000~3 000 米。1 千克液化气的爆炸威力约等于 4~10 千克 TNT 炸药的当量。液化气爆炸易形成大面积燃烧，造成重大破坏和人员伤亡。

（2）放液化气的钢瓶，储够受热后，压力迅速增加，当超过其设计压力时，就会发生物理性爆炸，爆炸碎片能飞出 100 多米。

（二）液化气火灾的自救措施

1. 液化气站火灾

（1）漏气的主要原因有：阀门损坏、管道破裂、液位计破裂、缩机损坏、储罐破裂等，其中储罐破裂危险性最大。

（2）防跑气应采取的措施有：①断气源，堵住漏点；②将漏罐内的液化气倒向其他储罐；③用本单位的开花水枪驱散已经跑出的液化气，防止它达到爆炸浓度；④控制一切火源。

（3）液化气着火应采取的措施有：①冷却防爆。储罐跑气着火时，应启动固定喷水装置，喷水冷却。在无法切断气源的情况下，让其稳定燃烧，直至液化气烧完为止，在冷却的同时，应打开放散火炬，以减少罐内压力，防止爆炸。②根据爆炸征兆，及时安全疏散人员。③灭火。在切断气源、做好堵漏准备的情况下，用干粉、水流灭火。如果不具备切断气源的条件，不可将火扑灭，以防火灭后气体继续外逸发生爆炸。

2. 一般场所的液化气钢瓶火灾的扑救措施

（1）立于地面的钢瓶燃烧时，应先检查角阀是否完好。若完好，应先关闭阀门，火焰将自行熄灭；若火势猛烈，无法关阀门时，可采用水流或干粉等灭火剂灭火，然后再关阀断气。

（2）钢瓶倒于地面，如角阀（或调压阀）出气管口朝向地面燃烧，这种情况有爆炸危险。灭火人员不应急于接近钢瓶，应先卧倒、远距离射水冷却，或利用掩体射水，以防钢瓶爆炸伤人。

（3）群体液化气瓶燃烧，往往发生在液化气供应站，威胁大，易造成连续燃烧及爆炸。此时，应首先冷却燃烧钢瓶和受火势威胁较大的钢瓶，同时切断气源，关闭灌装阀门。边冷却、边疏散未燃钢瓶；对少数燃烧钢瓶可用消防钩拖拉法，拖出后灭火。疏散时，要保持瓶体直立，防止液化气流出扩散。

3. 应对液化气瓶火灾的扑救措施

（1）民用液化气瓶着火部位一般在角阀与减压阀连接处、门开关处、减压阀垫圈。其灭火方法有二：一是当角阀完好时将角阀用力压下，然后用绳或铁丝将压下的角阀缠住即可灭火；二是当角阀损坏不能关闭时，尽快将钢瓶运至室外用水冷却，直至气体燃尽为止。

（2）当钢瓶燃烧引燃厨房内可燃物并互为影响时，应先消灭瓶体周围的火焰，然后用水冷却钢瓶。千万注意，在厨房内其他物品燃烧时不能扑灭钢瓶火焰，防止气体逸出，发生爆炸。

（3）当厨房或邻近房间发生火灾威胁钢瓶安全时，对钢瓶应先冷却，然后搬出室外，置于安全处，再根据受热情况，继续冷却降温，防止爆炸。

第四节　水灾特点、自救与救助

一、我国水灾的基本特点

（一）普遍性

所谓普遍性，是指时间和空间上的广泛性，即每年都有灾，无处没有灾。雨水造成的洪涝灾害是我国乃至世界最主要的自然灾害之一。就我国而言，近 50 年，水灾几乎在全国各地均有发生，平均受灾面积每年为 848 万公顷。1989—1992 年我国平均水灾面积 1 476 万公顷，其中成灾面积 793 万公顷。1998 年 6 月下旬入汛后，长江干流洪水一直高居不下，洞庭湖、鄱阳湖水系相继暴涨，长江出现了继 1954 年后又一次全流域性大洪水。随后，松嫩流域的洪水也以超历史纪录的流量呼啸冲击着“铜帮铁底的松花江”“旱涝保收的北大仓”，使之泛滥成灾。据统计，全国有 29 个省（市、区）遭受不同程度的洪涝灾害，受灾面积达 2 120 万公顷，成灾面积达 1 307 万公顷。

从水灾发生的频次上来看，我国是一个多水灾国家。据不完全统计，在新中国成立以前的 2 000 多年中，我国曾发生的大范围较严重的水灾有 1 000 多次，平均每两年发生一次。1951—1990 年，平均每年遭受水灾 5.9 次，最多年份达 10 次，最少年份也有 3 次。不仅如此，大水灾和特大水灾的发生频率也逐渐加大，从公元 1300 年到 1950 年，长江流域大水灾和特大水灾的频次为 14 年 1 次；而近 40 多年来，不到 3 年就发生 1 次；进入 20 世纪 90 年代以来，仅长江中下游地区就连续发生了 4 次大规模的水灾，平均每两年一次。

（二）区域性

我国水灾虽然范围较广，频次较高，但其分布具有明显的区域性特点。总体来说，我国水灾在空间上呈现出由东南向西北、北部减少的趋势。根据我国各地区雨涝出现的次数可分为 4 个区，即多涝区、次多涝区、少涝区和最少涝区。水灾主要发生在华南、东南沿海、江南、淮河流域和华北平原。东北地区水灾东部多于西部，四川盆地则是西部多于东部。长江、黄河、珠江、淮河、海河、辽河、松花江 7 大江河中下游及滨海河流域是我国水灾最严重地区，尤其以长江、淮河、海河最为严重，其中黄淮地区和长江中下游受灾面积占全国受灾面积的 3/4 以上。

（三）季节性

水灾往往是由暴雨引起的，其年际、年内的变化与大气圈层中的年降雨量，尤其是汛期降水量甚至是暴雨的分布规律相关，即水灾的时间集中在各地的汛期。就全国范围来看，水灾主要发生在夏季。

（四）阶段性

我国许多地区的降水量和长期变化具有明显的阶段性，即水灾出现较多的年份集中在某一个时期。如果将出现 2 年以上连续的特大涝年和灾年，或出现一次毁灭性大涝或灾年作为大涝期或灾期，则黄淮地区 1470—1979 年共出现了 10 个大涝期和 9 个大灾期。近 50 年来，江淮地区夏秋连阴雨有相隔五六年出现一次的特点。

二、发生水灾时的自救与救助

为了防止洪水涌入屋内，首先要堵住大门下面所有的空隙，最好在门槛外侧放上沙袋。沙袋可以用麻袋、草袋或布袋、塑料袋，里面塞满沙子、碎石；如果预料洪水还会上涨，那么底层窗槛外也要堆上沙袋。如果来不及转移，也不要惊慌，可以到楼房、屋顶、大树上等候营救。住在楼上或者较高地方的居民，应该提前储备一些食物、饮用水、保暖衣物和烧水用具，以防被困之用。

在急速的洪水中行走时，步子要稳。手中要拿着棍子，以探查路面，防止窨井、陷坑等；当水流达到腰部以上时，勉强涉水将有被冲走的危险。如果水情严重，水位不断上涨，就必须自制木筏，任何入水能浮的东西，如床板、箱子、柜、门板等，都可以用来制作木筏，如果一时找不到绳子，可将床单、被单撕开来代替。木筏做好后，要试试漂浮情况，准备划桨、手电筒、颜色鲜艳的衣物等求救用具，并多吃些食物，以增加热量和体力。

准备好医药、取火等物品；保存好各种能使用的通信设施，这样可与外界保持良好的联系。在离家之前，要关好电源和煤气阀，并关好门窗，以免物品随水漂流走。即使会游泳，也要尽量避免下水，防止暗流、旋涡和漂浮物冲撞。

三、水灾过后疾病的防治

洪涝灾害时期常发生的疾病有鼠疫、霍乱、甲肝、戊肝、痢疾、伤寒、出血热、钩端螺旋体病、乙型脑炎、疟疾、血吸虫病、感染性腹泻、食物中毒（细菌性食物中毒、化学性食物中毒）等。当发生甲肝、戊肝、痢疾、伤寒、出血热、钩端螺旋体病、乙型脑炎、疟疾、血吸虫病、感染性腹泻暴发疫情以及不明原因疾病暴发时，责任报告人应尽快向当地卫生防疫机构报告疫情（城镇应于6小时内，农村应于12小时内，以最快的方式报告当地县、区卫生防疫站），省、自治区、直辖市卫生厅接到疫情报告后6小时内报到卫生部疾病控制司或卫生部救灾办。

甲肝、戊肝、痢疾、伤寒、出血热、钩端螺旋体病、乙型脑炎、疟疾、血吸虫病、感染性腹泻实行每周报告，同时，灾区省每周三把上周疫情报送卫生部指定部门。

第五节　交通事故的特点、自救与救助

一、交通事故的基本知识

（一）交通事故的分类

交通事故是指车辆在道路上因过错或者意外造成人身伤亡或者财产损失的事件。我国将道路交通事故分成以下几类：

第一类是轻微事故，是指一次造成轻伤1~2人，或者机动车事故财产损失不足1 000元，非机动车事故不足200元的事故。

第二类是一般事故，是指一次造成重伤1~2人，或者轻伤3人以上，或者财产损失不足3万元的事故。

第三类是重大事故，是指一次造成死亡1~2人，或者重伤3人以上10人以下，或者财产损失3万元以上不足6万元的事故。

第四类是特大事故，是指一次造成死亡3人以上，或者重伤11人以上，或者死亡1人，同时重伤8人以上，或者死亡2人、同时重伤5人以上，或者财产损失6万元以上的事故。

（二）交通事故发生的原因

1. 路况差

许多旧路年久失修，路面和路基已经被严重破损；或是由于建筑施工等，一些建筑材料在路面堆积而阻碍交通。

2. 驾驶人员自身原因

驾驶人员自身原因是导致交通事故最严重的一个原因。如：①许多时候驾驶人员受到情绪影响而导致在驾驶时注意力不集中，精神涣散，心不在焉，从而导致事故发生；②酒后驾驶，酒精可以麻痹人的大脑，导致视觉判断错误，反应迟缓，从而使人的行为不受自己支配，往往出现超速现象，极易导致事故发生。

3. 天气状况

天气状况恶劣，导致驾驶环境困难。例如大雾天，能见度低或是阴雨天路面泥泞。在冬季更为严重，路面结冰后更易导致事故发生。

4. 交通安全意识差

很多情况下，行人或是司机往往抱着侥幸心理，不遵守交通规则。如估计对面不

会来车而弯道超车；肆意闯红灯；超速驾驶等。

5. 监管力度欠缺

一些监督管理人员滥用职权，对一些违反交通规则的人员处罚力度不足，如驾驶员闯红灯或黄灯，行人横穿马路、与车辆争道等情况，往往是批评教育，起不到警戒作用。

俗话说得好："十次事故九次快，还有一次在发呆。"交通事故如果车速不快，即便撞了也没什么大不了，所以高速公路上出事故非死即伤，而市区事故则以追尾、刮、擦为主，人员死亡不多，受伤也无大伤，撞到路人最多骨折。剩下的就是酒后驾车、疲劳驾驶了，也就是"呆"，人在酒后、疲劳的情况下几乎失去知觉，怎么会开得好车呢?

二、交通事故的预防措施

1. 交通安全教育从孩子抓起

1957 年，法国就把交通安全课作为学校的必修课程之一。60 多年过去了，当初确定的目标仍未达到，但在预防交通事故中所取得的成效是非常显著的。我国中小学所开展的交通安全讲座和宣传，都起到了很好的作用。

2. 鼓励提前学习驾驶技术

美国青少年从 16 岁起就可以学习驾驶汽车，但由于各种原因，我国中学生参加驾驶技术学习的人并不多。青少年接受力强，学车快，驾驶技术考试获得通过的比率较高。统计表明，提前参加驾驶技术学习并考核合格的青少年出交通事故的比例较低。

3. 改革驾驶执照考核制度

人们一直在谈论改革驾驶执照考核制度，但却一直没有真正进行这一改革。驾驶理论考试是从 1975 年开始实行的。尽管正式的全国汽车驾驶教育计划规定了学习正确驾驶汽车应遵循的要求，但许多驾校仍只要求学员学会最低限度的知识和技术。统计表明，交通事故中，约有 1/4 的人驾龄在 1 年内。

4. 经常检查驾驶能力

许多国家都已实行了司机继续教育制度。按照这种制度，开车人必须不断提高自己的驾驶理论知识水平，甚至要定期接受驾驶技术检查和体格检查。此外，申请驾驶执照的人必须能够看清楚 15~20 米距离内的汽车牌照号码。

5. 合理设置交通监测监控

许多开车人都有这样一种感觉：用于检测违章行为的雷达都设在不那么危险的路段，在发生交通事故最多的路段以及在市区学校附近，监控安装得不够多。今后，新一代雷达将负责这些路段或地点的交通监测。

6. 严格禁止酒后驾车

酒后驾车常常是导致重大恶性交通事故的罪魁祸首，国际上对酒驾的处罚令人望而生畏，我国近年来也加大了处罚力度，但仍然有很多驾驶员抱着侥幸的心理尝试酒驾。最近一项调查显示，有超过 30%的司机承认自己存在酒后驾车。

7. 加强道路安全设施

有许多车毁人亡的事故是汽车撞上固定障碍物（如树木）的结果。出于安全考虑，有人曾要砍掉路旁的树木，此事已成为笑谈。但在道路两旁设置一些安全“导轨”，许多人就可以避免丧命。

8. 调整行车速度限制

调整行车速度限制，加强打击高速公路上的超速超载行为。如根据道路状况和车流量大小，在狭窄、靠近学校和居民区的路段限速每小时 30 千米。行车速度越快，开车人也就越容易疲乏，就越要求开车人集中注意力。

三、交通事故的应急处理

1. 立刻报警

发生交通事故后千万不要慌乱。首先要立即停车，停车以后按规定拉紧手制动，切断电源，开启危险报警闪光灯，如果发生夜间事故还需开示宽灯、尾灯。在高速公路发生事故时还须在车后按规定设置危险警告标志；其次要及时报案，事故发生后应及时将事故发生的时间、地点、肇事车辆及伤亡情况打电话或委托过往车辆、行人向附近的公安机关或执勤交警报案，在交通警察来到之前不能离开事故现场。

2. 拨打急救电话

在报警的同时也可向附近的医疗单位、急救中心呼救和求援。如果现场发生火灾，还应向消防部门报告。交通事故报警、急救中心、火灾报警的全国统一呼叫电话号码分别为 122、120、119。如果您的车辆投了保险，那您在 48 小时内还要向保险公司报告出险。

3. 保护现场

保护好现场的原始状态，包括其中的车辆、人员、牲畜和遗留的痕迹、散落物，不随意挪动它们的位置。当事人在交通警察到来之前可以用绳索等设置保护警戒线，防止无关人员、车辆等进入，避免现场遭受人为或自然条件的破坏。为抢救伤者，必须移动现场肇事车辆、伤者时，应在其原始位置做好标记，不得故意破坏、伪造现场。

4. 抢救伤者或财物

确认受伤者的伤情后，能采取紧急抢救措施的，应尽最大努力抢救，包括采取止血、包扎、固定、搬运和心肺复苏等。并设法送就近的医院抢救治疗，除未受伤或虽有轻伤本人拒绝去医院诊断外，一般可以拦搭过往车辆或通知急救部门、医院派救护车前来抢救。对于现场散落的物品及被害者的钱财应妥善保管，注意防盗防抢。在有可能发生大火、爆炸等险情时，应及时采取措施排除。

5. 注意防火防爆

事故当事人还应做好防火防爆措施，首先，应关掉车辆的引擎，消除其他可能引起火警的隐患。事故现场禁止吸烟，以防引燃泄漏的燃油。载有危险物品的车辆发生事故时，危险性液体、气体易发生泄漏，要及时将危险物品的化学特性，如是否有毒、易燃易爆、腐蚀性及装载量、泄漏量等情况通知警方及消防人员，以便采取防范措施。

6. 协助现场调查取证

在交通警察勘察现场和调查取证时，当事人必须如实向公安交通管理机关陈述交通事故发生的经过，不得隐瞒交通事故的真实情况，应积极配合协助交通警察做好善后处理工作，并听候公安交警部门处理。

7. 事故善后处理

首先，警方划分事故责任，物价部门定损，警方处理各自承担的责任，然后当事人找保险公司索赔。如有争议，可走诉讼程序，最后由法院裁定。

思考题

1. 简述地震的特点，如何在地震中自救和互救？
2. 简述火灾的特点，如何在火灾中自救和互救？
3. 简述水灾的特点，如何在水灾中自救和互救？
4. 简述交通事故的特点，如何在交通事故中自救和互救？

第十四章　献血、骨髓与器官捐献

第一节　献血

我国提倡无偿献血，无偿献血是指健康适龄公民自愿献出可以再生的少量血液或血液成分去挽救生命垂危的病人，而献血者不向采血单位和献血者单位领取任何报酬的行为。与有偿献血相比，无偿献血的血液质量高，血源性传染病大大降低，血型也更多样化，能更好地保护受血者和献血者的安全，促进社会主义物质文明和精神文明的建设。无偿献血是无私奉献、救死扶伤的崇高行为，是我国血液事业发展的总方向。献血是爱心奉献的体现，使病员解除病痛甚至抢救他们的生命，其价值是无法用金钱来衡量的。

一、血液基本常识

（一）血量

人体内血液的总量称为血量，是血浆量和血细胞的总和。每个人体内的血液量，可以根据各人的体重来估量。正常人的血液总量相当于体重的7%~8%，或相当于每千克70~80毫升，其中血浆量每千克40~50毫升，而真正参与循环的血量只占全身血液的70%~80%。其余的则储存在肝、脾等“人体血库”内，当人体出现少量失血时，储存在“人体血库”中的血液便会立即释放出来，随时予以补充。另外，同样体重的人，脂肪含量较低的人的血量稍多一点，男人比女人的血量要多一些。

（二）血细胞的寿命

血液的成分主要是血细胞，每1立方毫米血液中红细胞数目是400万~500万个，白细胞的数目是4 000~10 000个，血小板的数目是14万~50万个。血液中的红细胞生命期约120天，白细胞约7~14天，血小板约7~9天。即使不献血，人体内的血细胞每时每刻也会衰老死亡。献血200毫升，仅占全身血量的5%，而且献血后能刺激人体造血功能，使之旺盛地造血，适量献血是不会影响身体健康的。

（三）血液的组成和功能

血液是由有形成分和无形成分两部分组成的。血液有运输、调节体温、防御、调节人体渗透压和酸碱平衡的功能。

1. 血浆

血浆占血液的55%~60%，其中90%是水，其余是一些蛋白质、钠、钾等离子，激素、酶等人体新陈代谢所需要的物质，维持人体正常的生命活动，主要功能为运输营养，运输脂类，缓冲，形成渗透压，参与免疫，参与凝血和抗凝血。

2. 血细胞

血细胞占血液的40%~45%，其中红细胞数目：400万~500万个/立方毫米，其中含有重要成分血红蛋白。红细胞的机能是运送氧气到身体各组织器官，并将代谢产生的二氧化碳送到肺部随呼气而排出体外。白细胞数目：4 000~11 000个/立方毫米，包括中性粒细胞、淋巴细胞等。白细胞能帮助人体抵御细菌、病毒和其他异物的侵袭，具有免疫与防护功能。血小板数目：14万~50万个/立方毫米，血小板可以发挥凝血和止血的功能。

（四）血液的生成

人体的造血器官主要由骨髓、胸腺、脾和淋巴细胞组成，其中骨髓是人体最重要的造血组织。血细胞里的红细胞、白细胞、血小板都是来自骨髓的造血干细胞，又称为多功能干细胞。造血干细胞是各种血细胞与免疫细胞的起始细胞，经过增殖、分化和成熟，才变为血管里流动的各种终末血细胞。婴幼儿造血功能最旺盛，随着年龄增长，造血机能逐渐下降，当人体衰老时，骨髓的造血功能只有50%左右。当骨髓发生病变时，造血功能会发生异常改变。

在胚胎发育9~10天时，在中胚层开始出现造血位点，逐步发育成卵黄囊中的血岛，第3周开始担起造血的责任；人胚第6周，人体器官形成，胎儿的肝脏接着造血；人胚第3个月，脾是主要造血器官；人胚第4个月，骨髓开始造血，一直到出生后，肝、脾停止造血，骨髓负起造血的全责；胎儿的胎盘血、脐带血是胎儿外周血的一部分，其中含有大量造血干细胞。

（五）血型

自1900年维也纳大学的兰德斯泰纳（Landsteiner）博士发现了人类ABO血型系统开始，人类研究血型已有100多年的历史。A、B、O、AB血型是对红细胞上的ABO系统而言，血液中的白细胞、血小板、血清蛋白、红细胞酶等各种血液成分都有自己的血型，其实红细胞上还有RH、MN、P等20多个血型系统。除了同卵双生子外，在人群中很难找到两个血型完全相同的人。RH血型系统是继ABO血型系统发现后临床意义最大的一种血型系统，也是最复杂的血型系统之一。我国99%以上的人为RH阳性。RH血型不合的输血可危及病人的生命；母子RH血型不合的妊娠，有可能发生死胎、早产和新生儿溶血症。我国汉族人RH阴性占0.2%~0.5%，而RH阴性受血者和妊娠者受RH阳性抗原刺激的几率为99.6%~99.8%，经过一次输入RH阳性血后，50%以上的RH阴性者会产生抗RH抗体。因为RH血型抗体为免疫抗体，如果再次输入RH阳性血液后便容易发生输血反应。因此，RH血型检查和ABO血型检查同等重要。

二、献血基本知识

（一）献血者的健康条件

1998年9月，卫生部第2号令《血站管理办法（暂行）》中规定，一次献血200毫升，最多不超过400毫升；两次献血间隔为六个月以上。假如一个符合献血标准的健康人按每六个月献血一次，每次献血400毫升计算，那么一个人一生累计献血量30 000毫升。对献血者健康检查标准规定如下：

（1）年龄：18~55周岁（2012年7月1日起，新修订的《献血者健康检查要求》开始实行，当中提到献血者的年龄可以延至60岁）。

（2）体重：男≥50千克，女≥45千克。

（3）血压：12~20/8~12千帕，脉压：≥4千帕或90~140mmHg/60~90mmHg，脉压：≥30mmHg。

（4）脉搏：60~100次/分，高度耐力的运动员：≥50次/分。

（5）体温正常。

（6）皮肤无黄染，无创面感染，无大面积皮肤病，浅表淋巴结无明显肿大。

（7）五官无严重疾病，巩膜无黄染，甲状腺不肿大。

（8）四肢无严重残疾，无严重功能性障碍及关节无红肿。

（9）胸部：心肺正常（心脏生理性杂音可视为正常）。

（10）腹部：腹平软、无肿块、无压痛、肝脾不肿大。

（二）有以下情况暂不能献血

（1）半月内拔牙或其他小手术者。

（2）妇女月经前后三天，妊娠期、流产后未满六个月，分娩及哺乳期未满一年者。

（3）感冒、急性胃肠炎病愈未满一周者，急性泌尿道感染病愈未满一月者，肺炎病愈未满三个月者。

（4）某些传染病，如痢疾，病愈未满半年者，伤寒病愈未满一年者，布氏杆菌病愈未满二年者，疟疾病愈未满三年者。

（5）近五年内输注全血及血液成分者。

（6）较大手术后未满半年者，阑尾切除、疝修补术、扁桃体手术未满三月者。

（7）皮肤局限性炎症愈合后未满一周者，广泛性炎症愈合后未满两周者。

（三）有以下情况者不能献血

（1）性病、麻风病和艾滋病患者及艾滋病病毒感染者。

（2）肝炎病患者，乙型肝炎表面抗原阳性者，丙型肝炎抗体阳性者。

（3）过敏性疾病及反复发作过敏患者，如经常性荨麻疹、支气管哮喘、药物过敏（单纯性荨麻疹不在急性发作期间可献血）。

（4）各种结核病患者，如肺结核、肾结核、淋巴结核及骨结核等。

（5）心血管疾病患者，如各种心脏病、高血压、低血压、心肌炎以及血栓性静脉炎等。

(6) 呼吸系统疾病患者，如慢性支气管炎、肺气肿以及支气管扩张肺功能不全。

(7) 消化系统和泌尿系统疾病患者，如较重的胃及十二指肠溃疡、慢性胃肠炎、急慢性肾炎以及慢性泌尿道感染、肾病综合征、慢性胰腺炎。

(8) 血液病患者，如贫血、白血病、真性红细胞增多症及各种出、凝血性疾病。

(9) 内分泌疾病或代谢障碍性疾病患者，如脑垂体及肾上腺疾病、甲亢、肢端肥大症、尿崩症及糖尿病。

(10) 器质性神经系统疾病或精神病患者，如脑炎、脑外伤后遗症、癫痫、精神分裂症、癔病、严重神经衰弱等。

(11) 寄生虫病及地方病患者，如黑热病、血吸虫病、丝虫病、钩虫病、囊虫病及肺吸虫病、克山病和大骨节病等。

(12) 各种恶性肿瘤及影响健康的良性肿瘤患者。

(13) 做过切除胃、肾、脾等重要内脏器官手术者。

(14) 慢性皮肤病患者，特别是传染性、过敏性及炎症性全身皮肤疾病，如黄癣、广泛性湿疹及全身性牛皮癣等。

(15) 有眼科疾病患者，如角膜炎、虹膜炎、视神经炎和眼底有变化的高度近视。

(16) 自身免疫性疾病及胶原性疾病，如系统性红斑狼疮、皮肤炎、硬皮病等。

(17) 有吸毒史者。

(18) 同性恋者、多个性伴侣者。

(19) 体检医生认为不能献血的其他疾病患者。

(四) 免疫接种后献血的规定

(1) 接受麻疹、腮腺炎、黄热病、脊髓灰质炎活疫苗最后一次免疫接种二周后，或风疹活疫苗、狂犬病疫苗最后一次免疫接种四周后可献血；被狂犬咬伤后经狂犬病疫苗最后一次免疫接种一年后方可献血。

(2) 接受动物血清者于最后一次注射四周后方可献血。

(3) 健康者接受乙型肝炎疫苗、甲型肝炎疫苗免疫接种不需推迟献血。

(五) 献血前要做的准备

(1) 了解献血知识，消除紧张心理。

(2) 献血前不要服药。如服用阿司匹林在 3 天内会降低血小板的功能，所以献血前三天不要服药。

(3) 少食高脂肪食物。献血前一天和当天可按往常的习惯进餐，但以低脂肪为宜。

(4) 不饮酒，尤其是不饮烈性酒。

(5) 充足睡眠，不宜做剧烈运动。

(六) 献血过程

(1) 填表：携带本人身份证或军官证、士兵证、护照、有身份证号码的驾驶执照等有效身份证件进行献血登记。填写个人资料及健康情况问卷。

（2）登记：录入电脑，便于用血报销时核查。

（3）体检：量血压、称体重、听心肺等。

（4）验血：血型、血色素、丙氨酸氨基转移酶（ALT）、乙型肝炎表面抗原（HBsAg）、丙型肝炎病毒抗体（HCV 抗体）、艾滋病病毒抗体（HIV 抗体）、梅毒试验等甲型肝炎临床治愈 1 年后连续 3 次每次间隔 1 个月化验正常可参加献血（以临床化验报告为准）；疟疾高发地区检测疟原虫。

（5）领饮品、喝水。

（6）献血：约 10 分钟。

（7）休息：用棉球压住针眼处 10 分钟后，贴止血胶布。

（8）领献血证：用血报销时的凭据。

（七）献血后注意事项

（1）要保护好静脉穿刺部位：穿刺部位止血后不等于完全愈合。至少在 24 小时内不要被水浸润，不要被不洁物品污染，更不要在此部位揉搓。

（2）个人活动要适度：献血后当天不要从事高空作业、高温作业、驾驶车辆、体育比赛、通宵娱乐等活动，2~3 天内不易做剧烈运动。

（3）补充营养不宜过量：可以进食新鲜蔬菜瓜果、豆制品、奶制品、新鲜鱼虾肉蛋等，但不要进食过量。

（八）献血的好处

很多人献血首先想到的是救死扶伤，义不容辞。然而，大量科学研究证明，献血者在为社会奉献爱心的同时，无意中也改善了自己的身体状况，增进了自我健康。

（1）献血对心脑管系统有良好的远期影响：可预防、缓解血液黏稠度、降低心脑血管病的发生。由于生活水平的提高和体力活动的减少，人们体内积存了越来越多的脂肪，并长期处于较高的水平，俗称“血稠”。“血稠”的结果就是脂肪一层层地附着在血管壁上，最后形成动脉硬化，致使血管弹性降低，导致心脑血管疾病。而经常献血，减少了体内一部分黏稠的血液，再通过正常的饮水，填充了血容量，使血液自然稀释，血脂就会随着下降。坚持适量献血可减少血液中的所有成分，除此之外，还能降低血液的黏稠度，使血液流速加快，使供氧量加大，使人感到身体轻松、头脑清醒，能有效降低动脉硬化、血栓和脑血管意外及心肌梗塞等病症。

（2）经常献血可提高造血功能：因为自胎儿出生后，骨髓就成为主要的造血器官。随着年龄的增长，造血功能和血细胞生成率逐渐下降。献血后，血细胞数量减少，对骨髓产生刺激作用，促使骨髓储备的成熟血细胞释放，并刺激骨髓造血组织，促使血细胞的生成，故经常按规定期限献血，就可使骨髓保持旺盛的活力。

（3）男子献血可减少癌症的发生率：体内铁元素含量过低易患缺铁性贫血及行动迟缓，过高则易患癌症。《国际癌症》曾报道，体内的铁含量超过正常值的 10%，罹患癌症的概率就提高（因为血液中的红细胞内含有大量的铁），适量献血可以预防癌症。

（4）可促进、改善心理健康：大量研究表明，健康的情绪可通过神经、体液、内分泌系统沟通大脑及其他组织与器官，使其处于良好的状态，有益于人体免疫力的增强、抵抗力的提高。而献血是救人一命的高尚品行，在助人为乐、与人为善的同时，也使自己的精神得到净化、心灵得到慰藉、工作与生活更加充实。做好事者以德施善，实际上在帮助别人的同时也帮助了自己，这是健康长寿的重要因素。

三、用血报销

无偿献血者及其配偶、直系亲属临床需要用血时，先向医院交纳用血费用，然后凭以下证件到献血地中心血站办理报销手续。

（一）无偿献血者本人报销

（1）本人无偿献血证。

（2）本人身份证。

（3）医疗机构出具盖有公章的用血证明（用血申请单、输血医嘱）。

（4）用血收费单据（出院发票）。

（5）用血当日明细清单（加盖医院公章）。

（二）无偿献血者家庭成员报销

（1）无偿献血者无偿献血证。

（2）无偿献血者及用血者身份证。

（3）证明与无偿献血者为直系亲属关系的有效证件或证明（如户口本、结婚证、出生证、公安机关或街道办事处出具的证明）。

（4）医疗机构出具盖有公章的用血证明（用血申请单、输血医嘱）。

（5）用血收费单据（出院发票）。

（6）用血当日明细清单（加盖医院公章）。

特别说明：由于献血后报销、还血额度和手续并非全国统一，具体政策请咨询当地中心血站。比如异地报销用血费用，有的城市可以提供免费邮局汇款或者银行转账，有的省份可以在全省范围内直接报销。

第二节　骨髓移植

骨髓移植，也称造血干细胞移植，是指当患者的骨髓（造血干细胞）因疾病等原因不能正常造血或功能异常时，将他人的正常骨髓（造血干细胞）移植到患者体内，并使其在新的机体内生长繁殖，重建患者的正常造血和免疫相关功能的一种治疗方法，以达到治疗某些疾病的目的。

一、概况

骨髓移植是各种血液肿瘤、再生不良性贫血症、重度地中海型贫血症以及一些先天性免疫缺乏或代谢性疾病的根本治疗方法。近年来，世界上接受骨髓移植的病人人数逐年增加，骨髓移植已成为目前治疗的趋势。各种血液疾病如再生不良性贫血症与慢性骨髓性白血病，如有适当的供髓者，接受者就有80%~90%的长期存活率，而成人急性白血病亦可达到50%左右的治愈率，这些成果远非传统的化学疗法所能及，这也是我们提倡骨髓移植的重要原因。

10年前，骨髓移植要经多次穿刺才能取得600毫升骨髓，因而必须给供髓者做局部麻醉，经过多次骨穿才能完成。在骨穿过程中，供髓者流失的带氧红细胞比较多，所以手术后会感到头昏、乏力。近年来，随着科学技术的发展，骨髓移植已被造血干细胞移植代替，后者对供髓者基本上不会产生不利影响。造血干细胞移植技术就是采取医学方法使骨髓中的造血干细胞大量释放到血液中去，然后，通过血细胞分离机分离获得大量造血干细胞用于移植。这种方法称为外周血造血干细胞移植。也就是说，现在捐赠骨髓已不再抽取骨髓，而只是献血了。而且由于技术的进步，现在运用造血干细胞动员技术，只需采集分离50~200毫升外周血即可得到足够数量的造血干细胞。采集足够数量的造血干细胞后，血液可回输到捐献者体内。造血干细胞具有自我复制功能，捐赠造血干细胞后人体将在短时间内恢复原有的造血干细胞数量。所以，人不会感到任何不适，对供给者很安全。造血干细胞的供给者通常只要半天时间就能完成整个手术，不用进行任何额外的休息和调养。

中华骨髓库成立于1992年，目前，中国捐献造血干细胞的捐献者已逾500人。中华骨髓库于2006年10月19日在北京宣布，中华骨髓库已入库数据50万人份，已成为世界最大的华人骨髓库。中华骨髓库的有关负责人表示，中华骨髓库的目标是到2010年，库存容量达到100万人份。

二、骨髓移植及其适应疾病

骨髓移植实质上是将他人骨髓移植到患者的体内，并使其在新的机体内生长繁殖，重建免疫和造血功能的一种治疗方法。用骨髓移植的方法治疗白血病与其他血液病，近年来已取得了突破性进展。由于造血组织恶变导致白血病发生，血液中产生异常的白细胞，抑制了各种正常血细胞的功能。传统的治疗方法一般用化疗来摧毁过度生长的有功能缺陷的白血病细胞，而这种方法往往会令大部分患者的白血病再度复发。剂量过大的化疗与放疗会使患者正常造血细胞无法恢复。如果采用骨髓移植的方法，植入的正常骨髓可以完全替代病人原有的有病骨髓，能够重建造血与免疫机能，大大增加了白血病的治愈率。骨髓移植已成为许多血液疾病的唯一治疗方法，除了可以根治白血病外，还能治疗其他病症，如再生障碍性贫血、地中海贫血、异常骨髓细胞增生症、遗传性红细胞异常症、淋巴系统恶性肿瘤、遗传性免疫缺陷症等。

三、骨髓移植分类

根据骨髓来源可分为自体骨髓移植和异体骨髓移植两种情况：

(1) 自体骨髓移植。当病人化学治疗后达到缓解时，将病人骨髓抽取处理后冷冻起来，再于适当时机进行骨髓移植。

(2) 异体骨髓移植。异体指病人兄弟姐妹或其他近亲家属，或是通过配型找到的捐献者。根据有无血缘关系又分为血缘关系（同胞兄弟姐妹）骨髓移植和非血缘关系

(志愿者捐献)骨髓移植。

目前骨髓移植首选异体骨髓移植,因为自体骨髓移植后易复发。这就需要有更多的志愿者做出骨髓捐献登记,以便提供更多的骨髓配型机会。

四、适应捐献条件

适合捐献骨髓的年龄为18~45岁,健康要求如同献血,即不能因献髓影响捐献者的健康,又不能因接受骨髓而使患者增加新的不利因素,最重要的是捐献者必须无可经血液传播的传染病:如乙型肝炎、丙型肝炎及艾滋病等。

五、骨髓捐献步骤

(1)如果您适龄、身体健康、志愿捐献骨髓,可拨打中华骨髓库的热线电话报名,或到区县级以上红十字会报名、并填写志愿捐献书及有关表格,或者在网上填写中国血液在线骨髓捐献志愿者登记表、中国血液在线将把您的资料妥善保管并转交给有关组织机构。

(2)有关组织机构将安排您在适当的时间在前臂静脉中抽取5毫升血液化验白细胞抗原(HLA)分型,并将化验后HLA分型储存在电脑资料库中,供患者寻找配对。

(3)初步配型相同,骨髓库将通知您作进一步的检测(再次在前臂中抽取5毫升静脉血)。

(4)如果配型完全相同,骨髓库的工作人员会向您详细介绍捐献过程包括注射生长因子的副作用以及移植对病人的重要性,并再次征求您的意见,同时您必须接受全身检查。

(5)捐献前每日注射一次生长因子,连续4~5天。由于注射了生长因子,造血干细胞将大量繁殖,生长因子使骨髓释放出大量造血干细胞进入血液循环中。

(6)捐献时您完全处于清醒状态,造血干细胞通过血细胞单采技术获得,这与从血液中采集血小板的方法完全相同。不使用麻醉,血液从一个手臂静脉中流出,通过导管流入血细胞分离机中并分离出造血干细胞(总量为50~100毫升),其他血液成分将通过一次性导管和采血针流回另一个手臂静脉,整个采集过程在全封闭的状态下进行,时间3~4小时,完全无碍健康。

(7)您将很快恢复正常,造血干细胞采集后1~2天,副作用(如:发热、过敏反应、骨骼轻度疼痛)将完全消失。

第三节 器官及遗体捐献

一、概况

(一)器官移植

器官移植是20世纪出现和发展起来的一项综合性医疗新技术,它反映着一个国家医学科学的水平。我国的器官移植虽然起步较晚，但自20世纪70年代以来已取得了可喜的成就，目前已开展了肾、肝、心、胰腺、甲状旁腺、肾上腺、骨髓、角膜等多种器官与组织移植，其中肾器官移植已超2.53万例。我国在器官移植的总体水平已经接近国际领先水平。根据卫生部的相关统计数据，中国全年的器官移植手术已突破万例，而其在临床数量上的排名仅次于美国。

中国每年大约有150万患者需要进行器官移植，而每年进行的器官移植手术仅有1万例左右。粗略估计，我国大约有80%的需要移植器官的病人在等待供体的过程中死亡。中国红十字会副会长郝林娜在全国人体器官捐献试点工作交流会上披露：截至2011年2月底，中国内地通过人体捐献试点渠道共实现37例，这37例器官捐献集中在广东、天津、湖南、辽宁、浙江、湖北和山东等地。捐献的大器官有97个，角膜39个，皮肤若干。我国器官供体严重不足，需要加强宣传教育，鼓励器官捐献，通过宣传教育改变人们对器官捐献的传统观念，让捐献者知道器官捐献的意义及对他人的奉献精神。只有这样才能从根本上动员人们自觉、自愿地捐献，从根本上解决供体紧缺的状况。

（二）遗体捐献

由于传统殡葬观念的影响，中国遗体捐赠事业多年来仍然进展缓慢，不能满足医疗和教学的需要。现在许多疾病，都可以通过器官移植治好。如肾移植、角膜移植等技术已很成熟，而我国其他器官移植的技术总体上也接近国际领先水平。但是，由于缺乏器官来源，全面地开展器官移植以挽救更多生命的愿望，常常难以实现。为造福更多的病人，我国有些地区已通过了一些捐献的法规或条例。2000年12月15日，我国第一部遗体捐献条例——《上海市遗体捐献条例》通过上海市人大常委会第24次会议审议并于2001年3月1日起施行。该条例规定，遗体捐献是指自然人生前自愿表示在死亡后，由其执行人将遗体的全部或部分捐献给医学科学事业的行为，以及生前未表示是否捐献意愿的自然人死亡后，由其近亲属将遗体的全部或者部分捐献给医学科学事业的行为。条例中还明确规定，近亲属包括父母、配偶、成年子女或者其他监护人。捐献工作需要志愿者家属或执行人的理解并配合遗体捐献工作，需要他们在志愿者去世后主动与接受站联系。时间越早，对社会的贡献越大。因为除了教学、科研解剖用途外，死亡时间短、保存条件好的遗体还可以用作器官移植，如捐献者的角膜、骨头、软骨、皮肤、肾上腺、睾丸、血管等都可以移植给有需要的病人，捐献者的生命将通过受益者延续下去。据了解，目前中国共有上海、南京和北京三个城市开办了遗体接收站。青年学生在学校不断接受新的知识的同时，也很有必要转变旧观念，认识器官捐献贡献社会、延续生命的深远意义。

二、器官捐献的要求

（一）器官供体的基本要求

（1）无恶性肿瘤（原发脑肿瘤除外）。

（2）无艾滋病；对于其他传染病，在特殊情况下，为了挽救生命，在采取积极防治措施后亦可考虑。

（3）无严重的全身感染。

（4）有关器官或组织功能良好。

（二）心脏供体的要求

（1）达到器官捐献的基本要求。

（2）均为脑死亡患者。

（3）年龄（男性小于45岁，女性小于50岁），但是由于对供心需求量的不断增加，而又因其来源困难，年龄范围已逐渐放宽，甚至更大年龄组（55~60岁）的移植也能取得较满意的效果。

（4）无心脏异常（左室和冠状动脉造影）。

（5）无严重低血压与心停跳史。

（6）无严重胸外伤。

（三）肝脏供体的要求

（1）达到器官捐献的基本要求。

（2）年龄一般无限制，最好不超过65岁。

（3）无重大肝胆系统疾病。

（4）无全身性疾病、结节性脉管炎、胶原性疾病。

（5）无严重肝外伤。

（6）肝脏热缺血时间原则上不超过5分钟，最好是有心跳的脑死亡尸体。

（四）肾脏供体的要求

（1）达到器官捐献的基本要求。

（2）年龄一般不超过60岁。

（3）无慢性肾病、少尿性急性肾衰。

（4）年龄大于60岁、轻度高血压、可治疗的感染、非少尿性急性肾衰、糖尿病、系统性红斑狼疮的供体，在病情十分危急、供体来源困难时，为了挽救生命，在采取积极防治措施后亦可考虑。

（五）角膜供体的要求

（1）年龄最好在6~60岁，其中以介于18~35岁最佳，小于6个月和大于90岁不适合捐献。

（2）恶性肿瘤已侵犯眼组织者以及白血病，何杰金氏病，某些眼部疾病如眼前段恶性肿瘤、视网膜母细胞瘤、病毒性角膜炎、角膜变性或疤痕、青光眼、虹膜睫状体炎、化脓性眼内炎以及做过内眼手术者等不适合捐献。

（3）感染过鼠疫、霍乱、病毒性肝炎、脊髓灰质炎、高致病性禽流感、狂犬病等患者不适合捐献。其他传染病治愈后，在采取积极防治措施后可考虑捐献，但仅限用于板层角膜移植材料。

三、器官捐献面临的困难

按照我国人口和发病率计算，用于器官移植的供体与病人的需求相距太远了。目前实施数量最多、效果最好的是肾移植。相关统计显示，如果以发达国家肾移植的比例测算，中国肾移植的需求每年为5万例，而目前每年实际手术仅6 000例，其主要原因是器官供体资源的短缺。其余病人因得不到供体而不能实施移植手术，只有依靠血液透析维持生命。我国角膜致盲患者至少有200万人，按70%的可治愈率应当有140万患者可通过角膜移植等手术治疗，但我国每年可实施的角膜移植仅3 000例。器官捐献在我国出现了极大的困难。作为世界上人口最多的国家，有着任何国家都无法比拟的人体器官资源，为何会出现严重的器官捐献难题呢？其原因主要在于以下几个方面：

（1）长期以来，国人一直信奉“入土为安”“身体发肤，受之父母，不敢毁伤”，总认为人死后必须保留完整的躯体，所以这些人宁愿整体火化，也不愿把有用的器官、无限的功德和永恒的纪念留在人间。

（2）绝大多数人认为病人只要心跳尚存，或通过人工呼吸和心脏按摩使心脏恢复跳动，就不能宣布死亡。实际上，近20年来的医学科学已经证明，只要脑神经细胞已经死亡（一般都发生在心跳停止之前），即便心跳还存在，用各种抢救措施，病人的生命都不可能恢复。而脑死亡后人体的各种反射活动消失，对外界刺激毫无反应，但体内的一些脏器仍保持着生命力，其代谢活动仍在进行，如果此时立刻捐献有生理功能的脏器，就可以供给器官移植之用。然而，我国尚未确立脑死亡概念，致使寥寥无几的遗体捐献者失去了最佳的器官捐献时机，这使健康的器官失去再生功能。

许多业内人士认为，我国器官捐献难的关键在于没有建立完善的法规、捐献活动管理操作无明确标准、容易出现法律纠纷。另外，我国尚未形成一个具有健全网络的接收与宣传机构。据了解，目前我国除个别地区成立角膜库、骨髓库和血库外，其他脏器捐赠者无处寻觅接受机构。

四、器官捐献的意义

近来，关于遗体捐献的话题讨论不绝于耳。然而我们面临的现状是，由于受传统观念的束缚，人们对死后身体的“完整性”看得很重，以致自愿捐出遗体供医学研究和器官移植的人很少，这根本无法满足医学研究与教学的需要。我们应该认识到，从医学教学、医学研究以及造福他人的意义上来说，遗体捐献无疑有着重要的意义。

在国外，许多医院的尸检率都超过50%以上。德国法律规定，任何一位死亡者都要接受尸体解剖，只有医生出具了尸体解剖证明，才能火化。我国卫生部在三级医院评审标准中要求尸检率要达到30%以上，但实际上几乎所有医院都难以达标，这也是限制我国医学事业发展的一个原因。因此，死后尸体的解剖也是遗体捐献的一种方式，对于医生认识疾病，提高诊断水平，减少误诊误治是有重要意义的。“上帝”造就了人，却没有给人们留下“配件”。如果器官坏了，常因没有备用“零件”而使人受痛苦，甚至危及生命。长期以来，医学家们一直在弥补“上帝”的失误。经过数十年的努力，器官移植技术已经非常成熟了，但器官的来源却是个令人头疼的问题。在我国，每年需要器官移植的人数达几十万以上。在国外，有一个小女孩因车祸出现脑死亡，她的肝脏、心脏和两侧肾脏立即被取出，分别被移植到 4 个人的体内，救活了 4 个人；她的角膜也分别捐献给两位失明者，给他们带来了光明。其实，人死后，其器官造福于他人，这本身就是生命的延续，其亲属也因此而得到了心灵上的慰藉。

思考题

1. 对献血者有哪些要求？哪些情况下不能献血？
2. 简述骨髓捐献的步骤。
3. 简述器官和遗体捐献的意义。

参考文献

[1] 柏树令. 系统解剖学 [M]. 北京：人民卫生出版社，2010.

[2] 朱大年. 生理学 [M]. 北京：人民卫生出版社，2008.

[3] 李兰娟，任红. 传染病学 [M]. 北京：人民卫生出版社，2013.

[4] 傅华. 预防医学 [M]. 北京：人民卫生出版社，2013.

[5] 陈孝平. 外科学 [M]. 北京：人民卫生出版社，2010.

[6] 王吉耀. 内科学 [M]. 北京：人民卫生出版社，2010.

[7] 冯庚，杨萍芬，付大庆. 院前急救预案现场急救攻防策略 [M]. 北京：中国协和医科大学出版社，2010.

[8] 庞国明. 院前急救指南 [M]. 北京：中国医药科技出版社，2011.

[9] 中国红十字会. 救护师资培训教材 [M]. 北京：社会科学文献出版社，2009.

[10] 孙长颢. 营养与食品卫生学 [M]. 北京：人民卫生出版社，2012.

[11] 吴少雄，殷建忠. 营养学 [M]. 北京：中国计量出版社，2012.

[12] 王安利. 运动医学 [M]. 北京：人民体育出版社，2008.

[13] 王瑞元. 运动生理学 [M]. 北京：人民体育出版社，2007.

[14] (美) 斯丹. 别让不懂营养学的医生害了你 [M]. 卢晟晔，译. 北京：中国青年出版社，2009.

[15] 顾秀英，胡一河. 慢性非传染性疾病预防与控制 [M]. 北京：中国协和医科大学出版社，2003.

[16] 苏冠华，王朝晖. 临床用药速查手册 [M]. 北京：中国协和医科大学出版社，2009.

[17] 杨静宜，徐峻华. 运动处方 [M]. 北京：高等教育出版社，2005.

[18] 王增珍. 毒品与艾滋病预防教育 [M]. 北京：人民卫生出版社，2008.

[19] 张学军，陆洪光，高兴华. 皮肤性病学 [M]. 北京：人民卫生出版社，2013.

[20] 何敏. 大学生健康教育 [M]. 上海：上海财经大学出版社，2012.

[21] 陈天翔. 大学生健康教育 [M]. 成都：四川大学出版社，2009.

[22] 张华. 大学生健康教育 [M]. 哈尔滨：哈尔滨工程大学出版社，2011.

[23] 甄铁梅. 大学生健康教育 [M]. 大连：大连理工大学出版社，2011.

[24] 姬爱平. 口腔医学 [M]. 北京：北京大学医学出版社，2009.

[25] 彭吾训. 安全用药与药物中毒急救常识 [M]. 贵阳：贵州科技出版社，2013.